JN409176

"단군과 천부경, 개천절의 주역"

단재 정훈모 전집

조준희 · 유영인 편

목 차

제 I 권 천부경 · 삼일신고 · 성경팔리

– 간행사_정달영
– 정훈모 자료 발굴기_조준희
– 일러두기
– 목차
– 정훈모의 생애와 사상_조준희
– 천부경 · 삼일신고 · 성경팔리 해제_조준희 · 유영인

1. 『천부경』_김영의 주해
  (1) 정훈모 친필 『천부경』 국역 및 원문
  (2) 김영의 『천부경 주해』 국역 및 원문
2. 『삼일신고』_조준희 역
  (1) 『삼일신고』 국역 및 원문
3. 『성경팔리』_유영인 역
  (1) 『성경팔리』 국역 및 원문
4. 『천부경』 · 『삼일신고』 · 『성경팔리』 영인본
  (1) 정훈모 친필 『천부경』 영인본
  (2) 김영의 『천부경 주해』 영인본
  (3) 『삼일신고』 영인본
  (4) 『성경팔리』 영인본

제II권 교리서와 예식서

– 일러두기

– 목차

– 정훈모의 교리서와 예식서 해제_조준희 · 유영인

〈교리서〉

1.『단군교 진리문답』(정훈모, 1911추정)

『단군교 진리문답』 원문입력본

『단군교 진리문답』 국한문본 일부

2.『셩경팔리』(정훈모 역, 단군교본부, 1926)

3.『천을선학경』(정훈모, 단군교본부, 1935)

4.「천을성경 출판허가서」(1936)

〈예식서〉

1.『단군교종령』(정훈모, 1913)

2.『단군교교약장』(정훈모, 단군교총본부, 1915)

3.『단군교예식』(정훈모, 단군교본부, 연도미상)

4.「향사홀기」·「축문식」·「단배식홀기」·「송덕분」(정훈모 진필본)

5.「단군교종헌 출판허가서」(1935)

#부록1 :「입교의절」·「봉교절차」·「봉교과규」(정훈모 필사본)

「입교의절」·「봉교절차」·「봉교과규」 원문 및 국역

#부록2 :『단군교총본부종령』(이유형, 1913)

제III권 기관지와 역사서

– 일러두기

– 목차

– 정훈모의 기관지와 역사서 해제_조준희 · 유영인

1. 『단탁』 창간호(정훈모 편, 단탁사, 1921)

2. 『김선생염백기』(정진홍 편, 단군교지부, 1924)

『김선생염백기』 원문입력본

3. 『단군교부흥경략』(정진홍, 계신당, 1937)

#부록 : 『단군교총본부일기』(단군교총본부, 1914)

단재 정훈모 전집 II –교리서와 예식서–

초판 1쇄 인쇄 2015년 4월 3일
초판 1쇄 발행 2015년 5월 1일
옮긴이 조준희 · 유영인
발행인 김수현
발행처 도서출판 아라
주소 서울시 강동구 천호동 287–10 일진빌딩 2층
전화 02) 476–5060, 팩스 02) 489–5689
등록 2012년 09월 13일 제2012–52호
이메일 ara5060@naver.com, 홈페이지 www.ara5060.com
ISBN I 978–89–98502–60–7*94910
ISBN I 978–89–98502–58–4 (세트)
정가 38,000원
정가 114,000원 (세트)

잘못 만들어진 책은 교환해 드립니다.
저자와 출판사의 허락 없이 책의 전부 또는 일부 내용을 사용할 수 없습니다.

이 도서의 국립중앙도서관 출판예정도서목록(CIP)은 서지정보유통지원시스템 홈페이지(http://seoji.nl.go.kr)와 국가자료공동목록시스템(http://www.nl.go.kr/kolisnet)에서 이용하실 수 있습니다.(CIP제어번호: CIP2015010296)

"단군과 천부경, 개천절의 주역"

단재 정훈모 전집 II

– 교리서와 예식서 –

조준희 · 유영인 편

일러두기

1. 자료 소장처

1) 국립중앙도서관 :『단군교총본부종령』,『천을선학경』

2) 독립기념관(위탁) :『단군교교약장』

3) 서울역사박물관 : 예식서 일체, 출판허가서(단군교종헌·천을성경)

4) 숙명여대 노서관 :『단군교 진리문답』

5) 조준희 소장본 :『성경팔리』

2. 기타

1) 옛 문체로 읽기 곤란한『단군교 진리문답』을 별도로 전산 입력하였고, 판독이 어려운 글자를 ▣로 표시했다.『단군교 진리문답』은 본래 장절이 없으나 옮긴이가 임의로 장을 나누고 〔 〕로 표시했음을 밝혀 둔다.

2) 유실된『(檀君敎)眞理問答』일부(2쪽)를『성경팔리』초간본 배접지에서 발견해 추가하였다.

목차

– 일러두기 9
– 목차 10
– 정훈모의 교리서와 예식서 해제_조준희 · 유영인 12

『단재 정훈모 전집』 II : 교리서와 예식서 / 41

〈교리서〉

1. 『단군교 진리문답』(정훈모, 1911추정)
   『단군교 진리문답』 원문입력본
   『단군교 진리문답』 국한문본 일부

2. 『셩경팔리』(정훈모 역, 단군교본부, 1926)

3. 『천을선학경』(정훈모, 단군교본부, 1935)

4. 「천을성경 출판허가서」(1936)

〈예식서〉

1. 『단군교종령』(정훈모, 1913)

2. 『단군교교약장』(정훈모, 단군교총본부, 1915)

3. 『단군교예식』(정훈모, 단군교본부, 연도미상)

4. 「향사홀기」·「축문식」·「단배식홀기」·「송덕문」(정훈모 친필본)

5. 「단군교종헌 출판허가서」(1935)

#부록1 : 「입교의절」·「봉교절차」·「봉교과규」(정훈모 필사본)
「입교의절」·「봉교절차」·「봉교과규」 원문 및 국역

#부록2 : 『단군교총본부종령』(이유형, 1913)

정훈모의 교리서와 예식서 해제

조준희 · 유영인

〈교리서〉

1. 『단군교 진리문답』(정훈모, 1911추정)

① 서지 사항 :

소 장 자	숙명여자대학교 도서관
형태사항	1책(39쪽) : 25.2 × 17.2cm
발견일자	조준희/2007년 발견, 2014.10.13 촬영

② 발굴 경위 :

2007년, 옮긴이는 단군 관련 자료들을 조사하는 과정에서 이 자료가 숙명여대도서관에 소장돼 있는 것을 발견하였다. 자료를 살핀 결과 판권지가 없었으나 여러 정황상 정훈모가 펴낸 책으로 확인되었다. 본 『단재 정훈모 전집』을 기획하면서 2014년 8월 25일 숙명여대 도서관에 공문을 발송하여 2개월 만에 도서관 측의 출판 허락을 받았고, 2014년 10월 13일에 공식 방문하여 원본 열람과 사본을 얻을 수 있었다.

③ 역사 전거 :

『매일신보』 1913년 1월 1일자 「檀君敎의 大發展」 기사에 "檀君敎總本部에서는 檀君影幀 印刷, 聖經八里, 直理問答, 感靈篇, 諺文直理問答의

出版許可를 某處로부터 承ᄒᆞ얏ᄂᆞᆫ데"라는 내용이 있다.

정훈모는 1912년도에 단군영정을 비롯하여 『성경팔리』, 『진리문답』, 『감응편』의 출판 허가 신청을 냈던 것으로 보인다.

'언문 진리문답'의 표지에는 '진리문답', 내지에는 '단군교 진리문답'이라고 순한글로 쓰여 있다. 위 기사 중 '直理問答(직리문답)'은 '眞理問答(진리문답)'의 오기로 현재 실전(失傳)되었다. 그런데 옮긴이 소장본 『성경팔리』 표지의 배접지에서 『(檀君敎)眞理問答』 본문 2쪽이 발견되었는데, 국한문 혼용으로 확인된다.

<표 1> 『眞理問答』(국한문)과 『진리문답』(순한글) 본문 비교

『眞理問答』	『진리문답』
問 三位가 各異ᄒᆞᆫᄃᆡ 一體라 ᄒᆞᆷ은 何를 爲ᄒᆞ뇨. 答 檀君의 在天位號 즉 桓仁이시오, 在神位號 즉 桓雄이시오, 在人位號 즉 王儉이시니, 佛家 華嚴經에 云ᄒᆞ되 桓仁을 帝釋이라ᄒᆞ니 梵音에 '桓'을 '天'이오 '仁'을 '主'라ᄒᆞ니 桓仁을 天主라ᄒᆞᆷ이오, 人形으로 過化ᄒᆞ신 尊號을 桓雄이라 ᄒᆞ시니라.	문 삼위가 다른ᄃᆡ 일톄라 ᄒᆞᆷ은 무엇을 이름이뇨. 답 단군의 텬령으로 게신 죤호ᄂᆞᆫ 환인이시오, 령신으로 게신 죤호ᄂᆞᆫ 환웅이시오, 셩인으로 게신 죤호ᄂᆞᆫ 왕검이시니, 『불셜화엄경』에 이르되 환인을 졔셕이라ᄒᆞ니 범음에 '환'을 '텬'이라ᄒᆞ고 '인'을 '주'라ᄒᆞ니 환인을 텬주라ᄒᆞᆷ이오, 인형으로 과화ᄒᆞ신 죤신을 환웅이라 ᄒᆞ시니라.
問 檀君이라ᄒᆞᆷ은 何를 爲ᄒᆞ뇨. 答 檀木下에 降御ᄒᆞ신 故로 檀을 應ᄒᆞ야 號를 尊ᄒᆞ심이니라. 問 檀君은 肉身의 孕胎로 生ᄒᆞᆷ이 아닌가. 答 自古 聖人이 皆 人胎化生이로되 惟獨 檀君은 天靈으로 下降ᄒᆞ사 人形을 始現ᄒᆞ시니라. 問 何年月日에 下降ᄒᆞ시뇨. 答 古甲 戊辰年 十月三日이시니라. 問 何處의셔 降御ᄒᆞ시뇨. 答 太白山(今寧邊郡妙香山) 檀木下시니라. 問 降御ᄒᆞ사 何를 爲ᄒᆞ시뇨. 答 人族을 眷愛ᄒᆞᄉᆞ 胚胎法을 行ᄒᆞ시며, 天을 代ᄒᆞ야 敎를 立ᄒᆞ시니라.	문 단군이라ᄒᆞᆷ은 무엇을 이름이뇨. 답 단목 아ᄅᆡ 하강ᄒᆞ신 고로 단을 응ᄒᆞ야 호를 존칭ᄒᆞᆷ이니라. 문 단군은 뉵신의 잉ᄐᆡ로 탄ᄉᆡᆼᄒᆞᆷ이 아닌가. 답 쟈고로 셩인이 모다 인ᄐᆡ로 화ᄉᆡᆼᄒᆞ시되 오즉 단군은 텬령으로 하강ᄒᆞ샤 인형을 비로ᄉᆞ 낫타ᄂᆡ시니라. 문 어느ᄒᆡ 어느달 어느날에 하강ᄒᆞ셧ᄂᆞ뇨. 답 녯적 갑ᄌᆞ 무진년 십월삼일이시니라. 문 어느 곳에셔 하강ᄒᆞ시뇨. 답 ᄐᆡᄇᆡᆨ산(령변군 묘향산) 단목 아ᄅᆡ시니라. 문 하강ᄒᆞ사 무엇을 ᄒᆞ시뇨. 답 인족을 ᄉᆞ랑ᄒᆞᄉᆞ 비태법을 ᄒᆡᆼᄒᆞ시며, 하늘을 ᄃᆡ신ᄒᆞ야 교를 셰우시니라.

『단군교 진리문답』의 내용은 「각사(覺辭)」 17자에 대한 교리 해설

인데,『매일신보』1910년 10월 20일자「檀君大宗敎 강연」기사 내용으로 미루어 정훈모는 단군교 분립 직후부터「각사」를 강연한 점이 확인된다.

北部 泥洞 居 鄭薰謨氏家에서 檀君大宗敎를 佈施ᄒᆞᄂᆞᆫᄃᆡ 去日曜日에 敎兄弟姊妹가 齊黍ᄒᆞ야 本敎에 關ᄒᆞᆫ 歷史와 覺辭를 講演ᄒᆞ얏다더라.

또한 1911(명치44)년 2월 22일 '대종교 공주시교당 사건' 관련 일제측 문건(기밀지수 제51호)을 보면,

본년 1월 31일 충청남도장관으로부터 전보로「대종교·단군교를 생도에게 권한 자가 있다. 이 종교는 공인되고 있는가?」라는 문의가 있었습니다. …{중략}…지금 보고서에 덧붙여진 인쇄물을 열람하니, 대종교라 칭하는 것은 단군교의 변명(變名)인 것으로 보이는데, 최근『단군교 진리문답』이라는 제목의 서적을 출판하는 일을 경무총감부에 신청하였던 적이 있던 것을 보면, 종래의 단군교는 2파로 분열하여 대종교에 속하는 것과 여전히 단군교에 속하는 것 2파로 분립한 것이라고 생각할 수 있습니다. 요컨대 신앙을 기초로 하여 인심의 이합·거취하는 계통적 조사는 후일에 별도로 정밀 조사한 다음에 보여 드리도록 하겠습니다.

라고 하여『단군교 진리문답』출판허가 신청에 관한 기록이 있다. 앞서『매일신보』1913년 1월 1일자 기사를 통해 출판승인 사실은 확인되지만, 정확한 시점은 알 수 없었다. 일제측 기록을 통해 이 자료는 1910년 말에 집필을 시작하여 1911년 1월 경 출판허가를 받고 1911년 초에 발간하고자 했던 것으로 추정해 볼 수 있다.

그런데 1911년 1월~2월간에 일어났던 대종교 공주시교당 사건으로 인해 나철의 대종교는『단군교포명서』와『단군교오대종지포명서』를 압수당한 뒤 '오대종지' 중 성지 수호와 관련된 '안고기토(安

固基土, 근본 땅을 안전하고 든든히 할 것)[1]' 종지를 부득이 '정구이복(靜求利福, 고요함으로 행복을 구할 것)'으로 변경하게 되었다. 정훈모의 단군교는 대종교와 분립 후에도 '오대종지'를 서로 공유하였으나 공주시교당 사건 때문에 부득이 '안고기토' 종지를 '안거기토(安居基土, 근본 땅에서 아무 탈 없이 평안히 지낼 것)'로 변경하였다.

1910년부터 강의했던 「각사」 17자(聖靈在上, 天視天聽, 生我活我, 萬萬世降衷) 또한 1913년 7월에 이르러 "시화천존 묵도심함(施化天尊 默禱審涵)" 8자로 완전히 바꾸었다.[2] 『단군교 진리문답』 집필과 허가신청은 1911년, 출판은 1913년으로 보이는데, 「각사」 원문이 바뀐 문제 때문에 공식적으로 활용되기 어려웠을 것이다.

④ 내용 소개 :

이 자료는 장절이 나뉘어 있지 않으나, 크게 7가지 1.각사 2.삼신과 단군 3.팔리와 계명 4.단군의 승천 5.성령과 기자 6.성령의 감통 7.심성과 혼백의 내용을 다루고 있다.

주된 요지는 백두산 도인 백봉이 전한 주문인 「각사」의 풀이다. 「각사」는 본래 입교식 때 필요한 의식(儀式) 문장으로, 「입교의절(入敎儀節)」 속에 원문이 있다.

> ①새 입교자가 자리에 나아가 분향하고 두 번 절하며 북쪽을 향해 무릎 꿇고 엎드려 「서사」를 공손히 들음. ②전교자가 또한 두 번 절하고 서쪽 방향으로 서서 「서사」 읽기를 마치면, 입교자는 두 번 절한 뒤 공수하고 북쪽 방향으로 서서 「각사」를 3번 묵념함. 각사: 성령재상 천시천청 생아활아 만만세강충.

1) 단군대황조께서 물려주신 근본 땅을 시대가 거듭 변천해 나감에 따라 잘 다스려 범위를 수정·정리하고 원래의 근본을 심어주어 영원히 변하지 않게 하라는 뜻.

2) 정훈모, 「檀君敎宗令」, 『禮式』, 檀君敎本部, 1913.7.31.

1910년 나철(나인영)은 단군교에서 대종교로 교명을 변경하면서 「각사」의 "성령재상"을 "신령재상"으로 1자 바꾸었다. 이에 반해 나철과 분립한 정훈모는 「각사」를 원문 그대로 보존하고 해설한 것이다.

정훈모의 설명에 따르면, "각사는 일체 중생의 진세를 깨닫게 하는 「성령재상 천시천청 생아활아 만만세강충」의 17자다. '성령재상'은 단군 성령이 하늘 위에 계신다는 뜻이며, '천시천청'은 하늘이 보시는 것을 맡으시며 하늘이 듣는 것을 맡으시어, 사람의 죽고 사는 것과 선악과 화복을 주재하신다는 것이다. '생아'는 그 천성을 받아 비로소 나는 것인데, 비로소 나는 것은 강충의 근원인즉, 그 근원이 '은혜'에 있고, '활아'는 그 천성 거느려 길이 사는 것인데, 길이 사는 것은 진승(육신으로 승천함)의 근본인즉 그 근본이 '믿음'에 있다. '강충'은 처음부터 사람의 천성을 품부하여 주는 것이니, 비단 지금 세상과 오는 세상에 한번 나고 두 번만 날뿐 아니라 곧 만만세의 내생에 강충을 주신다는 의미"라고 하였다.

「각사」의 본뜻은 "성령이 하늘 위에 계시어 하늘에서 보고 하늘에서 들으시니, 저희를 낳아 살리시고 만대에 내려주소서"인데, 나철의 대종교에서는 삼신일체(三神一體) 신관에 입각하여 "세 검 한 몸이신 우리 한배검이시여, 가마히 위에 계시사 한으로 듣고 보시며 낳아 살리시고 늘 나려주소서"로 의역해 전해지고 있다. 잎시 정훈모의 해석이 원뜻에 더 가깝다.

본문 팔리와 계명 구절에서는, 단군이 무진년 10월 3일 탄강하여 인간에게 정성(誠)·믿음(信)·사랑(愛)·건짐(濟)·화(禍)·복(福)·갚음(報)·응함(應)의 8리와 불기천(不欺天, 하늘을 속이지 말라), 불자기(不自棄, 스스로 버리지 말라), 불망어(不妄語, 망령되이 말하지 말라), 불망상(不妄想, 망령되이 생각지 말라), 불사음(不邪淫, 사특하고 음란하지 말라), 불투기(不妬忌, 투기하지 말라), 불투절[3](不偸竊, 도둑질하지 말라), 불교린(不驕吝, 교만하고 인색하지 말라)의 8계명을 가르치셨다고 했다.

정훈모가 최초로 집필하고 펴낸 저술이 「각사」에 대한 교리서라는 사실은 역사적으로나 종교적으로 중요한 의미가 있다.

2. 『성경팔리』(정훈모 역, 단군교본부, 1926)

① 서지 사항 :

소 장 자	조준희
형태사항	1책(120쪽): 21.8 × 14.7cm
발견일자	2004.10.28 발견/ 2011.1.10 구입

② 발굴 경위 :

『성경팔리』는 2002년 한국학중앙연구원 장서각에서 『단군교오대종지포명서』를 열람할 때 같은 마이크로필름에 이어져 있어서 우연히 알게 된 자료다. 한문본의 표지에는 '聖經八理(上下卷)' 내지에 '檀君敎八理'로 되어 있었다. 그런데 1926년 한글본에는 '단군교팔리'가 없어지고 표지와 내지 모두 '셩경팔리'로만 되어 있다.

옮긴이는 2004년 10월 28일 국회도서관에서 정훈모가 직접 번역한 한글판 『셩경팔리』를 처음 발견하였다. 이후 2011년 1월 10일 서울의 한 고서점에서 『셩경팔리』를 구입하였다.

③ 역사 전거 :

『성경팔리』는 1908년 일본 가이헤이칸에서 두일백으로부터 정훈

3) 불투절은 후에 같은 뜻인 '불투도(不偸盜)'로 바뀌었다. 덧붙여 4계명 불망상은 8계명으로 순서가 바뀌었다(『단군교부흥경략』, 41장 참조).

모가 전수받은 서책 중의 하나다. 『성경팔리』는 초기부터 대종교단에서 공유되지 못하다가 이 자료의 중요성을 누구보다 알고 있었던 정훈모의 단군교단에서 1914년부터 주 경전으로 활용되었다.

정훈모는 1910년 9월 단군교 교명 수호를 명분으로 나철과 분파한 뒤 1912년에 『성경팔리』 출판허가를 받았으나 교단의 내분과 재정적인 문제로 1921년이 되어서야 간행하였고, 1926년에 한글 번역본 『성경팔리』를 다시 냈다. 그러나 1936년 단군교가 폐교되고 옮긴이가 2004년에 발견하기 전까지 세상에서 완전히 잊히게 되었다.

④ 내용 소개 :

『성경팔리』는 단군교의 주요 경전으로 1921년 순한문 석인본(石印本)으로 간행되었던 것을 대중에게 널리 읽히게 하려는 목적으로 정훈모가 한글로 옮겨 펴낸 책이다. 한문본 『성경팔리』 보다 책 크기가 약간 작고(한문본 26.6×18.3㎝ > 한글본 21.8×14.7㎝), 단군초상화 및 목차가 빠졌으며, 분량은 본문과 판권지를 합해 총 120쪽이다. 순한글이지만 장절 제목과 내용 군데군데에 한자가 병기 되어 있다.

본문 성(誠)·신(信)·애(愛)·제(濟)의 4장 다음에 화(禍)·복(福)보(報)·응(應) 4장은 『성경팔리』 하경(下經)으로 구분되어 있다. 각각의 장은 4~6개의 절, 그 아래 4~10개의 조로 이루어져 있는데, 각 조는 "수편, 제일장, 제이장…" 식으로 표기돼 있다.

『성경팔리』는 윤리서로서 이상적 인간상을 '군자'로 보고, 성(誠)·신(信)·애(愛)·제(濟)·화(禍)·복(福)·보(報)·응(應) 8리를 근간으로 한 체계적인 교리 내용을 담고 있다. 다만 경전의 각 장 가운데 열부, 곧 열녀에 관한 신(信)장 열(烈)절 빈우(賓遇), 육친(育親), 고정(固貞)조들은 성리학이 사회 전반에 수용되면서 여성에 대한 통제를 철저하게 하여 수절과 정절이 중심으로 된 조선조 정절이데올로기와 상통하는 내용이다. 『성경팔리』 서문에 적힌 기자 시대로 보긴 어렵고 18세기 이후의 조선조 유교적 여성관이 반영된 것이 명확하다. 덧붙여 화(禍)장 음(淫)절 황사(荒邪), 장주(戕主), 장자(藏子), 유태(流胎), 강륵(强勒), 절종(絶種) 각 조에서는 음란한 사람을 가축에 비유하고, 자신과 가정과 인륜을 어지럽히는 근본으로 보았으며 그 행위를 하늘이 용서치 않는다 하여 인과응보사상이 구체적으로 드러난다.

본 『전집』에 수록된 『성경팔리』에는 번역 과정에서 일부 축약되거나 누락된 구절이 보인다. 그럼에도 불구하고 정훈모가 원문의 의미를 독자들에게 고스란히 전달하기 위해 고심했던 흔적이 역력하고, 『성경팔리』의 최초 번역서라는 점에서 연구할만한 가치가 있는 사료라고 평가할 수 있다.

3. 『**천을선학경**(天乙仙學經)』(정훈모, 단군교본부, 1935)

① 서지 사항 :

소 장 자	국립중앙도서관
형태사항	1책(45쪽) : 26.3 × 18.8㎝
발견일자	2014.9.17 촬영

② 발굴 경위 :

이 책은 일본 종교학자 삿사 미츠아키 교수의 박사학위 논문 『한말·일제시대 단군신앙운동의 전개』(서울대, 2003)에서 처음 소개되었다. 그의 분석에 따르면 『천을선학경』은 유교 사상과 도교 수련법이 합쳐진 성격으로, 전래된 자료를 바탕에 두고 단군교의 기본 경전으로서 편찬된 것으로 보인다. 내용은 단군 즉위 20년(B.C.2314-옮긴이 주) 봄 대무장군(大武將軍)이 신인(神人)의 선학(仙學)을 책으로 펴내 '천을선서(天乙仙書)'라 하였고, "선학은 일기(一氣)를 호흡하는 것"이라고 정의하면서 1천세의 장수를 누리기 위한 수련법이 언급되었다. 구체적으로 북두칠성의 정기를 이용하면서 정기를 단련하고 선학(仙學)과 성학(聖學)의 병행을 통해 천하에 공을 이룰 수 있고 천하의 대선(大仙)과 대성(大聖)이 될 수 있다는 것이다.

『천을선학경』은 한국학중앙연구원 외에 국립중앙도서관에 2책이 소장되어 있다. 옮긴이들은 국립중앙도서관 측의 공식허락을 받고서 2014년 9월 17일 방문하여 원본 2책을 열람・촬영하였다.

③ 역사 전거와 내용 소개 :

1920년대 단군교의 경전 체계는 『천부경(天符經)』・『성경팔리(聖經八理)』・『각사(覺辭)』였다. 정훈모가 1935년에 『천을선학경』을 간행하고 『삼일신고(三一神誥)』를 수용하면서 1930년대에는 『천부경』・『천을선학경』・『삼일신고』로 바뀌었다.

이 책은 장절이 나뉘어 있지 않기 때문에 임의로 구분해 보면 다음과 같다.

◎성문(成文)론_달선산인(達仙山人)/ 천을(天乙)론_천을학습인(天乙學習人)

◎선학원시(仙學元始)장/인류(人類)장/정제(整齊)장/진정신(進情神)장/연심(鍊心)장/연순(鍊順)장/기평(氣評)장/대론(大論)장/대각(大覺)장/대석(大釋)장/석정(釋定)장/백도(百道)장/성문천하(聖聞天下)장/수

덕(水德)장/기통(氣通)장/기행(氣行)장/기전(氣傳)장/도련(道鍊)장/도훈(道訓)장/도평(道評)장/도완(道完)장/기형(氣亨)장/기형(氣形)장/통현(通賢)장/도필(道必)장/기순(氣巡)장/기현(氣賢)장/기적(氣積)장/천강(天罡)전/기중기(氣中氣)론/기전(氣全)장/기관(氣寬)장

◎대도전시(大道傳始)장/천의인심일령(天意人心一令)장/대화천지신명(大化天地神明)장/대총보교(大聰普敎)장/대총명전수(大聰明傳授)장/총명초출(聰明迢出)장
○계주(戒酒)장/계술(戒術)장/계연(戒烟)장/계비(戒悲)장/금사려(禁思慮)장/금재앙(禁灾殃)장/금도적(禁盜賊)장/금선(禁禪)장/금대성(禁大聲)장/금범(禁犯)장/금행음(禁行淫)장/금경(禁驚)장/금분(禁忿)장/금혐(禁嫌)장/금극과(禁極過)장/금대추(禁大麤)장/금천행(禁賤行)장/금대괴(禁大恠)장/금달야(禁達夜)장/금린언(禁吝言)장/금광(禁狂)장/금결(禁結)장/금인(禁因)장/금한(禁恨)장

◎신정대정(新正大定)장/심성대련대이(心性大鍊大異)장/형신구전(形神俱全)장/기구성적심인대득(氣球成跡心仁大得)장/귀인대강성인(貴人大綱成仁)장
○경잠(敬箴)/경천(敬天)잠/경의(敬義)잠/경신(敬神)잠/계절(戒節)훈/인정(人情)훈/정력(精力)훈/진인(眞人)훈/진연(眞緣)훈/전령(傳靈)장/대령전기상보(大靈傳氣相保)장/심리대강(心理大綱)론/심령자양(心靈自養)법/심신자령(心神自靈)법/양생욕극불전(養生慾極不專)장/칠성(七星)론/지정(至精)론/지선(至仙)론/기관(氣管)론/심학(心學)론/천구(天球)론

◎경천공신(敬天供神)장/제단(制壇)법/경순왕설단성령(敬順王設壇聖令)장/성전배례설(聖殿拜禮設)법

서두에는 달선산인(達仙山人)의 「성문(成文)론」, 철을학습인(天乙學習人)의 「천을(天乙)론」에 단군 때 대무장군이 선학서를 지었다는 유래가 적혀 있다.

다음 「선학원시(仙學元始)장」에는 좀 더 구체적으로 단군 즉위 20년 봄 대무장군이 신인선학서를 쓰기 시작했다는 내용이 담겨 있다. 신선이 되기 위한 수련과 이론에 대해 「인류(人類)장」부터 「기관(氣寬)장」까지 30장에 걸쳐 소개되었다. 「성문천하(聖聞天下)장」에도 선학의 시조가 대무장군임이 강조되어 있다.

「대도전시(大道傳始)장」부터 천도와 인도의 관계에 대해 논하고 총명해지는 방법에 대해 소개한다. 천인학사(天仁學士)가 단군의 명을 받아 금주, 금연와 같은 물질적인 금기부터 비애, 사려, 놀람, 울분 등의 감정, 언행의 괴이함 등 생각과 행동 등 구체적인 금기사항을 언급하였다.

「신정대정(新正大定)장」부터 천지인(天地人)을 주제로 잠언과 교훈을 언급한 뒤 심(心)과 신(神), 천(天)과 지선(至仙)을 논하였다.

마지막장 「경천공신(敬天供神)장」부터 「성전배례설(聖殿拜禮設)법」까지 제천 예식에 대해 소개하고서 매듭지었다.

4. 「천을성경(天乙聖經) 출판허가서」(1936)

① 서지 사항 :

소 장 자	서울역사박물관(유족 기증)
형태사항	1쪽 : 26.7 × 19.5cm
발견일자	조준희/ 2005.7.23.

② 발굴 경위 :

「천을성경 출판허가서」는 2005년 7월 23일 정훈모 선생의 손자 정달영 선생의 소개로 손부 권태영(權泰英) 여사를 처음 방문했을 당시 정훈모 선생 자료 속에서 발견된 것이다.

옮긴이들이 2010년 2월 24일 2번째 방문했을 때 권 여사는 정훈모 선생이 쓰던 정자관(程子冠)을 비롯하여 『정문익공유고』, 「송덕문」, 간찰 등 여러 점을 추가로 보여주었으며, 이후 모든 자료를 서울역사박물관에 기증하였다.

③ 역사 전거와 내용 소개 :

이 자료는 정훈모가 『천을선학경(天乙仙學經)』을 출판하고자 1936년(소화11) 5월 26일에 위해 총독부에 허가 신청을 하고서 당일에 받은 확인 서류다.

『천을선학경』은 이미 1935년(소화10) 5월 15일자로 선 간행을 한 상태였다. 출판물 판권지 상 정훈모의 주소는 돈의동 51번지로 되어 있었는데, 다음 달에 충신동 117번지(「단군교종헌 출판허가서」에 의함)로 이사를 갔다가 이 출판허가서 상에서 1936년 효제동 184번지에 정착한 점이 확인된다. 이곳은 정훈모 후손들의 본적지이기도 하다.[4]

『단군교부흥경략』, 「교리의 귀원득진」편 "本敎의 眞理난 天符經·聖經·三一神誥로 丹心鍊性하고 …眞理의 天符經·天乙仙學經·三一神誥을 鍊性爲工하면…" 구절에서 '성경'이 『천을선학경』임을 지칭하는 대목이 발견된다. 20년대까지 '성경'은 『성경팔리』의 약칭으로 쓰였는데, 35년에 경전 체제가 바뀌어 성경=천을선학경으로 동일시하면서 '천을성경'이라는 명칭도 나온 것임을 짐작할 수 있다.

4) 정달영, 『학교종이 땡,땡,땡 난 아직도 수업중』, 시니어파트너즈, 2014, 34쪽.

〈예식서〉

1. 『단군교종령(檀君敎宗令)』(정훈모, 1913)

① 서지 사항 :

소 장 자	서울역사박물관(유족 기증)
형태사항	절첩(25쪽) : 표지 16.2 × 8.7cm
발견일자	조준희/ 2005.7.23.

② 발굴 경위 :

이 자료는 2005년 7월 23일 옮긴이들이 정훈모의 손부 권태영 여사를 처음 방문했을 때 정훈모 선생의 유품에서 처음 본 것이다. 권 여사는 정훈모 선생의 모든 유품을 2010년 4월 14일 서울역사박물관에 기증하였다.

③ 역사 전거 :

1912년 가을 이유형·유진구·서창보 3인이 합의하여 교단을 사적으로 이용하려고 하자 교단 내 시교사 이수봉·임원상이 반대를 하였는데, 3인은 "교주가 임·이 양인을 교사하여 시비를 기(起)한다"고 모함하였다. 그러나 정훈모는 이를 동세하지 못하였고 끝내 고향집으로 물러나고 말았다.

이듬해인 1913년 7월 이유형은 「단군교총본부종령」을 임의로 제정하여 당국에 신고하였다. 이에 맞서 정훈모는 1913년 7월 31일자로 「단군교종령」을 제정해 두고 재기를 기약하고 있었다. 그러던 차에 1914년 8월 10일에 개최된 단군교 총회에서 정훈모는 의장을 맡았고, 부의장이자 대교사였던 이유형이 건강상의 이유로 사의를 표하자 본교사 유진구에 의해 재력가였던 홍갑표가 대교사로 추천되었다. 이후 이유형 · 유진구 · 서창보 3인이 모두 서거하자 정훈모는 안응선 시교사의 요청에 의해 다시 상경하였고, 우여곡절 끝에 1915년 7월 7일 대종사(종교사에서 변경)로 추대되고 교주의 지위를 굳건히 하게 되었다.

④ 내용 소개 :

『단군교종령』은 총 13절 67조로 구성되어 있는데, 1절 교의(敎義, 교명), 2절 대지(大旨, 종지), 3절 위치(位置, 소재지), 4절 시교(施敎), 5절 전례(典禮), 6절 봉교(奉敎, 5종지·8계명·각사), 7절 교비(敎費), 8절 교무처리 및 임원, 9절 종위(宗位, 품계), 10절 영고(靈誥, 영고장), 11절 지교(支敎), 12절 수신(修身) 및 주의, 13절 자매실(姊妹室)로 나뉜다.

같은 시기 이유형이 『단군교총본부종령』에서 교단 조직과 업무에 많은 조항을 할애한 것과 비교해서 정훈모는 무엇보다 종교 예식을 중시한 차이를 보인다.

세부적으로 6절 12조에서는 「각사」 17자 - 성령재상 천시천청 생아활아 만만세강충(聖靈在上 天視天聽 生我活我 萬萬世降衷)이 "시화천존 묵도심함(施化天尊 默禱審涵)" 8자로 완전히 바뀐 내용이 확인된다.

13절에서는 자매들도 임원에 참여하여 적극적인 포교를 할 수 있도록 동등하게 배려한 점이 주목된다.

10절 제55조에는 "天符經과 覺辭의 眞理를 丹田에 養精修鍊ᄒᆞ야 心理에 道力을 得ᄒᆞ야 感靈性을 通ᄒᆞᆫ 敎人에게는 大宗師가 特別히 神殿에 告由ᄒᆞ고 靈誥狀을 授與ᄒᆞ야 褒證ᄒᆞᆷ"이라는 『천부경』 관련 조항이 있다. 학계에서 가장 빠른 시기로 알려졌던 전병훈의 『정신철학통편』(1920) 출간 이전 1913년에 이미 『천부경』이 존재했음을 고증하는 면에서 매우 중요한 사료다.

2. 『단군교교약장』(정훈모, 단군교총본부, 1915)

① 서시 사항 :

소 장 자	독립기념관(위탁 기증)
형태사항	1책(46쪽) : 23 × 15cm
발견일자	2010.4.21.경기대 소장본, 2014.9.2.독립기념관 소장본 촬영

② 발굴 경위 :

2010년 4월 21일 경기대 수원캠퍼스 도서관 소장본을 처음 촬영하였고, 2014년 9월 2일 독립기념관 보관본(대종교 위탁)을 방문해 확인하였다.

③ 역사 전거 및 내용 소개 :

단군교 교주의 직명 종교사(宗敎師)는 1915년에 7월에 대종사(大宗師)로 바뀌었다. 『단군교교약장』 판권지를 보면 1915년 8월에 출간되었지만, 정훈모가 1914년 10월에 출판허가를 받았기 때문에 예전 직명인 종교사 그대로 적혀있다.

'단군교교약장'이란 난군교의 교약징 즉 '교단 내규'로, 본문 구성은 「단군교 교약도」를 설명한 「교약설(敎約說)」, 「교약실상(敎約實狀)」, 「교약부칙」, 「교원상견예식(교원상견예식)」으로 구성되어 있다.

「교약실상」은 『성경팔리』 중 '성 · 신 · 애 · 제' 및 '화 · 복 · 보 · 응'의 이치를 설명한 것이다.

「교약부칙」에는 교육(교당교육·학교교육), 구휼(환난상구(患難相救, 환난이 생겼을 때 서로 구해줄 것) · 경행상하(慶幸相賀, 경사스러운 일을 서로

축하할 것)), 근업(勤業), 확장(의학이나 이학에 고명한 이 천거), 포상(학행이 있는 이와 입교 후 교단 내규를 독실하게 실천한 이), 벌책(죄과에 따라 출교(黜敎)·잠계(潛戒)·정교(停敎))의 조항을 두었다. 덧붙여 벌목(罰目)은 죄의 내용을 오륜에 근거하여 구체적으로 설명한 것이며, 포목(褒目)은 벌목과 반대로 오륜을 지켰을 때를 선행으로 규정하였다.

「교원상견예식」은 신도들의 교단 내 예법을 소개한 것으로, 특히 봄·가을에 택일하여 거행하는 '상읍례(相揖禮)'에 대해 상세히 설명하였고, 부연하여 대제 후 '음주례(飮酒禮)'에 대해서도 간단히 언급하였다.

부록의 「단군교교약소 위치」에서는 단군교총본부에 중앙약규소(中央約規所)를, 지교부에 지방약규지소(地方約規支所)를 둔다고 하고, '약규소칙(約規所則)'을 첨부하였다.

이유형의 『단군교총본부종령』 제57조에 따르면, 교약소에 대해 언급하면서 "교약소장(敎約所長)은 대정 2년 5월 8일에 조선총독부 경무총장의 출판허가한 단군교규약(檀君敎規約)을 의하야 일반교인에게 교약실시 사무(敎約實施事務)를 전관(專管)홈"이라 하여 단군교규약이 1913년 5월 8일 조선총독부로부터 출판 허가되었음을 밝히고 있다. 1913년에 제정된 『단군교종령』에는 교약소에 대한 조항이 없기 때문에 정훈모는 『단군교교약장』을 집필하면서 이유형의 『단군교총본부종령』 내용을 반영했던 것으로 보인다.

책의 말미에는 교주 명의로 신도에게 발급하는 「단군교교증(檀君敎敎證)」 양식이 별첨되어 있다.

3. 『단군교예식』(정훈모, 단군교본부, 연도 미상)

① 서지 사항 :

소 장 자	서울역사박물관(유족 기증)
형태사항	절첩(11쪽) : 1면 16.2 × 8.7cm
발견일자	2005.7.23.

② 발굴 경위 :

2005년 7월 23일, 정달영 선생의 소개로 수원에 사는 정훈모 선생의 손부 권태영 여사(1932년 생) 댁에 유영인 소장과 함께 방문하여 6점의 유품을 열람하였다.[5] 그중 『예식(禮式)』이라는 작은 첩이 주목되었다.

③ 역사 전거 및 내용 소개 :

첩의 겉장에는 "禮式 存案"이라고 쓰여 있는데, '존안(存案)'은 보존하여 두는 문건을 말한다. 하단에는 "檀君敎本部印" 직인이 찍혀 있다.

다음 장에는 "단군교예식"이라는 제목 하에 정훈모 자필로 단군교의 여러 예식이 적혀 있다. 차례는 다음과 같다.

◎ 축문 : 봉교축문, 삭다례축, 사중절제축, 강어대제축(10월 3일), 승어대제축(3월 15일)
◎송덕문/ 예배홀기
◎제례홀기
◎「진설도」

---

5) 2010년 2월 24일, 해외에 나갔다가 귀국한 권태영 여사를 5년 만에 이사 간 경기도 고양시 자택에서 다시 만나 정훈모 선생의 탕건을 비롯한 나머지 유품을 추가 열람하였다.

	(神位)	
기장(粱)		벼(稻)
	폐백(幣)	
	소고기(牲)	
미나리절임(芹菹)/		대추(大棗)/
무절임(菁菹)		말린 밤(黃栗)
초(燭)	잔(爵)(爵)(爵)	초(燭)
	향(香)	

◎각사 : 시화천존 묵도심함(施化天尊 默禱審涵)

◎오대종지 : ①경봉조신(敬奉祖神, 단제신조[단군]를 공경히 받들 것), ②감통영성(感通靈誠, 신령함과 정성으로써 느끼고 통할 것)'으로, ③애목족우(愛睦族友, 친족과 벗을 사랑하고 화목할 것)'으로, ④안거기토(安居基土, 터전에 편안히 기거할 것), ⑤근무산업(勤務産業, 산업에 부지런히 힘쓸 것)

◎팔리 : 성(誠)·신(信)·애(愛)·제(濟)·화(禍)·복(福)·보(報)·응(應)

◎팔계명 : ①불기천(不欺天, 하늘을 속이지 말라), ②불자기(不自棄, 스스로 버리지 말라), ③불망어(不妄語, 망령되이 말하지 말라) ④불망상(不妄想, 망령되이 생각지 말라), ⑤불사음(不邪淫, 사특하고 음란하지 말라), ⑥불투기(不妬忌, 투기하지 말라), ⑦불투도(不偸盜, 도둑질하지 말라), ⑧불교린(不驕吝, 교만하고 인색하지 말라).

◎천부경(81자)

◎기도문

◎원본 신가/ 해명 신가

4. 「향사홀기」·「축문식」·「단배식홀기」·「송덕문」(정훈모 친필본)

① 서지 사항 :

소 장 자	서울역사박물관(유족 기증)
형태사항 (세로×전체 가로)	향사홀기 ; 26.2 × 87.9(표지30.6)cm 축 문 식 ; 30.2 ×118.9(표지7.6)cm 단배식홀기 ; 30.2 ×105.1(표지7.7)cm 송 덕 문 ; 28.1 × 37.9(표지12.8)cm
발견일자	2005.7.23(향사홀기·축문식·단배식홀기) 2010.2.24(송덕문).

② 발굴 경위 :

2005년 7월 23일, 정훈모 선생 유품 열람시 「향사홀기」·「축문식」·「단배식홀기」 3점을 처음 보았고, 2010년 2월 24일 2차 방문시 추가 공개된 「송덕문」을 열람하였다. 소장자 권태영 씨로부터 시어머니(崔榮舜 여사, 정훈모 선생 둘째 며느리)께서 단군교 예식에 참여했다는 증언도 들었다.

이 예식서들은 1930년대 단성전에서 실제 사용했던 제례 자료 원본으로, 첩 형태로 되어 있다. 「향사홀기」·「축문식」·「송덕문」은 『단군교부흥경략』에 수록돼 있는데 몇 군데 글자 차이가 있다. 「단배식홀기」는 『단군교부흥경략』에 누락된 자료인데, 정훈모 자필 『예식존안』의 '제례홀기(祭禮笏記)'와 동일하다.

③ 역사 전거 및 내용 소개 :

단군교 예식은 1년 중 아래 날에 행하였다.

– 삭제(朔祭) : 매월 길일(초하루)

– 사시절제(四時節祭) : 중월(2·5·8·11월) 15일
– 개교식(開敎式) : 음력 정월 15일
– 어천제(御天祭) : 음력 3월 15일
– 개천제(開天祭) : 음력 10월초3일
– 예배일(禮拜日) : 매 일요일 상오 10시

이를 시기별로 살펴보면 1월 초하루 · 보름, 2월 초하루 · 보름, 3월 초하루 · 보름, 4월 초하루, 5월 초하루 · 보름, 6월 초하루, 7월 초하루, 8월 초하루 · 보름, 9월 초하루, 10월 초하루 · 3일 · 보름, 11월 초하루 · 보름, 12월 초하루로 1년 20회 제를 지냈고, 일요 예배는 월 4회~5회로 1년에 52회 지냈다. 중복 일자를 감안해도 1년에 총 70회로 많은 제를 지냈음을 알 수 있다.

「향사홀기」는 단성전 제례 홀기다. 1917년~1920년경으로 추정되는 정훈모 자필 『예식 존안』에서는 '제례홀기(祭禮笏記)'라고 하였고, 이 자료는 10년 지난 뒤라서 예원의 명칭이나 내용면에서 약간 수정된 차이를 보인다.

첩 뒷면에는 '강어축'과 '어천축', 그리고 「진설도」가 있다. 여기에 적힌 「진설도」도 『예식 존안』과 차이가 나는데, 『단군교부흥경략』(1937) 속 「진설도」와 일치한다.

「진설도(陳設圖)」

	신위(神位)	
목기(右豆)/기장(簋稷)		벼(簋稻)/죽기(左籩)
어해(魚醢)/녹해(鹿醢)	소고기(牲)	어포(魚脯)/녹포(鹿脯)
무절임(菁菹)/ 부추절임(菲菹)	폐백광주리(幣筐)	말린 대추(乾棗)/ 말린 밤(乾栗)
초(燭)		초(燭)
	잔(爵)(爵)(爵)	
	향(香)	

◎「축문식」은 매월 초 길일에 행하는 '삭다례축', 매중월 15일에 행하는 '사중제축', 음력 10월 3일에 행하는 '강어대제축', 음력 3월 15일에 행하는 '승어기념대제축', 그리고 신도들의 봉교식 때 행하는 '봉교축'이 있다. '축문'은 매 제사 때에 읽어 단군께 고하는 글이다.

◎「단배식홀기」는 매 일요일 거행했던 예배(단배식) 홀기다. 정훈모 자필 『예식 존안』에서는 매 일요일 예식을 '예배(禮拜)'라고 불렀는데, 1930년대 단성전에서 예배를 '단배식(檀拜式)'으로 바꾸어 불렀던 것으로 보인다. 정훈모 자필 『예식 존안』에서는 송덕가(頌德歌)만 부른 것으로 적혀 있는데, 이 자료에서는 숭봉가(崇奉歌)가 추가되어 있다. 아쉽게도 두 노래의 가사는 전하지 않는다. 첩 뒷면에는 「삭다례홀기(朔茶禮笏記)」도 부기되어 있다. '삭다례'는 매달 음력 초하룻날에 교당에서 지내는 제사를 말한다.

◎「송덕문」은 매 일요일 예배(단배식) 중에 읽었던 단군 예찬문이다. 단군의 '군(君)'자 옆에 작은 글씨의 '제(帝)'자로 병기하고 있는데, 『단군교부흥경략』(39~40장)의 「송덕문」에서는 '단제(檀帝)'로 통일되어 있다.

5.「단군교종헌(檀君敎宗憲) 출판허가서」(1935)

① 서지 사항 :

소 장 자	서울역사박물관(유족 기증)
형태사항	1쪽 : 27.2 × 19.6cm
발견일자	조준희/ 2005.7.23.

② 발굴 경위 :

앞의「천을성경(天乙聖經) 출판허가서」경위와 같다.

③ 역사 전거와 내용 소개 :

이 자료는 정훈모가『단군교종헌』을 출판하고자 소화 10년(1935) 6월 13일에 총독부에 허가를 신청하고 6월 17일자로 발급받은 확인서다.『단군교종헌』은 전하지 않기 때문에『단군교부흥경략』(40장)에 일부 내용이 밝혀져 있는「종헌규정(宗憲規程) 개략」이 참조된다.

「종헌규정 개략」

- 개천제(開天祭) : 음력 10월초3일
- 어천제(御天祭) : 음력 3월 15일
- 개교식(開敎式) : 음력 정월 15일
- 사시절제(四時節祭) : 중월(2·5·8·11월) 15일
- 삭제(朔祭) : 매월 길일 거행. 향복건도(享福虔禱, 복을 누리도록 정성껏 빎).
- 예배일(禮拜日) : 매 일요일 상오 10시

◎오종지 : ①경봉조신(敬奉祖神, 단제신조[단군]를 공경히 받들 것), ②감통영성(感通靈誠, 신령함과 정성으로써 느끼고 통할 것)'으로, ③애목족우(愛睦族友, 친족과 벗을 사랑하고 화목할 것)'으로, ④안거

기토(安居基土, 터전에 편안히 기거할 것), ⑤근무산업(勤務産業, 산업에 부지런히 힘쓸 것).

◎팔계명(八戒命) : ①불기천(不欺天, 하늘을 속이지 말라), ②불자기(不自棄, 스스로 버리지 말라), ③불망어(不妄語, 망령되이 말하지 말라), ④불사음(不邪淫, 사특하고 음란하지 말라), ⑤불투기(不妬忌, 투기하지 말라), ⑥불투도(不偸盜, 도둑질하지 말라), ⑦불교린(不驕吝, 교만하고 인색하지 말라), ⑧불망상(不妄想, 망령되이 생각지 말라).

◎오무(五無) : ①무상침탈(無相侵奪, 서로 침범하여 빼앗지 말 것), ②무상기광(無相欺誑, 서로 얼을 빼어 속이지 말 것), ③무상능오(無相凌傲, 서로 업신여기고 오만하지 말며), ④무상구함(無相搆陷, 서로 거짓으로 모함하지 말 것), ⑤무상산방(無相訕謗, 서로 흉을 보고 비방하지 말 것).

◎팔물(八勿) : ①물태황(勿怠荒, 일을 게을리 하거나 언행을 거칠게 하지 말 것), ②물탐재(勿貪財, 재물을 탐하지 말 것), ③물신부와(勿信浮訛, 근거 없는 거짓말을 믿지 말 것), ④물회공겁(勿懷恐怯, 두려워하거나 겁내는 마음을 품지 말 것), ⑤물창오(勿彰惡, 남의 지난 죄과를 들추지 말 것), ⑥물논자(勿論疵, 남의 흠을 이야기하지 말 것), ⑦물근좌도(勿近左道, 삿된 종교를 가까이하지 말 것), ⑧물호부참(勿好符讖, 부참[6]을 좋아하지 말 것)

◎사상(四相) : 희경상문(喜慶相問, 기쁜 경사에 서로 방문할 것), 애척상휼(哀慽相恤, 슬픈 일에 서로 도와줄 것), 환난상구(患難相救, 환난이 생겼을 때 서로 구해줄 것), 덕업상권(德業相勸, 덕을 쌓는 일을 서로 권할 것)

정훈모가 1913년에 제정했던 「단군교종령」에 제례일(제5~10조), 오종지와 팔계명(제11조)이 실려 있는데, 오무, 팔물, 사상은 들어있지

6) 부참(符讖) : 길흉화복이나 흥망 등 뒷날에 나타날 일을 미리 알아서 해석하기 어렵게 비밀로 적어놓은 글.

않아서 후대에 여러 항목을 보완했을 것으로 추정된다. 오무와 팔물은 봉교과규 내용과 정확히 일치한다. 사상은 향약의 4강령－덕업상권(德業相勸)·과실상규(過失相規)·예속상교(禮俗相交)·환난상휼(患難相恤)과 거의 비슷하다.

#부록1 :「입교의절(入敎儀節)」·「봉교절차(奉敎節次)」·「봉교과규(奉敎課規)」(정훈모 필사본)

① 서지 사항 :

소 장 자	서울역사박물관(유족 기증)
형태사항	11쪽 : 24.3 × 16.4cm
발견일자	2005.7.23.

② 발굴 경위 :

2005년 7월 23일, 정훈모 선생 유품을 열람하는 과정에서 「입교의절(入敎儀節)」·「봉교절차(奉敎節次)」·「봉교과규(奉敎課規)」 필사본 문건이 1점 보였다. 내용을 면밀히 검토한 결과 인쇄본 『단군교포명서』 부록의 단군교 예식서로서, 5~6글자를 제외하면 일치하였다.

『단군교포명서』 부록에는 단군교 의례서인 「입교의절(入敎儀節)」, 「서사(誓辭)」, 「각사(覺辭)」, 「봉교절차(奉敎節次)」, 「봉교과규(奉敎課規)」, 그리고 「신가(神歌)」가 첨부되어 있다. 이 자료는 정훈모 선생이 「신가」를 제외한 나머지 예식서를 옮겨 적은 필사본문건이라 하겠다.

③ 역사 전거 :

대일외교차 일본에 머물던 나인영(후의 나철)은 신병(당뇨병) 문제로 1908년 12월 7일 일본의 대학병원에서 진찰과 3주간의 입원을 마치고 12월 31일에 퇴원한 뒤 일본 정객 마쓰무라(松村雄之進)의 도움을 받아 홍고구 모리가와마치 1번지 가이헤이칸(蓋平館)에 숙소를 마련하였다.

백두산 도인 두일백은 12월 31일(음력 12.9)에 나인영의 새 거처인

가이헤이칸을 다시 찾아온다. 마침 정훈모가 문안차 와 있었는데, 두일백이 문을 열고 들어왔다. 정훈모는 두일백의 풍모가 속세사람이 아닌듯한 창백한 얼굴에 푸른 눈을 하고 수려한 눈썹과 흰머리를 한 신선의 모습이었다고 회고했다.

당시 상황을 재연해 보면, 백발 도인이 방문을 열고 들어와 "그대는 조선인으로서 이곳에 왜 왔는고?" 말하니, 안에 있던 정훈모가 노인의 이름을 되물었다. 이에 두일백은 자신과 백봉신형을 소개했는데, 정훈모가 또다시 "백봉이 뉘시오?"하고 물었다. 두일백은 단군교의 유래와 백봉에 대해 설명하고, "(백봉 신형이) 그대의 정성과 뜻을 아는 까닭에 오로지 이를 전하고자 왔으니 이곳에 오래 머물지 말고 즉시 본국으로 돌아가 본교를 다시 일으켜 동포를 구하시오."하고 명하였다. 이에 정훈모는 "교리가 있다는 것을 들은 바 교문을 세우고자 하는 의욕이 있었으나 교적이 전무하여 정성을 다하지 못하고 있으니 바라옵건대 가르침을 주시오."하고 청하자, 두일백은 가지고 온「단군영정」과『성경팔리』,『삼일신고』,『(단군교)포명서』, 역사·예식서 등 각 1책을 주면서 말하기를 "이것을 가지면 가히 교문을 일으킬 수 있으니 곧장 귀국하시오!"라고 당부하고 떠났다.

나인영의 증언에 의하면, 당일 정훈모와 함께 두일백으로부터 영계(靈戒)를 받았다고 한다. 정훈모는 이날의 감회를 "기쁜 마음에 밤새 잠들지 못하다가 다음날 새벽 사명을 가지고 귀국 길에 올라 밤낮으로 단군교를 일으킬 연구에 전념하였다"고 술회하였다.

이와 같은 진술에서 보건대『단군교포명서』의 '포명본교대지서' 부분과 부록의 '예식서'는 별개로 전해졌다가 1909년에서 1910년 사이 인쇄본 간행 시에 합쳐진 것이다. 정훈모는 일찍이『단군교포명서』부록의 예식서 등 필요한 자료를 필사해 두었던 것으로 보인다.

④ 내용 소개 :

「입교의절(入敎儀節)」은 단군교의 입교 의식과 절차를 설명한 문건이다. 「서사」는 입교식 때 대황조께 맹서해 고하는 각서로, 주문(呪文)인 「각사」를 3회 묵독한 뒤 '대황조단군성신지위(大皇祖檀君聖神之位)'라고 적은 지패(紙牌)와 함께 태우는 것으로 입교식을 마쳤다.

「봉교절차」는 입교 후 교인으로서 지켜야 할 제사를 설명한 것이다. 대제인 10월 3일 개극절에는 신악(神樂)을 사용하고, 4중월(2·5·8·11월－옮긴이 주) 중순에 행하는 중제에는 신무(神舞)를, 소제인 매월 초하루·보름에는 신가(神歌)를 사용하라고 했다. 중제와 소제는 대종교단에서 1910년 9월 15일자로 일요일 경배식으로 바뀌었고, 신악과 신무는 전하지 않는다.

「봉교과규」는 종교 규범으로, 민족주의 색채가 짙게 드러나는 조항과 타종교에 대한 관용의 정신을 보이는 대조적 구절이 혼재돼 있다.

#부록2 : **『단군교총본부종령**(檀君敎總本部宗令)』(이유형, 1913)

① 서지 사항 :

소 장 자	국립중앙도서관
형태사항	1책(33쪽) : 26.3 × 18.8㎝
발견일자	2014.9.17 촬영

② 발굴 경위 :

이 자료는 전술한 논문 『한말·일제시대 단군신앙운동의 전개』에서 처음 소개되었다.

그런데 단군교 대교사 이유형(李裕馨)이 1913년 7월 『단군교총본부종령』을 제정했을 때 교단에서 밀려났던 정훈모도 동시에 『단군교종령』을 만들었다는 사실이 후에 정훈모 유품을 통해 밝혀지면서 재검토의 여지가 생겼다.

③ 역사 전거와 내용 소개 :

이 자료는 단군교 대교사 이유형이 1912년부터 1914년까지 단군교를 장악하면서 1913년 7월 출간 목적으로 조선총독부 경무총감부에 제출했던 단군교총본부의 종령(宗令)이다. 내지에는 '출판허가' 도장이 찍혀 있으나, 표지에는 '출판불허가'로 날인돼 있다.

전체 조항은 103조로 구성되어 있다.

제1조로부터 제4조까지는 교당의 명칭(단군교총본부)과 종지(宗旨), 단군교의 창시 연기(年紀)와 재흥 연기(1907), 소재지(경성)가 밝혀져 있다.

제5조 교당 내 조직과 이하에는 교당에 속한 부(府), 소(所), 사(司), 실(室)로 총무부(總務部), 교무부(敎務部), 사무부(事務部), 교약소(敎約所), 찬성사(贊成司), 자매실(姉妹室)을 나열하고, 각 부서의 인원과 역할이 규정돼 있다.

이유형은 1914년 8월 10일 단군교 총회에서 신병을 이유로 대교사를 사임하였고, 곧바로 교단을 떠났다.

이유형이 『단군교총본부종령』에서 교단 조직과 업무에 많은 조항을 할애한 것과 비교해서 정훈모는 『단군교종령』에서 종교 예식을 중시한 차이가 있다. 두 자료는 내분을 일으킨 이유형과 교단을 영도했던 정훈모 간 운영 시각의 차이를 살필 수 있는 1차 사료라는 점에서 모두 중요하다.

교리서와 예식서 영인본

교리서와 예식서 영인본

목차

〈교리서〉

1.『단군교 진리문답』(정훈모, 1911추정) / 1

『단군교 진리문답』 원문입력본 / 45

『단군교 진리문답』 국한문본 일부 / 62

2.『성경팔리』(정훈모 역, 단군교본부, 1926) / 63

3.『천을선학경』(정훈모, 단군교본부, 1935) / 187

4.「천을성경 출판허가서」(1936) / 235

〈예식서〉

1.『단군교종령』(정훈모, 1913) / 237

2.『단군교교약장』(정훈모, 단군교총본부, 1915) / 265

3.『단군교예식』(정훈모, 단군교본부, 연도미상) / 315

4.「향사홀기」·「축문식」·「단배식홀기」·「송덕문」(정훈모 친필본) / 339

5.「단군교종헌 출판허가서」(1935) / 370

#부록1 :「입교의절」·「봉교절차」·「봉교과규」(정훈모 필사본) / 373

「입교의절」·「봉교절차」·「봉교과규」 원문 및 국역 / 386

#부록2 :『단군교총본부종령』(이유형, 1913) / 397

『단군교 진리문답』

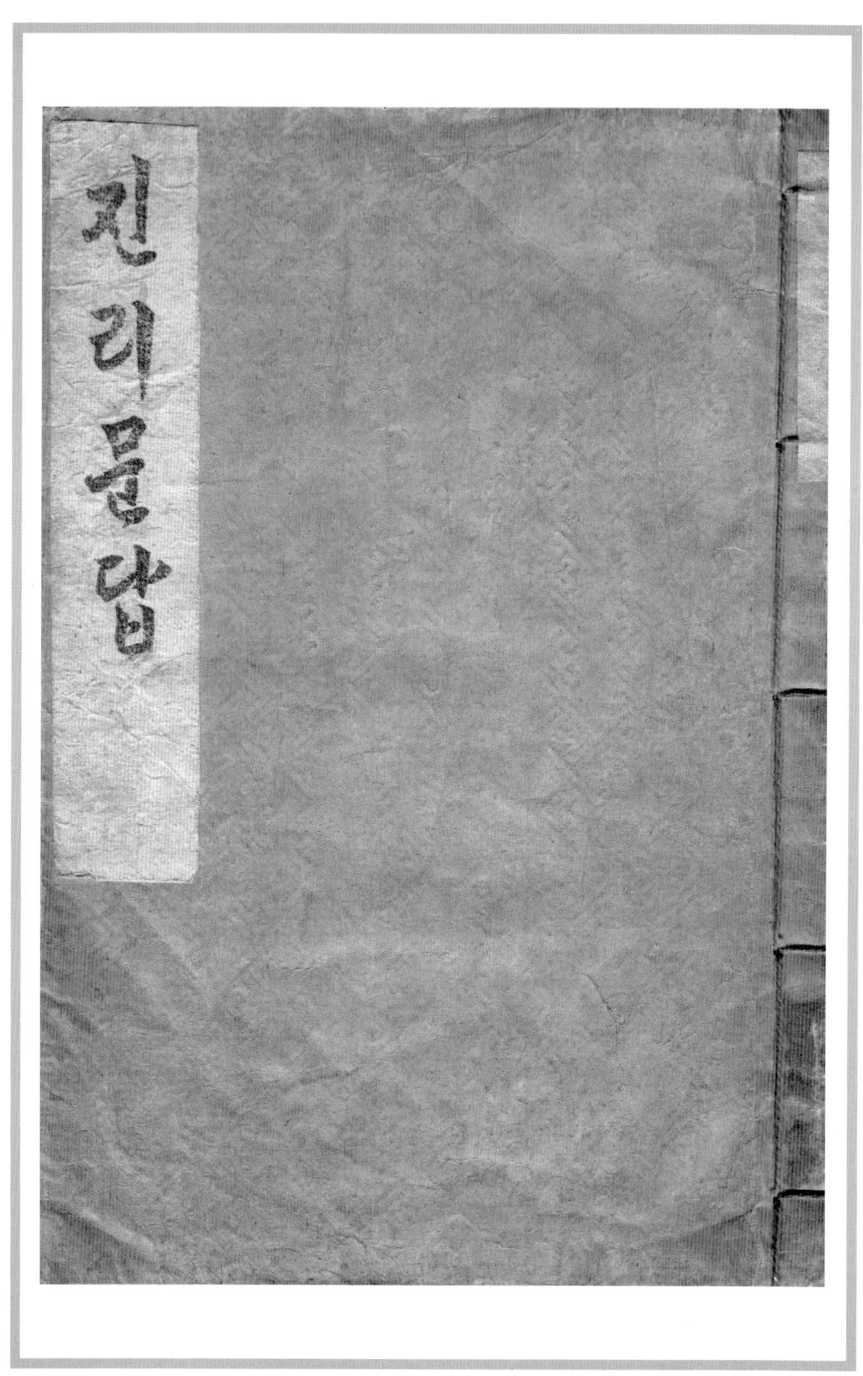

3 『단군교 진리문답』 영인본

단군교 진리문답

문 단군교의 진리는 무엇을 이름이뇨

답 금셩의 진승(육신으로승텬ᄒᆞᆫ다ᄂᆞᆫ말)이오 니셩의 강충(오ᄂᆞᆫ세상에다시난다ᄂᆞᆫ말)이니 령협은 각샤에 잇ᄂᆞ니라

문 각샤는 무엇을 이름이뇨

답 일톄즁셩의 진혼(셰샹진무에ᄲᅡ진말)을 셰닷게 ᄒᆞᄂᆞᆫ 말이니라

문 진혼은 무엇을 이름이뇨

답 물욕의 고톄를 밧고 ᄯᅳ글에 츌몰이도며

문 본령혼의 밝은것을 이른거시니라
각샤는 절차가 잇나뇨

답 네절귀에 십칠자가 이스니
셩령지상 현시현형 셩아환아 만만세강츙
이니라

문 셩령지상은 무엇을 이름이뇨

답 단군셩령이 하늘우에 계심이니라

문 현시현형은 무엇을 이름이뇨

답 하늘이 보시는것을 마트시며 하늘이 듯는
것을 마트스 사람의 죽고사는것과 선악과

화복을 쥬지ᄒᆞ시니라

문 ᄉᆡᆼ아환아ᄂᆞᆫ 무엇을 이름이뇨

답 ᄉᆡᆼ아ᄂᆞᆫ 그현셩을바다 비로ᄉᆞ 나ᄂᆞᆫ것이니
비로ᄉᆞ 나ᄂᆞᆫ것은 강츙의 ᄀᆞᆫ원인즉 그ᄀᆞᆫ
원이 은혜에잇고 환아ᄂᆞᆫ 그현셩을 져나
려 기리ᄉᆞᄂᆞᆫ것이니 기리ᄉᆞᄂᆞᆫ것은 진승의
ᄀᆞᆫ본인즉 그ᄀᆞᆫ본이 맷ᄂᆞᆫ데 잇ᄂᆞᆫ이라

문 만만세강츙은 무엇을 이름이뇨

답 강츙은 처음브터 사람의 현셩을 품부ᄒᆞ
여주ᄂᆞᆫ것이니 비단 금세승과 오ᄂᆞᆫ세승에

ᄒᆞᆫ번나고 두번만 날분아니라 곳 만만세

ᄂᆡ셩에 강충을 주시ᄂᆞ니라

문 단군은 텬신이신가 샤람이신가

답 셩령이시오 셩신이시오 셩인이시니 텬신인

삼위일톄시니라

문 셩령과 셩신과 셩인은 무엇을 이름이뇨

답 하ᄂᆞᆯ노 하강ᄒᆞ심은 셩령이시뇨 샤ᄒᆞ로좃

ᄎᆞ 승텬ᄒᆞ심은 셩신이시오 텬과신으로 인형

을 보이심은 셩인이시니라

문 텬신인 삼위일톄라ᄒᆞᆷ은 나마고룬 ᄒᆞ추ᄒᆞᆷ

이아니냐

답 나아[illegible] [illegible] 아차[illegible]하니 본교의 사귀

일해 [illegible] [illegible]가 [illegible]하야

문 종계와 [illegible] 뜻은 이름께요

답 환인과 [illegible]과 [illegible]이시니 삼위 일체시니라

삼위가 하나 일체라 ᄒᆞᆷ은 무슨 [illegible] 이름이요

문

답 단군께서 [illegible]으로 계신 [illegible]는 환[illegible]이시오 령신

으로 [illegible] [illegible]는 환웅이시오 령[illegible]으로 [illegible]

는 [illegible]이시어 [illegible] 하엄경에 이르되 환인을

제석이라 ᄒᆞ니 [illegible]에 환을 [illegible]고 인은

[illegible]

주ᄌᆡᄒᆞ시ᄂᆞ 한인을 텬주라 ᄒᆞᆷ이오 ᄂᆡ형으로
과화ᄒᆞ신 조신을 환웅이라 ᄒᆞ시니라

문 단군이라 ᄒᆞᆷ은 무엇을 이름이뇨

답 단목아래 하강ᄒᆞ신고로 단을 몽ᄒᆞ야 호를
존칭ᄒᆞᆷ이니라

문 단군은 육신의 인톄로 탄생ᄒᆞᆷ이 아닌가

답 쟈고셩인이 모다 인톄로 화성ᄒᆞ시되 오쥬
단군은 텬형으로 하강ᄒᆞ샤 인형을 비로
ᄉᆞ 낫타내시니라

문 어느ᄒᆡ 어느달 어느날에 하강ᄒᆞ셧ᄂᆞ뇨

답 녯적 갑ᄌᆞ무진년 십월삼일 이시니라

문 어느곳에셔 하강ᄒᆞ시뇨

답 ᄐᆡ빅산(령변군묘향산)단목 아ᄅᆡ시니라

문 하강ᄒᆞ샤 무엇을 ᄒᆞ시뇨

답 인족을ᄉᆞ랑ᄒᆞ샤 비치법을 힝ᄒᆞ시며 하ᄂᆞᆯ을 ᄃᆡ신ᄒᆞ야 ᄭᅩᄅᆞᆯ 세우시니라

문 비치법을 힝ᄒᆞ시다ᄒᆞᆷ은 무엇을 이름이뇨

답 남녀를졈지ᄒᆞ샤 인족을 번창케ᄒᆞ심으로 셩샹ᄒᆞᆫ집에셔 삼신을 존숭ᄒᆞᄂᆞ니라

문 하ᄂᆞᆯ을 ᄃᆡ신ᄒᆞ야 ᄭᅩᄅᆞᆯ세우다ᄒᆞᆷ은 무엇을이름

난뇨

답 일은팔리가잇고 이는 계명이잇ᄂᆞ니라

문 팔리는 무엇을 이름이뇨

답 정셩되고 밋부고 ᄉᆞ랑ᄒᆞ고 건지고 화되고 복되고 갑고 응ᄒᆞᆷ이니 인도의 극진ᄒᆞᆷ을 가라쳐 지도ᄒᆞ심이니라

문 계명은 무엇을 이름이뇨

답 텬리의 감응됨을 예비ᄒᆞ야 인ᄉᆞ의 맛당히 ᄒᆡᆼᄒᆞᆯ것을 ᄇᆞᆰ히 보이신니라

문 계명은 죠목이 잇ᄂᆞ뇨

답 찰조가 외숙 일은불괴현이오 이는불조괴오
삼은불망어오 사는불망승이오 오는불사음이
오 늑은불투괴오 칠은불투졀이오 팔은불
끄딘이니라

문 일에불괴현은 무엇을 이름이뇨

답 불괴현은 하늘을 속이지말ᄂᆞ홈이니 하늘
을 속이면 강응ᄒᆞ논 근본을 샂ᄂᆞ니
네 마음을 속이지말고 흔ᄉᆞ잇논디 삽가ᄂᆞ
니라

문 이에불조괴논 무엇을 이름이뇨

고 [illegible] 고

답 불즈괴난 스스로 바리지 말나ᄒᆞᆷ이니 스스로바
리면 강충의 근본을 샹ᄂᆞ니 하ᄂᆞᆯ이주신 품부
ᄒᆞᆫ 일치말고 사람에 주분을 다ᄒᆞᆯ지니라

문 삼에불망어난 무엇을 이름이뇨

답 불망어난 망녕도이 말ᄒᆞ지말나ᄒᆞᆷ이니 망
녕도이 말ᄒᆞ면 진실ᄒᆞᆫ 근본을 샹ᄂᆞ니 허
탁은 경ᄒᆞᆷ이말고 말은삼가 ᄒᆞᆯ지니라

문 사에불망상은 무엇을 이름이뇨

답 불망상은 망녕도이 싱각ᄒᆞ지말나ᄒᆞᆷ이니 망
녕도이 싱각ᄒᆞ면 졍심의 근본을 샹ᄂᆞ니

생각은 [illegible]게 말고 마음은 정[illegible]으로 할지니라
문 오에불사음은 무엇을 이름이뇨
답 불사음은 소루ᄒᆞ고 음논ᄒᆞ지 말나함이니
소루ᄒᆞ고 음논ᄒᆞ면 청정ᄒᆞᆫ 근본을 ᄯᅥᆺ나니
안은엄숙히ᄒᆞ고 밧근조찰ᄒᆞ게 할지니라
문 륙에불투괴는 무엇을 이름이뇨
답 불투괴는 투괴ᄒᆞ지 말나함이니 투괴ᄒᆞ면
용몰ᄒᆞᄂᆞᆫ 근본을 ᄯᅥᆺ나니 승괴ᄎᆞ를 ᄲᅢ티지말
고 네몸에 잇ᄂᆞᆫ것을 닷골지니라
문 칠에불투결은 무엇을 이름이뇨

답 불투졀은 도젹ᄒᆞ지 말나홈이니 도젹을 힝ᄒᆞ면 복덕의 근본을 샹ᄂᆞ니 샤욕을 싱각지말고 염치에 마음을 양출지니라

문 팔에불교린은 무엇을 이름이뇨

답 불교린은 교만ᄒᆞ고 인셕ᄒᆞ지 말나홈이니 인셕ᄒᆞ고 교만ᄒᆞ면 공경과 의리에 근본을 샹ᄂᆞ니 넓히 ᄉᆞ랑ᄒᆞ기는 비롬과 갓치ᄒᆞ고 ᄉᆞ람에 어려온것은 급히 츄션ᄒᆞᆯ지니라

문 팔리와 계명을 직히면 무엇을 이루ᄂᆞ뇨

답 인도가 지극히 션ᄒᆞ며 긋치면 텬리가 지극히

보혼데 드러가나니 진리를알고 계명을 참으로

힝ᄒᆞ여야 본교의 진리를 세웟ᄂᆞ니라

문 단군은 어느ᄒᆡ 어느달 어느날에 승텬ᄒᆞ셧ᄂᆞ뇨

답 녯젹 갑ᄌᆞ십오회 졍유삼월 십오일 이시니라

문 승텬 ᄒᆞ시기ᄂᆞᆫ 령신이신가 인형이신가

답 ᄒᆞᆫ강ᄒᆞ신 현승이 곳 승텬ᄒᆞ신 현상이시니

션령의 조화시오 진승에 표준이시니라

문 어느곳에서 승텬ᄒᆞ시뇨

답 구월산(황히도문화군서북간) 사황봉이니라

문 구월산에 승텬ᄒᆞ신 령젹이 잇ᄂᆞ뇨

답 구월산 뎨일봉에 신 혼거리를 바리시고 백일 승텬ᄒᆞ신고로 사황봉 일홈은 후사람에 우러러 ᄉᆞ모ᄒᆞᄂᆞᆫ 마음이오 산아릐 셩젼은 긔ᄌᆞ의천조시여 수현추에 졔ᄉᆞᄒᆞᄂᆞᆫ 례가 지금가지 잇ᄂᆞ니라

문 셩령은 어느곳에 계시뇨

답 하ᄂᆞᆯ의 계시나 계시지 아닌곳이 업ᄉᆞ시니라

문 셩령의 심법을 먼져 셰다라 어든ᄌᆞ 뉘시뇨

답 긔ᄌᆞ시니 지라의 셩현이오 은나라의 종친이라 주나라을 피ᄒᆞ야 동으로오ᄉᆞ 각ᄉᆞ의 진리를

세다라 전승을 어드셧나니라

문 괴조난 어느곳에셔 전승ᄒᆞ시뇨

답 주양산 보관봉(평양존)에셔 승천ᄒᆞ산 사적이 구월산 사황봉 평정과 방불ᄒᆞ니라

문 괴조계셔 전승ᄒᆞ셔스면 보관봉 능침은 무엇을 잡소ᄒᆞ야 능이라 ᄒᆞ나뇨

답 보관봉 능침은 셩인이에 유적을소모ᄒᆞ야 괴셔에 바리신 의대를 잡소ᄒᆞ야 능을봉ᄒᆞ시니라

문 괴조후에 각소의 진디를 연주ᄒᆞ야 전승을 어든조 몃ᄉᆞ람이나 잇나뇨

답 셜홍유의 송악산과(ᄀᆡ셩군) 최고운의 가야산과(경상도셩주군) 졍운홍의 구월산과 양봉니의 금강산(강원도회양군)이 여러션각의 진승ᄒᆞᆫ 곳이니라

문 엇지ᄒᆞ면 진승의 복을 엇나뇨

답 셩령이 감통홈에 잇나니라

문 셩령의 감통은 무엇을 이름이뇨

답 ᄉᆞ람의 졍셩이 우에달ᄒᆞ고 하ᄂᆞᆯ의 셩령이 아래님ᄒᆞ샤 우희와 아래에 사이가 업스면 수히지 아니ᄒᆞᄂᆞᆫ 대화공(조화의공이라ᄂᆞᆫ말)을 감통ᄒᆞ여 어둡지 아니ᄒᆞᆫ 진묘각(참묘ᄒᆞ게세엿ᄂᆞᆫ말)

은 통달ᄒᆞᄂᆞ니라

문 잡통ᄒᆞᄂᆞᆫ 법문은 어ᄃᆡ잇ᄂᆞ뇨

답 신례ᄂᆞᆫ 계명이되고 정신은 학ᄉᆞ가되여 실각ᄒᆞᄂᆞᆫ 것이 법ᄒᆞ면 성령이 잡통ᄒᆞ사 진슈의 복을 엇ᄂᆞ니라

문 엇지ᄒᆞ면 광즁의 은혜ᄅᆞᆯ 엇ᄂᆞ뇨

답 계명은 몸이잇고 강ᄉᆞᄂᆞᆫ 마음에잇서 생각이 잇스면 성령이 권녀ᄒᆞ사 광즁의 은혜를 엇ᄂᆞ니라

문 생각이 잇다ᄒᆞᆷ은 무엇은 이름이뇨

답 성령(정신이외학ᄒᆞ쟈ᄂᆞᆫ법)ᄒᆞ야 어둡지 아니ᄒᆞ면

그간에 조곰도 ᄭᅳᆫ어짐이 업ᄂᆞ니 ᄉᆡᆼ각지 아니ᄒᆞᆯ
너도 갑돕ᄒᆞᄂᆞ니라

문 ᄉᆡᆼ각이 잇다ᄒᆞᆷ은 무엇을 이름이뇨

답 혼혼ᄒᆞ야 어둡고(졍신이혼미ᄒᆞ다ᄂᆞᆫ말) 잠긔면 시
시로 ᄭᅳᆫ어짐이 잇ᄂᆞ니 ᄉᆡᆼ각ᄒᆞᆫ 후여야 갑돕ᄒᆞ
ᄂᆞ니라

문 셩셩ᄒᆞ야 어둡지 아니ᄒᆞ며 혼혼ᄒᆞ야 잠긔다
ᄒᆞᆷ은 무엇을 이름이뇨

답 ᄉᆡᆼ각ᄒᆞ고 ᄉᆡᆼ각ᄒᆞᄂᆞᆫ것이 마음에 ᄯᅥ지어 일념이
셩셩ᄒᆞ야 ᄲᅡ져나가지 아니ᄒᆞ면 다른ᄉᆡᆼ각이 업고

하강이 되ᄂᆞ니 이갓치되면 셩령도 되고 혼혼도
되즉 셩셩ᄒᆞ야 어둡지 아니ᄒᆞ면 진숨을엇고
혼혼ᄒᆞ야 어두운 강충에 은혜만 엇ᄂᆞ니라

문 엇더ᄒᆞᆫ것을 강충이라 이르ᄂᆞ뇨

답 셩령지상ᄒᆞ사 현명을 맛드사 사람의게 충
(현셩이라ᄒᆞᆫ)을 주시ᄂᆞ니다

문 사람의 현셩을 엇더ᄒᆞᆫ 것으로 주시ᄂᆞ뇨

답 리치로셔 현셩을 나리시며 긔운으로셔 형상을
이루게ᄒᆞ시니 십셩과 혼박은 ᄉᆞ람마다 갓초와
잇ᄂᆞ니다

문 리치와 긔운은 무엇을 이름이뇨

답 음양과 오힝은 만물을 조셩ᄒᆞ는 ᄌᆡ료니 ᄒᆞᆫ 물건이 비로소 싱기면 ᄒᆞᆫ리치가 븐쳐잇고 ᄒᆞᆫ 리치가 비로소나면 ᄒᆞᆫ긔운이 븐쳐잇ᄂᆞ니 리치는 형상이업고 긔운은 형상이 잇는고로 형상이업 는것으로 형상이 잇게ᄒᆞ고 형상이 잇는것으로 형상이 업게ᄒᆞ샤 지난것도 이와갓치가며 지금잇 는것도 이와갓치 잇스며 오지아니ᄒᆞᆫ것도 이와갓치 오ᄂᆞ니 사람의 삼싱이 이와갓고 만고가 이와갓틈 은 셩령의 권릉이시니라

문 심령과 혼백은 무엇을 이름이뇨

답 현혼으로 삼재 고요ᄒᆞ야 형상ᄋᆡ 업ᄂᆞᆫ것은 현령이니 마음이 그가온ᄃᆡ 잇고 동ᄒᆞ면 마음이니 현령이 그즁에 잇ᄂᆞ니 마음과 현령은 둘이나 ᄒᆞ나이오 후현에 나셔 션그러온 것은 혼이니 백이고가온ᄃᆡ잇고 잡히면 백이되여 혼이그즁에 잇ᄂᆞ니 혼과 백은두러ᄂᆞ ᄒᆞ나이니라

문 삼령과 혼백의 션현과 후현을 분별ᄒᆞᆷ은 무엇을 이름이뇨

답 현령은 형상 ᄒᆞ괴젼에이셔 형상이 된후에

갓초고 혼뵉은 형샹을셰에 허ᄒᆞ야 형샹이
된후에 령ᄒᆞᄂᆞ니 이거시 션텬과 후텬의분
별이니라

문 졍미러어 형샹이 업는것과 실고러너 혜가
업다ᄒᆞᆷ은 무엇을 이름이뇨

답 졍미러온 것은 형샹이 업스나 형샹은 사람
으로 낫타나고 령ᄒᆞᆫ것은 혜가업스나 사람의
몸으로 화ᄒᆞ야 졍도되고 령도되ᄂᆞ니 고로왈
령혼이라 공졍ᄒᆞᆫ 마ᄋᆞᆷ으로 양ᄒᆞ면 밝가지고
사ᄉᆞ로온 마음으로 주리계ᄒᆞ면 어두어 지ᄂᆞ니라

문 령혼은 무엇을 이름이뇨

답 령혼과 성혼과 각혼에 삼치로 명오와 긔합과 위욕의 삼소를 련낙ᄒᆞ야 일신을 운동ᄒᆞ고 셔려가지 공흘 별고 닷ᄂᆞ니라

문 령혼과 성혼과 각혼의 삼치ᄂᆞᆫ 무엇을 이름이뇨

답 삼치ᄂᆞᆫ 하ᄂᆞᆯ과 ᄯᅡ와 사ᄅᆞᆷ을 이름이니 하ᄂᆞᆯ에셔 온것은 령혼(사ᄅᆞᆷ되기젼에오ᄂᆞᆫ것)이니 령셩ᄒᆞ야 어둡지 아니ᄒᆞ고 ᄯᅡ에셔 온것은 성혼(사ᄅᆞᆷ될셔에잇ᄂᆞᆫ것)이니 성성ᄒᆞ야 다ᄒᆞᆷ이업고 몸에셔 ᄂᆞᆫ것

은과혼(사람지극히셩지된자)이니 물건으로 더부러 갈
츅이 되엿나니 셔희나 ᄒᆞᆫ가지니라

문 긔합과 이욕과 명오의 삼ᄉᆞᆫ 무엇을 이름이
뇨

답 이것은 삼합에 삼셩을 보는것이니 긔합관(지난간
일을안다는말)은 과거를보고 이욕관(지금일을안다는말)은
현지를알고 명오관(오는일을안다는말)은 미릭를 아나
니 현지관은 지나간일과 오는물건을 련낙ᄒᆞ고
금셩의 몸은 젼셩의 고렴ᄌᆞ와 ᄂᆡ셩의 형상을
련낙ᄒᆞᄂᆡ 셔희나 ᄒᆞᆫ가지니라

문 망하다 주[illegible]다 하는것은 무엇을 이름이뇨
답 도덕의 진리는 령혼을 기르는 것이니 도덕이 업스면 주더는 것이니라
문 도덕의 진리는 무엇을 이름이뇨
답 밝기는 리치에서 더한것이 업스나 밝히기는 도에잇고 밝기는 도에서 더한것이 업스나 밝히기는 덕에잇고 밝기는 덕에서 더한것이 업스나 밝히기는 셩훈뒤 잇고 밝기는 셩훈뒤셔 더한것이 업스나 밝히기는 교에잇나니라
문 밝히기는 교의잇다 홈은 무엇을 이름이뇨

답 도덕의 종지를 밝히 강ᄒᆞ야 일례봉교ᄒᆞᆫ사
람의게 셩심으로 밋게ᄒᆞᄂᆞ니 본교의 참 리치
니라

문 본교의 참 리치를 강ᄒᆞ야 밝히다 ᄒᆞᆷ은 무엇을
이름이뇨

답 셩경 강연과 진리 문답과 츅사와 녜식을
힝ᄒᆞᄂᆞ니 교문의 강사니라

문 본교의 진리를 젼수ᄒᆞᄂᆞᆫ 것은 어디잇ᄂᆞ뇨

답 진리를 연구ᄒᆞ야 진승을 어든 모든 션각은
셩령의 연원이오 진리를 기록ᄒᆞ고 션쳑의

심법을 편ᄒᆞᆫ즉 ᄇᆡ처의 좋으니 모음을

강ᄉᆞ니라

문 심생은 선악이 잇ᄂᆞ뇨

답 현생은 꼬오ᄒᆞ고 현ᄒᆞ야 오상(인과의와예와지와신이

라)이 갓초와숨ᄂᆞᆫ 됨ᄒᆞ야 ᄀᆞᆺ욱가되면 가이 악 ᄒᆞ

기로 ᄒᆞ고 가이 선 ᄒᆞ기로 ᄒᆞᄂᆞ니라

문 혼백은 바르기도 ᄒᆞ고 사특함도 잇ᄂᆞ뇨

답 혼은 오르고 지극히 발ᄂᆞ 칠정(희와노와ᄋᆡ와낙와우

와오와구라)이 갓초와ᄉᆞ나 잡겨 ᄀᆞᆺ욱ᄒᆞ면 가이 ᄉᆞ

특ᄒᆞ기도 ᄒᆞ고 가이 바르기도 ᄒᆞᄂᆞ니라

문 사람이 엇지ᄒᆞ면 션ᄒᆞ고 악ᄒᆞᆷ이 업스며 바르고
샤특ᄒᆞᆷ이 업ᄂᆞ뇨

답 심셩이 하ᄂᆞ이 되고 혼백이 두리 아니면 웅샹
이 갓치 션ᄒᆞ고 쳔졍이 갓치 화ᄒᆞᄂᆞ니라

문 심셩이 하ᄂᆞ이되고 혼백이 두리아니라 ᄒᆞᆷ은
무엇을 이름이뇨

답 음양의 감ᄒᆞ고 융ᄒᆞᆫ것은 심셩의 공괴 되
ᄂᆞ니 통ᄒᆞ며 졍ᄒᆞ기를 젹당이ᄒᆞ야 여ᄃᆞᆲ가지
(지뎡의졀조라) ᄉᆡᆨ리의 쓰ᄂᆞᆫ 무문무믈 엇으면 의
심도 업고 생각도 업서 마음이 현경으로 더부

ᄅᆡ [illegible] 되고 주야의 셔로 자ᄂᆞᆫ 것은 혼ᄇᆡᄋᆡ 문

호와 ᄎᆞᆷ이 되ᄂᆞ니 ᄇᆞᆰ고 어두운 것을 젹당이 ᄒᆞ야

사졀(ᄌᆞ사의 사졀이라)의 념쳠을 셰다르면 혼미홈도

업고 침잠홈도 업셔 혼과 ᄇᆡᆨ이 ᄒᆞᆫᄂᆞ히 되ᄂᆞ니라

문

혐용을 양ᄒᆞᄂᆞᆫ 것이 방문이 잇ᄂᆞ뇨

답

신톄을 갓부게 ᄒᆞ야 수이지 아니ᄒᆞ면 피곤ᄒᆞ고

졍신 쓰기를 마지 아니ᄒᆞ면 쇠핍ᄒᆞᄂᆞ니 피곤ᄒᆞ지도

아니ᄒᆞ고 쇠핍ᄒᆞ지도 아니ᄒᆞ여야 가히 텬년이 수

(오비사다ᄂᆞᆫ 말)ᄒᆞᄂᆞ니라

문

피곤치도 아니ᄒᆞ고 쇠핍치도 아니홈은 무엇을 이름

[illegible]

이뇨

답 공긔를 호흡(마시고토ᄒᆞᄂᆞᆫ말)ᄒᆞᄂᆞᆫ 시에 날근것은 토ᄒᆞ고 새로온것을 먹어 고로이ᄒᆞ면 칠졍이 가온ᄃᆡ 화ᄒᆞ고 여ᄃᆞᆲ가지 소리(콩과효과셔와숩과괴와골와뇌와일이다)가 격당ᄒᆞ면 피폐ᄒᆞ기쳔에 보ᄒᆞ고 쇠퇴ᄒᆞ기쳔의 생ᄒᆞ게 ᄒᆞᄂᆞ니라

문 령혼은 육신에 엇더ᄒᆞᆫ 것이뇨

답 육신은 령혼의 집이오 령혼은 육신의 쥬인이니라

문 령혼이 육신을 써나면 어ᄂᆡ곳에 잇ᄂᆞ뇨

답 물건은 반다시 근본으로 도라가ᄂᆞ니 ᄇᆡᆨ은 흙으로

도라가 오힝(吾形)에 참ᄌᆞ를 다시 합ᄒᆞ고 ᄒᆞᆫᄉᆞ

하ᄂᆞᆯ로 올나가 셩령의 명ᄒᆞ시ᄂᆞᆫ 바를 ᄒᆞᆫ갈ᄀᆞᆺ

치 ᄯᅳᆺᄒᆞᄂᆞ니라

문 셩령이 명ᄒᆞᄂᆞᆫ 바를 ᄯᅳᆺᄒᆞᄂᆞᆫ 즘ᄉᆞᆫ 무엇을 이름이

뇨

답 하ᄂᆞᆯ이 보시ᄂᆞᆫ 것은 ᄯᅡᆺ트ᄉᆞ 형상 업ᄂᆞᆫ듸 보시며

하ᄂᆞᆯ이 드ᄅᆞ시ᄂᆞᆫ 것은 ᄯᅡᆺ트ᄉᆞ 소ᄅᆡ 업ᄂᆞᆫ듸 드ᄅᆞ시

ᄂᆞ니 독실히 ᄯᆞᄂᆞᆫ 남녀의게ᄂᆞᆫ 낙지의 명ᄒᆞᄉᆞ

복록을 누리게ᄒᆞ고 ᄯᅡ지 아니ᄒᆞᄂᆞᆫ 남녀의게ᄂᆞᆫ 고

ᄎᆡ의 명ᄒᆞᄉᆞ ᄋᆡᆨ과 괴로온 것을 밧게 ᄒᆞ시ᄂᆞ니라

진리로ᄒᆞ …… ᄒᆞᆺ

문 사람의 심셩과 령혼은 잇다 ᄒᆞᄂᆞᆫ데 지우와 슈
요와 귀쳔이 갓지아니ᄒᆞᆷ은 무엇을 이름이뇨
답 몸에서 어든것은 긔질이 갓지아니ᄒᆞ고ᄆᆞ음에서
난것은 지각이 갓지아니ᄒᆞ니 갓흔것은 일졍ᄒᆞᆫ
공리가잇고 갓지아니ᄒᆞᆫ것은 ᄌᆞ유의 사졍이잇
스니 일졍ᄒᆞᆫ것은 변치아니ᄒᆞᄂᆞ ᄌᆞ류로ᄒᆞᄂᆞᆫ것은
변ᄒᆞᄂᆞ니 이는 긔질의 변화오 셩령의 권능이니
라
문 변화와 권능은 무엇을 이름이뇨
답 긔질의 ᄆᆞᆷ이 아름다온ᄌᆞ로 변ᄒᆞ기를 션치못ᄒᆞ

계ᄒᆞ면 우ᄒᆞ고 청ᄒᆞ고 요ᄒᆞ며 귀질의 흡이
부족ᄒᆞᆫ ᄌᆞ도 변ᄒᆞ기를 지극히 션ᄒᆞ게ᄒᆞ면
수ᄒᆞ고 지ᄒᆞ고 귀ᄒᆞᄂᆞ니 귀질의 변화와 화
복의 부동은 다 셩령의 젼동이니라

문 화와 복의 부동은 무엇을 이름이뇨

답 밋고 스ᄉᆞ로 닥ᄂᆞᆫ ᄌᆞᄂᆞᆫ 셩령이 그심셩을 달
나녀 ᄒᆞᆫ번 싱ᄌᆞᆨ을 도리오ᄂᆞᆫ데 션도되고 복
도되며 밋게ᄒᆞ야셔ᄒᆞ고 닥지아니ᄒᆞᄂᆞᆫ ᄌᆞᄂᆞᆫ 셩령
이 혼ᄇᆡᆨ을 셰야소 ᄒᆞᆫ번 싱자이 그르ᄂᆞᆫ데 악도
되고 화도되ᄂᆞ니라

문 스ᄉᆞ로 닷곰은 무엇을 이름이뇨

답 밋고 졍셩되고 공경ᄒᆞᄂᆞᆫ데 잇ᄂᆞ니 진리를 돈독히 짓이며 마음을 소기지말며 쳠비를 숭상ᄒᆞᄂᆞ니라

문 령혼의 고락이 잇ᄂᆞ뇨

답 혼은 혼데로가고 몸은몸데로잇스면 고와락이 아울나 업고 혼이몸에깃고 몸에혼이 져ᄒᆞ면 고와락이 아울나 잇ᄂᆞ니라

문 고락이 아울나잇고 고락이 아울나 업다ᄒᆞᆷ은 무엇을 이름이뇨

답 뉵신의 고락을 령혼이 아니면 아지못ᄒᆞ고 령혼
의 고락을 뉵신이 아니면 맛기지 못ᄒᆞᄂᆞᆫ고로
악ᄌᆞ의 혼은 악겁으로 그죄로옴이 ᄒᆞᆫ졍이업고
션ᄌᆞ의 혼은 션도로 그 질거옴이 다ᄒᆞᆷ이업서보
복을 뉵신으로 밧게ᄒᆞᄂᆞ니 단 따세 강충 ᄒᆞ
시ᄂᆞᆫ 공덕가 이와갓타니라

문 강충의 풍리ᄂᆞᆫ 무엇을 이름이뇨

답 디치와 긔운이 합ᄒᆞ야 허령이되ᄂᆞ니 허령은
졍신을 화ᄒᆞ고 졍신은 혈분을 화ᄒᆞ고 혈
분은 형용을 화ᄒᆞ고 형용은 이기를 화ᄒᆞ
민의문답

교 ᄃᆡ기는 아희를 화ᄒᆞ고 아희는 졀문이를 화ᄒᆞ고 졀문이는 늙은이를 화ᄒᆞ고 늙은이는 죽는것을 화ᄒᆞ고 죽으면 도로화ᄒᆞ야 허ᄒᆞᆫ즉 화ᄒᆞ기는 ᄉᆞ이가 업시화ᄒᆞ고 나기는 긋치업시나ᄂᆞ니 이는음양의 원소오(원간졍ᄒᆞᆫ 져토라) ᄉᆞ명의(셩ᄃᆡ의 마타산명이라) 공졍ᄒᆞᆫ 리치니라

문 션악과 화복의 보복ᄒᆞᄂᆞᆫ 리치가 늙신의 잇다ᄒᆞ면 악ᄒᆞᆫ자의 혼은 늙축의 싱ᄒᆞᄂᆞᆫ 죄벌도 잇ᄂᆞ뇨

답 령혼과 싱혼과 각혼의 ᄉᆞᆷ졀는 늙히 들도되

지못ᄒᆞ고 셩혼ᄒᆞ여도 되지못ᄒᆞᄂᆞ니 오쥭 십지의
강츙이야 사람이되고 셩혼과 각혼이 화합ᄒᆞ
여 금수가되ᄂᆞᆫ고로 사람과 금수가 나ᄂᆞᆫ것은
갓ᄐᆞ나 육ᄂᆞᆫ갓지아니 ᄒᆞᆫ즉 텬디 ᄉᆞ이의 만물이
각각그육을 ᄡᅡ라 그긔질을 벗ᄂᆞᆫ고로 죵ᄅᆔ가 갓
지아니ᄒᆞ니 이것은 일졍ᄒᆞ야 밧구지 못ᄒᆞᄂᆞᆫ 원
리라 그럼으로 극악ᄒᆞᆫ죄를 지은 혼이라도 반다시
사람으로 나셔 그벌을 밧게ᄒᆞ시ᄂᆞ니 그고ᄒᆡ이 륙
츅보다 심ᄒᆞᆫᄌᆞ 만ᄒᆞ니라
령혼이 텬당도가고 디옥도 가ᄂᆞᆫᄌᆞ가잇셔 영히
[illegible]

텬당에잇고 영히 디옥에잇다ᄂᆞᆫ 말은 밋지못할
말넌가
답 강충되ᄂᆞᆫ 공리가 이에 조져ᄒᆞ니 영 텬당과
영 디옥이라 ᄒᆞᄂᆞᆫ말은 스ᄉᆞ로 ᄉᆡᆼ각ᄒᆞ면 분변ᄒᆞᆯ
지니라
령혼이 환ᄉᆡᆼᄒᆞ야 사ᄅᆞᆷ이되면 젼ᄉᆡᆼ의일은
엇지ᄒᆞ야 아지못ᄒᆞᄂᆞ뇨
답 령혼이 뉵신에붓혀 ᄒᆞᆫ번진셰의 ᄯᅥ러지면
금셰의 위욕으로 괴합관이 어두어 당장
지나간 일도 마괴록ᄒᆞ지 못ᄒᆞᄂᆞ니라

문 거합관이 몸ᄒᆞ고 정ᄒᆞ면 전셩일을 관연 아ᄂᆞ뇨

답 사람의 령으로 일만 쳥셩을 다ᄒᆞ야 수련셩단ᄒᆞ면 텬지의 진슈도엇고 너셩의 강충도엇고 과거수와 미ᄅᆡ물을 거울갓치 밝히 아ᄂᆞ니라

문 수련셩단은 무엇을 이름이뇨

답 이것은 본교의 진묘리로 사람에 심령을 셔닷게게 함이니 그쳡경은 심법을 전수ᄒᆞᄂᆞᆫ데 잇ᄂᆞ니라

問 三位가各異ᄒᆞᆫ되一體라ᄒᆞᆷ은何를謂ᄒᆞ고

答 檀君의在天位號ᄂᆞᆫ桓仁이시오在神位號ᄂᆞᆫ桓雄이시오在人位號ᄂᆞᆫ王儉이시니佛家華嚴經에云ᄒᆞ되桓仁을帝釋이라ᄒᆞ니梵音에桓을天이오仁을主라ᄒᆞ니桓仁은天主라ᄒᆞᆷ이오人形으로造化ᄒᆞ신尊號를桓雄이라ᄒᆞ시니라

問 檀君이라ᄒᆞᆷ은何를謂ᄒᆞ고

答 檀[illegible]에降臨ᄒᆞ신故로壇을應ᄒᆞ야號를[illegible]

(국한문본-1)

ᄒᆞ심이니라

眞理問答 三

問 檀君은 肉身의 孕胎로 生ᄒᆞᆷ이 아닌가

答 自古聖人이 皆人胎化生이로되 惟獨檀君은 天靈으로 下降ᄒᆞᄉᆞ 人形을 始現ᄒᆞ시니라

問 何年月日에 下降ᄒᆞ시뇨

答 古甲戊辰年 十月三日이시니라

問 何處의셔 降御ᄒᆞ시뇨

答 太白山(今寧邊郡妙香山)檀木下시니라

問 降御ᄒᆞᄉᆞ 何를 爲ᄒᆞ시뇨

答 人族을 眷愛ᄒᆞᄉᆞ 胚胎法을 行ᄒᆞ시며 天을 代ᄒᆞ야 敎를 [illegible]시니라

(국한문본-2)

단군교 진리문답

<1>

단군교 진리문답

〔 1.각사 〕

문 단군교의 진리ᄂᆞᆫ 무엇을 이름이뇨.

답 금ᄉᆡᆼ의 진승(뉵신으로 승텬ᄒᆞᆫ다ᄂᆞᆫ 말)이오 ᄂᆡᄉᆡᆼ의 강충(오ᄂᆞᆫ 셰상에 다시 난다ᄂᆞᆫ 말)이니, 령험은 각샤에 잇ᄂᆞ니라.

문 각샤ᄂᆞᆫ 무엇을 이름이뇨.

답 일톄 즁ᄉᆡᆼ의 진혼(셔샹진루에 빠진 말)을 ᄭᆡ닷게 ᄒᆞᄂᆞᆫ 말이니라.

문 진혼은 무엇을 이름이뇨.

답 물욕의 교폐(交蔽)[1]를 밧고 쓰글에 츌몰이 도여 본 령혼의 밝은 것을 이론 거시니라.

문 각샤ᄂᆞᆫ 절차가 잇ᄂᆞ뇨.

답 네 결귀에 십칠자가 이스니, 셩령ᄌᆡ상 텬시텬쳥 ᄉᆡᆼ아활아 만만셰강츙이니라.

문 셩령ᄌᆡ상은 무엇을 이름이뇨.

답 단군 셩령이 하ᄂᆞᆯ 우에 게심이니라.

문 텬시텬쳥은 무엇을 이름이뇨.

답 하ᄂᆞᆯ이 보시ᄂᆞᆫ 것을 마트시며 하ᄂᆞᆯ이 듯ᄂᆞᆫ 것을 마트ᄉᆞ 사람의 죽고 사ᄂᆞᆫ 것과 션악과

1) 교폐(交蔽) : 서로 가림.

<2>

화복을 쥬ᄌᆡᄒᆞ시니라.

문 ᄉᆡᆼ아활아ᄂᆞᆫ 무엇을 이름이뇨.

답 ᄉᆡᆼ아ᄂᆞᆫ 그 텬셩을 바다 비로ᄉᆞ 나ᄂᆞᆫ 것이니 비로ᄉᆞ 나ᄂᆞᆫ 것은 강츙의 근원인즉, 그 근원이 은혜에 잇고, 활아ᄂᆞᆫ 그 텬셩을 거나려 기리ᄉᆞᄂᆞᆫ 것이니 기리ᄉᆞᄂᆞᆫ 것은 진승의 근본인즉 그 근본이 밋ᄂᆞᆫᄃᆡ 잇ᄂᆞᆫ이라.

문 만만셰강츙은 무엇을 이름이뇨.

답 강츙은 쳐음브터 사람의 텬셩을 품부ᄒᆞ여주ᄂᆞᆫ 것이니, 비단 금세ᄉᆞᆼ과 오ᄂᆞᆫ 셰ᄉᆞᆼ에 ᄒᆞᆫ번 나고 두 번만 날분 아니라 곳 만만셰 ᄂᆡᄉᆡᆼ에 강충을 주시ᄂᆞ니라.

[2.삼신과 단군]

문 단군은 령신이신가 샤람이신가?

답 셩령이시오 셩신이시오 셩인이시니 텬신인 삼위일톄시니라.

문 셩령과 셩신과 셩인은 무엇을 이름이뇨.

답 하ᄂᆞᆯ노 하강ᄒᆞ심은 셩령이시뇨[2], ᄯᅡ흐로 좃ᄎᆞ 승텬ᄒᆞ심은 셩신이시오, 령과 신으로 인형을 보이심은 셩인이시니라.

문 텬신인 삼위일톄라ᄒᆞᆷ은 나마교를 효측[3]ᄒᆞᆷ

<3>

2) 성령이시뇨 : '성령이시오'의 오자.

3) 효측(效則) : 본받아 법으로 삼음.

이 아닌가.

답 나마교의 교리ᄂᆞᆫ 아지 못ᄒᆞᄂᆞ, 본교의 삼위일톄ᄂᆞᆫ 증거가 쇼■ᄒᆞ니라.

문 증거가 쇼■은 무엇을 이름이뇨.

답 환인과 환웅과 단군이시니 삼위ᄂᆞ 일톄시니라.

문 삼위가 다른ᄃᆡ 일톄라 ᄒᆞᆷ은 무엇을 이름이뇨.

답 단군의 텬령으로 게신 죤호ᄂᆞᆫ 환인이시오, 령신으로 게신 죤호ᄂᆞᆫ 환웅이시오, 셩인으로 게신 죤호ᄂᆞᆫ 왕검이시니, 『불셜화엄경』에 이르되 환인을 졔석이라ᄒᆞ니 범음에 '환'을 '텬'이라ᄒᆞ고 '인'을 '주'라ᄒᆞ니 환인을 텬주라ᄒᆞ이오, 인형으로 과화ᄒᆞ신 죤신을 환웅이라 ᄒᆞ시니라.

문 단군이라ᄒᆞᆷ은 무엇을 이름이뇨.

답 단목 아ᄅᆡ 하강ᄒᆞ신 고로 단을 응ᄒᆞ야 호를 존칭ᄒᆞᆷ이니라.

문 단군은 뉵신의 잉ᄐᆡ로 탄ᄉᆡᆼᄒᆞᆷ이 아닌가.

답 쟈고로 셩인이 모다 인ᄐᆡ로 화ᄉᆡᆼᄒᆞ시되 오즉 단군은 텬령으로 하강ᄒᆞ샤 인형을 비로ᄉᆞ 낫타ᄂᆡ시니라.

문 어느ᄒᆡ 어느달 어느날에 하강ᄒᆞ셧ᄂᆞ뇨.

<4>

답 녯젹 갑ᄌᆞ 무진년 십월삼일이시니라.

문 어느 곳에셔 하강ᄒᆞ시뇨.

답 ᄐᆡᄇᆡᆨ산(령변군 묘향산) 단목 아ᄅᆡ시니라.

문 하강ᄒᆞ사 무엇을 ᄒᆞ시뇨.

답 인죡을 ᄉᆞ랑ᄒᆞᄉᆞ 비ᄐᆡ법을 ᄒᆡᆼᄒᆞ시며, 하ᄂᆞᆯ을 ᄃᆡ신ᄒᆞ야 교를 셰우시니라.

문 비ᄐᆡ법을 ᄒᆡᆼ하시다ᄒᆞᆷ은 무엇을 이름이뇨.

답 남녀를 졈지ᄒᆞᄉᆞ 인죡을 번창케ᄒᆞ심으로 ᄉᆡᆼ산ᄒᆞᆫ 집에셔 삼신을 죤슝ᄒᆞᄂᆞ니라.

〔 3.팔리와 계명 〕

문 하ᄂᆞᆯ을 ᄃᆡ신ᄒᆞ야 교를 셰우다ᄒᆞᆷ은 무엇을 이름닌뇨.

답 일은 팔리가 잇고, 이ᄂᆞᆫ 계명이 잇ᄂᆞ니라.

문 팔리ᄂᆞᆫ 무엇을 이름이뇨.

답 경셩되고 밋부고 ᄉᆞ랑ᄒᆞ고 건지고 화되고 복되고 갑고 응ᄒᆞᆷ이니, 인도의 극진ᄒᆞᆷ을 가라쳐 지도ᄒᆞ심이니라.

문 계명은 무엇을 이름인뇨.

답 텬리의 감응됨을 예비ᄒᆞ야 인ᄉᆞ의 맛당히 ᄒᆡᆼᄒᆞᆯ 것을 밝히 보이신니라.

문 계명은 죠목이 잇ᄂᆞ뇨.

<5>

답 팔죠가 잇스니 일은 불긔텬이오, 이는 불즈긔오, 삼은 불망어오, 샤는 불망승이오, 오는 불샤음이오, 눅은 불투긔오, 칠은 불투졀이오, 팔은 불교린이니라.

문 일에 불긔텬은 무엇을 이름이뇨.

답 불긔텬은 ᄒᆞ늘을 쇽이지 말ᄂᆞᆫ홈이니, 하늘을 쇽이면 감응ᄒᆞᄂᆞᆫ 근본을 슷ᄂᆞ니 ᄂᆡ 마음을 쇽이지 말고 홀노 잇ᄂᆞᆫᄃᆡ 삼가ᄂᆞ니라.

문 이에 불즈긔ᄂᆞᆫ 무엇을 이름이뇨.

답 불즈긔ᄂᆞᆫ 스ᄉᆞ로 바리지 말ᄂᆞᆫ홈이니, 스ᄉᆞ로 바리면 강충의 근본을 슷ᄂᆞ니 하ᄂᆞᆯ이 주신 품부를 일치말고 사람에 즉분을 다ᄒᆞᆯ지니라.

문 삼에 불망어ᄂᆞᆫ 무엇을 이름이뇨.

답 불망어ᄂᆞᆫ 망녕도이 말ᄒᆞ지말ᄂᆞᆫ홈이니, 망녕도이 말ᄒᆞ면 진실ᄒᆞᆫ 근본을 슷ᄂᆞ니 허락은 경솔이 말고 말은 삼가ᄒᆞᆯ지니라.

문 샤에 불망상은 무엇을 이름이뇨.

답 불망승은 망녕도이 ᄉᆡᆼ국ᄒᆞ지 말ᄂᆞᆫ홈이니, 망녕도이 ᄉᆡᆼ각ᄒᆞ면 경심의 근본을 슷ᄂᆞ니

<6>

ᄉᆡᆼ각은 허탄ᄒᆞ게[4] 말고 마음은 경셩으로 ᄒᆞᆯ지니라.

문 오에 불샤음은 무엇을 이름이뇨.

답 불샤음은 ᄉᆞ특ᄒᆞ고 음눈ᄒᆞ지 말ᄂᆞᆫ홈이니, ᄉᆞ특ᄒᆞ고 음눈ᄒᆞ면 경ᄒᆞᆫ 근본을 슷ᄂᆞ니 안은 엄숙히ᄒᆞ고 밧근 죠출ᄒᆞ게 ᄒᆞᆯ지니라.

---

4) 허탄ᄒᆞ게 : 거짓되고 미덥지 아니하게.

문 뉵에 불투긔ᄂᆞᆫ 무엇을 이름이뇨.

답 불투긔ᄂᆞᆫ 투긔ᄒᆞ지 말ᄂᆞᄒᆞᆷ이니, 투긔ᄒᆞ면 용물ᄒᆞᄂᆞᆫ 근본을 ᄉᆞᆺᄂᆞ니 승긔ᄌᆞ를 ᄭᅴ리지말고 ᄂᆡ 몸에 잇ᄂᆞᆫ 것을 닷글지니라.

문 칠에 불투졀은 무엇을 이름이뇨.

답 불투결은 도적ᄒᆞ지 말ᄂᆞᄒᆞᆷ이니, 도적을 ᄒᆡᆼᄒᆞ면 복덕의 근본을 ᄉᆞᆺᄒᆞ니 샤욕을 ᄉᆡᆼ각지말고 염치에 마음을 양ᄒᆞᆯ지니라.

문 팔에 불교린은 무엇을 이름이뇨.

답 불교린은 교만ᄒᆞ고 인ᄉᆡᆨᄒᆞ지 말ᄂᆞ함이니, 인ᄉᆡᆨᄒᆞ고 교만ᄒᆞ면 공경과 의리에 근본을 ᄉᆞᆺᄒᆞ니 넓히 ᄉᆞ랑ᄒᆞ기ᄂᆞᆫ 몸과 갓치ᄒᆞ고 ᄉᆞ람에 어려온 것은 급히 쥬션ᄒᆞᆯ지니라.

문 팔리와 게명을 짓히면 무엇을 이루ᄂᆞ뇨.

답 인도가 지극히 션ᄒᆞᆫᄃᆡ 긋치면 텬리가 지극히

<7>

묘ᄒᆞᆫᄃᆡ 드리가ᄂᆞ니, 팔리를 알고 게명을 참으로 ᄒᆡᆼᄒᆞ여야 본교의 진리를 ᄭᆡ닷ᄂᆞ니라.

〔 4.단군의 승천 〕

문 단군은 어느ᄒᆡ 어느달 어느날에 승텬ᄒᆞ셧ᄂᆞ뇨.

답 녯적 갑ᄌᆞ십오회 졍유삼월 십오일이시니라.

문 승텬ᄒᆞ시기ᄂᆞᆫ 령신이신가 인형이신가.

답 ᄒᆞ강ᄒᆞ신 현ᄉᆞᆼ이 곳 승텬ᄒᆞ신 현상이시니, 셩령의 죠화시오 진

승에 표준이시니라.

문 어느 곳에셔 승텬ᄒᆞ시뇨.

답 구월산(황ᄒᆡ도 문화군 셔북간) 사황봉이니라.

문 구월산에 승텬ᄒᆞ신 령적이 잇ᄂᆞ뇨.

답 구월산 졔일봉에 신 ᄒᆞᆫ거리를 바리시고 ᄇᆡᆨ일승텬ᄒᆞ신 고로 사황봉 일흠은 후사람에 우러러 ᄉᆞ모ᄒᆞᄂᆞᆫ 마음이오, 산 아ᄅᆡ 셩젼은 긔ᄌᆞ의 건죠시니 수쳔 추에 졔ᄉᆞ하ᄂᆞᆫ 례가 지금가지 잇ᄂᆞ니라.

〔 5.성령과 기자 〕

문 셩령은 어느 곳에 게시뇨.

답 ᄒᆞᄂᆞᆯ의 게시나 게시지 아니곳이 업ᄉᆞ시니라.

문 셩령의 심법을 먼져 ᄭᆡ다라 어든ᄌᆞ 뉘시뇨.

답 긔ᄌᆞ시니 지라의 셩현이오 은나라의 죵친이라. 주나라을 피ᄒᆞ야 동으로 오ᄉᆞ 각ᄉᆞ의 진리를

<8>

ᄭᆡ다라 진승을 어드셧ᄂᆞ니라.

문 긔ᄌᆞᄂᆞᆫ 어느 곳에셔 진승ᄒᆞ시뇨.

답 주암산 모란봉(평양군)에셔 승텬ᄒᆞ신 사적이 구월산 사황봉 령적과 방불ᄒᆞ니라.

문 긔ᄌᆞ게셔 진승ᄒᆞ셔스면 모란봉 능침은 무엇을 쟝ᄉᆞᄒᆞ야 능이라

ᄒᆞᄂᆞ뇨.

[답] 모란봉 능침은 셩인에 육적을 ᄉᆞ모ᄒᆞ야 긔시에 바리신 의ᄅᆡ를 장ᄉᆞᄒᆞ야 능을 봉ᄒᆞ시니라.

[문] 긔ᄌᆞ 후에 ᄀᆡᆨᄉᆞ의 진리를 연구ᄒᆞ야 진승을 어든 ᄌᆞ 벳 ᄉᆞ람이ᄂᆞ 잇ᄂᆞ뇨.

[답] 설홍유의 숑악산과(ᄀᆡ셩군) 최고운의 가야산과(경상도 셩주군) 졍운홍의 구월산과 양봉ᄂᆡ의 금강산(강원도 회양군)이 여려 션각의 진승ᄒᆞᆫ 곳이니라.

〔 6.셩령의 감통 〕

[문] 엇지ᄒᆞ면 진승의 복을 엇ᄂᆞ뇨.

[답] 셩령이 감통ᄒᆞᆷ에 잇ᄂᆞ니라.

[문] 셩령의 감통은 무엇을 이름이뇨.

[답] ᄉᆞ람의 정셩이 우에 달ᄒᆞ고 하늘의 셩령이 아ᄅᆡ 님ᄒᆞᄉᆞ 우히와 아ᄅᆡ에 사이가 업스면 수히지 아니ᄒᆞᄂᆞᆫ ᄃᆡ화공(죠화의 공이라ᄂᆞᆫ 말)을 감동ᄒᆞ여 어듑지 아니ᄒᆞᄂᆞᆫ 진묘각(참 묘ᄒᆞ게 ᄭᆡ닷ᄂᆞ 말)

<9>

을 통달ᄒᆞᄂᆞ니라.

[문] 감통ᄒᆞᄂᆞᆫ 법문은 어ᄃᆡ 잇ᄂᆞ뇨.

[답] 신톄ᄂᆞᆫ 게명이 되고 정신은 각ᄉᆞ가 되어 ᄉᆡᆼ각ᄒᆞᄂᆞᆫ 것이 업스면 셩령이 감통ᄒᆞ샤 진승의 복을 엇ᄂᆞ니라.

문 엇지ᄒᆞ면 강충의 은혜를 엇ᄂᆞᆫ뇨.

답 게명은 몸에 잇고 각ᄉᆞᄂᆞᆫ 마음에 잇셔 ᄉᆡᆼ각이 이스면 셩령이 권ᄂᆡᄒᆞ샤 강충의 은혜를 엇ᄂᆞ니라.

문 ᄉᆡᆼ각이 잇다ᄒᆞᆷ은 무엇을 이름이뇨.

답 셩셩[5](졍신이 ■■ᄒᆞ다ᄂᆞᆫ 말)ᄒᆞ야 어둡지 아니ᄒᆞ면 그간에 죠금도 ᄭᅳᆺ어짐이 업ᄂᆞ니, ᄉᆡᆼ각지 아니ᄒᆞ여도 감통ᄒᆞᄂᆞ니라.

문 ᄉᆡᆼ각이 잇다ᄒᆞᆷ은 무엇을 이름이뇨.[6]

답 혼혼[7]ᄒᆞ야 어둡고(졍신이 혼미ᄒᆞ다ᄂᆞᆫ 말) 잠긔면 시시로 ᄭᅳᆺ어짐이 잇ᄂᆞ니, ᄉᆡᆼ각ᄒᆞᆫ 후여야 감통ᄒᆞᄂᆞ니라.

문 셩셩ᄒᆞ야 어둡지 아니ᄒᆞ며, 혼혼ᄒᆞ야 잠긔다ᄒᆞᆷ은 무엇을 이름이뇨.

답 ᄉᆡᆼ각ᄒᆞ고 ᄉᆡᆼ각ᄒᆞᆫ 것이 마음에 ᄆᆡ치어 일렴이 셩셩ᄒᆞ야 밧게 나가지 아니ᄒᆞ면 다른 ᄉᆡᆼ각이 업고

<10>

허공이 되ᄂᆞ니, 이갓치 되면 셩셩도 되고 흔흔도 된즉 셩셩ᄒᆞ야 어둡지 아니ᄒᆞ면 진승을 엇고, 흔흔ᄒᆞ야 어드우면 강충에 은혜만 엇ᄂᆞ니라.

문 엇더ᄒᆞᆫ 것을 강충이라 이르ᄂᆞ뇨.

답 셩령ᄌᆞ상ᄒᆞ샤 텬명을 맛트샤 사람의게 충(쳔셩이라ᄂᆞᆫ 말)을 주시ᄂᆞ니라.

5) 성성(惺惺) : 정신이 맑게 깨어있음을 말함.
6) 원문 필사 오기로, "ᄉᆡᆼ각지 아니ᄒᆞ여도 감통ᄒᆞᆫ다ᄒᆞᆷ은 무엇을 이름이뇨"로 바로 잡음이 마땅하다.
7) 혼혼(昏昏) : 정신이 가물가물하고 희미한 모양.

〔 7.심성과 혼백 〕

문 사람의 텬셩을 엇더ᄒᆞᆫ 것으로 주시ᄂᆞ뇨.

답 리치로써 텬셩을 나리시며 긔운으로써 형상을 이루게ᄒᆞ시니, 심셩과 혼ᄇᆡᆨ은 ᄉᆞ람마다 갓쵸와 잇ᄂᆞ니라.

문 리치와 긔운은 무엇을 이름이뇨.

답 음양과 오ᄒᆡᆼ은 만물을 죠셩ᄒᆞᄂᆞᆫ ᄌᆡ료니, 한 물건이 비로ᄉᆞ 생기면 ᄒᆞᆫ 리치가 몬져 잇고 한 리치가 비로ᄉᆞ 나면 한 긔운이 몬져 잇ᄂᆞ니, 리치ᄂᆞᆫ 형상이 업고 긔운은 형상이 잇ᄂᆞᆫ 고로 형ᄉᆞᆼ이 업ᄂᆞᆫ 것으로 형상이 잇게ᄒᆞ고 형상이 잇ᄂᆞᆫ 것으로 형상이 업게ᄒᆞ샤 지ᄂᆞᆫ 것도 이와 갓치 가며 지금 잇ᄂᆞᆫ 것도 이와갓치 잇스며 오지아니ᄒᆞᆫ 것도 이와갓치 오ᄂᆞ니, 사람의 삼ᄉᆡᆼ이 이와갓고 만고가 이와갓틈은 셩령의 권릉이시니라.

<11>

문 심셩과 혼ᄇᆡᆨ은 무엇을 이름이뇨.

답 션텬으로 삼겨 고요ᄒᆞ야 형상이 업ᄂᆞᆫ 것은 텬셩이니, 마음이 그 가운ᄃᆡ 잇고 동ᄒᆞ면 마음이니 텬셩이 그 즁에 잇ᄂᆞ니 마음과 텬셩은 둘이나 ᄒᆞ나이오, 후텬에 나셔 신그러은 것은 혼이니 ᄇᆡᆨ이 그 가은ᄃᆡ 잇고 잠긔번 ᄇᆡᆨ이 노여 혼이 그즁에 잇ᄂᆞ니 혼과 ᄇᆡᆨ은 두리ᄂᆞ 하ᄂᆞ이니라.

문 심셩과 혼ᄇᆡᆨ의 션텬과 후텬을 분별ᄒᆞᆷ은 무엇을 이름이뇨.

답 텬셩은 형상ᄒᆞ긔 전에 이셔 형상이 된 후에 갓초고, 혼ᄇᆡᆨ은 형샹ᄒᆞᆯ 씌에 허ᄒᆞ야 형상이 된 후에 령ᄒᆞᄂᆞ니 이것이 션텬과 후텬의 분별이니라.

[문] 졍미러이 형상이 업ᄂᆞᆫ 것과 신그러이 톄가 업다ᄒᆞᆷ은 무엇을 이름이뇨.

[답] 졍미러은 것은 형상이 업스나 형상은 사람으로 낫타나고 령ᄒᆞᆫ 것은 톄가 업스나 사람의 몸으로 화ᄒᆞ야 졍도 되고 령도 되ᄂᆞ니, 고로 왈 령혼이라 공졍ᄒᆞᆫ 마음으로 양ᄒᆞ면 밝가지고 사ᄉᆞ로은 마음으로 주리게 ᄒᆞ면 어두어지ᄂᆞ니라.

<12>

[문] 령혼은 무엇을 이름이뇨.

[답] 령혼과 ᄉᆡᆼ혼과 각혼에 삼ᄌᆡ로 명오와 긔함과 ᄋᆡ욕의 삼ᄉᆞ를 련낙ᄒᆞ야 일신을 운동ᄒᆞ고 여려가지 궁글 녈고 닷ᄂᆞ니라.

[문] 령혼과 ᄉᆞᆼ혼과 각혼의 삼ᄌᆡᄂᆞᆫ 무엇을 이름이뇨.

[답] 삼ᄌᆡᄂᆞᆫ 하ᄂᆞᆯ과 ᄯᅡ와 사람을 이름이니 하ᄂᆞᆯ에셔 온 것은 령혼(사람 되기 전에 오ᄂᆞᆫ 것)이니 셩셩ᄒᆞ야 어둡지 아니ᄒᆞ고 ᄯᅡ에셔 온 것은 ᄉᆡᆼ혼(사람될 에 잇ᄂᆞᆫ 것)이니, ᄉᆡᆼᄉᆡᆼᄒᆞ야 다ᄒᆞᆷ이 업고 몸에셔 ᄂᆞᆫ것은 각혼(사람된 후에 ᄉᆡᆼ기ᄂᆞᆫ 것)이니 물건으로 더부러 감측이 되ᄂᆞ니 셔희나 ᄒᆞᆫ가지니라.

[문] 긔함과 ᄋᆡ욕과 명오의 삼ᄉᆞᄂᆞᆫ 무엇을 이름이뇨.

[답] 이것은 사람에 삼ᄉᆡᆼ을 보ᄂᆞᆫ 것이니 긔함관(지나간 일을 안다ᄂᆞᆫ말)은 과거를 보고, ᄋᆡ욕관(지금 일을 안다ᄂᆞᆫ 말)은 현ᄌᆡ를 알고, 명오관(오ᄂᆞᆫ 일을 안다ᄂᆞᆫ 말)은 미ᄅᆡ를 아ᄂᆞ니, 현ᄌᆡ관은 지나간 일과 오ᄂᆞᆫ 물건을 련낙ᄒᆞ고 금ᄉᆡᆼ의 몸은 젼ᄉᆡᆼ의 그림ᄌᆞ와 ᄂᆡᄉᆡᆼ의 형상을 련낙ᄒᆞᄂᆞ니 셔희나 ᄒᆞᆫ가지니라.

<13>

문 양ᄒᆞ다 주리다 ᄒᆞᄂᆞᆫ 것은 무엇을 이름이뇨.

답 도덕의 진리ᄂᆞᆫ 령혼을 기르ᄂᆞᆫ 것이니, 도덕이 업스면 주리ᄂᆞᆫ 것이니라.

문 도덕의 진리ᄂᆞᆫ 무엇을 이름이뇨.

답 밝기ᄂᆞᆫ 리치에셔 더ᄒᆞᆫ 것이 업스ᄂᆞ 밝히기ᄂᆞᆫ 도에 잇고 밝기ᄂᆞᆫ 도에셔 더ᄒᆞᆫ 것이 업스ᄂᆞ 밝히기ᄂᆞᆫ 덕에 잇고 밝기ᄂᆞᆫ 덕에셔 더ᄒᆞᆫ 것이 업스나 밝히기ᄂᆞᆫ 션ᄒᆞᆫᄃᆡ 잇고 밝기ᄂᆞᆫ 션ᄒᆞᆫᄃᆡ셔 더ᄒᆞᆫ 것이 업스ᄂᆞ 밝히기ᄂᆞᆫ 교에 잇ᄂᆞ니라.

문 밝히기ᄂᆞᆫ 교의 잇다ᄒᆞᆷ은 무엇을 이름이뇨.

답 도덕의 죵지를 밝히 강ᄒᆞ야 일톄 봉교ᄒᆞᆫ 사람의게 셩심으로 밋게ᄒᆞᄂᆞ니, 본교의 참 리치니라.

문 본교의 참 리치를 강ᄒᆞ야 밝히다ᄒᆞᆷ은 무엇을 이름이뇨.

답 셩경 강연과 진리문답과 축샤와 녜식을 힝ᄒᆞ니 교문의 강샤니라.

문 본교의 진리를 젼수ᄒᆞᄂᆞᆫ 것은 어ᄃᆡ 잇ᄂᆞ뇨.

답 진리를 연구ᄒᆞ여 진승을 어든 모든 션ᄀᆞᆨ은 셩령의 연원이오, 진리를 긔록ᄒᆞ고 선ᄀᆞᆨ의

<14>

심법을 련■[8]ᄒᆞᆫ 자ᄂᆞᆫ 연원의 죵도니 교문의 강ᄉᆞ니라.

문 심셩은 션악이 잇ᄂᆞ뇨.

---

8) '득'자로 보임.

[답] 텬셩은 고■[9]ᄒᆞ고 션ᄒᆞ야 오상(인과 의와 례와 지와 신이라)이 갓쵸와스ᄂᆞ 동ᄒᆞ야 ᄌᆞ유가 되면 가이 악ᄒᆞ기도 ᄒᆞ고 가이 션ᄒᆞ기도 ᄒᆞᄂᆞ니라.

[문] 혼ᄇᆡᆨ은 바르기도 ᄒᆞ고 사특ᄒᆞᆷ도 잇ᄂᆞ뇨.

[답] 혼은 오르고 지극히 발ᄂᆞ 칠졍(히와 노와 ᄋᆡ와 낙과 우와 오와 구라)이 갓쵸와스나, 잠겨 ᄌᆞ유ᄒᆞ면 가이 ᄉᆞ특ᄒᆞ기도 ᄒᆞ고 가이 바르기도 ᄒᆞᄂᆞ니라.

[문] 사람이 엇지ᄒᆞ면 션ᄒᆞ고 악ᄒᆞᆷ이 업스며 바르고 샤특ᄒᆞᆷ이 업ᄂᆞ뇨.

[답] 심셩이 ᄒᆞᆫᄂᆞ이 되고 혼ᄇᆡᆨ이 두리 아니면 오상이 갓쵸 션ᄒᆞ고 칠졍이 갓쵸 화ᄒᆞᄂᆞ니라.

[문] 심셩이 ᄒᆞᄂᆞ이 되고 혼ᄇᆡᆨ이 두리 아니라 ᄒᆞᆷ은 무엇을 이름이뇨.

[답] 음양의 강ᄒᆞ고 유ᄒᆞᆫ 것은 심셩의 궁긔되ᄂᆞ니, 동ᄒᆞ며 졍ᄒᆞ기를 젹망이ᄒᆞ야 여ᄃᆞᆲ가지(게명의 팔죠라) 섁리의 ᄯᅳ글 무든 수를 숫으면 의심도 업고 ᄉᆡᆼ각도 업셔 마음이 텬셩으로 더부

<15>

러 한ᄂᆞ히 되고 주야의 ᄭᆡ고 자ᄂᆞᆫ 것은 혼ᄇᆡᆨ의 문호와 참이 되ᄒᆞ니 밝고 어두은 것을 젹당이 ᄒᆞ야 샤졀(각샤의 샤졀이라)의 영험을 ᄭᆡ다르면 혼미ᄒᆞᆷ도 업고 침잠ᄒᆞᆷ도 업셔 혼과 ᄇᆡᆨ이 ᄒᆞᆫ나히 되ᄂᆞ이라.

[문] 형용을 양ᄒᆞᆫᄂᆞᆫ 것이 방문이 잇ᄂᆞ뇨.

[답] 신톄을 깃부게ᄒᆞ야 수이지 아니ᄒᆞ면 피폐ᄒᆞ고 정신 쓰기를 마지아니ᄒᆞ면 쇠픠ᄒᆞᄂᆞ니, 피폐ᄒᆞ지도 아니ᄒᆞ고 쇠픠ᄒᆞ지도 아니ᄒᆞ여

9) ‘르’자로 보임.

야 가히 련년의 수(오ᄅᆡ 사다ᄂᆞᆫ 말)ᄒᆞᄂᆞ니라.

[문] 피폐치도 아니ᄒᆞ고 쇠ᄑᆡ치도 아니ᄒᆞᆷ은 무엇을 이름이뇨.

[답] 공긔를 호흡(마시고 토ᄒᆞᄂᆞᆫ 말)ᄒᆞᄂᆞᆫ 시에 날근 것을 토ᄒᆞ고 ᄉᆡ로은 것을 먹어 고르이ᄒᆞ면 칠졍이 가운ᄃᆡ 화ᄒᆞ고 여ᄃᆞᆲ가지 ᄉᆞ긔(풍과 ᄒᆞᆫ과 셔와 습과 긔와 ■와 뇌와 일이라)가 젹당ᄒᆞ면 피폐ᄒᆞ기 젼에 보ᄒᆞ고 쇠ᄑᆡᄒᆞ기 젼의 셩ᄒᆞ게 ᄒᆞᄂᆞ니라.

[문] 령혼은 뉵신에 엇더ᄒᆞᆫ 것니뇨.

[답] 뉵신은 령혼의 집이오 령혼은 뉵신의 쥬인이니라.

[문] 령혼이 뉵신을 ᄲᅥᄂᆞ면 어니 곳에 잇ᄂᆞ뇨.

[답] 물건은 반다시 근본으로 도라가ᄂᆞ니, ᄇᆡᆨ은 ᄒᆞᆰ으로

<16>

도라가 오ᄒᆡᆼ(금목수화토)에 졍긔를 다시 합ᄒᆞ고 혼은 ᄒᆞᄂᆞᆯ노 올ᄂᆞ가 셩령의 명ᄒᆞ시ᄂᆞᆫ 바를 ᄒᆞᆫ갈 갓치 듯ᄂᆞ니라.

[문] 셩령이 명ᄒᆞᄂᆞᆫ 바를 듯ᄂᆞᆫ다 ᄒᆞᆷ은 무엇을 이름이뇨.

[답] 하ᄂᆞᆯ이 보시ᄂᆞᆫ 것을 맛트ᄉᆞ 형상 업ᄂᆞᆫᄃᆡ 드르시ᄂᆞ니, 독실히 밋ᄂᆞᆫ 남녀의게ᄂᆞᆫ 낙지의 명ᄒᆞ사 복녹을 누리게ᄒᆞ고, 밋지아니ᄒᆞᄂᆞᆫ 남녀의게ᄂᆞᆫ 고ᄒᆡ의 명ᄒᆞᄉᆞ ᄋᆡᆨ과 괴로은 것을 밧게ᄒᆞ시ᄂᆞ니라.

[문] 사람의 심셩과 령혼은 갓다ᄒᆞᄂᆞᆫᄃᆡ 지우와 슈요와 귀쳔이 갓지 아니ᄒᆞᆷ은 무엇을 이름이뇨.

[답] 몸에셔 어든 것은 긔질이 갓지 아니ᄒᆞ고 마음에셔 나ᄂᆞᆫ 것은 지

각이 갓지 아니ᄒᆞ니, 갓튼 것은 일졍ᄒᆞᆫ 공리가 잇고 갓지 아니ᄒᆞᆫ 것은 ᄌᆞ유의 사졍이 잇스니 일졍ᄒᆞᆫ 것은 변치 아니ᄒᆞᄂᆞ ᄌᆞ류로 ᄒᆞᄂᆞᆫ 것은 변ᄒᆞᄂᆞ니 이ᄂᆞᆫ 긔질의 변화오 셩령의 권릉이니라.

[문] 변화와 권릉은 무엇을 이름이뇨.

[답] 긔질의 품이 아름다온 ᄌᆞ도 변ᄒᆞ기를 션치 못ᄒᆞ

<17>

게ᄒᆞ면 우ᄒᆞ고 쳔ᄒᆞ고 요ᄒᆞ며, 긔질의 품이 부족ᄒᆞᆫ 자도 변ᄒᆞ기를 지극히 션ᄒᆞ게ᄒᆞ면 수ᄒᆞ고 지ᄒᆞ고 귀ᄒᆞᄂᆞ니, 긔질의 변화와 화복의 부동은 다 셩령의 권릉이니라.

[문] 화와 복의 부동은 무엇을 이름이뇨.

[답] 밋고 스ᄉᆞ로 닥ᄂᆞᆫ ᄌᆞᄂᆞᆫ 셩령이 그 심셩을 달나여 ᄒᆞᆫ번 ᄉᆡᆼ각을 드리오ᄂᆞᆫᄃᆡ 션도되고 복도 되며 밋게 아니ᄒᆞ고 닥지 아니ᄒᆞᄂᆞᆫ ᄌᆞᄂᆞᆫ 셩령이 혼ᄇᆡᆨ을 ᄲᆡ아ᄉᆞ ᄒᆞᆫ번 ᄉᆡᆼ각이 그르ᄂᆞᆫᄃᆡ 악도 되고 화도 되ᄂᆞ니라.

[문] 스ᄉᆞ로 닥금은 무엇을 이름이뇨.

[답] 밋고 졍셩되고 공경ᄒᆞᄂᆞᆫᄃᆡ 잇ᄂᆞ니 진리를 돈독히 깃이며 마음을 소기지 말며, 쳠ᄇᆡ를 숭상ᄒᆞᄂᆞ니라.

[문] 령혼의 고락이 잇ᄂᆞ뇨.

[답] 혼은 혼ᄃᆡ로 가고 몸은 몸ᄃᆡ로 잇스면 고와 락이 아올나[10] 업고 혼이 몸에 잇고 몸에 혼이 졉ᄒᆞ면 고와 락이 아올나 잇ᄂᆞ니라.

[문] 고락이 아올나 잇고 고락이 아올나 업다ᄒᆞᆷ은 무엇을 이름이뇨.

10) 아올나 : 아울러서. 합쳐. '아올다'는 '아우르다'의 옛말.

<18>

답 뉵신의 고락을 령혼이 아니면 아지 못ᄒᆞ고 령혼의 고락을 뉵신이 아니면 맛기지 못ᄒᆞᄂᆞᆫ 고로, 악ᄌᆞ의 혼은 악겁으로 그 괴로옴이 ᄒᆞᆫ졍이 업고 션ᄌᆞ의 혼은 션도로 그 질거음이 다ᄒᆞᆷ이 업셔 보복을 뉵신으로 밧게ᄒᆞᄂᆞ니 만만세깅충ᄒᆞ시는 공리가 이와 갓다니라.

문 강충의 공리ᄂᆞᆫ 무엇을 이름이뇨.

답 리치와 긔운이 합ᄒᆞ야 허령이 되ᄂᆞ니 허령은 졍신을 화ᄒᆞ고 졍신은 혈분을 화ᄒᆞ고 혈분은 형용을 화ᄒᆞ고 형용은 ᄋᆡ기를 화ᄒᆞ고 ᄋᆡ기ᄂᆞᆫ 아희를 화ᄒᆞ고 아희는 졀문이를 화ᄒᆞ고 졀문이ᄂᆞᆫ 늘근이를 화ᄒᆞ고 늘근이는 죽는 것을 화ᄒᆞ고 족으면 도로 화ᄒᆞ야 허ᄒᆞᆫ즉 화ᄒᆞ기ᄂᆞᆫ ᄉᆞ이가 업시 화ᄒᆞ고 나기ᄂᆞᆫ 긋치 없시 나ᄂᆞ니, 이ᄂᆞᆫ 음양의 원소오(원 간졍ᄒᆞᆫ[11] ᄌᆞ료라), ᄉᆞ명의(셩령의 마타신 명이라) 공졍ᄒᆞᆫ 리치니라.

문 션악과 화복의 보복ᄒᆞᄂᆞᆫ 리치가 뉵신의 잇다ᄒᆞ면 악ᄒᆞᆫ 자의 혼은 뉵축의 ᄉᆡᆼᄒᆞᄂᆞᆫ 죄벌도 잇ᄂᆞ뇨.

답 령혼과 ᄉᆡᆼ혼과 각혼의 ᄉᆞᆷ지ᄂᆞᆫ 능히 둘도 되

<19>

지 못ᄒᆞ고 ᄯᅩᄒᆞᆫ 너히도 되지 못ᄒᆞᄂᆞ니, 오즉 삼지의 강충이야 사람이 되고 ᄉᆡᆼ혼과 각혼이 화합ᄒᆞ여 금수가 되ᄂᆞᆫ 고로 사람과 금수가 나ᄂᆞᆫ 것은 갓타나, 유ᄂᆞᆫ 갓지 아니ᄒᆞᆫ즉 텬디 ᄉᆞ이의 만물이 각각 그 유를 ᄯᅡ라 그 긔질을 엇ᄂᆞᆫ 고로 종류가 갓지 아니ᄒᆞ니 이것은 일졍ᄒᆞ야 밧구지 못ᄒᆞᄂᆞᆫ 원리라, 그럼으로 극악ᄃᆡ죄를 지은 혼이라도 반다시 사람으로 나셔 그 벌을 밧게ᄒᆞ시ᄂᆞ니, 그 고ᄋᆡᆨ이 뉵축보다 심ᄒᆞᆫ 자 만ᄒᆞ니라.

11) 간졍ᄒᆞᆫ : 매우 깨끗하고 순수한.

문 령혼이 텬당도 가고 디옥도 가는 ᄌᆞ가 잇셔 영히 텬당에 잇고 영히 디옥에 잇다는 말은 밋지 못할 말닌가.

답 강충되는 공리가 이에 ᄌᆞᄌᆡᆨᄒᆞ니 영 텬당과 영 디옥이라 ᄒᆞ는 말은 스ᄉᆞ로 ᄉᆡᆼ각ᄒᆞ면 분변ᄒᆞᆯ지니라.

문 령혼이 환ᄉᆡᆼᄒᆞ야 사람이 되면 젼ᄉᆡᆼ의 일은 엇지ᄒᆞ야 아지못ᄒᆞᄂᆞ뇨.

답 령혼이 뉵신에 붓터 ᄒᆞᆫ번 진세의 써러지면 금세의 ᄋᆡ욕으로 ᄀᆡ함관이 어두어 당장 지나간 일도 다 ᄀᆡ록ᄒᆞ지 못ᄒᆞᄂᆞ니라.

<20>

문 ᄀᆡ함관이 ᄇᆰ고 졍ᄒᆞ면 젼ᄉᆡᆼ일을 관연 ᄋᆞᄂᆞ뇨.

답 사람의 명으로 일단 졍셩을 ᄃᆞᄒᆞ야 수련셩단ᄒᆞ면 현ᄌᆡ의 진승도 엇고 ᄂᆡᄉᆡᆼ의 강충도 엇고 과거ᄉᆞ와 미ᄅᆡ 물을 거울갓치 밝히 아ᄂᆞ니라.

문 수련셩단은 무엇을 이름이뇨.

답 이것은 본교의 진묘리로 사람에 심령을 ᄭᆡ닷게함이니, 그 쳡경은 심법을 젼수ᄒᆞᄂᆞᆫᄃᆡ 잇ᄂᆞ니라.

『檀君教 眞理問答』 국한문본 일부

…{遺失}…

問 三位가 各異ᄒᆞᄃᆡ 一體라 홈은 何를 爲ᄒᆞ뇨.

答 檀君의 在天位號 즉 桓仁이시오, 在神位號 즉 桓雄이시오, 在人位號 즉 王儉이시니, 佛家 華嚴經에 云ᄒᆞ되 桓仁을 帝釋이라ᄒᆞ니 梵音에 '桓'을 '天'이오 '仁'을 '主'라ᄒᆞ니 桓仁을 天主라홈이오, 人形으로 過化ᄒᆞ신 尊號을 桓雄이라 ᄒᆞ시니라.

問 檀君이라홈은 何를 爲ᄒᆞ뇨.

答 檀木下에 降御ᄒᆞ신 故로 檀을 應ᄒᆞ야 號를 尊ᄒᆞ심이니라.

<三>

問 檀君은 肉身의 孕胎로 生홈이 아닌가.

答 自古 聖人이 皆 人胎化生이로되 惟獨 檀君은 天靈으로 下降ᄒᆞᄉᆞ 人形을 始現ᄒᆞ시니라.

問 何年月日에 下降ᄒᆞ시뇨.

答 古甲 戊辰年 十月三日이시니라.

問 何處의셔 降御ᄒᆞ시뇨.

答 太白山(今 寧邊郡 妙香山) 檀木下시니라.

問 降御ᄒᆞ사 何를 爲ᄒᆞ시뇨.

答 人族을 眷愛ᄒᆞᄉᆞ 胚胎法을 行ᄒᆞ시며, 天을 代ᄒᆞ야 教를 立ᄒᆞ시니라.

…{遺失}…

『생경팔리』

셩경팔리
젼

셩경팔리상경

서문

긔자(箕子)가라사대단군(檀君)신셩(神聖)하신세상에녀달리치로사람을가라치셧스니사람이현우(賢愚)를믈논하고다하날과사람의리치를통달하야무위이화(無爲而化)한고로인회가요슌세상에지낸지라또감물륙리(感物六理)가잇난고로원방난(袁方蘭)을명하야쥬해하니무릇일백이십사조러라

경효왕(敬孝王)이가라사대련촉(聯燭)자난촉불이쇠잔하매다시새촉불을발키고 치션(穉善)자난얼녀서붓터셩품이착함이라 팔년신묘(辛卯)에징해(增解)하니라

셩경팔리

셩령(聖靈)이우에계시사인간삼백륙십륙사를쥬재하시니그강영에갈오대셩(誠)과신(信)과애(愛)와
뎨(濟)와화(禍)와복(福)과보(報)와응(應)이러라

셩(誠)이란자난즁심에서발하난바오혈셩의직히난배니륙톄(六體)사십칠용(用)이잇고

신(信)이란자난텬리의반다시합함이오인사의반다시일우미니오단(五團)삼십오부(部)가잇고

애(愛)이란자난사랑하난마음이자년생함이오어진셩품의본질(本質)이니륙범(六範)사십삼위(圍)가잇고

졔(濟)이란자난덕의착한을겸하고도(道)가힘닙어감이니사규(四規)삼십이모(模)가잇고

화(禍)이란자난악한것의부르난바라륙쪼(六條)사십이목(二目)이잇고

복(福)이란자난착한남어지경사니륙문(六門)사십오호(五戶)가잇고

보(報)이란자난하날이악한사람에게난화로써갑고착한사람에게난복으로써갑나니륙(六)

계(階)삼십급(級)이잇고
응(應)이란자난악(惡)하면화(禍)로갑난것을밧고 착하면복으로갑난것을밧나니륙과(六果)산십구
형(形)이잇나니라 首
셩지경신(誠之敬神) 슈편(壽編)
경(敬)이란자난지극한마음을다함이오신(神)이라함은 텬신(天神)이시라일월셩신(日月星辰)과풍우뢰졍(風雨雷霆)
은형상잇난하날이오믈건을보지못함이업고소래를듯지못함이업난것은형상업난
하날이니형상업난하날을일오대하날의하날이오하날의하날은곳 텬신이시라사
람이하날을공경치아니하면하날이사람에게응치아니하야초목이우로상셜을지내
지못함과갓트니라

존봉(尊奉) 졔일쟝

존(尊)은숭배(崇拜)함이오봉(奉)은셩패(誠佩)함이라사람이 텬신을존봉(尊奉)하면 텬신도또한사람에
게졍긔(精氣)를나리실이어린아해에게젓쥬난것과언몸(凍體)에옷쥬난것과갓튼지라만일졍

셩이업시존봉하면또귀먹(聾)고또벙어리(啞)와갓터들어도들니지못하고보아도뵈이지
못하나니라

슝덕(崇德) 졔이장

슝(崇)은놉힘이오덕(德)은텬덕(天德)이라텬덕이란자난감음(甘雨)쌍의단비와음곡(陰谷)에양츈(陽春)갓튼류이
라잠간새(造次之間)라도진실노텬덕이업시면사람이사람되지못하고물건이물건되지못하
나니이러함으로군자(君子)난텬덕을부지러니(孜孜)숑츅하나니라

도화(導化) 졔삼장

도(導)난지인(指引)함이오화(化)난텬공(天工)에조화(造化)ㅣ라사람이텬공에조화를아지못한즉하날과사
람의리치를아지못하야나의텬셩이어대로조차밧음을아지못하며또한내몸이어
대로부터옴을아지못함이라몬져이거슬새닷지못하면다른지각이업나니군자ㅣ
맛당이후인을개노(開導)함이니라

창도(彰道) 졔사장

彰창은찬양함이오道도난뎐신졍도라사람이졍도로써행하면妖怪요괴한물건이능하형상을낫하나지못하고邪魔사마가능히간사함을행치못하나니무릇졍도란자난中道즁도ㅣ라즁도의규모를행하면뎐도가이에빗나나니라

克禮극례 졔오장

克극은극진함이오례난뎐신을공경하난례라례가업스면공손치못하고공손치못한즉정성이업실지니만일례을다하고공경을다하면뎐신이위에셔하림하시나니라

肅靜슉졍 졔륙장

肅슉은긔운을세움이오靜졍은마음을定졍함이라긔운을세운즉욕심이짓지못하고하날리치가자연히발거져셔日鏡날아래셔거울을빗치난겻가타셔어둔곳이발거지나니엄슉하고공경한즉능히하날에게신셩령을뵈올지니라

淨室졍실 졔칠장

淨室졍실이란자난뎐신을존경하난곳이라놉고건조한곳슬취하며오예지물을금하며

현화를금하며번거한법식을말고긔명은즁보에잇지아니하고졍결한거시좋요합

이되나니라

택재(擇齋) 졔팔장

택(擇)이란자난날을가리여재계함이라비록긔도하난바가잇슬지라도칠졍(七情)의여습(餘習)으로써졸지에구하면이난텬신게만홀(慢忽)함이라반다시날을가리고마음을경계하야한졍셩마음이가슴에얼킨년후에이에행하면텬신이굽혀보시나니라

회향(懷香) 졔구장

회향(懷香)이란자난한화로(爐)를밧들고자하야공손이쳔리(千里)에마음을품엇도다향에연긔난날너허터지々아니하고졍히지극한졍셩깁흔대로향(向)하나니라

셩지졍심(誠之正心) 슈편

졍심(正心)이란자난마음에칠규(七竅)가잇스니칠졍(七情)이희롱하면하날리치를구하야도가히엇지못할지라만일한조각령대가외연(巍)이홀노스면태양(太陽)이광명하야운무(雲霧)가소멸하고큰바(大海)

셩경팔리 三

다가광활하야진애(塵埃)가다ᄭᅳᆫ어지나니라

의식(意植) 졔일장

의(意)난명을마음에밧난자오식(植)은기동갓치심어옴기지아니함이라뜻시하날마음에
밧지아니하고사람의욕심을좃차망동한즉백톄(百體)가영(令)을반대하야마참내공을일우
지못하고바람가지(風枝)가쌔리를요동함과갓튼지라하날마음을경코자하거든몬져뜻
을셰울지니라

입신(立身) 졔이장

입(立)은곳은(直)것시오신(身)은몸이라마음에붓그러운바가업슴연후에이에몸이세상에곳
게슬지라마음을발으지못하면은미(隱微)한새이의번민함이다토어일으러졍신이헛터
지고긔운이쇠하나니이러한고로군자난슈연(粹然)하고소인은구츅(傴縮)하나니라

불혹(不惑) 졔삼장

불혹(不惑)이란자난물건에아혹함이업슴이라마음이바른즉발금이니물건에발근것시

빗최여그츄하고졍한것시다스사로나타나니나의분별함을기달리지아니하고물건을몬져알지라무엇시아혹함이잇스리오마음이발으지못하면거듭발(重簾)을격한것갓하셔발밧게(簾外)금슈(禽獸)의닷고나르난(走飛)것을아지못하고아혹한것서드대여생하나니라

일엄(溢嚴) 제사장

일(溢)은믈이가득하야넘침이오엄(嚴)은졍대한긔색이라하날이가을뜻을먹음으면엄슉한긔운이세계의넘치고사람이바른마음을포함하면엄졍한긔운이동작의넘쳐셔위염이신령한룡(龍)과갓고형용이태산과갓타니라

허령(虛靈) 졔오장

허(虛)라난것슨물건이업난것이오령이라것슨마음이신령됨이니령이란자난마음에가리운바가업셔신령한빗이영롱하고허한가온대리치와긔운이생하야크기난하날지경에두루(週)하고가늘기난젹은띄글(塵)에들어가나니그리치와긔운이허하고또신령하니라

치지(致知) 졔륙장

치지란자난아지못하난바에새다름이라마음이발나셔간단함이업슨즉심신(心神)은아난걸맛고심령(心靈)은새달음을맛타셔소리가들어가며신은동하고사물이오매신령으로새닷고임의가고장찻오난일을발키아나니라

폐물(閉物) 졔칠장

폐(閉)난열니지아니함이오물(物事)은일과물건이라마음이란자난일을감추난부고(府庫)ㅣ오몸이란자난일을행하난긔틀(樞機)이라감추고발하지아니하면엇지실현(實現)함을어드리요열(開)고발(發)함이때(時)가잇고따(地)이잇스니열기를때로써아니하고발하기를그따이아니면하날리치가혼암(昏暗)하고사람의도가전복(顚覆)하나니그런고로군자ㅣ물건을닷고개발하기를상가나니라

척정(斥情) 졔팔장

척(斥)은물니침이오졍은졍욕이라희(喜)하고노(怒)함이잇슨즉그졍심(正心)을엇지못하고죠(好)코미

우미잇슨즉뎡심을엇지못하고편안(逸)하고질거운(樂)것을구하면뎡심을엇지못하고가(貧)
난하고천(賤)한것슬실여하면뎡심을엇지못하나니뎡심코자하거든반다시몬져졍욕
을물니칠지니라

묵안(默安) 제구쟝

묵(默)은잠々하고먼것이오안(安)은담박(淡泊)한것이라침묵하야마음의어질어움을써경계하
고담박하야써마음의번극함을써경계한즉진흑물이졈々말거셔즁탁한것시이에
정(定)하나니이난마음을말키난근원이니마음을말키ㄴ자난뎡심(正心)함에긔본(基本)이니라

성지불망(誠之不忘) 슈편

불망(不忘)이란자난잇지아코자함이아니라이난텬연젹으로잇지아니함이라성이란자
도를일우나젼톄오일을짓난큰근원이니텬연으로잇지아니하야그포부한바졍성인
즉졍성이한갈갓타셔어지미업난자곳그버금이되나니라

자임(自任) 제일쟝

自任 자임이란자난다루대에말매암오미아니오그자연한졍성에오롯이하야구하지아니하야도스사로일으러봄과가을(春秋)이셔로졀셔를대신함과해와달(日月)이셔로갈넘과갓트니라

自記 자긔 제이쟝

自記 자긔란자난긔록코자아니하야도스사로긔록함이라긔록코자하난자난이마음의구하난자오스사로긔록하난자나마음에구치아니하야도스사로잇나자라도를닥난사람이마음을졍성리치에두어셔임의뇌슈에배고졍신에젓인고로비록일만생각이사귀여일을지라도단々한생각이졍성에밧게아니되나니라

貼膺 쳡응 제삼쟝

貼膺 쳡응이란자난가심에붓쳐셔잠시도떠나지아니함이라대개쳔연한졍성은련신이응하고심령이포합하고몸이실여셔가삼에견고하게응하야몸이차되가심은더워지나니라

재목(在目) 졔사쟝

재목(在目)이란자난졍셩잇난바를생각지아니하되항상눈에잇난지라눈으로물건을보되뵈이지아니하난물건이잇지아코다만셩의(誠意)가눈에잇슨즉갓가운물건은일음을아지못하고먼(遠)물건은거림(畵)갓트니라

뢰허(雷虛) 졔오쟝

뢰허(雷虛)란자난졍셩마음이귀문(耳門)에얼켜셔졍셩이발할때에난뢰셩(雷聲)의큼으로도스사로허(虛)하야들니지아니하나니라

신취(神聚) 졔륙쟝

신(神)은졍신이오취난합함이라사람의모든경낙(經絡)의부신이각기직키여셔간역(肝役)에난폐(肺)가참예치못하고위역(胃役)에난신(腎)이참예치못하되다만셩역(誠役)에난모든신이취합(聚合)하나니한아라도업슨즉능히졍셩을일우지못하나니라

셩지불식(誠之不息) 슈편

불식(不息)이란자난지극한졍셩이슈이지아니함이라슈이지아니(不息)한과쉬미(息)업난거시각각스사로다름이잇스니그도력(道力)의부쥬(奮蹲)과사람의욕심의소장(消長)에셤호(纖毫)의격(隔)함이상거가하날과따의사이가되나니라

면강(勉强) 졔일쟝

면강(勉强)이란자난힘써셔스사로강하것이라스사로강하다하난자난진실노우(上)ㅣ를향하야나아감을도모하야기우(岐隅)와자져(趑趄)의폐단이업고필경에난곤(困)이득(得)지하되면강(勉强)인즉졍셩의근본이깁고구(固)더셔강한것을다사리지아니하야도능히강하고하염업시(無何)능히일우나니라

원젼(圓轉) 졔이쟝

원젼(圓轉)이락자난졍셩이쉬(息)지아니하야둥근뭇건이스사로평탄한대굴니난것갓튼지라굿치고자하야도엇지못하고쳔々이하고자하야도엇지못하고속히하고자하야도엇지못하야몸을따라구을너향하야슈이지아니하나니라

휴休산算 졔삼쟝

휴休난슈임이오산算은계산함이라하고자함이잇셔졍셩을하난자난문득계計산算하되시작하난날노붓터몃시가되얏시되문득감동함이잇지아니하다하면졍셩안임으로한가지라대개졍셩의슈이지아니하난자난졍셩의시작한해를계산치아니하고또난졍셩의마치난해를계산치아니하나니라

실失시始 졔사쟝

실失은일넌것이오시始난쳐음이라쳐음의난하고자하난욕심이잇셔비로셔졍셩이잇셔졈々깁흔지경의들어간슉하고자하난욕심은업셔지고다만졍셩의욕심만잇슬뿐이니라

진塵산山 졔오쟝

진塵은진애라진애가바람을쌰라산山에싸여셔해가오래면이에한산을일우나니지극히젹은띄글이라도지극히큰언덕이되난자난이것이바람이진애를모라슈이지아

니함이라졍셩도또한이갓트니슈이지아니하난데일은즉졍셩산을가히일우나니
라

방운(放運) 제륙쟝

방(放)은졍셩의뜻을노흐미오운(運)은졍셩의힘을운젼함이라졍셩의뜻을놋키슈이지아
니한즉어두운밤에발근달이생하고졍셩의힘을운젼하야슈이지아니한즉한손오
로만근을드나비록졍셩이잇스나졍셩의혹뜻이침(沉)하고부(浮)하며졍셩의힘이유(柔)하고
강(強)하면능히그결과를알지못하리라

만타(慢他) 제칠쟝

만(慢)은마음의만홀함이오타(他)는생각밧기라마음의한생각으로졍셩에잇고졍셩에한
생각으로슈이지안이한즉생각밧게일이엇지맹동(萌動)하리오이로써빈쳔이능히그졍
셩을게우르게못하고부귀가능히그졍셩을난동치못하나니라

셩지디감(誠之至感) 슈편

至誠 디감이란자난디셩으로써감응함에이르난지라감응이란자난하날이사람에게감동하야응함이라사람이가히감동할졍셩이업스면하날이엇지감동하며사람이가히응할졍셩이업스면하날이웃지응하리오졍셩을이긔지못하면졍셩읍난것으로갓고감동하되응치아니하면감동안이함으로다름이업나니라

順天 슌쳔 졔일장

順天 슌쳔이란자난하날리치를슌하게하고졍셩을함이라하날리치를거사려비난자도혹잇스며하날리치를어렵게비난자도또한잇스니이난다감응함을굿치고감응함을밧지못함이라만일감응함을밧난자난하날리치를슌히하야거사리지안이하고하날리치를슌하게하고속하게안이하나니라

應天 응쳔 졔이장

應天 응쳔이란자난하날리치에응하야졍셩을양셩함이라하날이환란을쥬시매달게밧고졍셩을어기지안이하며하날이祥端 상서로운닐을쥬시되도리여두려워하야졍셩을

게을니안이하야환란은졍셩업난대로돌녀보내고상서로음은졍셩안인대로붓침이니라

聽天 쳥텬 졔삼쟝

聽天 쳥텬이란자난텬명을드르되졍셩안임으로감응을기다림이라일우되나의졍셩이반닷이감응함에이르지못하리라무엇으로응할바이잇스리오더욱오래고더욱담々하며더욱부지런하고더욱고요하면도리혀졍셩이어대에잇난지모를지니라

樂天 락텬 졔사쟝

樂天 락텬이란자난하날뜻을질거워함이라하날뜻이사람에게지공무사하야나의졍셩이깁흔즉하날에감응하심이깁고나에졍셩이얏튼즉하날에감응하심이또한얏틀지니스사로하날이감응하심이깁고얏튼것이나에졍셩에깁고얏튼거살짜르난지라그러한연고로점々졍셩을더하고점々더질거워하나니라

待天 대텬 졔오쟝

대텬(待天)이란자난하날을기다려반닷이지셩한사람에게감응이잇슴이라하날을기다릴마음이업슨즉하날을밋난졍셩이업나니기다리난것이한이업고졍셩도또한이업스니비록감응을지내나스사로하날밋난졍셩을마지아니하나니라

대텬(戴天) 졔륙장

대텬(戴天)이란자난머리로하날을임이라물건이머리에잇슨즉호말(毫末)이라도가히알지라하날을이기를즁대한물건인것갓치하야감히머리를빗기지못할지라공경하야이기를이갓치하면그졍셩의뜻이능히감동하난대이를지니라

도텬(禱天) 졔칠장

도텬(禱天)이란자난하날의긔도함이라긔도를알지못하난자난일으되난(難)자는난긔도하기를어렵게역이고이(易)자난긔도하기를쉬이역이나니긔도하기를아난자난그럿치안니하니긔도하기를슈이아난자난졍셩이몸에거두지안니하고긔도하기를어렵게아난자난졍셩이능히하날에거두나니라

시텬(侍天) 졔칠장

시(侍)난의시(依侍)함이라아래졍셩은하날을의심차 고가운대졍셩은하 날을밋고큰졍셩은하날에의지하나니지셩으로써세샹을졉속하면반다시 도움이잇셔스사로 밋난게잇슬지니지극한졍셩에야엇지하리오

강텬(講天) 졔팔장

강텬(講天)이란자난하날도를깅(講)함이라사람의일이슌(順)한즉하날도가화하고사람의일이거사린즉하날도가어그러지나니슌과화(和)와역(逆)과괴(乖)의리치를아난자는한결가튼생각으로하날을강(講)하야두렵게근신하면그셩의를이에하날이감동하 시난지라

셩지대효(誠之大孝) 슈편

대효(大孝)란자난지극한효셩이라한사람의효가능히한나라사람을감동하고또능히텬하사람을감동케하나니텬하의지극한졍셩이아니며엇지능히이에일우리오사람이갑동한즉하날이또한감동하시나니라

안(安)츙(衷) 졔일장

안(安)은화락한거시오츙(衷)은즁심(心)이라사람의자식이되야부모의마음을평안케하며부모의마음을깃부게하며부모의마음을졍(定)하게하며부모의마음을몬(先)져하게한즉상셔구름이집을옹위하며상셔긔운이하날에뻣치나니라

쇄(鎖)우(憂) 졔이장

쇄(鎖)난단(閉)난거시오우(憂)난질겁지못한바이라부모가근심이잇스면자식이맛당이평안이할지니만일그근심이잇슨후에업게하난이보다쳐음부터부 모근심될일을들이지아니함만갓지못하니셜사험이밋지못하고형세에 좃치못할지라도지극한졍셩이면엇을지니라

슌(順)지(志) 졔삼장

슌(順)은평々함이오지(志)난뜻과긔운이라부모의뜻긔운이각々스사로갓지아니하야자식이부모의뜻과긔운을알지못한즉부모의뜻을엇지못하 나비록몸의죠코질거운

거슬다할지라도항상불평한긔운이잇나니대 효가되난자라야능히부모의뜻을슌하게하나니라

양톄(養體) 졔사쟝

양톄(養體)란자난부모의몸을잘길음이라부모의몸이건강하매 오히려맛당이봉양하거든하믈며혹져근병과혹즁한병이잇슴이리오져근병으로하야몸을편케하고즁한병으로의슐과약을다한연후에야가히사람의자식의효를다함이니라

양구(養口) 졔오쟝

양구(養口)란자난부모를죠흔음식으로봉양함이라풍부(豊富)히진슈(珍需)의음식으로공양할지라도사람을맛기면효양이아니오빈한하야고기잡고나믈캐난힘을다할지라도자집(自執)하면효양이나니라자집효양을못한즉부모의식셩을아지못하야 그질기난바를버리고그음식의가미하난바를어기나니비록슈륙(水陸)의만종을진셜하되오히려 만족지못함이라대효난효양할쥴알어셔음식의맛을알어셩 품따러사시에때안인물건을

엇음은실노하날이갑동하심이니라

迅命 신명 졔륙쟝

迅 신은속한것이오명은부모의명命이라부모명이잇스면자식이반다서봉행하려니와 부모의명은자애의명인고로엄졀하여도독츅함이자애하난새이에난잇지아니하나만일션후상좌하고완급이맛당치못하면입으로난비록말을아니하나의사인즉다르나니이로써대효난명을따라어긔미업나니라

忘形 망형 졔칠쟝

忘形 망형이란자난몸형상을이짐이라자식이부모를셤기매감이그몸을생각지못함은부모의은혜를중히갑고자함이라다만그몸만감히두지안난것슬알고자긔의몸형상을이지미업난자난도리혀그몸이잇심이라대효난부모가세상에잇스메돌연이그몸을이져바리고부모가기세한후에야비로소그몸이잇시믈깨닷나니라

僣之義 신지의 슈편

의(義)난 신(信)을 놉히고 응(應)에 부(符)한 긔운이라 그 긔운됨이 감발하야 용맹을 일으키고 용맹을 져하야 일을 세우되 심관(心官)을 굿게 가져 벽력이라도 재치지 못함이니 금셕보다도 견강하고 강(江)과 하슈(河)가 쏘다져 흘너감이니라

정직(正直) 제일쟝

졍(正)한즉 사(邪)가 업고 직(直)한즉 곡(曲)함이 업나니라 무릇 의난 발은 것으로써 뜻을 잡고 곳은 것으로 일에 쳐하야 그 일에 사곡(私曲)이 업난 고로 차라리 일온 못 일울지라 도 사람에 실신함은 잇지 안이하나니라

공념(公廉) 제이쟝

공(公)은 편벽지 안이함이오 념(廉)은 결백함이라 공변됨으로써 일을 보면 애증(愛憎)이 업고 쳥렴함으로써 사물(事物)을 접하면 리욕(利慾)이 업나니 애증이 업스면 사람이 그 결백함을 밋나니라

셕졀(惜節) 제삼쟝

사람이 의(義)가 잇난 것이 대(竹)의 마듸 잇난 것과 갓타니라 대를 불사른즉 마듸에셔 소래가

잇고몸은재가될지라도마듸난재가안이되나니의가엇지다르리오사람에졀개를
앗기난자난그졀개가회손할가두려워하고일흠은세상의취치안이하나니라

불이(不貳) 제사장

불이(不貳)란자난사람에게둘을안이함이라흐르난물은한번가면도라오지안이하고의
잇난사람은한번허락하면곳치지안이하난고로그맛침을즁히여기지아니하고그
비로소합을즁하게역이나니라

무친(無親) 제오장

친(親)은친속과친근합이라의(義)라하난것은친하다고갓가히아 이하고셕(疎)긔지다고물니
치지안이하나니의가잇슨즉비록셕(疎)긔나합하고의가안인즉비록 친하나버리나니라

사긔(捨己) 제륙장

시긔(捨己)란자난그몸을분깨치아 이합이라임의마음을사람에게허락하고인하야환란
의싸저셔몸파의를함께온전하지못할새소인은의를놋코몸을온전히하고군자난

몸을노코의를온젼히하나니라

虛誑 허광 제칠쟝

虛誑 허광이란자난헛된말노사람을속임이라 正人 졍인이나를밋으면나도또한그사람을밋고 正 졍인이나에게의로하매나도또한그사람을의로하나니 正 졍인이어려운일이잇스면의로맛당이구할것이로대속이지안이하면안이될경우면또각말을써셔일을진댄젹은졀개를바리고 信義 신과의를온젼히하난자난군자ㅣ허물치안이하나니라

不尤 불우 제팔쟝

不尤 불우란자난사람을원망치안이함이라 義 의란자난스사로가운대발온것을잡고마음을결단하고일에나아가되 吉 길함과 凶 흉한것이며일우고패함을다사람에게관계안이하야비록흥하나사람을미워하지안이하고비록패하나사람을원망치안이하나니라

替擔 체담 제구쟝

替擔 체담이란자난사람의근심을대신맛틈이라착한사람이원통함이잇셔스사로능히

펴이지못하고졍인(正人)이급합이잇셔스사로능히구치못하면군자ㅣ민망이역이여그
근심을대신맛난것이의(義)이니라

신지약(信之約) 슈편

약(約)이란자난신(信)의어진즁매ㅣ오신의엄한스승이오신에발하난근원이오신에신령한
혼(魂)이라중매가안이면합하지안이하고스승이안이면책망하지안이하고근원이안이
면흐르지못하고혼이안이면생하지못하나니라

쳔실(踐實) 졔일쟝

쳔실(踐實)이란자난언약과갓치합이라시와일(時日)이상합하며일과물건이다완젼히말켜셔
참치(參差)와착오(錯誤)가업스며길하고흉함도업나니라

지중(知中) 졔이쟝

지중(知中)이란자난언약에나아감을아난것이가운대도(道)가잇난자라임의언약을하고이
간을인하야굿치기도하고괴로음을실혀하야굿치기도하고밀어옴기여(推移)굿치기도

하고헛된신을듯고굿치난것이다가운대도가안이라그런고로아난자난스사로경계하나니라

속단(續斷) 졔삼쟝

속단(續斷)이란자난쟝차끈어지난언약을이움이라졍대(正大)히언약을이루면간사한사람이져희(沮戲)하야쟝차언약이끈어지난대얼으면군자ㅣ셩과신(誠信)으로해유(解諭)하야혼연히쳐음을회복하나니라

배망(排忙) 졔사쟝

배망(排忙)이란자난분망함을물니치고쵸연(超然)히언약에나아감이라사람이신(信)으로써셩품직흰즉일이차례가잇고리치에어긔미업셔스사로분망함을말매암어실신함이업슬지라혹생각밧게쟝애(障碍)가잇슨즉달(月)의행하난구름이뚤느난것갓흐미니젹은신은곤한후에일우나니라

즁시(重視) 졔오쟝

즁시(重視)란자난보고또보난것이라언약보기를즁한보배보난것갓치하야살피며언약을가지매령(靈)으로보며임의언약하매마음으로보며긔약을임(臨)하매긔운에보나니라

텬패(天敗) 제륙장

텬패(天敗)란자난사람이언약을새침이안니라하날이언약을새침이라하날이새침을말매암어언약이임의완전치못하면하날을드를뿐이니하날에고하고회복하야큰언약은하날을듯고적은언약은하날에고하나니라

재아(在我) 제칠장

언약이셩(成)함도나의게잇고언약이불셩함도나의게잇난지라엇지사람의권함을인하야셩하며사람의참소을인하야굿치리요권함을입지아니함도또한나의게잇나니연후에신력의큼을알지니라

촌젹(忖適) 제팔장

촌(忖)은혜아림이오적(適)은맛가짐이라찬것은가하더운것으로써언약을못하고약한것

은가히강한것으로써언약을못하고셩긘것은가히친한것으로써언약 을못하고간

안한것은가히부자로써언약을못하나니비록한(寒)과약(弱)과소(疎)와빈(貧)함이라도 능히언약

을열(熱)과강(強)과친(親)과부(富)로완젼히함은그신의 서로맛당함을혜아림이니라

하회(何悔) 졔구쟝

리(利)를향하야언약을배반한즉비록리로으나신(信)이업고사랑을쇠 하야언약을배반한

즉비록사랑하나신(信)이업고리가혹일우지못하고 사랑이또한얻지못하면쟝차후회

에얻지하리오

찰합(拶合) 졔십쟝

찰합(拶合)이란자난평々한나무가셔로합함이라한사람이신(信)을숭상하면 한나라이신(信)을

밋고한사람이신(信)을세우면텬하가추챵하나니큰(信)언약은찰합하야한졈물도능히젓

지못하고가는석글도능히용납지못하나니라

신지츙(信之忠) 슈편

츙(忠)이란자난인군이지긔(知己)하난의(義)를감동하야졍성의(義)ᄯᅳᆺ을 다하며도학(道學)을극진히따하야하날리치로써인군을셤기어갑고대답함이니라

패졍(佩政) 제일쟝

패졍(佩政)이란자난졍사를함이라인군은신하를밋고 졍사를맷기고선하난인군을대신하야졍사를하되착한사람을구하야내여쓰되 나보답어진사람이잇스면괴롭게잔하야나의책임을대신하야맛기나니라

담즁(擔重) 제이쟝

담즁(擔重)이란자난즁한일을즁하게맛틈이라나라의즁한큰일이잇고 몸의당한벼살이잇셔평안하고위태함이관계가잇난바이라긔슈(氣數)를산(算)노아슌역(順逆)의리치를운젼하야재조와지혜를다하야셩쇠(盛衰)의도를아나니라

영명(榮命) 제삼쟝

영명(榮命)이란자난인군의명을영화로이함이라타국에셔손이오매맛기를회유(懷柔)하개하

고지경의나아가일을판단하되붉은마음이날파갓치빗나고겨운을상셜파갓타써
인군에명으로하야금쳔하에빗나고셜쳐게하나니라

안민(安民) 제사쟝

안민(安民)이란자난나라백셩을평안이하야일이업슴이라인군이나를밋난의를직히여
도와덕을백셩에게전포하며교화를백셩에게행하며업을힘쓰고학문을장려하야
사경(四境)을안연케하나니라

망가(忘家) 제오쟝

어진사람이잇스면인군재천거하야집에두지안니하고재물이잇스면공(公)에보용하
며사(私)를경영치아니하며재조잇이면친척도천거치아니하고인군이쥬심을밧지안
니하나니라

무신(無身) 제륙쟝

무신(無身)이란자난몸을인군재허하야 그몸잇슴을아지못함이라인군의명이잇슨죽신(孝)

고(苦)함을사양치안이하고안락(安樂)에잇스되또한군심을잇지안이하며 마음이장(壯)하야장(壯)함이점々쇠하야감을아지못하며마음이늙(老)지안이하야 늙거감이장차일으되아지못하나니라

신지렬(信之烈) 슈편

렬(烈)은렬부(烈婦)ㅣ라그지아비에게졀개를직히여명을연(延命)하난자도잇스며생명(生命)을바린자도잇셔혹처음으로가고혹두번재감에잇스니그도난신(道信)이니라

빈우(賓遇) 제일쟝

빈우(賓遇)란자난어미가그지아비를공경하기를써손과갓치하야 간안하고쳔할지라도더욱사랑하고늙거가되더욱공경하야자녀가집의가득하되오히려쳔히그음식을진공할지니라

육친(育親) 제이쟝

육친(育親)이란자난자식업는시부모(媤父母)를봉양함이라금셕과갓치신을언약하얏스니그지

아비(夫)가몰(歿)하얏스매홀노살고저안이하나늘근시부모를봉양하 기위하야살어서그
지아비(夫)의몸을대신하나니라

사고(嗣孤) 제삼쟝

사고(嗣孤)란자난씻친자식을보존하야 그지아비(夫)의뒤(後)을이음이라륜긔(倫氣)난뒤을이우는것
이즁하고신(信)은고혈한자식을보존하난것이즁한고로사람의(義) 편벽된의를놋코하날
리치의졍대한벼리를좃나니라

고경(固貞) 제사쟝

고경(固貞)이란자난그마음을굿게하야변동함이업시하고 그절개를곳게하야이동(移動)함이
업습이라단(斷)々한생각이그지아비의신의(信義)를좃차눈의난산업(產業)이 보이지악이하고귀
에난자녀의말이들니지안이하나니라

닐구(昵仇) 제오쟝

닐구(昵仇)란자난지아비(夫)가원통함을띄고갓스매지어미(婦)가맛당이원슈를갑흘지라원슈

사람이스사로와서그일이멀지아 이한지라구々히도(道)를일움은군자ㅣ가련히여기
나니라

멸신(滅身) 제륙장

멸신(滅身)이란자난구각(晷刻)간이라도목올세상의두지아 이함이 라육신은가히령혼으로더
부러서로접하지못함이오령혼은가히령혼으로더부러쌍을일울지라속히령혼을
지여지아비(夫)령혼을짤으기를원하나니라

신지슌(信之循) 슈편

슌(循)은형상잇는하날이륜회합이라형상잇는하날이륜회 하난정슈가잇서어기움이업
난고로사람이앙쳠(仰瞻)하야재앙을살피여스사로불신(不信)함을경계하나니라

사시(四時) 제일장

사시(四時)란자난츈하추동이라츈하추동은차서로괴후가잇서만물을생 하야공을거두
나니사람이밋고업을하야바다와육지에교역(交易)하야귀쳔과리해를 교계하나니라

일월(日月) 제이쟝

일(日)은낫이되고월(月)은밤이되여양(陽)이가며음이오고음(陰)이다하면양이오난것이호리(毫厘)도어긔지안이한니이난하날의신(信)이라사람의신(信)도하날의신과갓튼 연후에야가히군자의신이라일울지니라

덕망(德望) 제삼쟝

덕(德)은셩덕이요인망이라셩덕은소래가업시 밋친바곳의난인망이잇셔하날의륜회함이소래업시다하는바곳의물색(物色)잇슴과갓탄지라덕(德)은망(望)이 업지아이하고륜(輪)은색(色)이업지아니하나니이난사람의신이하날신과갓흠이니라

무극(無極) 제사쟝

무극(無極)이란자난두루하야첨발생한원긔을회복함이라 만일굿치고수임이잇스면하날리치가이의멸하고사람의길으고밋난것도또한무극(無極)의원긔와갓트니만일터럭만치라도용납함이잇스면사람의도가폐하나니라

애지셔(愛之恕) 슈편

서(恕)난애(愛)에서말미암고사랑하는데서일어나고어진데서졍(定)하고 참아못하난대로도라가나니라

환아(幻我) 제일장

환아(幻我)란자난사람을밀어서나와갓흔지라내가차고더(寒暑)우면사람도 또한차고더우며내가주리(飢)면사람도또한주리고내가엇(奈)지못하난닐이잇스면사람도 또한엇(奈)지못할일이잇나니라

사시(似是) 제이장

사시(似是)란자난올은것갓타되글으지안이하고글은것갓타되올음이라사랑함은물건을안(包)은고로토(吐)하지안이하나니갓가우면일백이오멀면오십이아이면갓가운걸걸어단이여면걸막나니라

긔오(旣誤) 제삼장

긔오(旣誤)란자난임의오해하고길을(程步)그릇함이라가다가밋도로오기를힘써셔쳐음곳에
와졍당이션즉이난바다에자맥질하야사람을건지난이보다그공이더하니라

장실(將失) 졔사장

장실(將失)이란자난장차리치를일코져함이라져(蹇)난재맛치지못함을일우되능치못하다
함은가커니와닷(走)난재지내감을일우되능치못하다함은불가하니한번일음은비록
갓타나져난자난효유하고닷는자난부(招)를지니라

심젹(心蹟) 졔오장

심젹(心蹟)이란자난밧(外)근착하고속은악하야숨음이낫타나지안이하되군자난오히려보
난지라물에근원을막은즉흐르지못하고풀에뿔이를삭은즉입새업나니이난용셔
함에자연함이라

유졍(由情) 졔륙장

유졍(由情)이란자난졍에셔나와엇지할슈업슴이라악(愕)연히후회하며챵(悵)연히진졍하야알

지못하난데셔알고아난데셔아난자난용셔함이경중이잇나니라

애지용(愛之容) 슈편

용(容)은물건을용납함이라만리바다에난만리물이가고천길삭에난천길흙이싸이나
니넘치난자도용납지안이하고문어지난자도용납지안이하나니라

고연(固然) 졔일장

고연(固然)이란자난사람리치에썻々함이라하날리치에운(運)을일코하날도(看)에발은것을일
엇스나그러하나자벌(尺蠖)어지가돌에못올나가고산닭(山鷄)이하날의닷치(戾)못하난자나용납
함에비로소함이니라

정외(情外) 졔이장

정(情)이란자난진(眞)졍이안이라쏘각배가회호리바람을맛남애누가슌(順)함을빌지안이하
며층집에셔불이나매누가뛰여나리지안이하리오회호리바람파불남을맛남은다
경밧기오슌함을빌고뛰여나림은이용납하난긔틀이니라

면고(免故) 제삼장

면고(免故)란자 난즘즛행하고즘즛굿침을면함이라인도하기를 그릇하고권하기를그릇
하야되(升)와말(斗)의량(量)이업고셩품이편소(褊小)하며셩품이허탄(虛誕)하며 셩품이경조(輕燥)하야참된데
드러울줄알지못하고일우되스사로참되다하난자 난큰용납이생하나 니라

전매(全昧) 제사장

전매(全昧)란자 난셩품에리해를온젼히몰각함이라 신령한셩품은쳔리(天理)를(色)포함하고쳔리
난인도를포함하고인도난정욕을감츈고로졍욕이심한자난인도를폐하고쳔리가
잠기고신령한셩품이슌환하나니평안함을열고혼탁함을닷은즉몸에용납함을스
사로새다름이니라

반졍(半程) 제오쟝

반졍(半程)이란자난가운대길에셔굿침이라잘하고못하난사이에잇셔가운대셔々나아
가고물너감이업나자나 능히착한겻도새닷고착하지못함도새닷난지라가히물건

리치에혹용납하려이와가히용납지못할셩리(性理)이나 그러하나경계하야물건리치가
스사로쇠한즉셩품리치난스사로셩하나니용납함이경계하난대잇나니라

망렴(忘念) 졔륙쟝

망렴(忘念)이란자난크면가히셩품을멸할것이오젹은즉능히뜻을멸할지라셩품과뜻이
함게멸하면존망(存亡)을분변하기어려운지라드대여사람이깨닷아셔불(火)노그몸을ᄉᆞ슬
닐지라도오히려용납하기를바라며그용납하난자난누구뇨

완급(緩急) 졔칠쟝

완(緩)은늑은지경이오급(急)은급한지경이라급한지경의요얼(妖孼)은사람이혹가히용납하려
니와늑은지경의요얼은사람이가히용납지못하나니라

애지시(愛之施) 슈편

시(施)란자난물건을쥬며덕을폐임이라물건을쥬어간핍([illegible]之)함을쎠구함이오덕을폐셔셩품
리치를셔발키나니라

原喜 원희 제일쟝

原喜 원희란자난사람의텬셩이원래사랑하야베풀기를죠아함이라사람이텬셩을도르키여사람을사랑하지안이한즉외(孤)롭고베풀기를죠아안이한즉 쳔하나니라

認懇 인간 제이쟝

認懇 인간이란자난사람의어려운간쳥을내몸에 당함과갓치알미라사람이급하고어려운일이잇셔방方便편을구하면힘에잇난것이 안이라사람사랑하 기를내몸과갓치할지니라

矜發 긍발 제삼쟝

矜發 긍발이란자난착한마음이친하고셕긔미업스며 또션하고악함이업고다만긍측함을본즉발함이라이로셔사우나운김생이 사람의게의지할지라도오히려또한구하야쥬나니라

公頒 공반 제사쟝

공반(公頒)이란자난은혜를뎐하에널니베풀늠이라 한착한닐을폐이면뎐하가착하고한착지못한닐을곳치면뎐하가허물을곳치나니 한지아비의착하지못함도도가에허물이니라

편허(偏許) 졔오쟝

편허(偏許)란자난급한것을구원하되넉々히돕지못함이라 시은(施恩)함이또한겸한뙤가잇스니사랑하난즁에도사랑함이잇고인자한즁에도 인자함이잇고어진즁의도(道)어짐이잇스니그도로써널니하면시은함이합지안이합이업나니라

균연(均憐) 졔륙쟝

균연(均憐)이란자난 먼곳에어려움을듯기를눈으로보난것갓치하며크게곤한것을슬펴하기를쇠잔함을멸함과갓튼지라하날이비(雨)하되곡식에만비하고유둑(莠)에난비하지안이하난리치가잇스리오은혜 베프믈고로게함이 비의고로젓난것갓트미니라

후박(厚薄) 졔칠쟝

후(厚)난과(過)하지안이하고박(薄)은족(足)하지안이함이라시은(施恩)하기를젹합지못함이라한슉가락약물(水)로목말음을풀매목말음을가히물니치지못하나니맛당히후(厚)하면후할것이오맛당히박(薄)하면박할것이니라

부혼(付混) 제팔쟝

부혼(付混)이란자난시은(施恩)하되갑기를바라지아나함이라사랑하난마음에서동하고인자한마음에서발하고어진마음에서결단함이라그러한고로때를따라이져서스사로덕의뜻을두미업나니라

애지육(愛之育) 슈편

육(育)은교화로써사람을교육함이라사람이정한교(敎)가업슨즉옷의깃(領)이업고축고의벼리가업난것과갓타셔각々스사로문호를세우고분잡함을일우나니이로인하야한교문을쥬장하야사람에무리를교육하나니라

도업(導業) 제일장

업(業)은생계(生計)라사람에셩품리치난비록갓트나셩품에긔운은갓지안이하야강유(剛柔)와강약(強弱)이행하난길이각々달으나니 교화가대행하야셩질을윤택하고셩긔를평안이한즉혈쳐(穴處)와소거(巢居)가다스사로그엽을경영하나니라

보산(保産) 제이장

보산(保産)이란자난산업을일치안이함이라마음이굿고뜻이강경하야밧사함을하지안이하야업(業)이오랜즉통(通)하고셜침(振)은잇고쭉어짐(縮)은업셔능히그산업을보존하나니라

장근(奬勤) 제삼장

장근(奬勤)이란자난사람에회육권(化育勸)함을장려(奬勵)함이라사람가르기를회(化)하면봄물건이셤々불어나고씌글거울(塵鏡)이굴너발거지나니단쳐를감추고장쳐를포창하며착한것을열고능한것을찬양하나니라

경타(警惰) 제사쟝

경타(警惰)란자난교육에타락함을ᄭᅢ달게합이라행하다 가다시돌어오난것과ᄭᅢ엿다가
다시조으난것은오히려행하지안코ᄭᅢ이지안난것버덤낫다 할지라리치로써발키
면긴물(長淵)가거믄밤(黑夜)의번개(電)가번듸기난것갓트니라

졍로(定老) 제오쟝

졍로(定老)란자난로인의교화를졍함이라어진로인을 스승하야교화를젼포하야스사로
그덕을길으고어리셕은로인(老人)으로졍셩스럽게교화를직켜 셔스사로그평생 함을길
으나니라

배유(培幼) 제륙쟝

배유(培幼)란자난어린아해를배양함이라나무싹(萌)이우로(雨露)에젓지못하면 비록줄기난지나
반다시무 셩치못하고 아해가교육이 업스면비록 장셩하나반다시 지식이업나니
라

권셤(勸贍) 제칠쟝

권셤(勸贍)이란자난권하 기를넉〃한덕으로 하나니넉〃한덕이잇난자난셩품이혹이기난것을조아하야교육밧기를일삼지안이하고스사로 그어진것을착한체하면맛당히권하야진취케하나니라

관고(灌固) 제팔쟝

관고(灌固)란자난큰물을말은내에다대임이라내가고 갈하면산물(產物)이미〃하고쇠잔하야생셩의리치를엇지못하나니단비(甘雨)날임 이사람이교육밧난것갓트미니라

애지교(愛之敎) 슈편

교(敎)난사람을륜리(倫理)의ᄯᅥᆺ〃한도학으로써가라 침이라사람이교(敎)가잇슨즉백행(百行)을몸에엇고교가업슨즉비록어진공장이나먹줄(墨繩)업슴파갓트니라

고부(顧賦) 제열쟝

고부(顧賦)란자난품부(稟賦)를 도라봄이라 하날이사람을지어쥬난리치며긔운이라 리치의

々지안코합하난재잇지안이하며긔운에붓치지안코핵하난재잇지안이한고로
셩인(聖人)은명(命)을부(賦)하고현인(賢人)은활(轄)을부(賦)하고그차(次)난고(顧)를부(賦)하나니라

양셩(養性) 제이쟝

양셩(養性)이란자난하날셩품을널펴채임이라 천셩이구본착하지안음이업스나다만사
람의셩품이셔로잡되야물욕이름을타나니널펴차이지못하면련셩이졈々사라져
두렵건대그근본을일을가함이니라

슈신(修身) 제삼쟝

신(身)은령(靈)의거하난집이오심(心)의불이난바이라마음의말매암지안이하고망령된뜻과
방사한긔운에말매암어문득불선함을행하면돌히여근본리치를반대하난고로슈
신하되천셩을일난자난잇지안이하나니라

쥬륜(湊倫) 제사쟝

쥬륜(湊倫)이란자난륜긔에쐿々합에합함이오륜은사람에대의라륜긔가업스면김생으

로더부러셔로갓가우니라사람을가라침의반다시륜(倫)리를몬져하야써셔로사랑하난의로함이라

블기(不棄) 제오쟝

블기(不棄)란자난가라침은사람을바리지안이하나니라교(敎)가안이면령이사람과배합지못하고교가업스면마음과사람이합하지못하나니텬령(天靈)을듯지못하고텬심(天心)을직히지못하난자난바리지안이하난리치를알지못하나니라

물택(勿擇) 제륙쟝

물택(勿擇)이란자난교회의흘녀행함이라날(日)거름자가물건을쌀으난것갓타셔물건이잇지안음이업나니엇지어진자를갈히여교육하며어진자안이면교육지안이하리오

달면(達勉) 제칠쟝

달면(達勉)이란자난가다침을힘써셔가라침의통달함이라교(敎)를행하되교알기난어렵고교를힘쓰되교를행하기난얼엽고교를통달하되교를힘쓰기난어려우나니교를통

달한즉능히물건의리치를아나니라

력슈(力收) 제팔장

력슈(力收)란자난공을거두난대써젼력함이라셜어 진돌은죠각(雕刻)을못하고썩은나무나 능히곳게못하고하우(下愚)난능히화(化)하지못하나니 반닷이힘을써거두어이웃사람에게물들지안이할지니다

애지대(愛之待) 슈편

애(愛)의부분이가쟝큰것을기다리난자난그보지못하고듯지못함으로써애의쟝래에무궁함에싸임이니한갓애만싸두음이안이라또한방법이잇나니라

미형(未形) 제일장

미형(未形)이란자난일과물건에형상이아즉못됨이라 형샹안임을보고사랑하고형샹이현져함을기다려호위하야인삼(人蔘)을심우고생각함과갓틈이니라

생아(生芽) 제이장

생아(生芽)란자난물건이비롯함이라무릇물건사랑하나니 재물건사랑함을비롯하야즁간
에폐함이잇슬가렴려하며문듯늣은영화를빌되결과가된즉도로오나니이라

관유(寬遂) 제삼쟝

관유(寬遂)란자난때를너그럽게하야 봄(靚)이라사람이나를너그럽게한즉질거하고너그럽
게아니한즉근심함이라너그럽게아니함은내게유익하고너 그럽게함은내게방해
가될지라도나난때를너그럽게하야그질거움을볼지니라

온양(隱養) 졔사쟝

온양(隱養)이란자난편안히기름이라물건이잇셔의지함이업셔々고위(孤危)하고또한근심하
면거두어셔길너셔편안히셔 셩장(成長)케하며기름이따히잇스니밧탕을보아업의나아
가나니라

극종(克終) 졔오쟝

극종(克終)이란자난그맛츰(終)을잘함이라비롯음을사랑하고 맛츰을사랑치안이ᄒᆞ면물건

에결국이업나니늘근 누에(蠶)가ᄯᅡ의ᄯᅥ러지면자(尺)만한실을엇지어들리오물건사랑함은반닷이마츰을힘슬지니다

젼탁(傳托) 졔륙쟝

젼탁(傳托)이란자난물건을젼하야부탁함이라군재물건을 사랑함애반닷이시종(始終)에힘슬지니맛츰이어려움이안이라ᄯᅢ가졍히젹합지못 하거날젼하고부탁하야나의마츰을잇(續)게하나니라

졔지시(濟之時) 슈편

시(時)란자난물건건지난ᄯᅢ이라건지 기를ᄯᅢ로ᄡᅧ하면졔비와기러기가셔 로어긔고물과산이더부러멀어셔모갑(毛甲)이갓지안하니라

롱재(農災) 졔일쟝

롱재(農災)란자난롱사를부질언이안이하야재앙을맛남이라롱은먹난근본이오 사업(四業)에웃듬이라 교화(敎化)가융흡(隆洽)하면사람에게우름이업셔々건쟝한자난농사하고총명한자

난학(學)하고민쳡한자난상(商)업하고교(巧)한자난공(工)업하야공(工)은능히리치를궁구하고쟝사난학하지안코학은능히 도(道)를통달하고롱사난때를일치안이하나니이러한즉재앙난이업스리라

양괴(涼怪) 졔이쟝

양괴(涼怪)란자난가을바람엄숙한긔운의요괴(熱染)함이사 람을해함이라마음이바(正)른즉사긔가업고긔운이말거서동(動)함이업고뜻이고요하야어질어움이업슨즉요괴 가감히갓가이못하나니라

렬념(熱染) 졔삼쟝

렬념(熱染)이란자난흑독한더위와찌난불꼿에 요마(妖魔)가사람을해함이라육졍(六丁)이하날에찌(蒸)하고삼경(三庚)이따에업드려상감하응(上感下應)하면요괴가 그사이에생하나니마음을말키고말게쳐하고금긔(金氣)를흡(哈)취하야배 부르지안코 쥬리지안으면요 마가능히생 치못하나니라

동표(凍孝) 졔사장

동표(凍孝)란자난얼어죽음이라네가지사업하난집에난교회에졋지안음이업스니업읍스물힘닙고편함을질기고한가함을차지며죠흔의복과술죠아하다가 동표에일으나니군자ㅣ졔물(濟物)함애반닷이이에먼져하나니라

무시(無時) 졔오장

무시(無時)란자난항상때라셩인에덕으로물건을건짐에어진도(良道)를쥰비하야 때안인때에이바지(供)함이니훈々(薰)하기가봄더운것갓타야쇠잔한어름이스사로실어지나니라

왕시(徃時) 졔자장

왕시(徃時)란자난지나간때라병이잇셔때가지나가셔능히새긔운에 소복이못되야정도(正道)로셔펴지못함으로그사긔(邪)로은근져를혁신(革新)하야제(除)할지니라

장지(將至) 졔칠장

장지(將至)란자난셩인에큰도난만셰의규모가되나그러하나물건이셩(盛)한즉규모 가쇠함

이니고질되기젼에곳쳐야복이될이라

졔지디(濟之地) 슈편

디(地)란자난물건건지난싸이라건짐이싸에리치와합하고싸히건지난밧탕에맛당한연후의건짐이니리치와밧탕이만일응치안으면큰박퀴행힘의굽은길이잇나니라

무유(撫柔) 졔일쟝

무유(撫柔)란자난싸셩(地性)의유(柔)함을어루만져당긔여돌니켜폐치안음이라싸셩품이유(柔)한즉사람에마음이반복하야교화가행치못하나니물을인도하야서으로흐르게하야대(竹)나무를심으고깁흔우물을마심이니라

해강(解剛) 졔이쟝

해강(解剛)이란자난싸셩품에강함을풀어서화한긔운을만회(挽回)함이라디리(地理)가강한즉사람에밧탕이강포하야사(私)々싸홈에잔해(殘害)가만코덕화(德化)가막히나니흐르난물을먹고버드나무를심을지니라

비감(肥甘) 졔삼쟝

비감(肥甘)이란자난디질(地質)이살지고짱맛(甘)이담이라디질이살지고단즉사람이셩품이슌후화락하야덕을펴고교를베푸러바람이건장한풀에지내난것갓트나니그쳔셩을일우며그쳔심을기르면파(派)가부근의밋치나니라

죠습(燥濕) 졔사쟝

죠습(燥濕)이란난자난디질이죠합도잇고습합도잇난지라디질이죠하고습한즉인심이박악하야리(利)만쐐하고의에향치안이하며욕심을노아덕을알지못하나니녀그럽게가라치고셩품을잠기게하며슌하게화(化)하야편안함이도라오나니라

이물(移物) 졔오쟝

이물(移物)이란자난이싸의물건을져싸의옴김이라하날이물건을걷지매편벽되이함이업고물건을나리매편벽되이함이업셔동(東)이풍년이오셔(西)이흉녀되며남(南)은장마지고북(北)은가물게함이편벽됨이안이리라이에운젼함이니사람에긔혈이통하며혹통치

못하난것이며신체가건장하며혹건장치못함과갓타니라

易種

역죵 제륙쟝

易種

역죵이란자난하날이소산물을 밧구음이라하날이물건을건짐에극히귀한것도업고극히승한것도업스며극히천한것도업고극히쇠함도 업난지라무릇물건이귀하고성하면반닷이천하고쇠하며또한천하고쇠하면 반닷이귀하고셩함이니하날이이곳소산을져곳으로밧구고져곳소산을이곳으로밧구어셔 사람의셩품을밧구고사람에지각을통달케함이라

拓闢

쳑벽 졔칠쟝

拓闢

쳑벽이란자난궁벽한것을개쳑하고것친것을멸미라하날이사람을건짐 애몬져물건을여는고로짜이궁벽하야사람이업고짜이것출어물건 이업난것을위하야신셩함으로셔비롯하야어질고지혜로일우어셔우매(愚昧)함을계(啓)하며교화로맛치나니라

水山

슈산 졔팔쟝

슈산(水山)이란자난바다와육디라하날이바다로셔륙지를건지고륙디로셔바다를건져
셔교화가륙디로붓터바다를화하고도(道)가륙디로붓터바다의덕(德)하야교화가션즉공
을일우고도덕이일운즉공을날니나니라

졔지셔(濟之序) 슈편

셔(序)난물건건지난도(道)ㅣ니차셔가업지안이함이라형셰를살펴베풀며맛당함을헤아려
결단하야두번계산이업스며아금니가잇고쌈이잇나니라

션원(先遠) 졔일쟝

션원(先遠)이란자난먼사람에게먼져함이라성인(聖人)이물건을건지매교화를먼곳에먼져하
야우매(愚昧)가스사로변하야명쳘이되고완악(頑惡)이스사로깨달어례졀(禮節)이잇나니라

슈빈(首濱) 졔이쟝

슈빈(首濱)이란자난머리로몬져지극히위태한사람을건짐이라 건짐이션후가잇스니겻
구로달니미비록급하나물의빠짐이잇고물의빠짐이비록급하나불(火)사름이잇나니

라

즁경(重輕) 졔삼쟝

사람의곤액이경즁이잇스니반닷이건질진댄 맛당이경즁을알지니즁합은진실노때ㅣ오경함은진실노날이니때가안이며날이안이면즁합도업 고경함도업나니라

즁과(衆寡) 졔사쟝

일쳔사람이팔분이나곤하고일백사람이십분이나곤하면 뭇곤함이젹게곤함을이긔고십분이팔분보다만한이 그쌍으로일우난자난우리건짐울덕으로써하고젹은것건짐은은혜(恩惠)로하나니라

합동(合同) 졔오쟝

합동(合同)이란자 난왼셰상이라 왼셰상이 덕를숭상하면물건 리치가업고 왼셰상이물건리치를숭상하면덕의가업나니이로써 셩인(聖人)이사람을건짐애덕파물건울상보아때를침작하나니라

로약(老弱) 졔륙쟝

늙그니건짐을은혜로써하고약하니건짐은방법으로써하나 니은혜난가히 입지못하고방법은가히궁진함이업나니찰아리은혜와방법으로못할지언졍가히쉽지못하고궁진함이업난것도업지못할지니라

장건(壯健) 졔칠쟝

장건(壯健)이란자난하날이폐함을맛나끈어진곳에셔〻비록 근력을다하고자하나우물에박아지(瓢)쥴(繩)이업고건지기를단슌히은혜로하야 그회복함을가히 경셩(竟成)할지니회복함을경셩치못하면은혜가안이니라

졔지디(濟之智) 슈편

디(智)란자난아난대스승(師)이오재쥬에장슈(師)요덕의벗(友)이라아난것이능히통달하고 재죠난능히판단함하고덕은능히감화함이니오직 셩인(聖人)의디혜라야사람건짐을쓰나니라

셜비(設備) 졔일쟝

텬리(天理)를발키고텬도(天道)를짓난자난사람의욕심을졔어하는쥰비요계명(戒命)을짓난자난사람에몸닥난쥰비라 하날을대신하야셜비함이니만세에물건심에거울(鑑)이되나니라

금벽(禁癖) 제이장

금벽(禁癖)이란자난사람의 고벽(痼癖)을금함이라 교만하고횡포하며잔학함은사람의고질이오아쳠하고참소하며황당함은사람의고벽이라 법규를졍하며방한을졍하면곳약(藥)이되나니라

요검(要儉) 제삼장

요검(要儉)이란자난검소함을힘쓰미라행실리어긔여짐도사치한대생하고 음난함도사치함에생하니니검소함은슈신(修身)에몬져깨달음이니라

졍식(精食) 제오장

졍식(精食)이란자난죡하개먹난것을구하지안이함이라호랑이가함졍의빠지고 고기(魚)가낙시의걸니난자난식욕의탐함이라몸이그먹는대말미아 몸이망하야영혼이붓칠

바이업스니그건지난자난정하게먹을지니라

윤자(潤資) 제오쟝

윤자(潤資)란자난그자뢰함을윤택함이라 사람이자뢰함이잇슨즉원하난바가업스며지(滋)션심(善心)을길으나니자뢰함이잇다함은부지런한대일우고게우른대일난지라 의(義)가잇슨즉직(守)히고착한즉윤택하나니라

개속(改俗) 제륙쟝

개(改)난버리난것이오속(俗)은풍속이라스사로건짐은완젼하고사람을건짐은허터(散)지며스사로건짐은때로하고사람을건짐은더듸나니완젼하고때로함은내게잇고허터지고더딈은사람에게잇나니라이로써사람에건짐을기다림온들(野)풍속이오스사로건지고자하난자난문화(文化)ㅣ니들풍속을바리고문화의나아가면건지난지혜를일우나니라

입본(立本) 제칠쟝

입본(立本)이란자난지혜의근본을셰움이니지혜에 근본은뜻이라뜻을가진디혜인즉건지고뜻을일은디혜인즉건지々못하나니스사로건지 난뜻이업스면사람을건지난지혜가업나니라

슈식(收殖) 졔팔장

슈난(收入)인망(人望)을거둠이오식은재물을붓게함이라건지 기를덕으로써할 진댄인망이안이면달(達)하지못하고건지기를은혜로써하되재물이안이면 신(信)을두지못하나니사람을건지고자하난자난인망을귀히하 고재물쓰기를쳔히하나니라

죠긔(造器) 졔구장

죠긔(造器)란자난하날이사람의그릇을짓나니라일만사람을한형상으로지으며 일만셩품(品)에한품질을지으되다만지혜를지으면여달이나아홉이 다른자난건지난바탕이서로々々갓지안이하야반닷이달련하고련마하야일우나니라

예졔(預劑) 졔십장

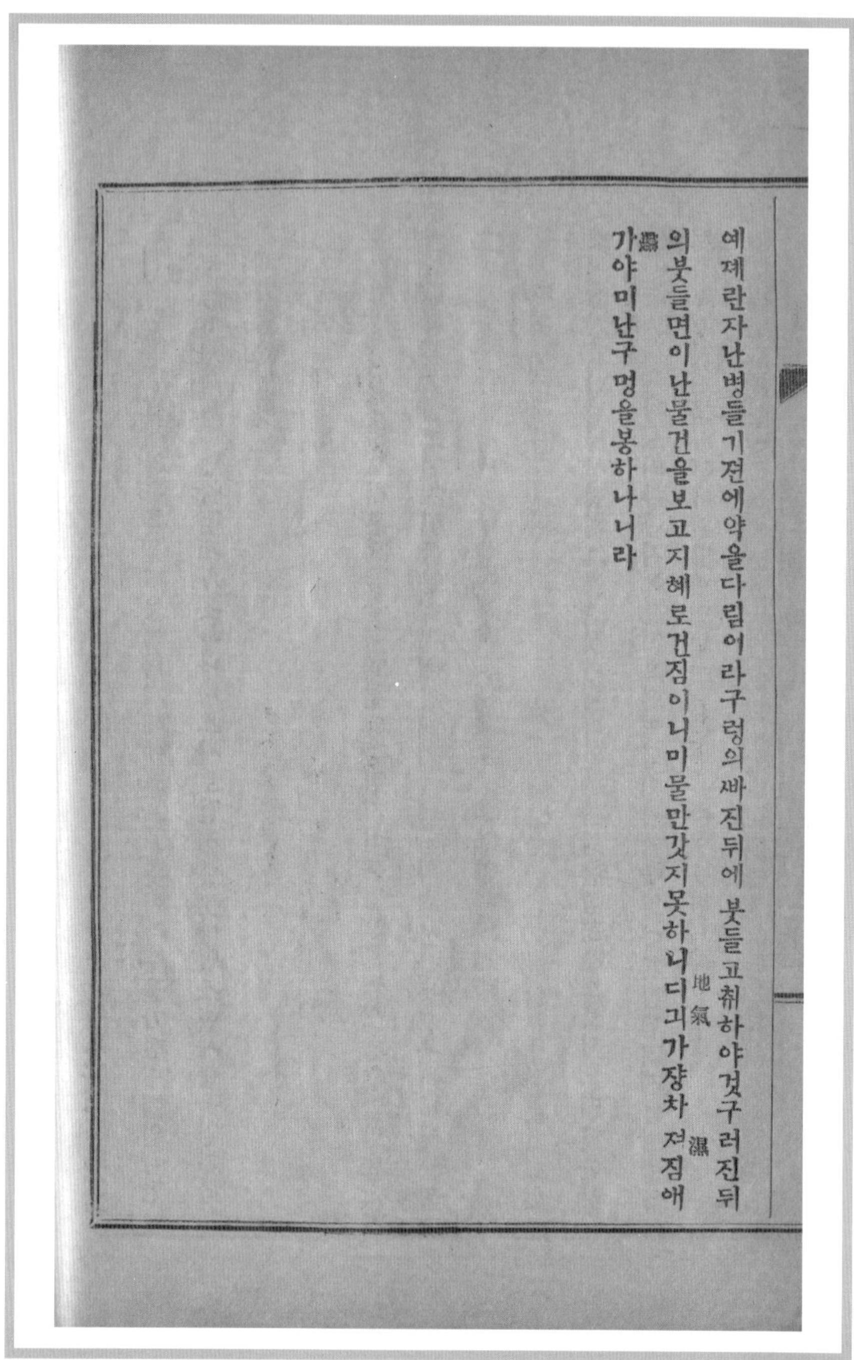

예졔란자난병들기젼에약올다림어라구렁의쌔진뒤에 붓들고쥐하야것구러진뒤의붓들면이 난물건을보고지혜로건짐이니미물만갓지못하니디긔(地氣)가쟝차 져(濕)짐애(濕)가야미난구 멍을봉하나니라

성경팔리(聖經八理) 하경(下經)

성령재상(聖靈在上)하시니 성(誠)자난사람의일에어미(母) 오응(應)자난하날리치의저자(市)이니라

화지긔(禍之欺) 슈편

사람의허물과(過)거사림(戾)이속이난데말매암지안이함이업 나니속이난자난셩품을사르난화로(爐)ㅣ오몸을치난독긔(斧)라 스사로속임을핵함은새다르즉두번은안이하려니와짐줏소임을행함은비록새다르나씨슴(滌)이업나니라

익심(匿心) 졔일쟝

익(匿)은감초미라마음을마음에감초고마음을마음의 속이면마음이암이뷔이나니라

굿친즉토목(土木)이오행한즉 고기덩이(肉塊)시톄(尸體)이라토목이능히일을의론하며고기덩이시톄가능히사람을따를가보냐

만텬(慢天) 졔이쟝

만텬(慢天)이란자난하날이보심이잇스심을알지못함이라착함을 행하야일움도또한하

날힘이오악함을행하야패함도또한하날힘이라 어린아해가착함을행함에하날이
힘써일우게하려니와지혜잇난자가악함을행하면 하날이힘써패하게하고공교한
자가험함을행하면하날이 노아시험하다가힘써거두나니라

신독 제삼장

신독이란자난다른사람이알미업다일움이라홀노스사로속임을 지여비록아난재
업다할지라도령이임의마음에고하고마음이임이하날게고하고 하날이임의신의
명하고신이임이빗츄여림하고 일월이그우의빗취나니라

멸친 제사장

멸친이란자난골육지친을속임이라골육으로써골육을속이난자난그 리를닷톰이
냐만일마음의씨함이합하지못하면우의셔난아래를금디하고 아래난우를간쟁할
따름이라골육을속여사々를일우난자난그집이반닷이어즐어우나니라

구운 제오장

구운(驅殞)이란자난사람을졀디에몰미라강한자가약함을능멸하고셰잇난자、어리셕은이를농낙하야혹구(求)하난바이일으지못하며말하난바이좃(從)지못하면가만히금(網)을과함정(陷阱)의몰아너허 깃(羽)다고기(肉)가낭자호대하날이두고이리석은자를회복지안이함은그크게속임을셩명함이니라

척경(踢傾) 제륙장

척경(踢傾)이란자난기우러지난사람을차미라 견쟝한사람과한가지셰하야기울고쇠잔함을차셔내리침이라욕심하난바짜는아부(阿附)코자함이라동편사람을위하야셔편사람을차면동편사람이도리여의심하고셔편사람은원통함을때에색이나니 긔(奇)이하도다속임이여하날이마참내동편사람으로하야곰차든자를도리여차게함이니라

가장(假章) 제칠쟝

가장(假章)이란자난문장(文章)을가탁하야속임이라붓슬잡아글을희롱하고 먹을환롱하야착하니를무함하여 션악(惡善)이전복(顚覆)되고길흉이싸을밧구나니한사람이한셰상을속이면

하날이반닷이용납지아니하시나니라

무종(無終) 졔팔장

무종(無終)이란자난쳐음붓터맛침업시속임이라사람이쳐사함에비롯함이잇고맛침이
업슴도잇스며시죵을잘하난자도잇스며즁간의폐하난자도잇스도다 행(行)한뒤에알
거니와오직이맛침이업슴은비로쇼유인하기를먼리치(遠理)를갓가운리치라이르며죠
치안은닐을것짓죠흔닐이라것짓얼너셔그사욕을채운측두루(反)키나니라

호은(怙恩) 졔팔장

호(怙)난의지함이라사람이내몸의은혜하면맛당이보은하기를생각할것이어날몸의
은혜되미깁흐면도로혀은인을경하게하고은혜가쇠하면또져바리며또방해하나
니라

시춍(恃寵) 졔구장

시(恃)난힘입음이라사람의춍(寵)함을물읍써셔쇠잔한입새가풀으게빼여나매감히방사

하고속이고방해하다가총이냉(寵冷)함애스사로바리나니라

화지탈(禍之奪) 슈편

물욕(物慾)이가리우면령규(靈竅)가맥키고칠규(七竅)가다맥키면금슈(禽獸)와더부러갓타셔다만먹고빼앗난욕심만잇슬따름이오염치(廉恥)와외겁(畏㤼)은업나니라

멸산(滅產) 제일장

멸산(滅產)이란자난사람의산업을멸함이라 사람의산업을멸하야자긔의소유를삼으면능히편안히누릴가능히장구(長久)할가하날이그넉(魄)을빼앗어더부러대두(對頭)가되나니라

역사(易祀) 제이장

역사(易祀)란자난남의집뎨사를밧굼이라남의재물을쐬하야빼앗고남의종자(宗子)를밧구어가만히그뎨사를밧굼애륜리를결단내엿난지라스사로명々(冥冥)함이잇나니라

로금(擄金) 제삼장

로금(擄金)이란자난남의돈을겁탈함이라롱사의셰금(歲金)이잇고학(學)의회금(晦金)이잇고장사의모(募)

금이잇고공업(工業)의죠금(朝金)이잇고역사(役)의시금(時金)이잇거날로략하야금을취하 면그엇지길(吉)
할가

모권(謀權) 뎨사장

모권(謀權)이란자난남의권(權)을빼앗기를꾀함이라남의응당(應當)한권을진실노꾀하야 빼앗고
자하면돌우의이삭을심어가히착근(着根)못함이오비록셩(成)하나산협사람이배를멍에하
며셤(島)사람이말을어거함이니라

투권(偸券) 뎨오장

투권(偸券)이란자난남의문권을위조함이라소유를탈취코자하야위죠를쓰며소(牛)에게용
에문채를하고개(犬)에게호피를씌움이니백보안의소가너머지고 개가잡바지나니라

취인(取人) 뎨륙장

취인이란자난남의일을졀취함이라남의공을자긔의공을삼고남의은 혜을자긔의
은혜로심난자난숑상함이안이오미어함도아니라 이의리을도젹하고명예를도젹

함이니허공(虛功)은리가업고빈은혜난명예가업나니라

화지음(禍之淫) 슈편

음란함은모를패하난비롯음이오인륜를혼잡하난근원이오집을어지렵게하난근본이라도야지와개와양은다음란한김생이라고로음란한사람을셰김생이라이르나니라

황사(荒邪) 졔일장

황(荒)은낙이과하야몸을이짐이오사(邪)난음을보고목심을이짐이라몸을이지면도리가젼복되고명을이지면환란이졉속하나니라

장쥬(戕主) 졔이장

장쥬(戕主)란자난그지어미를음란하고그지어비을해침이라음란이실긔와어리셕음이업시니실긔로장젹하난자난귀신이그쎄를질경하고어리셕게장적하난자난일월이완악함을질경하야바람이부러풀이움직이매소리와빗이스스로낫타나나니라

장자(藏子) 제삼쟝

장자(藏子)란자난음란한태를감춤이라음란한해산을밤에감츄면일홈을비록피하 기어렵고사랑함을비록셕느나셕너지 지아니하나니라오히려남이구원함을바라나엇지요행을긔약하리요음란함이반다시씨가잇나니라

유태(流胎) 제사쟝

유태(流胎)란자난음태의악을함이라하날이악한씨를쩌러치면싸히반다시바다살여서우로ᄌᆞ자라셔유(猶)로써훈(薰)의겻하나니만일쳔리를어긔면리치가도라가난바 이잇나니라

강늑(勒) 제오쟝

남의쳐녀(妻女)를음란코자하야강박히하고억지로함이라화롱(和濃)은음란의간사함이 요강박히하고억지로함은음란의도적이라화롱(和濃)함도하날이쏘한구원치아니하거든강박함과억륵함을엇지노케나냐나르난나비가등불을치매불쏫이잇셔몸을불사르

나니라

絶種 절종 제육장

絶種 절종이란자난남의과부를음란이하고그잇난거를산음이라어린아희가 우물의갓
가이가면반다시물이옴기고대나무슌이비로소나면사람이반다시밥지안나니이
미그어미를질기하고엇지그자식을차마하리오져막한어둔집의하날눈이슈래박
퀴갓트니라

禍主傷 화지상

傷 상은사람을상함이라하날이악한사람이사람상함을진로하야뇌졍으로쌔닷게하사
고병역으로위염하시매능한사람이머리를두리키지아니하고이돕고혐의하난지경
의어질지못한슈단을행하니그양증으로상하고음증으로상함에리치의경즁이잇나
니라

凶器 흉긔 제일장

흉긔(凶器)란자난금철(金鐵)의유라금철노써감히사람을상하개나냐 사람을상케하난자도사
람이요상하난거슬입난사람도또한사람이라사람의신쳬난부모에게밧고부모에
게길임이니사람을상한재 홀노부모가업난냐

짐독(鴆毒) 졔이쟝

짐독(鴆毒)이란자난짐새약(鴆藥)이라짐새독이흉긔 보덤독하야금철노사 람에게더하면혹가
히보젼함이잇거니와 짐새물노사람에게멱이면다남은명이업나니부모에게효하
난자난그온젼하도 라가물깃버하나냐효자난짐에독을밧난하날은업나니라

간계(奸計) 졔삼쟝

간계(奸計)란자난간사한계교로사람을상함이라간사함은요사한기룽이니일에 간사함
에근심치안는재업고물건에간사함에해하지 안난재잇지아니하니하믈며간사함
으로써사람을상하면그계교가능히눈우희단쳥한거시사라지지아니하게나냐

최잔(摧殘) 졔사쟝

최진(摧殘)이란자난젹은나무가지를썩그미라비록혐의와원망이잇더라도차 마잔인하게못함은어짐이라 어진(仁)거슬발분즉혐의와원망이 스사로풀이 고복리가 스사로이르나니만일다썩고썩난게쉬운글노써본연이하슈하면쾌한지해가못되야 봄(春根)색라가다시생하나니라

필도(必圖) 제오장

필도(必圖)란자난뜻을색여셔도모함이라정셩에반다시직힘이잇고 신(信)에반다시발그미잇고 애(愛)에반다시용서함이잇고 제(濟)에반다시지혜가잇스니이거슨사람의쳔이라셩이을두리켜셔져근허미의반다시사람을 상(傷)할마음을도모함이잇셔쇠을찻되상하지못함에난잇지못함이니텬셩이멸함이라문을열고보라거문 기운이뜰에가득하니라

위사(委唆) 제육장

위사(委唆)란자난사람에게부탁함이라 일(事輪)박퀴가굴루지못하야남에게효력함을쳥함은

졍셩이오 하슈(河)을잡어단니기어려워셔사람에게 부억(扶翼)을구함은의(義)연이와사사(私)
원망을갑고자하여남에게부탁함은어지지못함이심함이요 남에원망을풀고
자하야비상한부탁을밧난겻슨지혜가아니라지 도하난자난위태하고 밧난자난
망하나니라

흉모(凶謀) 졔칠쟝

흉모(凶謀)란자난만행(蠻行)이라사람이만행잇슨즉착한사람이노하고 어진사람을상하고엇
지함이업시악해셔물건리치를해하며엇지하미업시완악하야 텬도(天道)을업슈이여기
나니화(禍)가급히아니하야이에긴 밤에비에져즈미니라

화지음(禍之陰) 슈편(首編)

음(陰)은음모라 의궁(義窮)하면음모에도라가고쇠가다하면음모가생하고욕심이극진하면
음모를쥬장하나니음 모을일우난자난재양이니라

흑젼(黑箭) 졔일쟝

흑젼(黑箭)이란자난가만땅에사람을쏘이라지혜화살은흑사람을말매미연이와 꾀화살(謀箭)은반다시몸을말매미니차라리가히지혜로할지은졍가히 꾀로못할거시요산양하되자난거쏘지아니함은어지미라사람이어 지々못하면인도을작 그미라인도를작난자난그재양이울어々품난니라

귀도(鬼焰) 졔이장

귀도(鬼焰)란자난불(火)을취(醉)한사람에집에노흐미라불이발함은물건의자연한리치요취해셔혼도함은사람에자연한리치라자연한물건을노 아셔자연한사람을해하면큰불이도리여(辭)샌데오나니라

투현(妬賢) 졔삼장

투현(妬賢)이란자난소인이어진사람을투기하기를 기집이기집투기하난것과가트미라 내몸에자른거슬가져셔남의긴거슬투기하면자른거시능히긴거슬막으랴 나래(翼)가거미줄을쇠잔하게함은거미의허물이니라

질능(嫉能) 제사장

질능(嫉能)이란자난무덕(德)이유덕을방해하고무 재(才)가유재를방해함이라임의갓지못하거든가히사양할것이오임의사양치안이하면가히뒤할지니사양도 안이하고뒤도안이하고홀노면져하고자하야 덕(德)과재(才)를음해하난자난인족(人族)의큰도젹이라도젹이능히그물에버셔나면남은셰상이읍나니라

간륜(間倫) 제오장

간륜(間倫)이란자난인륜의리간합이라겨울에더움을깁버하난자도어리셕음이오 봄에치움을두려워하난자도또어리셕음이니내몸의욕심을위하 야남의인륜을샹키를쇄한즉겨울더위가길며봄치움이길겟난 가리 간을듯난자난겨울더음이오리간을밧난자난봄치위가라겨울더위가다시치우면재앙이몬져일 으난자난하날리치니라

투질(投質) 제육장

두질(投質)이란자난가히불모할물건을던짐이라겸롱함을 가(呵)하야남의과실을쇄할재볼모될물건을던짐에 그살길를막난자난하날이 숨은것을새쳐셔우난쌍(雉)의자최를웃나니라

송졀(送絕) 졔칠장

송졀(送絕)이란자난양(陽)으로난은혜하고음(陰)으로난원슈하미니라 은혜하면원슈안이하고원슈이면은혜안이함은사람의리치라 욕심하난바 가잇지안이하면엇지은혜하며해롭게할생각이깁흐리오 그욕심하난바난반닷 이남의집을어즈럽게함이니피흔젹이마르지안이하야이웃닭(鷄)이난만이우나니라

비산(誹訕) 졔팔장

비산(誹訕)이란자난소인에죠흔립(美口)이라온젼한마음인즉악 질보다심하야사람을호흡하며사람을해하되그갈은보지못하되리로운자루와간사한칼집이보이나니라

화지역(禍之逆) 슈편

역(逆)은슌하지못함이극진함이라사람의백행이슌(順)한대일우고역(逆)한대일나니역(逆)하고 대(大)

복대리(福大利)란자난독(鬼)기가한굳의긋침이니라

셜신(褻神) 제일장

셜신(褻神)이란자난불경(不敬)한말삼으로쳔신을셜만히함이라하날도(道)를아난자난하날을능멸치안이하고하날리치를아난자난하날을원망치안이하나니 이로써하날을셜만히하난자난도리가업난자이니라

독례(讀禮) 제이장

독례(讀禮)란자난례와행실을박멸(撲滅)함이라 사람이례잇슴이몸의숀과다리며집에문호(門戶)갓흐니숀(手)과다(脚)리를움죽이지안코몸을운젼하난재업스며문호로말매암지안이하고집의드러가난재업스니라례와행실을박멸하야악속을일우난자난 그비류(比類)의머리패악이니라

패리(敗理) 제삼장

패리(敗理)란자난하날리치를괴란(壞亂)케함이라착한것을놋코악한것을 지으며바른것을바리고간사함을행함은텬리를거시림이오악함을지어 선(善)함을치며간사함을행하야바르믈색금은텬리를패함이니라

범상(犯上) 제사쟝

범상(犯上)이란자나범상과(犯上科)에죄이니라자식이불효하며신하히직분을안이하며 제자(弟子)이교훈을반대하며형제가화목지안으며부々가 황란(荒亂)하야화순치안음은다상과(上科)의과려(過)이니백가지재앙이々에쌔리함이니라

력후(逆詬) 졔오쟝

력후(逆詬)란자난력리로관쟝과덕잇난이와노인과어룬을질욕(叱辱)하야 륜긔를상하고차셔를변혁하야자졔(子弟)명령(螟蛉)의도적이되나니라

복지인(福之仁) 슈편

인(仁)은애의겨을이라애함에애치안음이업난고로혹편애와사애가잇나니 인이안이면

능히가운대를잡지못하나니인은봄긔운온화함과갓타셔 물々(物)이다발생하나니라

애인(愛人) 제일장

어진사람이사람을사랑함에착한사람도사랑하고또한악한 사람도사랑하야권하야악함을버리고착한대로나아가게하며남의 온의(慍意)를평(平)하게하야남의게혐의를맷지말게하며남의 의혹(疑)을결단하야남의게일으게안이하며남의미혹(迷)함을인도하야스사로그몸에엇게하나니라

호물(護物) 제이장

호물(護物)이란자난물건을사랑하야호위함이라무릇텬디 간의사람은진실노스사로사람이오물건은스사로물건이면반닷이사람도업고 물건도업슬지니어진사람은만물을포함하야홀노마음을두어셔남이둔바를내가둔바와갓치하며남의일 은바를내가일은바와갓치하나니라

쳬측(替惻) 제삼장

쳬측(替惻)이란자난사람이남의근심을맛당이민망히안이하되오직어진사람은민망히
하며사람이남의곤함을맛당이불상히아히하되오직어진사람은불상히여기나니
민망히함도실상이잇고불상히함도실상이잇나니라

희구(喜救) 제사장

희구(喜救)란자난남의급한환란을구원하기를죠아함이라남의급한환란을구원함의혹
간졀히구함도잇스며혹환란을인하야말함도잇스되오직어진사람은남의급함을
드르면문듯구원하기를깁버하야힘을다하나니라

불교(不驕) 제오장

어진사람은덕으로하우(下愚)에게교만치안이하며부(富)로빈쳔의교만치안이하며귀(貴)하되
하등에게교만치안이하며사람의스사로깨달지못함을렴려하야빗(色)을갓가히하야
화하게하고말삼을뎡대히하야온화하게하나니라

자겸(自謙) 제륙장

자(自)겸(謙)이란자나비록재덕이잇스나스사로쟝(長)한쳬안이함이라소인은젹은재죠와박덕이잇스면스사로빗내며드날녀오직단약한해빗이우내(宇內)에통철치못할가두려워호대군자의지죠난잠겨서무자맥질안이하며군자의덕은더워도불쏫을안이하나니라

양(讓)렬(劣) 졔칠쟝

양(讓)렬(劣)이란자난녁々함으로용렬함의양(讓)두(頭)함이라명예를구하면루(陋)하야도리혀명예를덜고일홈을낙시질하면도리혀일홈을샹하나니이로써어진사람은공이잇스면공업난대양두하고상이잇스면상(賞)업난대로양두하나니라

복(福)지(之)션(善) 슈편

션(善)은사랑함의셔흐름이오어진대서시작함이라사랑함의심(種)은고로마옴발함올반닷이착하고어짐의배운고로일행함을반닷이착하니라

강(慷)개(慨) 졔일쟝

강개慷慨란자난착한의義라폭포에물결이짜의떨어저문득흐르고백련百鍊에철鐵은물건의림하야믄득셔너지니그숭상함은다만사람의불쾌함을쾌하게함이오자긔몸의리해난갈이지안이하나니라

불구不苟 제이쟝

불구不苟란자난잘결단과이잇고구차하지안음이라셩품이착한재결단함이업슨즉유柔하야영顯단함이맥키나니잘결단함은행하고자하면반다시행하고베풀고자하거든구차한바하업게함이니라

원혐遠嫌 제삼쟝

원혐遠嫌이란자난혐의와틈이업나니라착한사람이물건을접함에차라리지혜가셕긔고싸를지언졍々성은불족함이업고차라리말삼이어룰할지언졍마음에난간사함이업난고로혐의도업고틈도업나니그착함을알지못하난자난도리여불선함이니라

明白 명백 졔사쟝

셩품이착한즉 剖 짜개고 截 끈음이졍령하고행하고결단함이젹확하야 猶豫 유예와진퇴가업스며의심하고좌우함이업서련리와인사가다자연한사이의명백하니라

繼物 계물 졔오쟝

善 선은남을잘구휼하야남의인륜의장차폐할것을이우며남의부모와쳐자의륜긔를편안케하며남의 背井 배졍과 離厨 리쥬하난죵젹을졍하게함이라

存物 존물 졔륙쟝

善 선은물건보존함을깃거하고물건망하난것을미워하야그물에걸니면놋코산양하면슬퍼하나니놋난자난그날개를하날의셜치고슬퍼하난자난그다리를언덕의펴난것을보지못함이라

空我 공아 졔칠쟝

空我 공아란자난내가나를생각지안이함이라착한사람이여러사람과 함께쳐하면여러

사람은평안히하고나난슌고로음이오여러사람의게난우어잇스면여러사람의게난후(厚)하게하고내게난박하게하고근심을여러사람과써갓치하면홀노당함과갓치하나니라

양능(揚能) 제팔장

양능(揚能)이란자난남의능한바를날니미라착한사람이남의능함을보면마음의먼져깃거하야말하되문득찬양(贊揚)하난자난능한자로하야금능함을힘써하고능치못한자로본밧게함이니라

은건(隱愆) 제구장

은건(隱愆)이란자난사람의허물을숨김이라착한사람이남의허물을드르면곳숨기고누셜치안니하나니자난몬져스사로붓그러워하며몬져스사로새달게하며또한사람의게련모(憐模)되야한사람을일난것이곳쳔하사람을일난것갓치아난이라

복지슌(福之順) 슌편

슌(順)은거사리지안이하난도(道)이라간(貧)안하되강잉이이취하지안이하고곤하되강잉이힘
쓰지안이함은뎐리을슌히함이오은혜를갑흐되아쳠을안이하며위엄을굽히되굴치
안이함은사람의리치를슌히함이라

안졍(安定) 졔일쟝

마음이평안함에동치아니하야회방을밧으되온(慍)하지아니하며긔운이졍함에어질
업지아니하야편하고격동함을맛나되짓지안니하난자는하날덕을슌이함이니하
날덕이안으로신즉사람의덕이밧그로일우나니라

침묵(沈默) 졔이쟝

셩품이고요한즉잠(沈)기고아난게일운즉잠々하니장기면능히먼대를일우고문채를
진졍하난자는사람의지혜를슌이함이니사람의지혜가정한즉 심령이관통하야가
히사람의스승이되나니라

례모(禮貌) 졔삼쟝

동하면례모가잇난자난인사를슌이함이라사람이례모가잇슨즉말을아니하야도
가히분운함을풀고완패한것도감히방사치못하고현양(賢良)이원방으로부터일우나니
라

쥬공(主恭) 졔사장

쥬공(主恭)이란자난공슌함을쥬장함이라일졍일동을반다시공슌함을쥬장하야일보기
를넘(溢)치난것을더(擧)는것갓치하며사람접대하기를즁(重)한것참(佩)과갓치하면근신함이신(信)
과덕(德)을일우고공에나가명예와덕을일우나니라

소사(所思) 졔오장

소사란자난생각하난바가잇슴이라무릇사람의마음이부졍(定)하면긔운이또한슌하
지못하나니마음이졍하고긔운이슌한즉스사로생각하난바가잇셔리치를찻고도
를차지매용이히통달하야슌히덕을일우나니라

지분(知分) 졔륙장

지분이란자난맛당이할일을알며맛당이하지못할일을알미라련도와인사로더부
러샹합함을알며믈리와인리로더부러상대함이라분슈를안즉 일만리치가슌하고
일백일이화하야밤바다에달이올나옴(夜海月上)과갓트니라

복지화(福之和) 슈편

날(日)이화하고밤(夜)이화함은하날이화함이오긔운이화하고소리가화함은사람이화함이
라날이화하고밤이화한즉샹셔가때로나리며세공(歲功)을일우며긔운이화하고소리가화
한즉령신(靈神)이화창하고발근덕이나타나나니라

슈교(修敎) 졔일장

슈교(修敎)란자난스사로닥난것도닥난것이오사람을닥난것도또한닥 난것이라하날도
를닥난자난어둔사람을가라쳐발근도를보게하며악한사람을가라 쳐착한도에도
라가게하며착한사람을가라쳐어진도에옴긴즉그공이단비(甘霈)에지남이니라

준계(遵戒) 졔이장

죤은직힘이오계난셩인경계로닥금이라 재옷(新衣)입은자ㅣ단졍함을쥬쟝하야 오히려남루(襤樓)할가져어하고 새로목욕(新浴)한자난새뭇힘을쥬쟝하야오하려더러울(汚濊)가져어하나니경계직히기를단졍과새뭇함을쥬쟝함과갓치하야부지런함을도라보와방탕함이업스면사람이화하고신도가또한화하고하날이화하시나니라

온지(溫至) 졔삼쟝

온(至)은온화함이오지(至)난림(臨)함이라무릇어진사람이사람을화 함에말삼이온화하고일을화함에긔운이온화하고재물을화함에의(義)로온화 하야봄날이온화하게일으난것갓타셔사람이온화함을떠나지안이하나니라

물의(勿疑) 졔사쟝

물의(勿疑)란자난내가남을의심치안이하면남도나를의심치안이함이라내가남을화긔로써대졉하면남도또한화긔로나를대졉하나니 졍셩이피차의한결갓터셔화한긔운이엉긔여흣터지々아니하나니라

생사(省事) 졔오장

생사(省事)란자난일이번극함을스사로몰니침이라 쇼인은굽은 길에가닥이만코험한길의돌이만어서비록쇠를다할지라도능히일을덜지못하되 오직군자난 일잡기를태양이쇠잔한눈에림함과갓타셔살어짐을보지못하야도스사로살어지나니라

진노(鎭怒) 제륙쟝

진노(鎭怒)란자난삭짓고괴리함이몸의밋치지아니 함이라착지못하고신이업슴이잇스면사람이반다시몸을책망함이오혹착지안코신지아니미 업스나글엇놈함이잇슬지라도오직덕으로화한즉착지아니미업고신치아니미업스며사람이또한 신하야글웃노함이또한일우지앗나니라

자취(自就) 졔칠장

자취(自就)란자난자연히셩취함이라사람이하고자함이잇스면반다시분망하고사람이구하난바이잇스면반다시애련(哀情)함이니분망하고엇지못할진대욕심업스니만갓지

못하고애련하고엇지못할진대구함이업스니만갓지못하니오작 화한덕인즉화로(炉)가방의잇난것갓터불쌔지아니하여도더우니라

불모(不謀) 졔팔쟝

불모(不謀)란자난화하믈사람에꾀하지아니함이라상서구름이하날에잇서々스사로펴고스사로합하며맥힘이업고엉금이업난자난어진사람에몸쳐함이 라남을화하지아니미업난고로확하기를꾀하지아니하나니라

복지관(福主寬) 슈편

봄씃슬심어셔씃보기를쌜니하난자난리치를녀글업게함이 오날이즁련의잇스매사해가동박난자난형상을녀글업게함이라리치와형상이갓츄어일우면군자의도가각가움이니라

홍량(弘量) 졔일쟝

홍량(弘量)이란자난셩품쓰난대큰법도라유가운대강함이잇스되강 함은보지못하고화

한가운대ᄀᆞᆺ스미잇스되ᄀᆞᆺ스믈보지못하야유하믈층 양호대유한것갓지안코화하
믈층양호되화한것갓지아니하야가이업나니라

不吝
불인 졔이쟝

吝
인은압기미라가히더부러싸르고길며가히가볍고 무거우믈빌여셔능히하야금흡
족히잇고남의업난거슬보면내가쥬난이만갓지못하며남의근심을 보면내가질겨
게하니만갓지못하야 능히하야금평안하게면할지니라

慰悲
위비 졔삼쟝

慰悲
위비란자난남의슬품을위로하미라허믈을발으면반다시사람을일으미요허믈을
용납하면맛당히사람을엇난지라 도리여위로하야뒤허믈이 압허믈의가벼면깃버
하고허믈이업스면맛ᄉ길지니라

保窮
보궁 졔사쟝

保窮
보궁이란자난능히스사로보젼하며능히남을보젼함이니 능히스사로보젼치못하

면능히남을보젼치못하나니라

용부(勇赴) 졔오쟝

용부(勇赴)란자난착하믈본즉날나게다〻러그넉〻히배부르미 바람이장막가운대배부른거갓트니라

졍선(正旋) 졔륙쟝

졍(正)은리치를바르미요션은리치를두루미라아래돌은고요히 졍(定)하고웃돌을둘너셔움작지안코어기지안난자난즁쇠가가운대잇슴으로쓰미라 인(仁)은가운대거(居)하고관(寬)은둘너셔법에합하지안난바이업나니라

능인(能忍) 졔칠쟝

인(忍)은서히잇스니인하야참음이며강잉이참음이며능히참음이니 인하야참음은쥬심이업고강잉이참음은쥬심이잇고자호되홀노능하 참음은쥬심이잇스니 너거러우미아니면능치못하나니라

장가(藏呵) 졔팔장

장가(藏呵)란자난녀거럽고화하되은밀이ᄡᆞ지짐을감츔이라 오직ᄡᆞ지짐을감츄난녀거럼은사람이스사로공경하야복종하나니어진재능히하나니라

복지엄(福之嚴) 슈편

화(和)하고정돈하며엄슉하고고요한자난긔운이엄함이오사々를도로보지아니하고재물부리지안난자난의가엄함이오 정직(正直)을듀장하고염(廉)계를쥬장하난자난말삼이엄함니라

병사(屛邪) 제일장

병사(屛邪)란자난간사하믈버리미라긔운이엄한즉간사한긔운이능히생하지못하고의가엄한즉간사한셰가능히사이하지못하고말삼이엄한즉간사한말이입을용납지못하나니라

특절(特節) 제이장

특절(特節)이란자난특별이놉흔절개잇스미라 그형상이눈속에푸른소나무오그몸이바다우의노푼바위니라

명찰(明察) 졔삼쟝

명찰(明察)이란자ᄂ 엄(嚴)하고박지(不明)못하면짓거리고엄하고살피지못하면흣터지나니이러므로써어진사람은남에짓거러미업게하며남에흣터지미업게하나니라

유강(柔剛) 졔사장

유강(柔剛)이란자난셩품이강한자ㅣ엄하믈숭상하면일가(一家)의몸이푸러지고셩품이엄한것을숭상하면육친(六親)이이에마음이써나나 비록강엄하나반다시은혜하고비록유엄(柔嚴)하나반다시화할지니은혜가잇고화함이잇스면굿셈도업고부드럼도업나니라

색장(色莊) 졔오장

색장(色莊)이란자난긔운이엄하고빗시식々지아니하면노한대갓갑고의가엄하고 빗시식々지아니하면칭탁한대갓갑고말삼이엄하고 빗시식々지아니하면론란한대갓

가우니빗시식々함은엄한것발하난긔틀이니라

능훈(能訓) 졔륙쟝

스승이엄한즉가라치지아니하야도문도(門徒)되능히스사로가라치고부형이엄한즉가라치지아니하야도자졔가능히스사로가라치고어른이 엄한즉가라치지아니하야도인리가능히스사로가라치나니라

급거(急袪) 졔칠쟝

셩품이엄하지아니한즉용맹업고엄한즉용맹이잇스니착하지아니하믈보면급히믈니치고밋부지아니하믈보면급히믈니쳐고 올치안이믈보면급히믈니치나니엄은용맹의근원이니라

셩령(聖靈)이우의잇스사산쳔졍긔을거두며도곡맛흠을골느며귀신호위 하믈난누며일월을신칙하며풍우를경계하며 졍샹(禎祥)을열며요얼(妖孽)을졔하고모든복을내려셔착한사람의

게갑푸시나니라

보지젹(報之積) 슈편

젹(積)이란자난다슈함을이르미라덕을닥고선을행함은싸으면사람이감동하고귀신이감동하고하날이ᄯᅩ한감동하야가히 상복(上福)을밧을지니라

셰구(世久) 졔일장

셰구(世久)란자난여러대를 선(善)을행하미라일연된나무난일연이실을밧고십연된나무난십연이실을밧아셔이실의결실하나니가히버금복을바드리라

무단(無斷) 졔이장

무단(無斷)이란자난착한마음이자단하미업스미라 일야(一夜)삼편이면일쳔글을가히일글거시오일〻쳔보(步)면만리을가히달할지니작한것행하미ᄯᅩ한이갓틀지라가히복을밧을지니라

익징(益增) 졔삼장

익징(益彰)이란자난날마다착한거슬더하고달마다덕을더하미라연마하고또연마하면
보금을입우고갈고또갈면맛참내 미옥(美玉)이될지니선한거슨갈빗과갓고덕은옥륜택
한거갓트니가히그복을바드리라

경슈(庭授) 제사쟝

경슈(庭授)란자난아비의착함을이음이라아비가착하되자식이 악한재잇스며아비가어
리석으되자식이어진자도잇스되능히아 비의착함을이으면가히그복을밧으리라

텬심(天心) 제오장

텬심(天心)이란자난학한바히업고다만텬심이착한대로향함이라착한행실이라하면좃
고착한닐이라하면짓고착한마음이라하면 시행하야착하지안음을하지안이하면
그복을밧으리라

자연(自然) 제륙장

자연(自然)이란자난자연히착함을하난것이라무학을가지고벼살의잇셔비록불션을하

고자하나못하고덕을닥고선을행하면갓히그복을밧으리라

보지즁(報之重) 슈편

즁(重)은한번들어큰착함을함이라남이행치못함을행함은션의용맹이오 남의밋(及)치지못함을밋치면션의정셩이라션의 용과셩(勇誠)이잇스면가히그복을밧으리라

조년(早年) 졔일장

조년(早年)이란자난어린해에착함을함이라사람이어려셔뜻이 졍하지못하며학이넉々지못하며실기구멍이맥키고 국량(局量)이어둡거날능히착한닐을하면가하그복을밧으리라

공실(恐失) 졔이장

공실(恐失)이란자난착한것을일을가두려워함이라착한 것알기를보배와갓고악한것알기를도젹과갓타셔항샹보배를도젹의게일을가두려워하야 보배를안어스사로보존하고일심으로도젹을막으면가하그복을밧으리라

면려(勉勵) 졔삼장

면려(勉勵)란자난션을힘쓰미라션함이여션함이여가히그복을밧으리라

쥬슈(株守) 졔사장

쥬슈(株守)란자난션(善)을직히여옴기지안으미라셩품이유(柔)하면션(善)이빗나지못하고셩품이협하면션이능히션을거나리지못하고셩품이약하면션(善)이능히셔(立)지못함일새션작히기를나무폭이가쌀이직히듯이하야하날긔틀이스사로잇스면가히그복을밧으리라

쳑방(斥謗) 졔오장

쳑방(斥謗)이란자난착한이회방함을믈니침이라한착함을보고백방(百謗)이라도물니치고한착함을듯고백방이라도물니치면가히그복을밧으리라

광포(廣布) 졔륙장

광포(廣布)란자난착한것펴기를널니함이라착한닐과착한말삼을들어포양하 면가히그

복을밧으리라

보지창(報之敉) 슈편

창(敉)은 션(善)을비롯함이라 쪄(蒸)셔물드림을발키며쌀아셔 더러운것을발켜셔마음을말근물에씨스면가히그복을밧으리라

유셰(有歲) 졔일쟝

유셰(有歲)란자난악함을발이고션함의나아감이쪽히몃해가잇슴이라 셩품이악하면사람을상하고마음이악하면사람을함낙하고욕심이악하면사람을잔학하나니능히셰가지악을바리고션의나아가고또해가잇스면가히그복을밧으리라

유린(有隣) 졔이장

유린(有隣)이란자난한가지션(善)의이웃함이라양(羊)이견(犬)의무리안이하고 기러기가졔비와놀지안음은리치라션은션의이웃하다가이웃이불션한즉버리나니 션한덕을덜닐가두려워하면가히그복을밧으리라

其然 기연 졔삼장

其然 기연이란자난션이然연하고악의然연치안음이라션을연하고악을불연함은참된대로도로옴이니가히그복을밧으리라

自修 자슈 졔사장

自修 자슈란자난스사로몸의착함을닥금이라남의착함을칭션하야 갈오대불능이라하며남의큰착함을드르매문득붓그러하면어진셩폼이니가히그복을밧으리라

不倦 불권 졔오장

不倦 불권이란자난부질언한쟝색이그릇을지음애아름다 옴을궁극히하야굿치고부지런한의원이병을살피매약을극진히하야굿치나니부질언한착함도이와갓치하야착한것을지극한대굿치면가히그복을밧으리라

欲及 욕급 졔륙장

欲及 욕급이란자난착한대밋치고자함이라셩품이어둡고실기가어두면비록착함을하

고자하나착한것을알지못하고오직악함이불가함을아나니참셩품이라가히그복
을밧으리라
셩령이우의잇스사뇌사(雷師)와뎐신(電神)을명하시며진군(眞君)과텬오(天奧)를칙(勅)영하시며일직(日直)과게(揭)톄를
영하사악인에게보부하시나니라

보지영(報之盈) 슈편

영(盈)은십(十)슈라궁악(窮惡)은아홉(九)이차미니당세에악하고극악(極惡)은열(十)의차미니또한젼셰(前世)에악함
이라악한것참(盈)이남어지업시가히상화(上禍)를바드리라

습범(襲犯) 제일쟝

습범(襲犯)이란자난아비의악함을이음이라압집의불이々러나고뒤집의또불이々러나
면멸하지안난지ㅣ잇지아니미라아비가이미악한대범하고자식이또악한것을승습
하니석지아나하면그치지앗나니가히버금화(次禍)를바드리라

연속(連續) 제이장

연속(連續)이란자난악한것짓기를속(續)함이라도젹사람도아비에말을듯고흉한사람도자식을가라치나니아비에악함도듯개난냐자식을악한것도가라치개나냐아비의악것을들어행하고자식악한것을가라쳐채쥭하니굴너(轉惡)악한것을연속함이라가히큰화(禍)를바드리라

유가(有加) 졔삼쟝

유가(有加)란자난악한것을더하미라악어(鰐魚)난가는물을생키지아니하고일이(狠)난자국김생을십(嚼)지아니하나니악한것이경(輕)한즉그치고악이즁(重)한즉햇함이더하미라가히그화(禍)를바드이라

젼악(傳惡) 졔사쟝

젼악(傳惡)이란자난악함을사람에게젼함이라졔몸의악함을곳침얼아지못하고남의악함을곳치기를권하지아니하며도리여어리셕고양슌한사람을쐐이고희롱하야졔악한것을돕게하다가악한게공판의올으매어리셕고양슌한대미루니참악한거시그짓

악한것슬빠지게함이라가히그화(禍)를바드리라

보지대(報之大) 슈편

대(大)난하나(一)로하여대악을지미라져근악을짓난자난어리셕음이니부사(否似)한대쳐하야혹자각하기어려우나대악을지은자난지혜라일시에행사하야죄가신인(神人)을범하니가히그화(禍)를바드리라

감상(勘尙) 졔일쟝

감상(勘尙)이란자난징계하되곳치지아니미라한악(一惡)을가볍게징계하고두(再)번재악을가볍게감죄하되오히려곳치믈아지못하야몸이맛도록악한것을지으니광(狂)악이라가히그화(禍)를바드리라

무탄(無憚) 졔이쟝

무탄(無憚)이란자난악한것짓기를괴탄이업심이라악한것을벼풀매사람이쌔칠가두려하고악한대쳐하매사람이알어쌔달을가두려하며스사로악한것을숭긴다하

야이미악함을다하매진심으로두려하미업시며쟝차악함을경영하매진심으로긔

탄이업심은완악頑惡하미라가히그화禍를바드리라

츄쥰驟峻 졔삼쟝

츄쥰이란자난평거의양션하다가급하악함을함이라어질고악한것을짓난업고착하고악한것짓난자ㅣ또한업시니그본심이불양하고본셩이불션하야문득큰악을행함은악함을김츄미라가히그화禍를바드리라

외션外善 졔사쟝

외션이란자난외션外善내악內惡이라말은바르되행함이합하지아니하고행함은합하되일은합하지아니하야눈아래雪下함경陷井의악한대가해산胎하야가득함은판슈의악함이라가히그화를바드리라

보지쇼報之小 슈편

쇼小난작은악이라허물건愆과過함을갈오대악이니큰건愆과큰과過나아난것이어둔데셔붓터

나옴이오작은악도또한짓난바이라가히그화를밧을지니라

背性 배셩 졔일장

背性 배셩이란자난본셩을노흐미라 狹 협함을노흐면널으고졸함을노흐면호긔롬이나몸을분쥬하야악함을사면가히그화를밧으리라

斷連 단년 졔이절

斷連 단연이란자난악함을끈코자하다가다시 連 연함이라은밀한악이임의드러매두려워하야끈코자하다가남의말이죠금졍하면다시악함을쇄하나니 妖惡 요악이라가히그화를밧을리라

不改 불개 졔삼장

不改 불개란자난 惡 악을당연히곳칠쥴알고도차마못곳침이라그당연히곳침을알고도참아못곳침은욕과 利 리를위함이라가히그화를밧을리라

勸隣 권린 졔사장

권린(勸隣)이란자난자긔(自己)의악함이외로음(孤)을두려워하야양슌한이를권하야 자긔를좃게호대좃지안으면도르혀양슌한이를모함하야자긔의악이창일함은악의쥬림(餓)이라가히그화를밧을이라

셩령재상(聖靈在上)하사모든션인(善人)을봄(視)의고르게복으로갑흠을응(應)하시이라복젹지극존슈편대

복젹지극존(福積之極尊) 슈편

대복(大福)을지으며대위(大位)를처(處)하며텬디제사(天地祀)를맛트며인족(人族)의화(化)를펴리라

거유(巨有) 제일장

두터운(厚)덕(德)을지으며질박(素)한위(位)에거하며널니토지을두며보화를져축하야두며우환과근심을삭으며슬푸고슬품을막히리라

상슈(上壽) 제이장

신션세에화하야몸이되야날빗난것을거러단이며이실진액을마셔ᄉᆞ근력근장하고긔운이쥰쵸(俊俏)하며터운과운치마를두르며단맛을누려셔학발동안(鶴髮童顏)이연ᄉᆞ의슈하리라

저손(諸孫) 졔삼장

한집이열집을화하고열집이백집을화하야사랑함과효도함이깃쳐럼벌(列)고화목함과화함이슈풀쳐럼셔(立)며옷이넉々하고밥이족하고글익난소리가날과밤을통하리라

강령(康寧) 졔사장

길한문에탄생하야꼿부리밧탕이짝이드믈고비단과고기의자라서신쳬가말꼬근장하며안락한대늘거셔달고쓴거시들니난대들오지아니하리라

선안(仙安) 졔오장

말꼬참된학(學)을웃어셔명산과셩지를쥬장하고뜻을구름(雲)과물(水)의붓쳐셔공(功)과리(利)를흘겨보며화로의금단(金丹)을다리고꿈의삼쳥(三清)의놀니라

셰습(世襲) 졔륙장

존귀한대이(嗣)몸이되야문무에재조를품고장상의임책을바더셔공이한셰상의덥꼬일홈이쳔츄의뜰치리라

혈사(血祀) 졔칠장

도가놉고덕이즁하야하날을대신하야교(敎)를셰우고사람을화하야법을일우셔만셰의스승이되리라

복중지대영(福重之大榮)

대로벼슬과녹이잇셔々부귀가끗치지아니하고영웅과쥰걸이셔 로이어셔문호가빗나고빗나리라

옥백(玉百) 졔일장

빗난집과고흔집에거하며금은과옥백을감츄며장사나근애가문에가득하야교역이날노번셩하며한셰상의안락하야시비가업시리라

절화(節化) 졔이장

일홈이너픈션배로나타나셔사람이디스셩으로셤기며사라셔난말근덕이잇고쥭어셔난아름다운결죠가잇스리라

현자(賢子) 졔삼장

어진아들을당강하야다시한문(寒門)을흥할셰귀함으로써일홈을나타나고부자로써셰상의나타나니륙친이화락하고족쳑이은혜를감동하리라

근왕(健旺) 졔사장

운슈가근장하고때가왕셩하야긔도하난바이다마지며이웃시화하고 말이칭송하야말하난바다죠차며나무를시무고밧슬가라셔집도가융셩하리라

길경(吉慶) 졔오장

대로학업을닥거셔한묵이셔로졉하며말고한가하게녹을으더셔션비에아 담함으로스사로저하며띄글짓거리난대참에아니하고물밧게소뇨(逍遙)하리라

복창지담체(福𢿛之談體) 슈편

일생의시비가업스며일생의질병이업고늘게자손의누림을바드며붕우로 세월을보내리라

유거(裕庫) 졔일장

사람의곳집을마타넉々히하야오곡이가득하고졍셩과신으로일을삼아곡식드난것과내넌것슬자긔손으로권세자로를하리라

무액(無厄) 졔이장

환란이々미사라진고로환란이업고곤욕이이미빈고로곤욕이업고액회이미다한고로액회가업스리라

리슈(利隨) 졔삼장

방해난흐터져물너가고리익은ᄯᅡ로니리익(利益)의경즁은부져런한대잇나니라

하쳥(河淸) 졔사장

재앙이사러지고재앙이물너가셔황하슈가다시말근것갓트리라

모든션인(善人)에안해난지아비와복을한가지로하고지아비업난착한녀자(女子)난자숀으로더부러복을한가지로하리라

성령재샹(聖靈在上)하사 모든악인을봄애두루화(禍)로갑흠을밧게하시니라
지영지뢰진(之盈之雷震) 슈편
뎐디가명막(宣漠)하며질풍폭우(疾風暴雨)하며뎐뢰(天雷)가크게발하며벽력이쇼래나난곳의젼신(全身)이살나
업셔지리라
귀갈(鬼喝) 졔일장
악귀가몸을ᄯᅡ라경영하난닐이거위완젼하면져희하고리(利)를구하야장찻일우면새
치며말함애반닷이ᄉᆡᆨ질염을어드며움작임애반닷이로(怒)함을맛나셔마음(心)이타고혀(舌)
가허여몸이맛츄어야이에긋치리라
멸가(滅家) 졔이쟝
산업(産業)은씌끌이바람의날니고자숀은셜(霜)이가쇠잔한입새를치고부쳐(夫妻)가고혈(孤子)하야백
발이부르(呼)지고우(哭)르리라
졀사(絶祀) 졔삼쟝

셰업(世業)으로그입을보존하야그나히를맛쵸고다만일개자녀가업셔々그졔사가긋어
지리라

실시(失尸) 졔사장

원방(方)의숀이되야젹년(積年)토록도라가지못하고거친언덕의셔쥭으되사람이보난재업
스리라

지대지병인(之大之兵刃) 슈편

늘근자난하나로붓터아홉의일으고졀문자난하나로지어셔아홉의일음이니아울너
병장개날에해를밧으리라

슈화(水火) 졔일장

물의써셔집을일코불을일어집을살으며물에써러져목숨을도망하고불에타셔몸
이상히리라

도젹(盜賊) 졔이장

험디(驗地)에도적을맛나업금(業金)을일코집쇽의도적을맛나잔산(殘産)을일으리라

슈해(獸害) 졔삼쟝

ᄉᆞᆫ녀진고개와깁흔슈풀에사오나운김생의해를입으리라

형역(刑役) 졔사쟝

다소년(多少年)형옥의형별과징역을밧으리라

텬라(天羅) 졔오쟝

매양하날긔후가리(利)롭지못함을맛나란(難)의림함에몸을어더버셔나지못하고일의다々르매마(終)침을통달치못하리라

디망(地網) 졔륙쟝

길디(吉地)난스사로멀고흉디(凶地)난스사로갓가워셔란(難)의림함애몸을어더버셔나지못하고일의다々르매마(終)참을통달치못하리라

급신(及身) 졔칠쟝

즁인(衆人)이한가지위태함이홀노일인의밋치고십인(十人)이동거함애재앙이홀노자긔의밋
치리라
지쇼지빈궁(之小之貧窮) 슈편
간안하야스사로보존지못하 고궁곤하야스사로보존치못하야면하고자하나죵신
토록웃지못하리라

질병(疾病) 졔일쟝

일생에질병이만어셔사시가차례를일코무력(無力)하야썰치지못하리라

패망(敗亡) 졔이쟝

사(事)々히패망하야하나도셩취함이업스리라

미실(靡室) 졔삼쟝

안해도업고아들도업셔 고혈한々몸이동셔(東西)의표령(飄零)하라라

도개(道丐) 졔사쟝

의지가업고길드림이업서々도로의개걸호대사람이구졔하리업스리라

及子
급자 제오장

자식이아비의화를밧으리라

모든악인의안해난지아비와화를한가지로하고지아비업난악녀난자손과화를한가지로하나니라

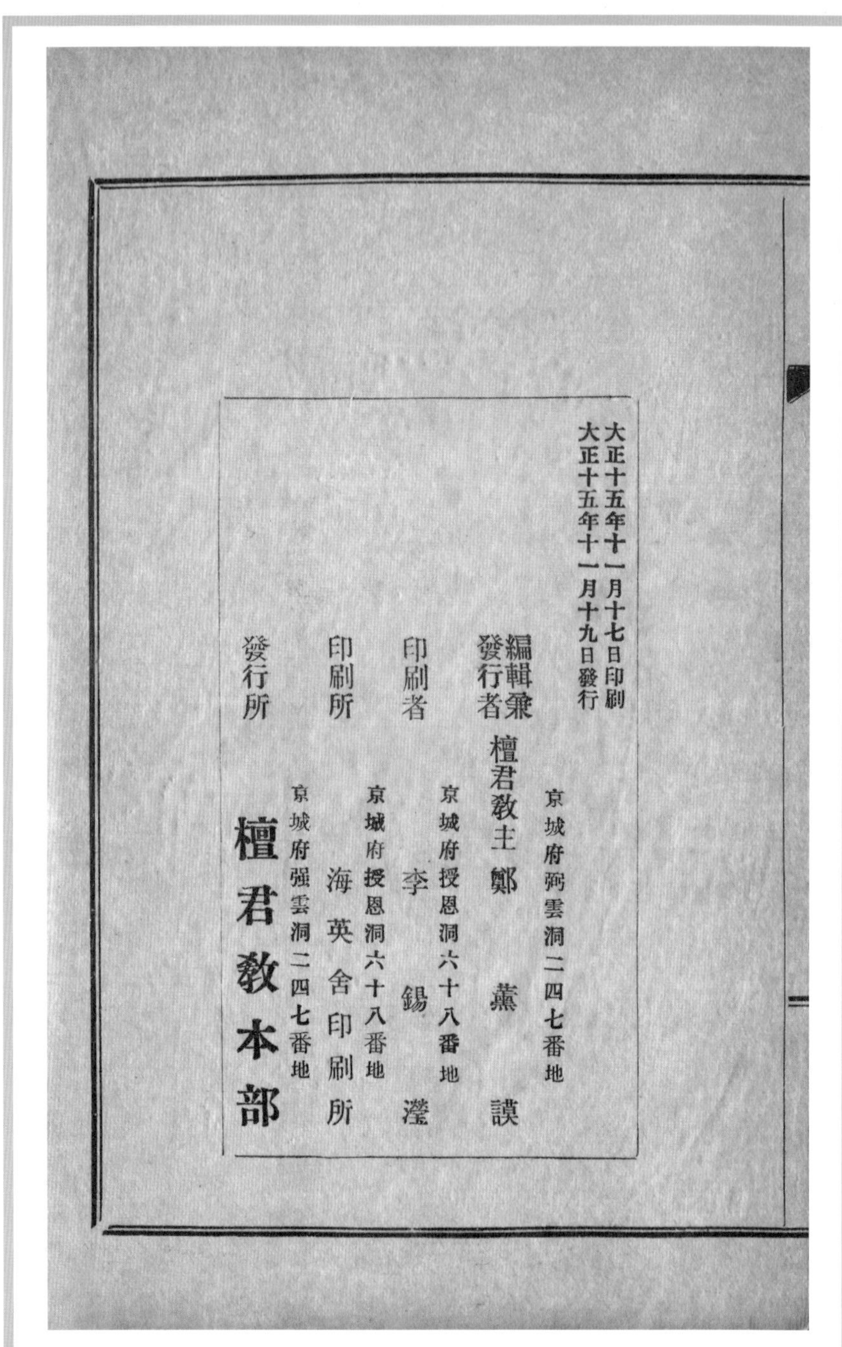
大正十五年十一月十七日印刷
大正十五年十一月十九日發行

京城府弼雲洞二四七番地
編輯兼發行者 檀君敎主 鄭 薰 謨

京城府授恩洞六十八番地
印刷者 李 錫 瀅

京城府授恩洞六十八番地
印刷所 海英舍印刷所

京城府强雲洞二四七番地
發行所 檀君敎本部

『천을선학경』

天乙仙學經

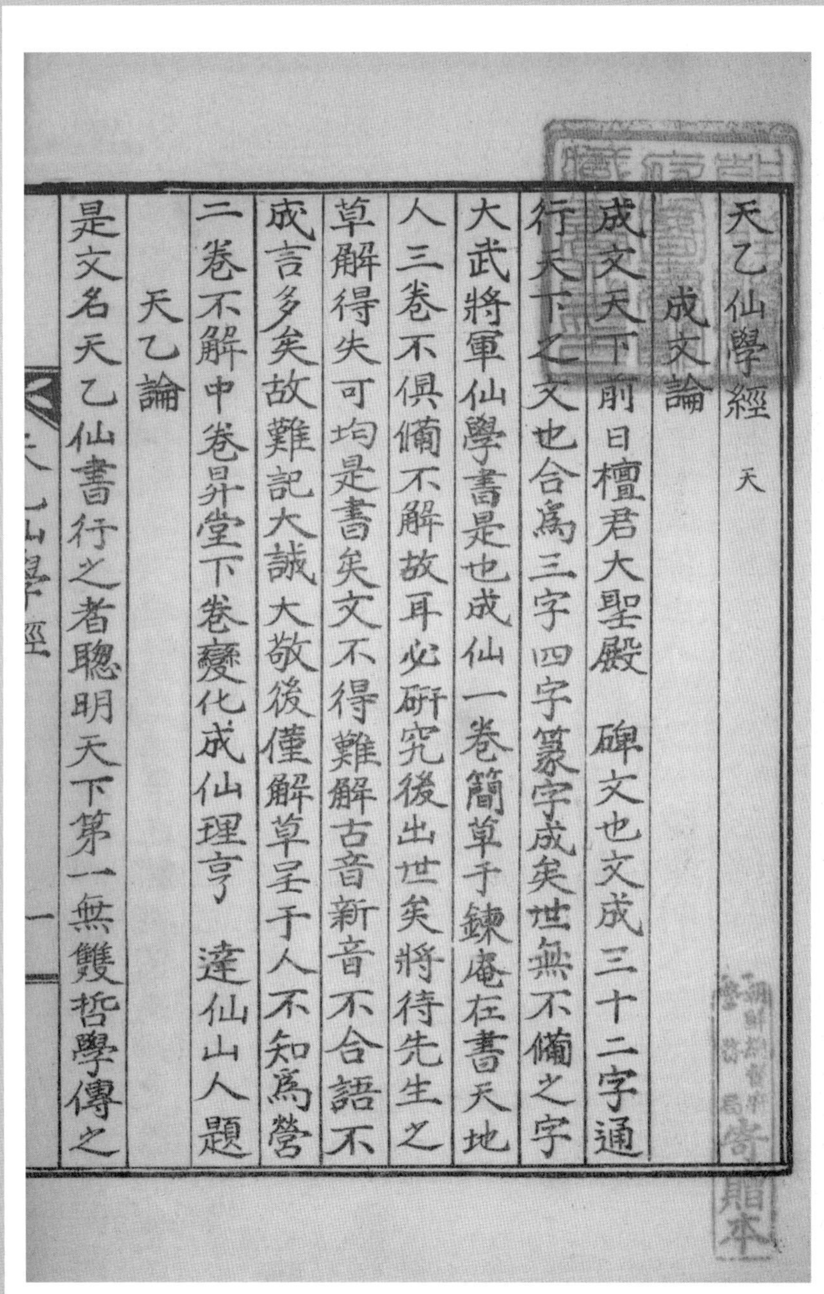
天乙仙學經 天

成文論

成文天下前日檀君大聖殿 碑文也文成三十二字通
行天下之文也合爲三字四字篆字成矣世無不備之字
大武將軍仙學書是也成仙一卷簡草手鍊庵在書天地
人三卷不俱備不解故耳必硏究後出世矣將待先生之
草解得失可均是書矣文不得難解古音新音不合語不
成言多矣故難記大誠大敬後僅解草呈于人不知爲營
二卷不解中卷昇堂下卷變化成仙理亨 達仙山人題

天乙論

是文名天乙仙書行之者聰明天下第一無雙哲學傳之

天乙仙學經 一

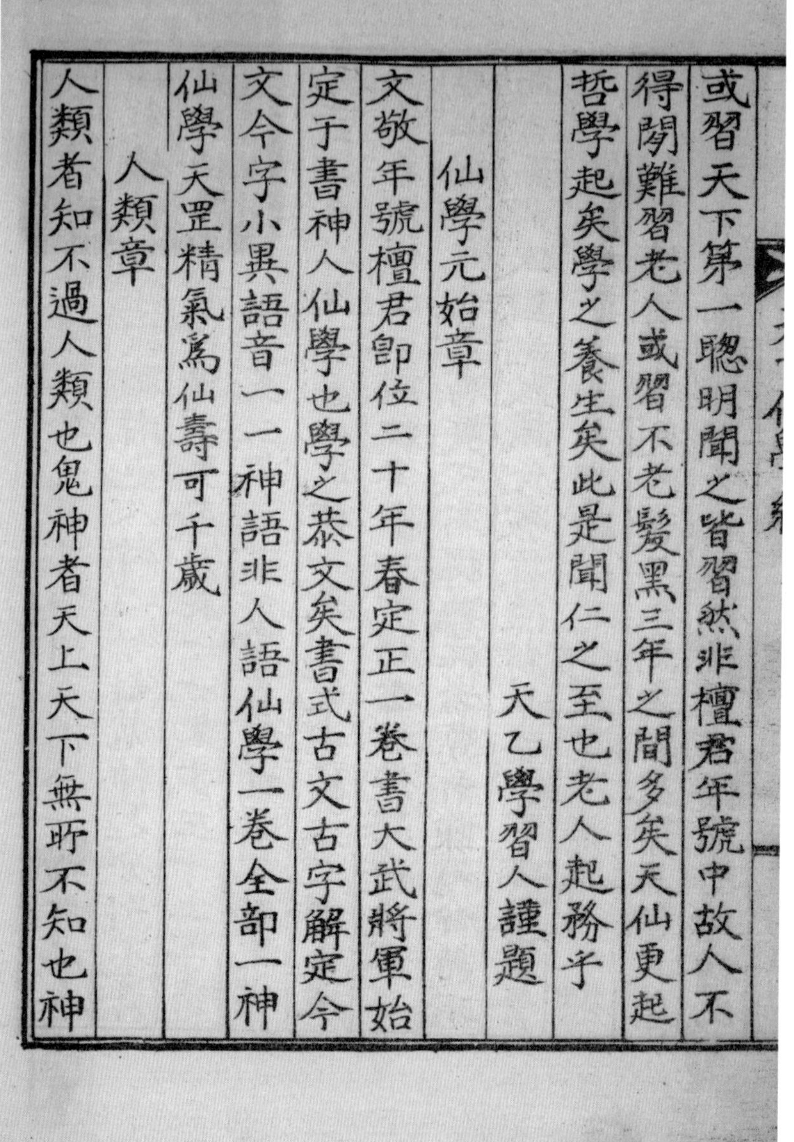

或習天下第一聰明聞之皆習然非檀君年號中故人不
得閑難習老人或習不老髮黑三年之間多矣天仙更起
哲學起矣學之養生矣此是聞仁之至也老人起務乎

天乙學習人謹題

仙學元始章

文敬年號檀君即位二十年春定正一卷書大武將軍始
定于書神人仙學也學之恭文矣書式古文古字解定令
文令字小異語音一一神語非人語仙學一卷全部一神
仙學天罡精氣爲仙壽可千歲

人類章

人類者知不過人類也鬼神者天上天下無所不知也神

仙之學不過鬼神之學也與鬼神相言相論辨物者也人仙者修鍊養生極到者也人類之分別鬼神之分別不齊矣神仙學文前日規模小不變矣一一記于左

整齊章

先整齊戒再修鍊極功則神仙來見矣法定天下濟壽域人人家庭至淨衣服飲食第一鮮明者後仙學進矣第一端正者定教授先生教人爲敬其次俊秀者鍊精神通明爲法其次鍊産爲富爲營耳

進精神章

凡人多言則精神減矣無言工夫爲主不犯禁忌章天氣流通于身助氣助力二倍至三倍至百倍後萬倍精神出

焉十年學書一年能通天下至寶矣鍊精神之法一日三
次式鍊精鍊氣鍊精者精洗口向日光吸氣五篇早午晚
日三而每次口吸氣滿腹五次氣通天下五十番自然超
後鍊氣夕後向北斗吸天罡氣五十番氣入四肢百節夜
夜如是名曰鍊精鍊氣其間誦北斗行力噂出力爲度限
止百人以上聰明讀噂出力百倍後靜矣
天上太乙萬聖帝君辭兵億萬紫微星君五方大王文聖
皇帝六丁六甲大武使者千變萬化陰陽二遁出力萬倍
接力軍官精神萬倍氣學專門罡星將軍萬人積德長生
不死一萬年間生存人間情行天下不戰不爭萬事俱備
文善皇帝勅令

鍊心章

夫心者無邊之行有定行有所到仙學有心者行於仙學倫理之學有心者行於倫理之學是以行有所定立志矣是學倫理之學然後仙學修鍊養生長生之術矣丹學是矣心氣精鍊正直爲主心結丹後盡誠盡美道行天下矣心氣天氣一般氣學漸進心氣堅固通三才之理矣心本有氣氣通天下者正貫義學人無到不得義學義氣義魂義魄義心氣行專矣氣行者天賢天賢大氣無所不通

鍊順章

天上大氣順化之氣也氣以和之物無不生故氣和之法行焉天氣所到物無不生者也氣通於肺肺者鼻之竅鼻

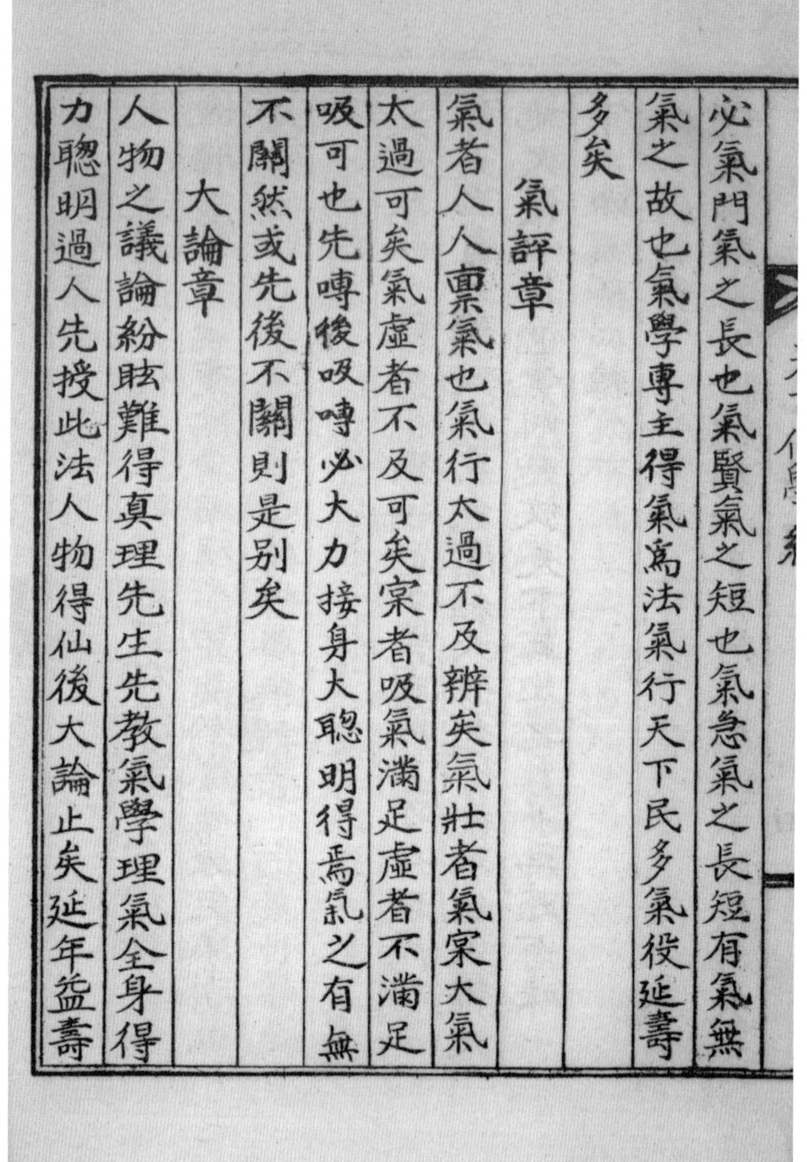

必氣門氣之長也氣賢氣之短也氣急氣之長短有氣無氣之故也氣學專主得氣爲法氣行天下民多氣役延壽多矣

氣評章

氣者人人稟氣也氣行太過不及辨矣氣壯者氣宲大氣太過可矣氣虛者不及可矣宲者吸氣滿足虛者不滿足吸可也先噂後吸噂必大力接身大聰明得焉氣之有無不關然或先後不關則是別矣

大論章

人物之議論紛眩難得真理先生先教氣學理氣全身得力聰明過人先授此法人物得仙後大論止矣延年益壽

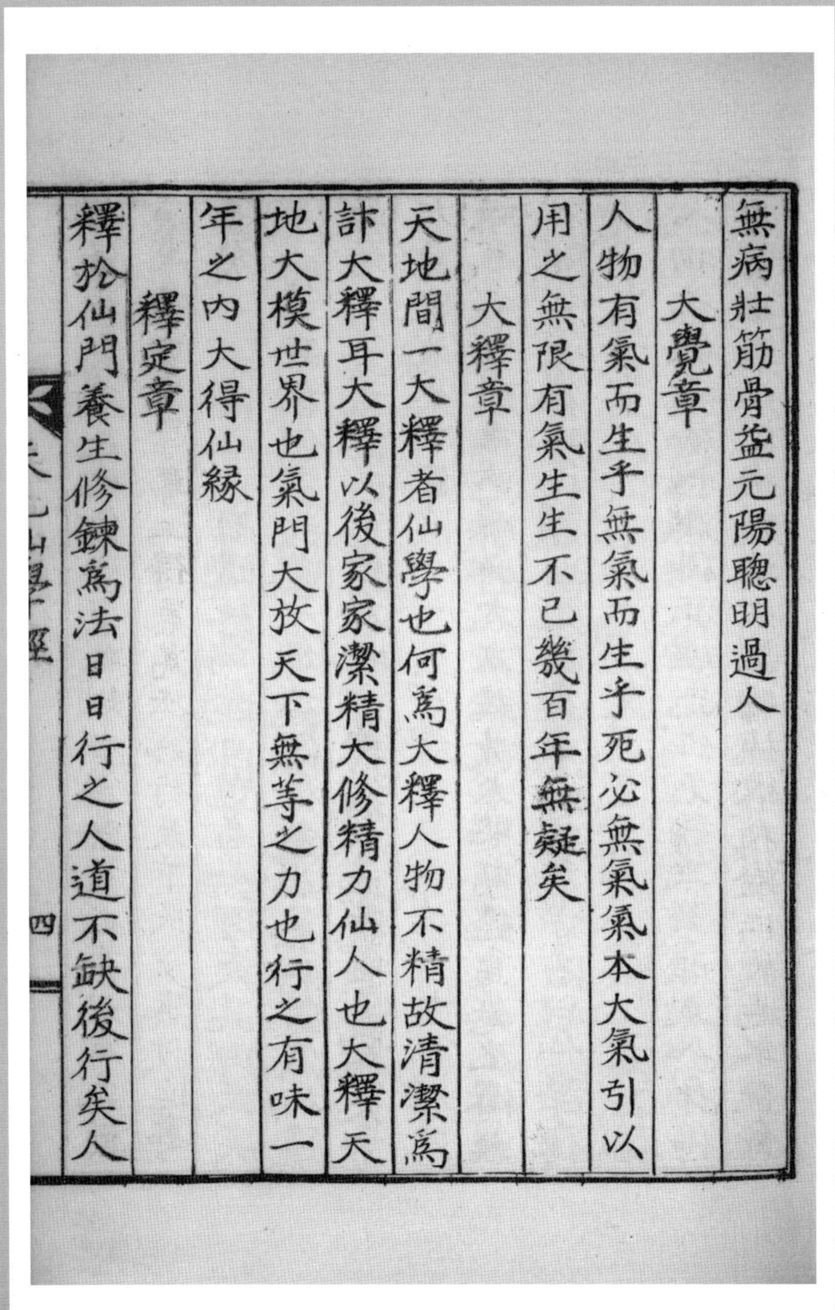

無病壯筋骨益元陽聰明過人

大覺章

人物有氣而生乎無氣而生乎死必無氣氣本大氣引以用之無限有氣生生不已幾百年無疑矣

大釋章

天地間一大釋者仙學也何爲大釋人物不精故淸潔爲訃大釋耳大釋以後家家潔精大修精力仙人也大釋天地大模世界也氣門大放天下無等之力也行之有味一年之内大得仙緣

釋定章

釋扵仙門養生修鍊爲法日日行之人道不缺後行矣人

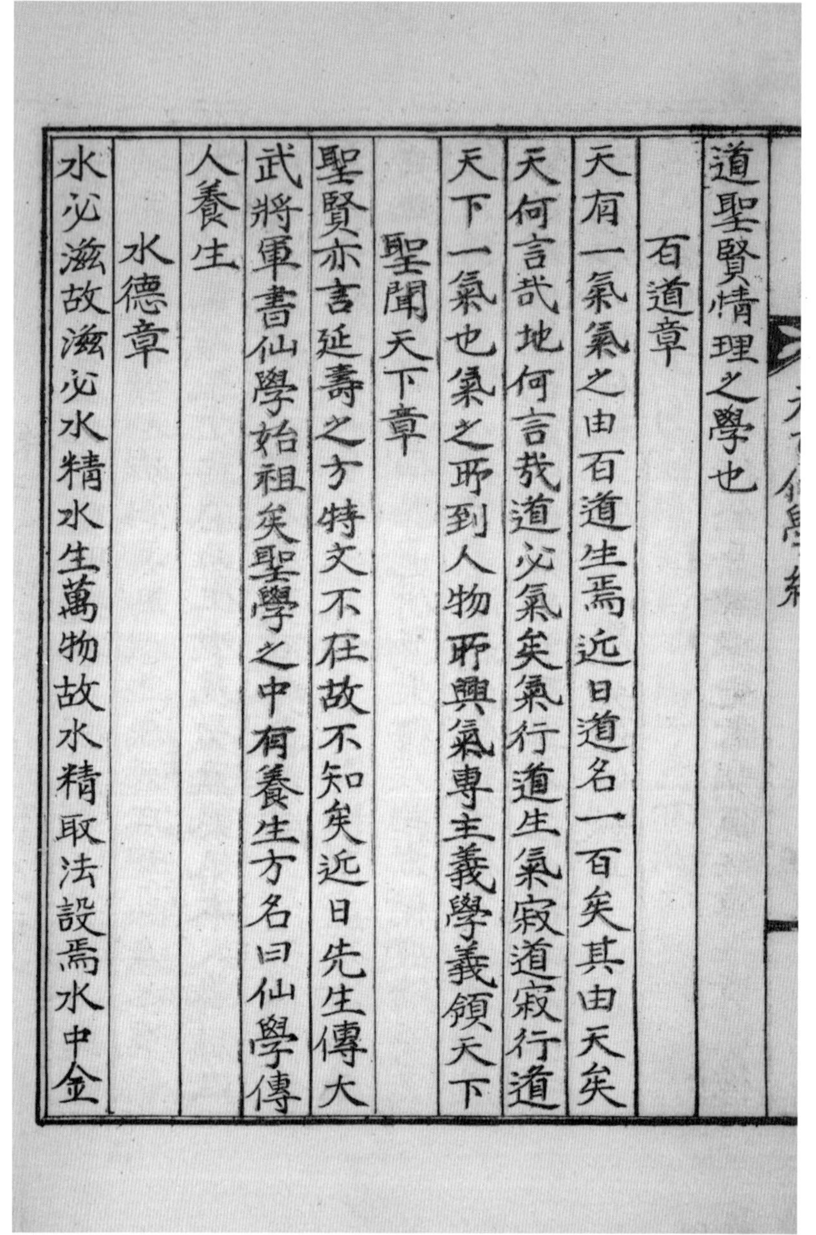

道聖賢情理之學也

百道章

天有一氣氣之由百道生焉近日道名一百矣其由天矣
天何言哉地何言哉道必氣矣氣行道生氣寂道寂行道
天下一氣也氣之所到人物所興氣專主義學義領天下

聖聞天下章

聖賢亦言延壽之方特文不在故不知矣近日先生傳大
武將軍書仙學始祖矣聖學之中有養生方名曰仙學傳
人養生

水德章

水必滋故滋必水精水生萬物故水精取法設焉水中金

麗水也金生麗水是也水精者天地空氣也氣降則爲雨氣昇則旱氣吸之法吸天氣一水氣也三百息吸水滿口中矣是爲証証必有用夕後吸天罡氣則水氣入腹滋潤皮膚振精神是水精入腹爲筋骨也久服天氣筋骨堅固矣以是神亦吸天氣而生氣吸千年神列爲星星亦水精也物無不然

氣通章

氣通者嘚誦萬篇氣通力出天下無等之力出焉者二十萬篇誦焉氣得天下第一仙學先修修錬耳

氣行章

閉氣法不宜大氣行全身者嘚先者閉氣任意任意以後

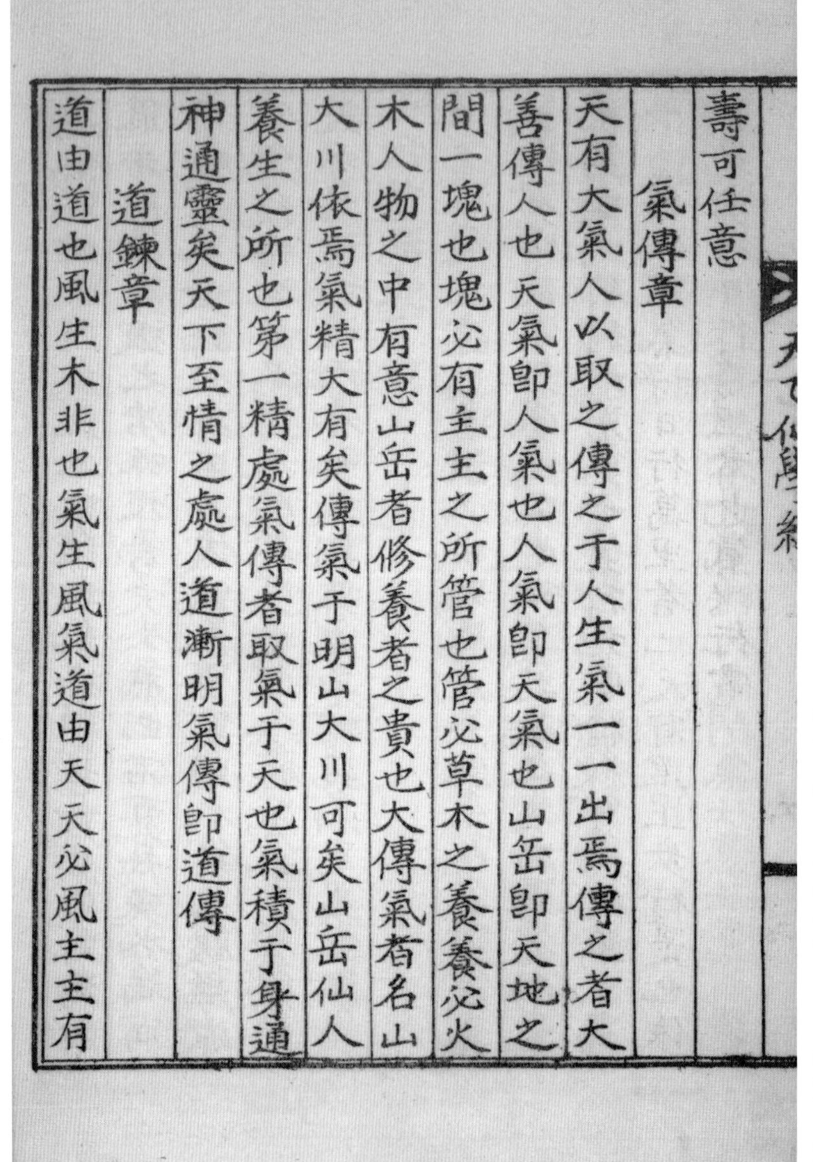

壽可任意

氣傳章

天有大氣人以取之傳之于人生氣一一出焉傳之者大善傳人也天氣卽人氣也人氣卽天氣也山岳卽天地之間一塊也塊必有主主之所管也管必草木之養養必火木人物之中有意山岳者修養者之貴也大傳氣者名山大川依焉氣精大有矣傳氣于明山大川可矣山岳仙人養生之所也第一精處氣傳者取氣于天也氣積于身通神通靈矣天下至情之處人道漸明氣傳卽道傳

道鍊章

道由道也風生木非也氣生風氣道由天天必風主主有

氣氣之所及有風風本浩蕩之氣過則摧折合則氣清氣過者風生風道大勇將軍言天文極到者能知矣知之有不知空氣分野之别不知矣推測分野後知矣知必風亦氣氣何用之心上作用必矣天君之令作風氣矣氣亦天天亦氣氣亦心心亦和和則萬事從命

道訓章

道者自然之道也道宗必自天矣天本氣也以氣用法耳氣傳天下天下一氣也氣之形氣之使氣之用氣之靜氣之動氣之行行者有氣也氣行如雷行人以氣行萬里爲限過則火起氣行日行萬里者也天有罡星步行是也依罡星步行日行萬里者也氣以行雷

道評章

大道難評也道由氣氣難評也天有氣氣以生人人物之中聞見不足故不知大道道宗元氣氣本天天者日月星辰之爲家也家必天天亦氣故氣之所向人家作焉卽天人之際無非氣也氣之所評人之所評也氣學眞氣學也眞氣學者天理眞學也天理一氣也氣者無物不然也

道完章

人物製政日用當行之事曰人道持定是謂完道本氣製政爲用氣之爲道大氣全人第一大德德宗本于天天之大德曰好生生必氣氣者呼吸也呼吸天氣也天氣一生也氣生一呼吸也氣去無呼吸也呼吸有無生死別矣大

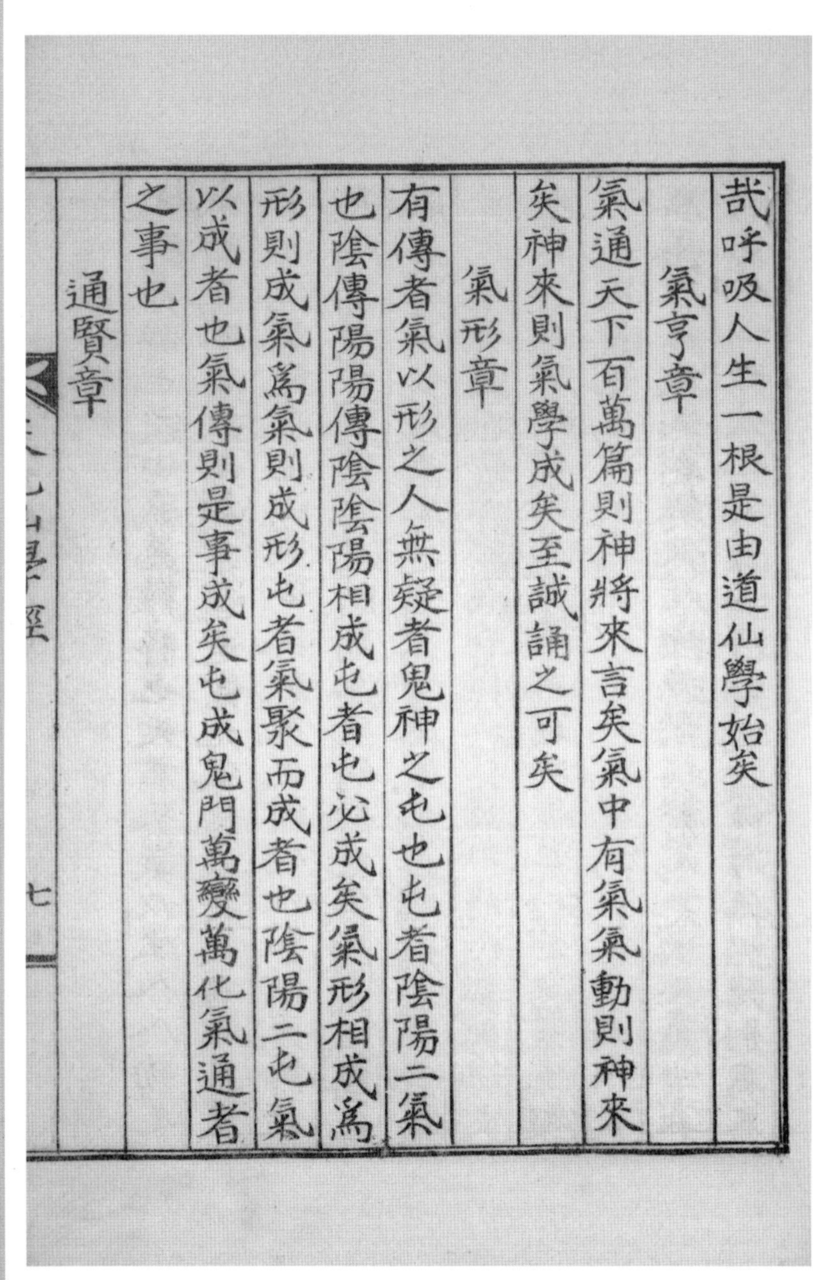

哉呼吸人生一根是由道仙學始矣

氣亨章

氣通天下百萬篇則神將來言矣氣中有氣氣動則神來矣神來則氣學成矣至誠誦之可矣

氣形章

有傳者氣以形之人無疑者鬼神之屯也屯者陰陽二氣也陰傳陽陽傳陰陰陽相成屯者屯必成矣氣形相成爲形則成氣爲氣則成形屯者氣聚而成者也陰陽二屯氣以成者也氣傳則是事成矣屯成鬼門萬變萬化氣通者之事也

通賢章

仙學經 七

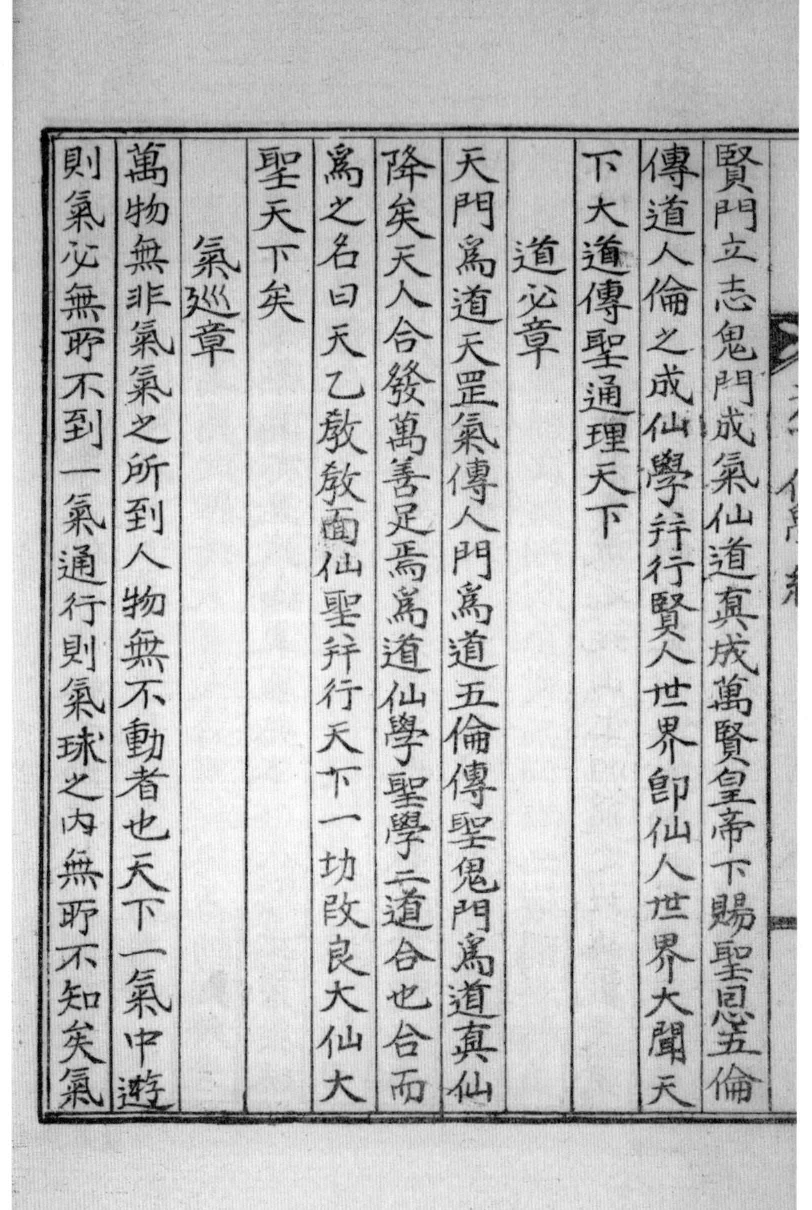

賢門立志鬼門成氣仙道眞成萬賢皇帝下賜聖恩五倫
傳道人倫之成仙學幷行賢人世界卽仙人世界大聞天
下大道傳聖通理天下

道必章

天門爲道天罡氣傳人門爲道五倫傳聖鬼門爲道眞仙
降矣天人合發萬善足焉爲道仙學聖學二道合也合而
爲之名曰天乙敎敎面仙聖幷行天下一功攺良大仙大
聖天下矣

氣巡章

萬物無非氣氣之所到人物無不動者也天下一氣中遊
則氣必無所不到一氣通行則氣球之內無所不知矣氣

之大用最要者仙學也仙學呼吸一氣也氣門開通天下無不通矣氣一巡行天下道成道成者第一通賢者

氣賢章

氣由天天由氣氣亦天天亦氣氣亦生人人亦生氣氣球之中一氣造化小無不有者氣之所關物無不通通則四無不知者知必天人天人者通天徹地至誠人事者也氣由之法人人行之可也

氣積章

氣行之法天氣地氣合成之地山上四通之地正觀天罡處呼吸利爲之地正立向天罡四拜敬誦天罡噂五千篇則有氣通通必有成三年始成仙十年老者還黑變白如

少年時

天罡喜

天上大將星萬仁皇帝天罡星君萬仙統一星君萬仁皇令天君大將命令下賜反老成童天門開閉神仙下降億兆蒼生呼吸眞法萬年延生不死正氣化人天人更見

太上老君 律令

氣中氣論

氣中有氣者鬼神也鬼神者陰中陽天下第一難見者氣中氣是也氣學鬼神學學必仙仙必道道必天下人物整齊氣中氣神明之謂也神明之道在於心神明之所主在撿心學至誠之道在於心心之所到物無不列者整齊以

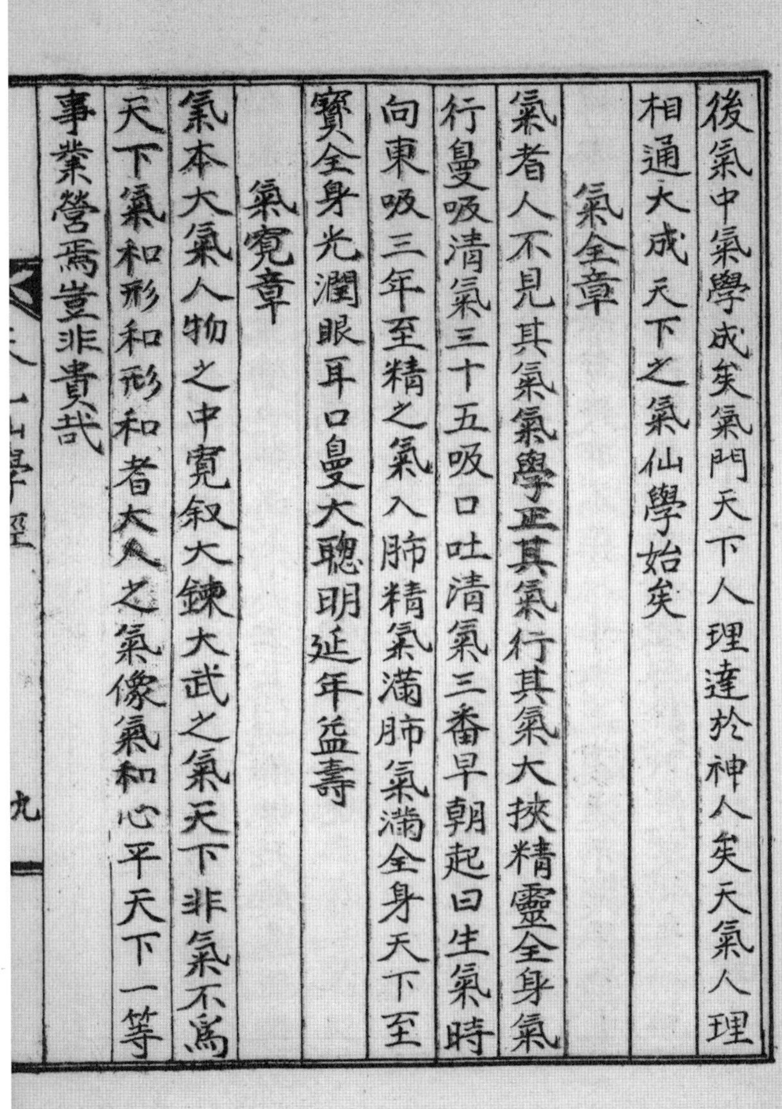

後氣中氣學成矣氣門天下人理達於神人矣天氣人理相通大成 天下之氣仙學始矣

氣全章

氣者人不見其氣氣學正其氣行其氣大挾精靈全身氣行鼻吸清氣三十五吸口吐清氣三番早朝起曰生氣時向東吸三年至精之氣入肺精氣滿肺氣滿全身天下至寶全身光潤眼耳口鼻大聰明延年益壽

氣寬章

氣本大氣人物之中寬叙大鍊大武之氣天下非氣不爲天下氣和形和形和者大人之氣像氣和心平天下一等事業營焉豈非貴哉

仙學經 九

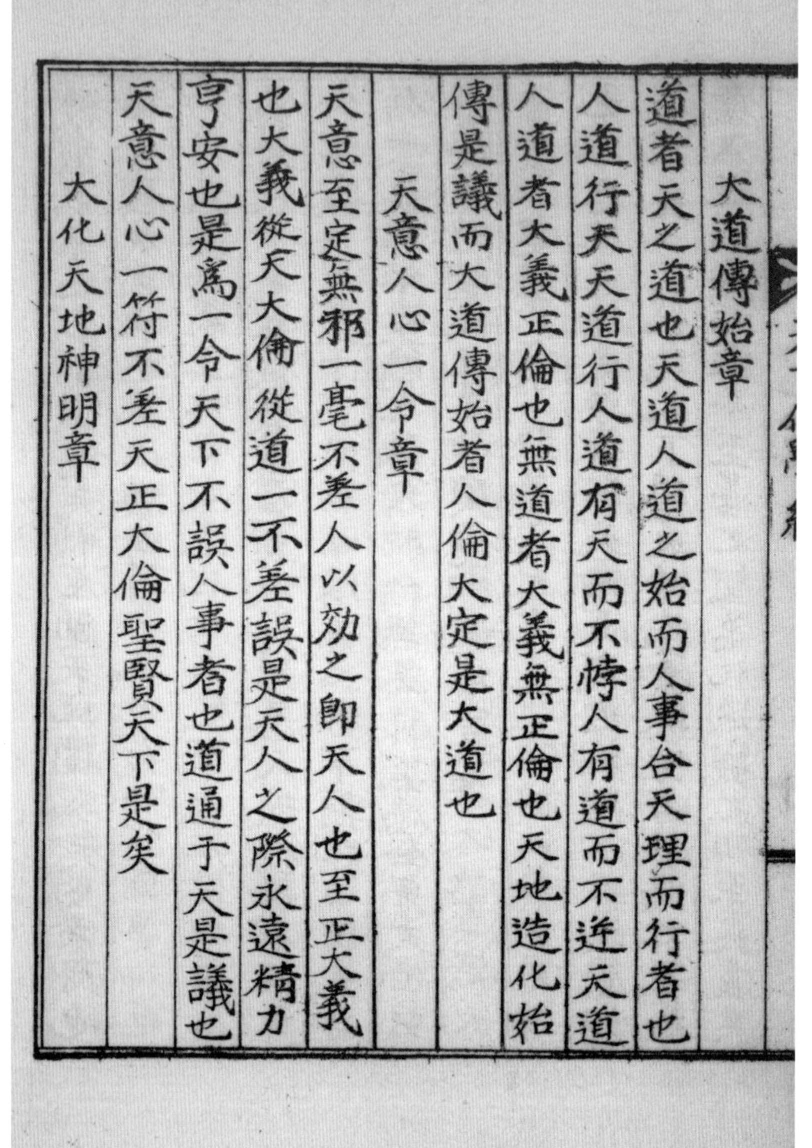
大道傳始章
道者天之道也天道人道之始而人事合天理而行者也人道行天天道行人道有天而不悖人有道而不逆天道人道者大義正倫也無道者大義無正倫也天地造化始傳是議而大道傳始者人倫大定是大道也
天意人心一令章
天意至定無邪一毫不差人以効之卽天人也至正大義也大義從天大倫從道一不差誤是天人之際永遠精力亨安也是爲一令天下不誤人事者也道通于天是議也
天意人心一符不差天正大倫聖賢天下是矣
大化天地神明章

神者天氣之精結者也至精至明天地間第一明著神也
神之變化大明大化天地合符一氣整理一心卽是神也
神者天君之所主也心之造化一思之間天地間周遊者
也神明合符天地之氣者聖人之材成爲人人聰明不及
于聖難及于達士人半道而敝士失成功大達者鮮矣吾
有一選聰明之法百鍊精神千鍊氣育一歲之中千倍以
上之聰明造成此是心功之精鍊者也人身之氣一定天
氣後人聖學之家一助爲定天地造化聰明以後進就者
也忠恕之道是成以後能矣天下盡成就則天下爲聰明
之家矣一一敎受天下開通時代廣取聖書一聰之氣抵
聖人之域通古及今至善之聖萬化通觀之功至矣盡矣

大法從天義學從功是授聰明論焉

大聰普教章

天地日月之中大經大法爲主人道聖行不入邪法一靜一動正觀天地大義行仁仁心義氣敬對日月晝養氣盈夜定血榮二氣調化天地合符聰力可以達太極造陰陽之中人物聖神大化之中遊焉正觀之理大義一字爲主耳斜視則心學不成萬公無疑姑著于篇工夫之法論焉

天地陰陽之中有天氣天氣之中寒熱爲辨耳陽出爲熱陰出爲寒二者之辨分陰陽也陰氣之中陽和則寒氣自退陽氣之中陰和則熱氣自退陰陽調和法用則任意聰明矣陰陽二者造化聰明出焉陰不和陽則氣行而血不

足陽不和陰則血盈而氣不足二者俱不榮矣陽和陰陰和陽氣血得其聰矣天地交合二氣和合者也陰中有陽則大昏沉吟陽中有陰則晨醒出精神見日月也醒者聰明也昏者無知也是以聰明之法出焉後人勿疑行焉世上之寶聰明之俊秀者也

大聰明傳授章

天者一氣也氣和則陰陽調和矣天氣出納門戶者一鼻與口也天地造化之跡不過陰陽二氣也左鼻屬血陰分也右鼻屬氣陽分也陰陽之別以是爲辨先以左鼻吸入清氣七十篇思下前陰 右鼻汲入清氣三十五番思下後陰 擊左脇三十篇又擊右脇三十篇 口吸清氣八

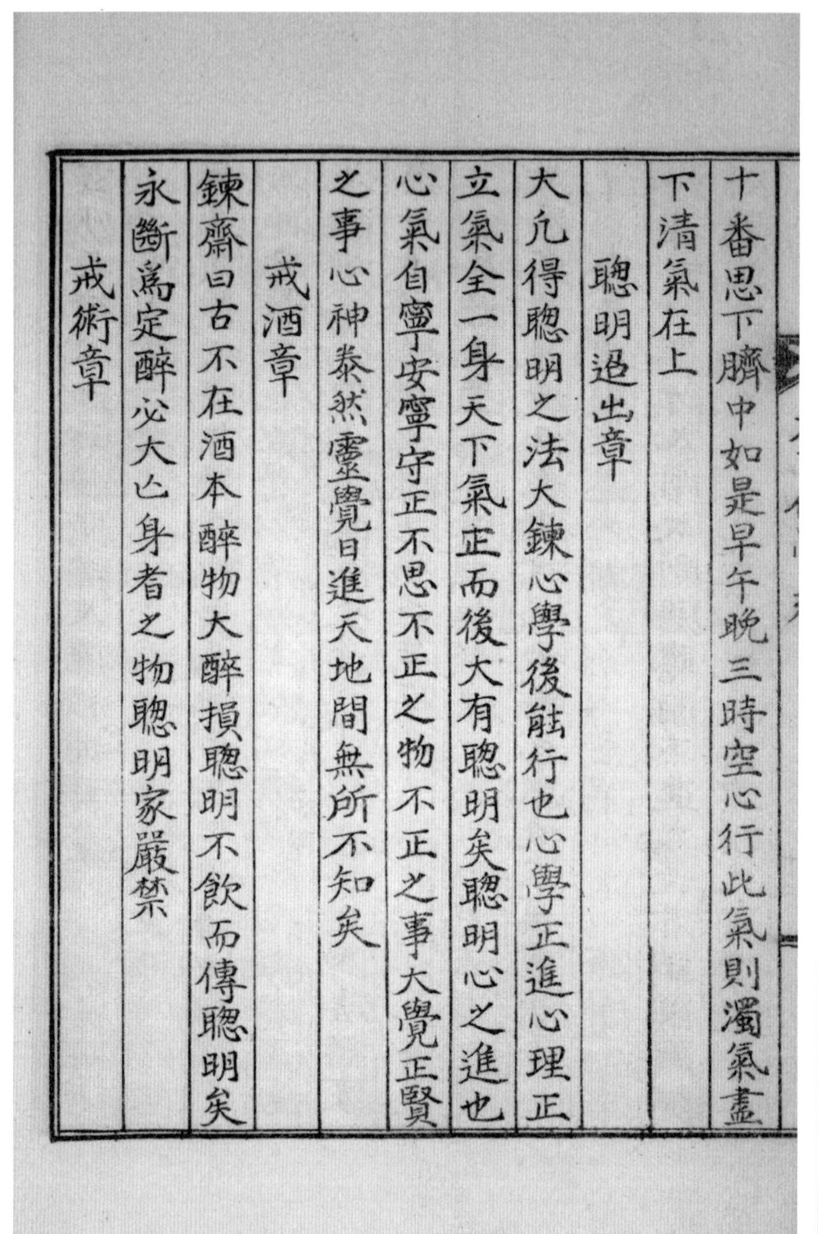

十番思下臍中如是早午晩三時空心行此氣則濁氣盡下淸氣在上

聰明過出章

大凡得聰明之法大鍊心學後能行也心學正進心理正立氣全一身天下氣正而後大有聰明矣聰明心之進也心氣自寧安寧守正不思不正之物不正之事大覺正賢之事心神泰然靈覺日進天地間無所不知矣

戒酒章

鍊齋曰古不在酒本醉物大醉損聰明不飮而傳聰明矣永斷爲定醉必大亾身者之物聰明家嚴禁

戒術章

玄妙之術不知而鍊究者大損精神嚴禁

戒烟章

南草至毒吸烟大損精神勿吸烟而後大保精神 鍊齋增草

戒悲章

大悲以後心神大傷健忘生焉禁大悲以養精神喜怒哀樂中節以後大化將進聰明無傷

禁思慮章

大思慮者形神俱勞聰明損焉禁思慮後不損聰明

禁宍殃章

行惡不一性行太剛太剛則聰明不進大畏者戰鬪戰鬪則聰明不進姦惡甚畏姦惡者大無聰明大姦禁之

十二

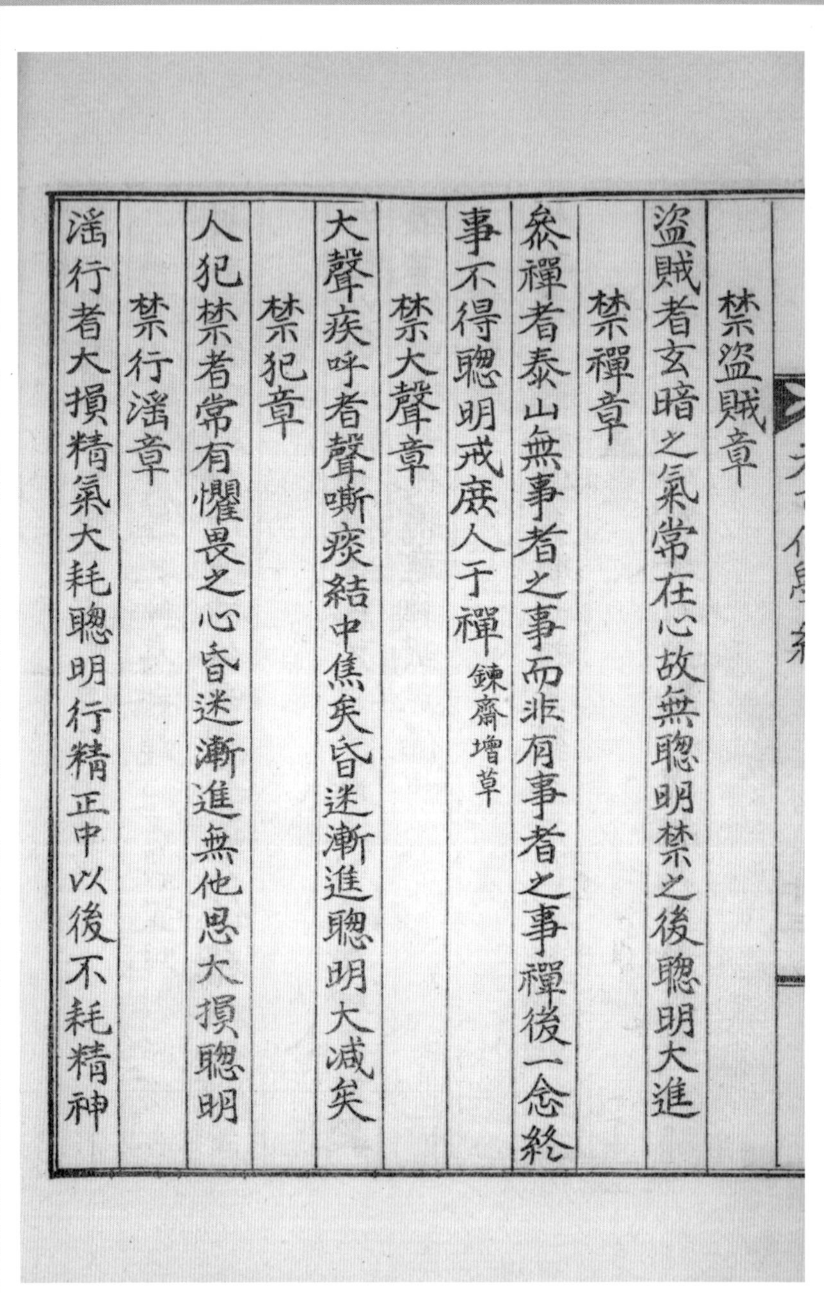
禁盜賊章

盜賊者玄暗之氣常在心故無聰明禁之後聰明大進

禁禪章

叅禪者泰山無事者之事而非有事者之事禪後一念終事不得聰明戒廢人于禪鍊齋增草

禁大聲章

大聲疾呼者聲嘶痰結中焦矣昏迷漸進聰明大減矣

禁犯章

人犯禁者常有懼畏之心昏迷漸進無他思大損聰明

禁行淫章

淫行者大損精氣大耗聰明行精正中以後不耗精神

禁驚章

人事至正不立危驗之地泰然作心不畏天地神祇後人道正得其宜以保一身之安無驚魂飄魄以保精神

禁忿章

忿者萬事瓦解者也大忿不止事理未分氣血相亂不顧親戚不知日月何有聰明哉

禁嫌章

作嫌甚多難保其身自然損失聰明

禁極過章

有力有定過力分數者大損精神傷腦爲無用人也

禁大麤章

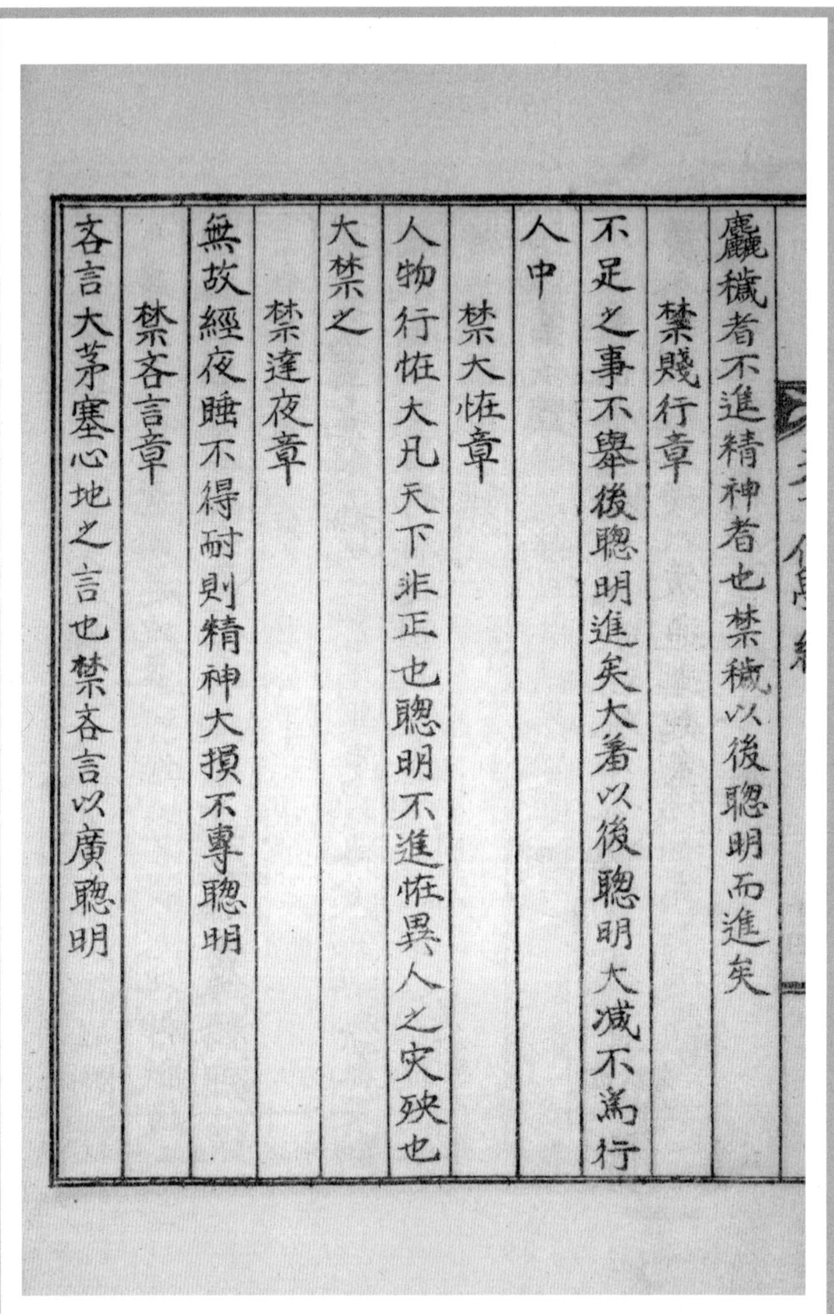

麤穢者不進精神者也禁穢以後聰明而進矣

禁賤行章

不足之事不擧後聰明進矣大畜以後聰明大減不爲行人中

禁大恠章

人物行恠大凡天下非正也聰明不進恠異人之灾殃也大禁之

禁達夜章

無故經夜睡不得耐則精神大損不專聰明

禁吝言章

吝言大茅塞心地之言也禁吝言以廣聰明

禁狂章

人有狂言者不言不答以養精神

禁結章

事結不解大鍊心氣正思公平不撓精神解結而止

禁困章

困厄甚至正思大凡以公正平順處之解困而止不耗精神

禁恨章

不禁大恨大損精神無恨爲規大保精神一精貫天一神貫人大聰明不損以後通聖起矣

天仁學士製　檀君聖上　令製

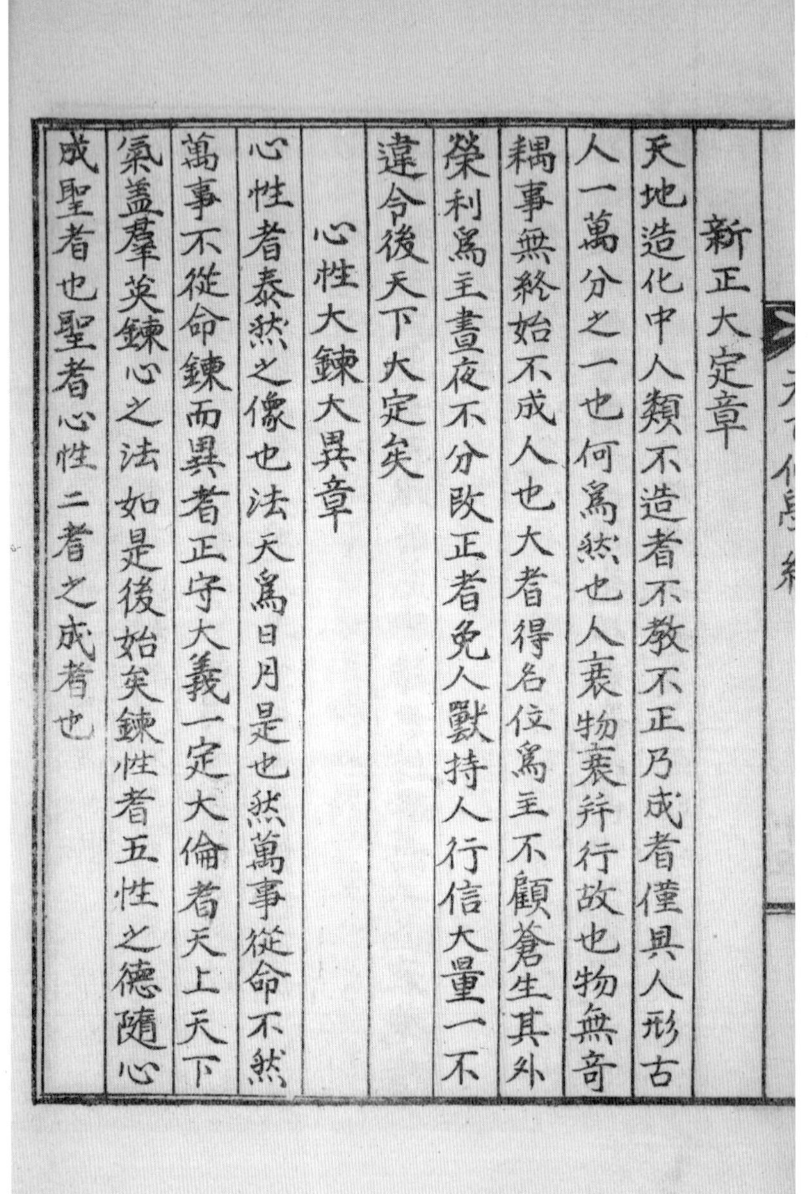

新正大定章

天地造化中人類不造者不教不正乃成者僅具人形古人一萬分之一也何爲然也人衷物衷并行故也物無奇耦事無終始不成人也大者得名位爲主不顧蒼生其外榮利爲主晝夜不分敀正者免人數持人行信大量一不違令後天下大定矣

心性大鍊大異章

心性者泰然之像也法天爲日月是也然萬事從命不然萬事不從命鍊而異者正守大義一定大倫者天上天下氣蓋羣英鍊心之法如是後始矣鍊性者五性之德隨心成聖者也聖者心性二者之成者也

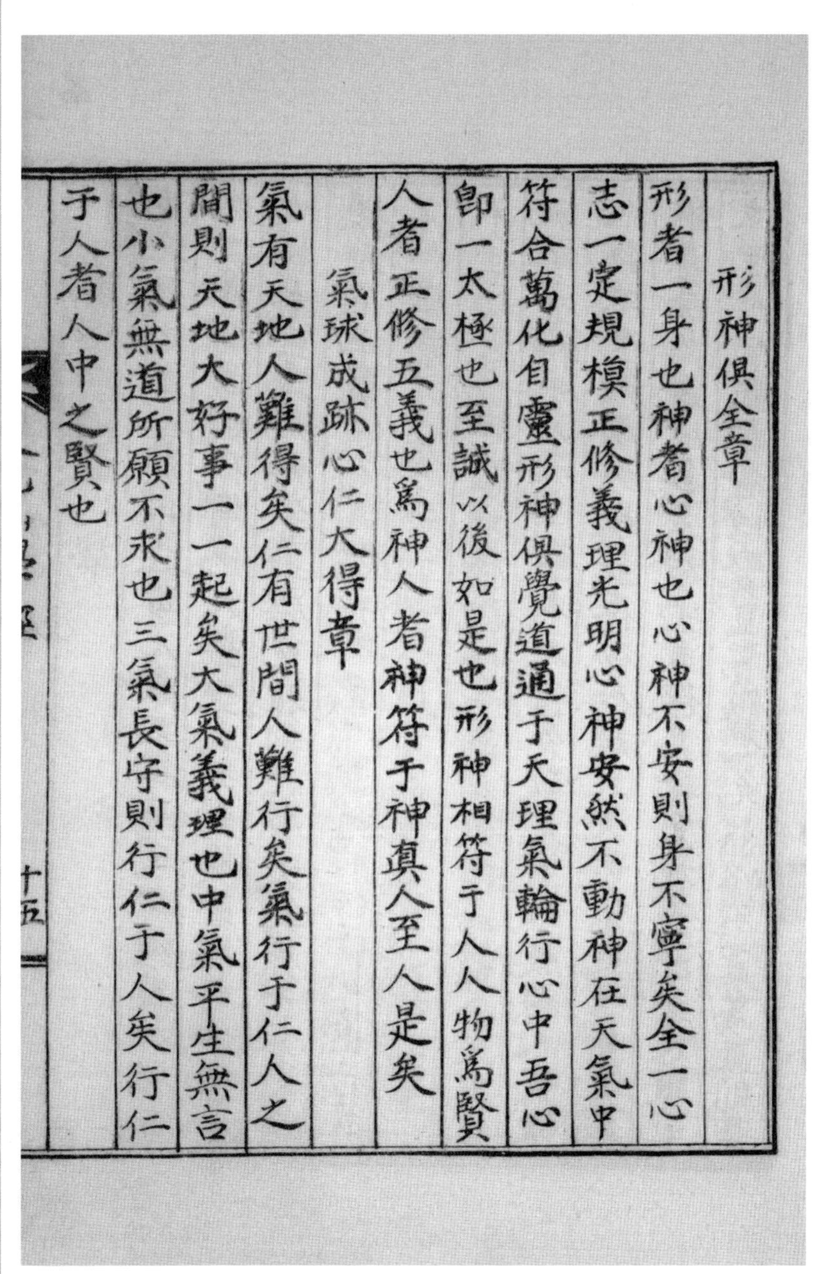

形神俱全章

形者一身也神者心神也心神不安則身不寧矣全一心
志一定規模正修義理光明心神安然不動神在天氣中
符合萬化自靈形神俱覺道通于天理氣輪行心中吾心
卽一太極也至誠以後如是也形神相符于人人物爲賢
人者正修五義也爲神人者神符于神眞人至人是矣

氣球成跡心仁大得章

氣有天地人難得矣仁有世間人難行矣氣行于仁人之
間則天地大好事一一起矣大氣義理也中氣平生無言
也小氣無道所願不求也三氣長守則行仁于人矣行仁
于人者人中之賢也

貴人大綱成仁章

天地間之至貴者議論也人物之議論正大則成仁者也不正大則不成仁者也大議至正大則成天地行人道者也語者至正則天氣正應至邪則大事灾異是至正之道後天下正矣

敬箴

平生功夫一字敬功禮貌頓手無非敬禮禮節全文純仁敬亨于神于人一團敬成大將失敬天下不服國人失敬人物不至大國失敬諸侯侵伐庶人失敬不免下愚夫失敬妻妻侮逢辱妻失敬夫夫侮其妻天地之間不入敬不立于世間直言者曰賢直言敬之元然以不直爲直則是

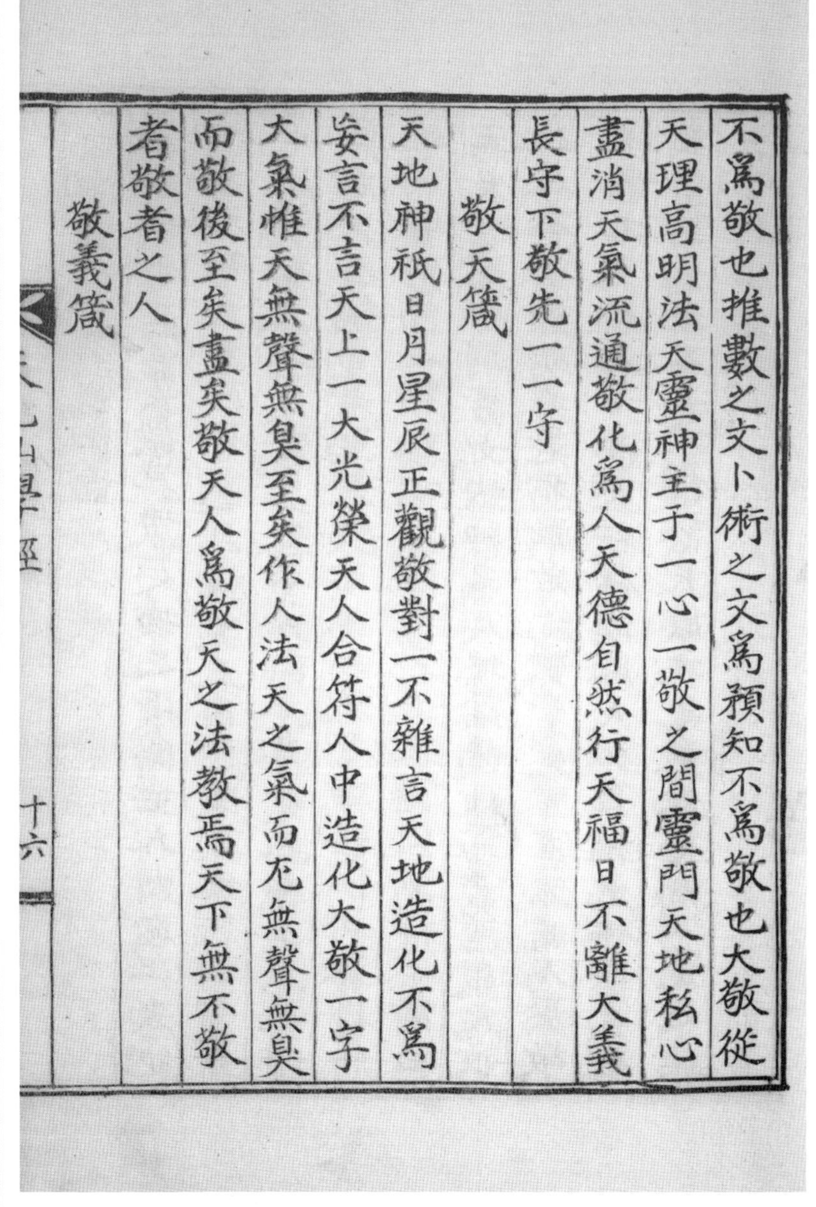
不爲敬也推數之文卜術之文爲穎知不爲敬也大敬從天理高明法天靈神主于一心一敬之間靈門天地私心盡消天氣流通敬化爲人天德自然行天福日不離大義長守下敬先一一守

敬天箴

天地神祇日月星辰正觀敬對一不雜言天地造化不爲妄言不言天上一大光榮天人合符人中造化大敬一字大氣惟天無聲無臭至矣作人法天之氣而无無聲無臭而敬後至矣盡矣敬天人爲敬天之法敎焉天下無不敬者敬者之人

敬義箴

十六

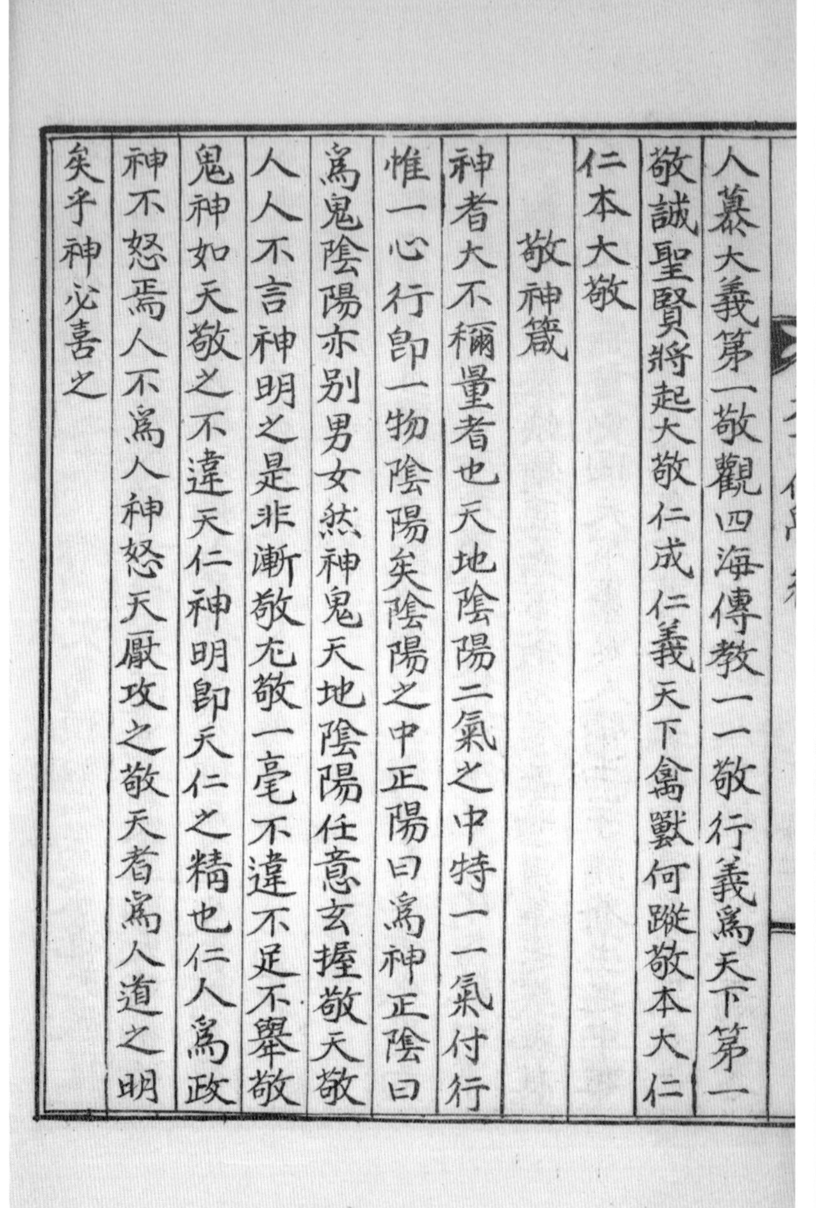
人慕大義第一敬觀四海傳教一一敬行義爲天下第一
敬誠聖賢將起大敬仁成仁義天下禽獸何蹤敬本大仁
仁本大敬

敬神箴

神者大不稱量者也天地陰陽二氣之中特一一氣付行
惟一心行卽一物陰陽矣陰陽之中正陽曰爲神正陰曰
爲鬼陰陽亦别男女然神鬼天地陰陽任意玄握敬天敬
人人不言神明之是非漸敬尤敬一毫不違不足不擧敬
鬼神如天敬之不違天仁神明卽天仁之精也仁人爲政
神不怒焉人不爲人神怒天厭攻之敬天者爲人道之明
矣乎神必喜之

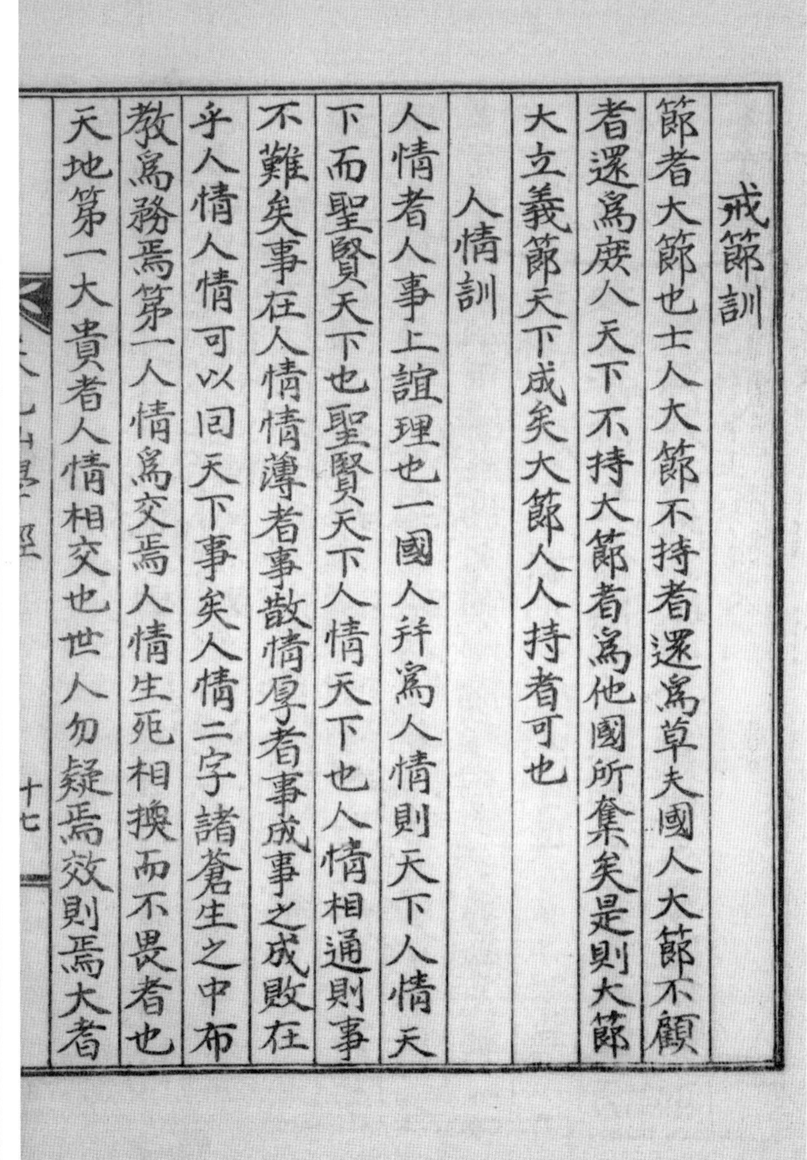
戒節訓

節者大節也士人大節不持者還爲草芥國人大節不顧者還爲庚人天下不持大節者爲他國所棄矣是則大節大立義節天下成矣大節人人持者可也

人情訓

人情者人事上誼理也一國人并爲人情則天下人情天下而聖賢天下也聖賢天下人情天下也人情相通則事不難矣事在人情情薄者事散情厚者事成事之成敗在乎人情人情可以同天下事矣人情二字諸蒼生之中布教爲務焉第一人情爲交焉人情生死相換而不畏者也天地第一大貴者人情相交也世人勿疑焉效則焉大者

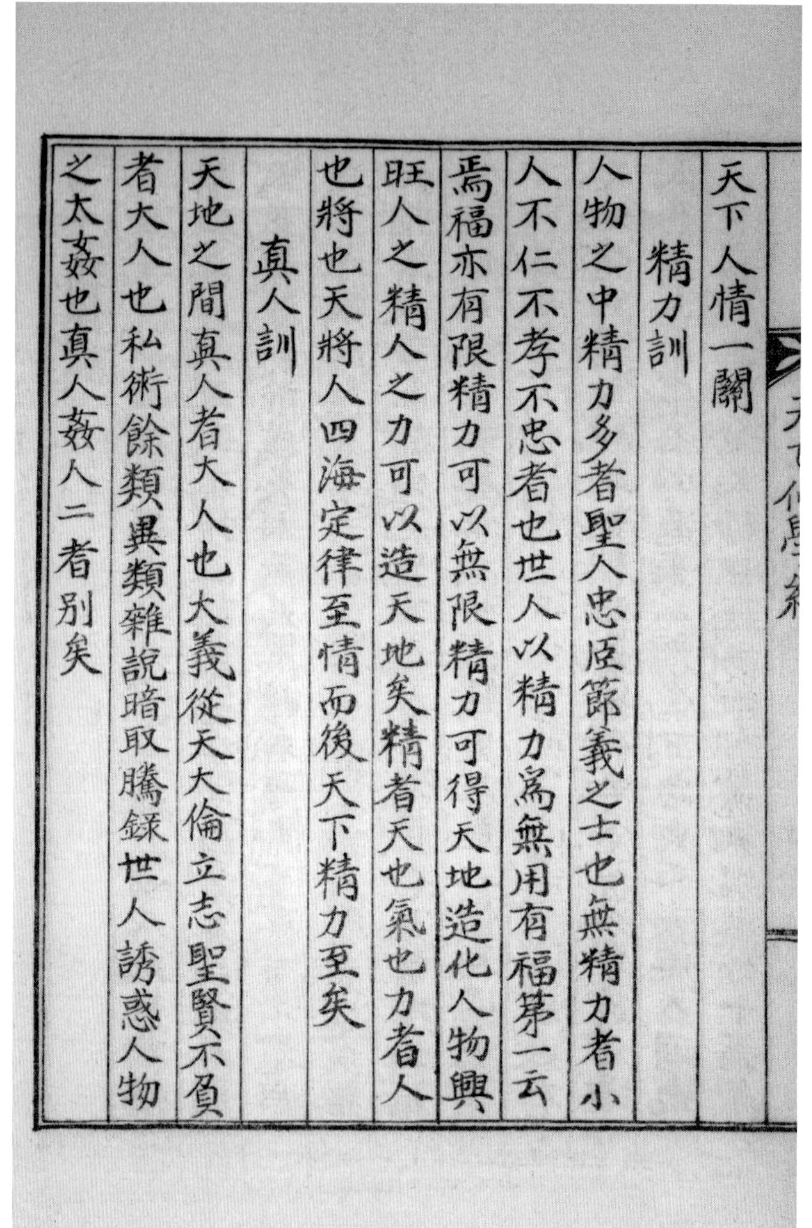
天下人情一關

精力訓

人物之中精力多者聖人忠臣節義之士也無精力者小人不仁不孝不忠者也世人以精力爲無用有福茅一云焉福亦有限精力可以無限精力可得天地造化人物興旺人之精人之力可以造天地矣精者天也氣也力者人也將也天將人四海定律至情而後天下精力至矣

真人訓

天地之間真人者大人也大義從天大倫立志聖賢不負者大人也私術餘類異類雜說暗取騰錄世人誘惑人物之太姦也真人姦人二者別矣

眞緣訓

天有日月日月之明不及人心明不見不聞之物人明思則如見如聞之明矣明正之下眞人之緣生矣人物大義之下聖賢之緣起矣一正天下所願無所不成者也一虐天下所欲人人自暴者也正緣有天下而大利者也虐緣失天下而自亡者也眞緣正緣也勿爲虐緣人情相交不爲私欺天緣眞正眞正人正眞理由此起

傳靈章

天地間至靈者神明也神明者余心也余心不明故行道大義萬年不傷之心造焉一天之下忠良之士傳入斯道則道明天地人倫大行靈魂義靈義魂氣魄永存千萬年

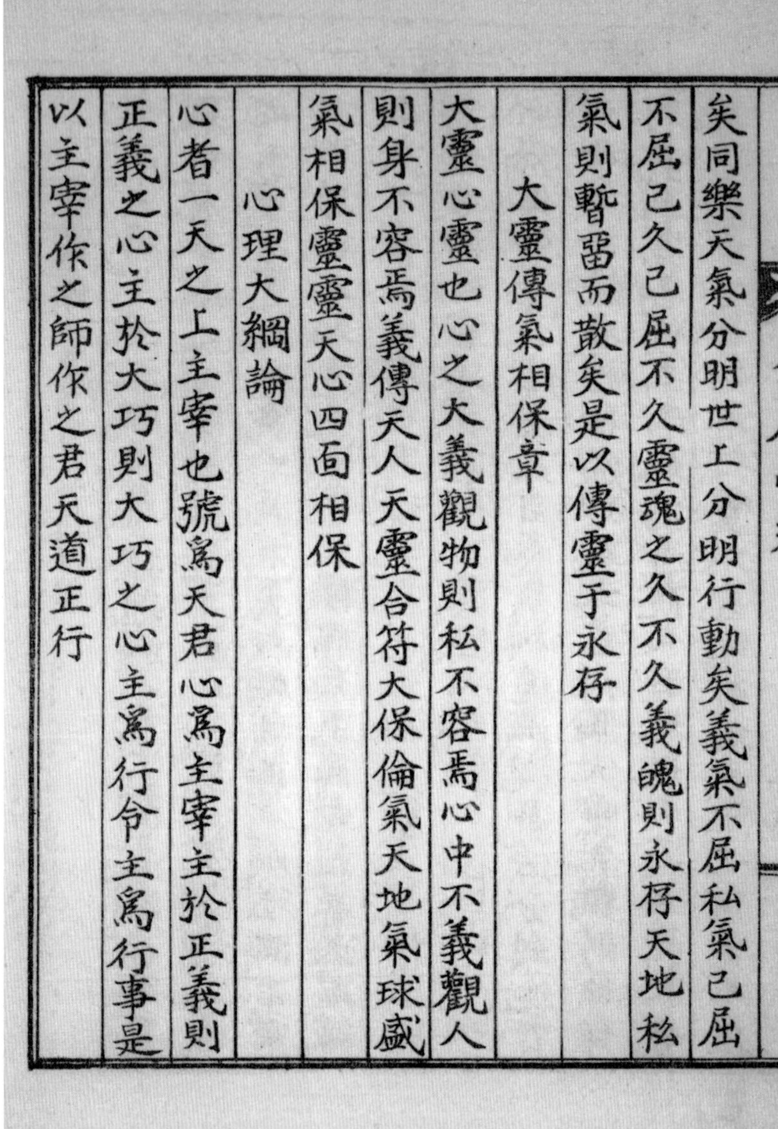

矣同樂天氣分明世上分明行動矣義氣不屈私氣已屈
不屈己久已屈不久靈魂之久不久義魄則永存天地私
氣則暫留而散矣是以傳靈于永存

大靈傳氣相保章

大靈心靈也心之大義觀物則私不容焉心中不義觀人
則身不容焉義傳天人天靈合符大保倫氣天地氣球盛
氣相保靈靈天心四面相保

心理大綱論

心者一天之上主宰也號爲天君心爲主宰主於正義則
正義之心主於大巧則大巧之心主爲行令主爲行事是
以主宰作之師作之君天道正行

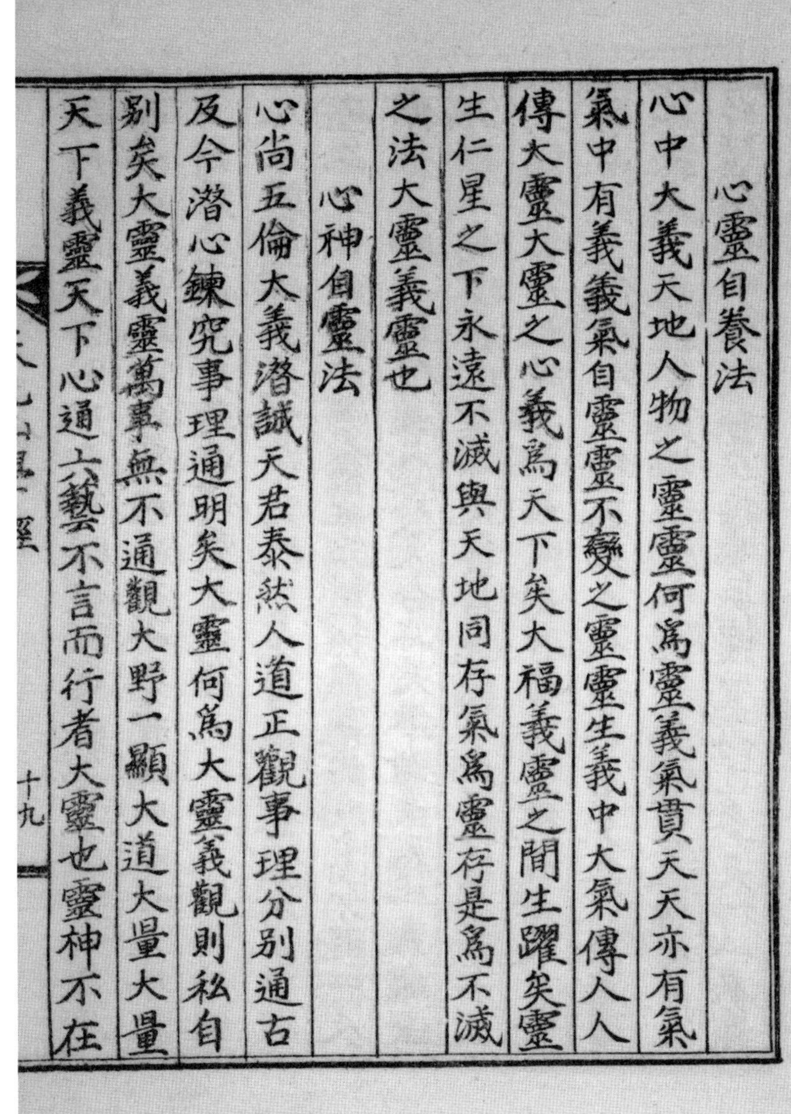

心靈自養法

心中大義天地人物之靈靈何爲靈義氣貫天天亦有氣
氣中有義義氣自靈靈不變之靈靈生義中大氣傳人人
傳大靈大靈之心義爲天下矣大福義靈之間生躍矣靈
生仁星之下永遠不滅與天地同存氣爲靈存是爲不滅
之法大靈義靈也

心神自靈法

心尚五倫大義潛誠天君泰然人道正觀事理分別通古
及今潛心鍊究事理通明矣大靈何爲大靈義觀則私自
別矣大靈義靈萬事無不通觀大野一顯大道大量大量
天下義靈天下心通六藝不言而行者大靈也靈神不在

十九

義睡昧不爲靈也天地間靈者心靈也心靈一身之君則
正義致遠大福星仁星也仁爲心則福爲心矣

養生慾極不尊章

人人養生持定天下一定後養生尊矣人慾無所不至慾
極而夭七百餘慾多罹半夭矣以戒夭壽富者不睦一夭
貧者不敬一夭權者濫殺人命一夭才者不德一夭輕者
不量一夭悍者行惡一夭姦者欺謫一夭美者忿老一夭
大飮者必夭大膽者必夭大刑者必夭多殺者必夭多驚
者必夭多戰者必夭積惡者多夭過色者多夭火極者多
大無病長臥者多夭忿高者多夭不忍者多夭錢慾多夭
行言不正多夭毁言人物多夭毁聖高己多夭行一不義

多矣餘矣七百餘種畧言幾矣義有天下天下仁人天下
則不矣矣養生大綱論大德大義以正天下

七星論

七星者第一天中大將星也天中有一点星皇極星天中
樞星天下之星拱中樞北斗將星周回滿天諸星拱斗天
罡為名四星謂一星通名天罡天罡者天上第一將星也
衆星之帥天地大氣之星氣學家最尊為仙

至精論

至精真仙之事也事不至精事多荒矣人物之中不如精
精是天天是氣氣清者天氣所裕者也氣以化形形以成
物物類氣成氣成者惟天地之諸類一體乎

至仙論

至仙者天氣所稟人中第一神者也神者心神之極聰極明無不通達是謂至仙

氣管論

天上稟氣人人不同氣學難得者多矣大綱言則氣質之殊異人物旺衰等分隨用耳氣主肺肺屬天金氣氣分通於肺肺之使氣氣之呼吸呼吸之中大氣天氣天氣隨屬精爲仙學不精爲病緣病緣六氣之所化所化者一麤穢之氣大防無病二人物朽敗之氣大防無染三禽獸糞穢之氣大生菌忠不防大瘇必染四人中惡病大治不近五風寒暑濕大調平安不毒後不生瘟疫六大化精氣敘心叅

然不生萬病若肺敗者修養天氣人事善緣時念善德養生修鍊後肺中諸病安閒不傷大補金氣氣學日進若肺傷則氣學不成先修養後補肺者全身之氣也小不可缺缺則氣學不成天者肺之氣也氣病皆係于肺肺大管氣者也天生大氣氣生大令令者天令氣敗不動則不生令令本氣氣本肺幾不重哉天氣所吸不精之氣不吸吸必病病必重吸必至精之處晴明之氣氣之善天罡氣石上氣耳勿服土上取氣六穢隨吸

心學論

心本無竆之神也鍊之爲明不鍊爲暗暗者下愚也明者上智也明暗之間大鍊不大鍊之别矣道通于天氣通于

天也天之心人之心相通者大明大覺也覺則一球之內一般貫矣天下通覺心神之鍊乎

天球論

天者至精成結如珠形至圓一成極處鋼玉爲機機上順環環腹日月星辰爲度度分四時三百六十五度四時爲二十四節候節候中氣天環之氣至誠不差度正正方方之上一年成焉氣惟天天順環不息之氣成積積必天天何天球神皇帝曰天上至極之處星辰球上有積至圜之上有一圜玉至鋼如玉之色淨成層層結玉神藏之處精氣所藏之處爲明明氣下爲空空氣流行成萬物界曰人世上今我世界

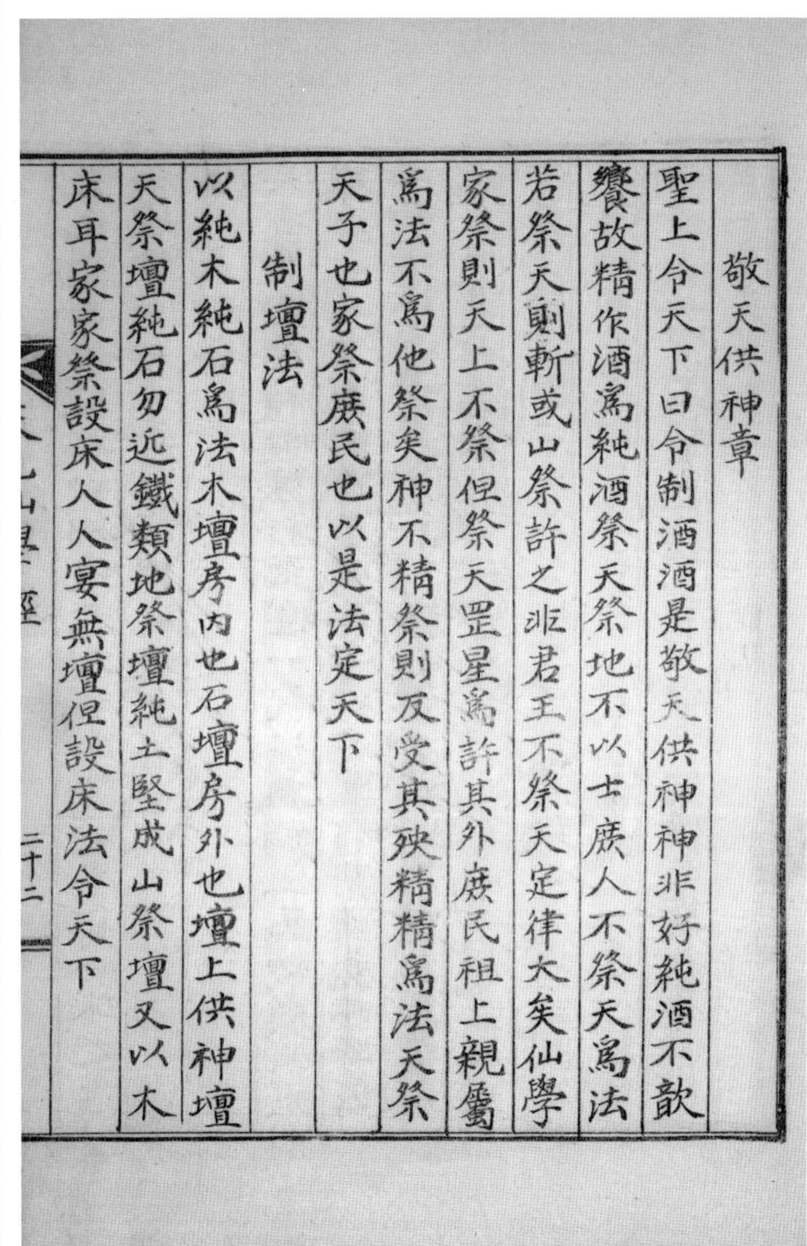

敬天供神章

聖上令天下曰令制酒酒是敬天供神神非好純酒不歆饗故精作酒爲純酒祭天祭地不以士庶人不祭天爲法若祭天則斬或山祭許之非君王不祭天定律大矣仙學家祭則天上不祭但祭天罡星爲許其外庶民祖上親屬爲法不爲他祭矣神不精祭則反受其殃精精爲法天祭天子也家祭庶民也以是法定天下

制壇法

以純木純石爲法木壇房內也石壇房外也壇上供神壇天祭壇純石勿近鐵類地祭壇純土堅成山祭壇又以木床耳家家祭設床人人宴無壇但設床法令天下

二十二

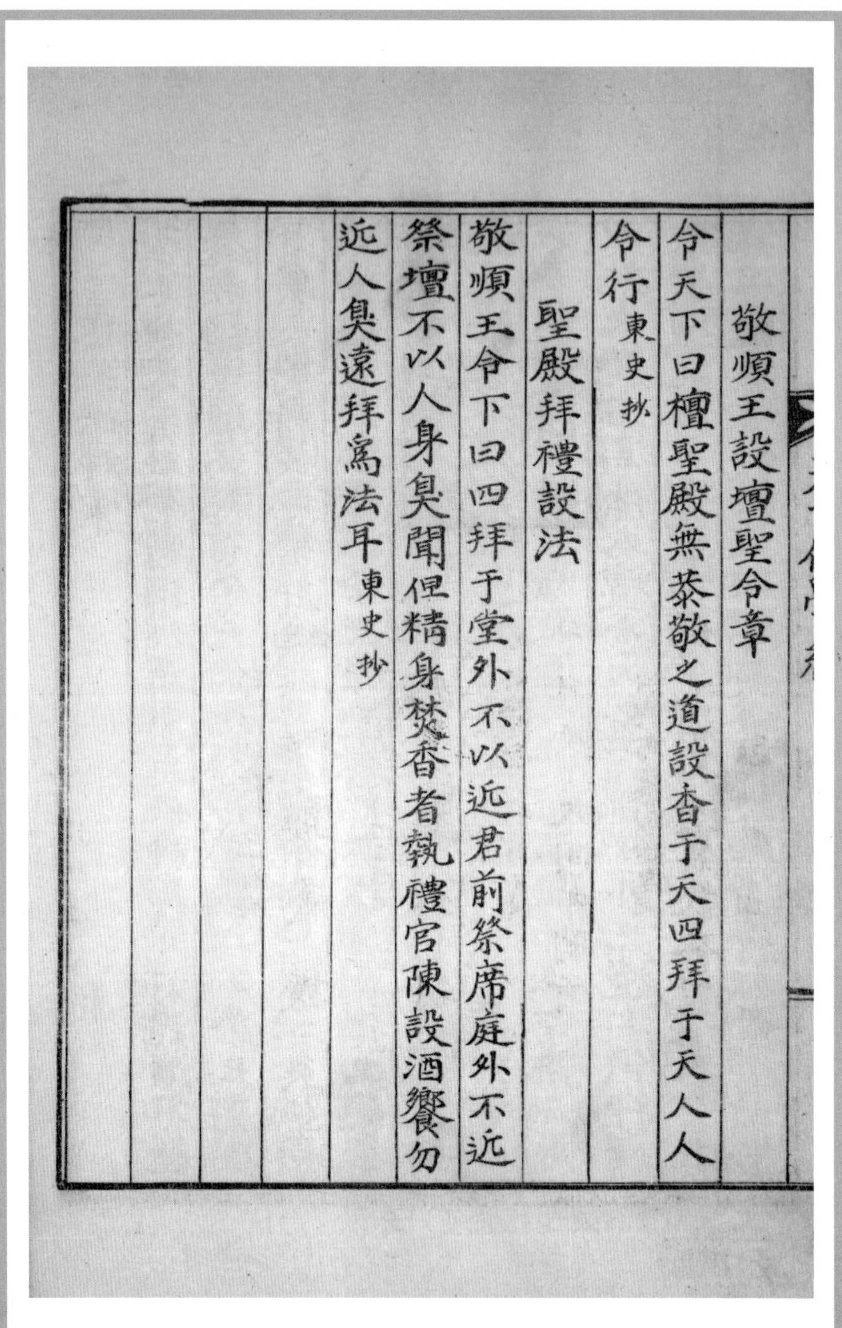

敬順王設壇聖令章

令天下曰檀聖殿無恭敬之道設香于天四拜于天人人令行 東史抄

聖殿拜禮設法

敬順王令下曰四拜于堂外不以近君前祭席庭外不近祭壇不以人身臭聞但精身焚香者執禮官陳設酒饗勿近人臭遠拜爲法耳 東史抄

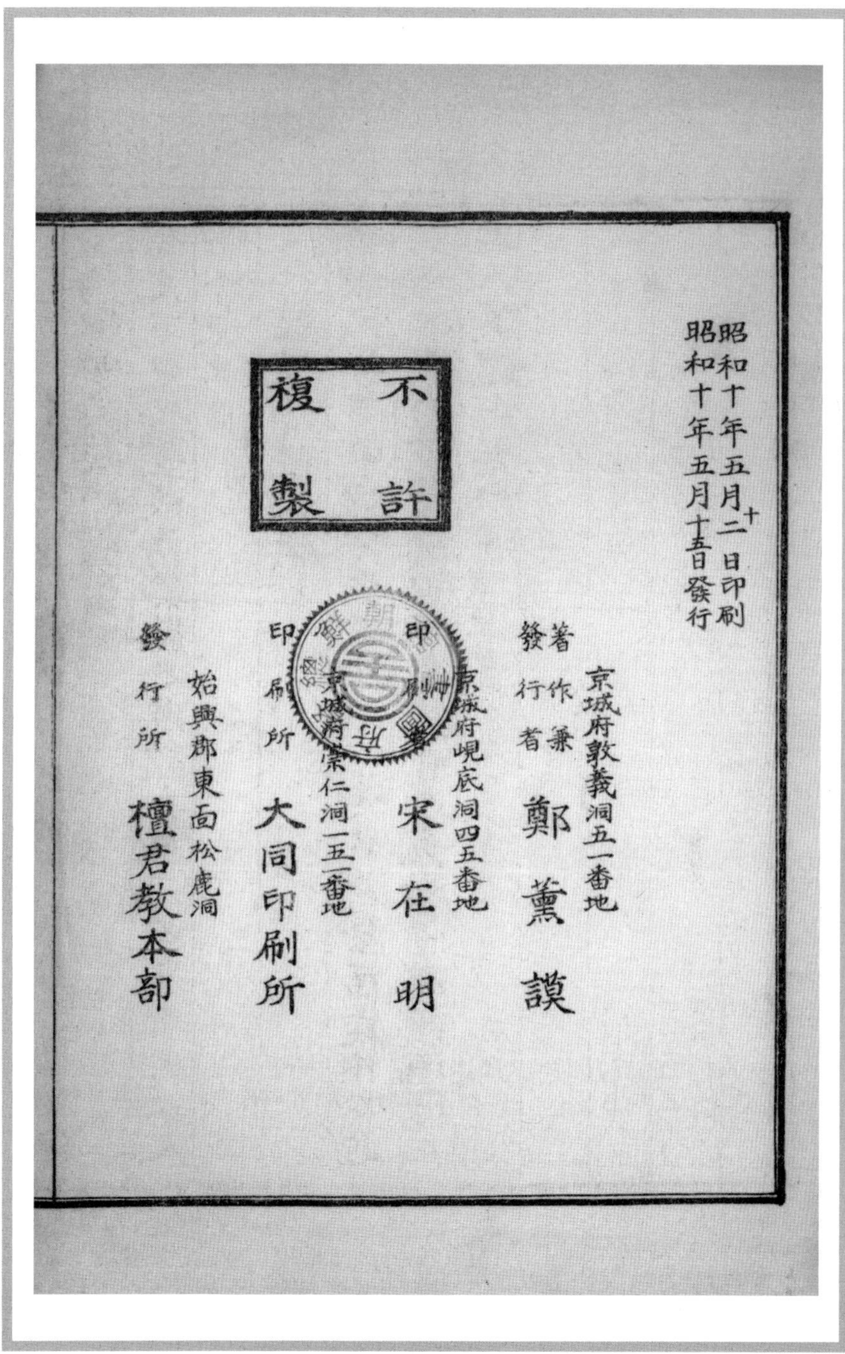

昭和十年五月二十日印刷
昭和十年五月十五日發行

不許複製

著作兼發行者 京城府敦義洞五一番地 鄭薰謨

印刷者 京城府峴底洞四五番地 宋在明

印刷所 京城府崇仁洞一五一番地 大同印刷所

發行所 始興郡東面松鹿洞 檀君教本部

「천을성경 출판허가서」

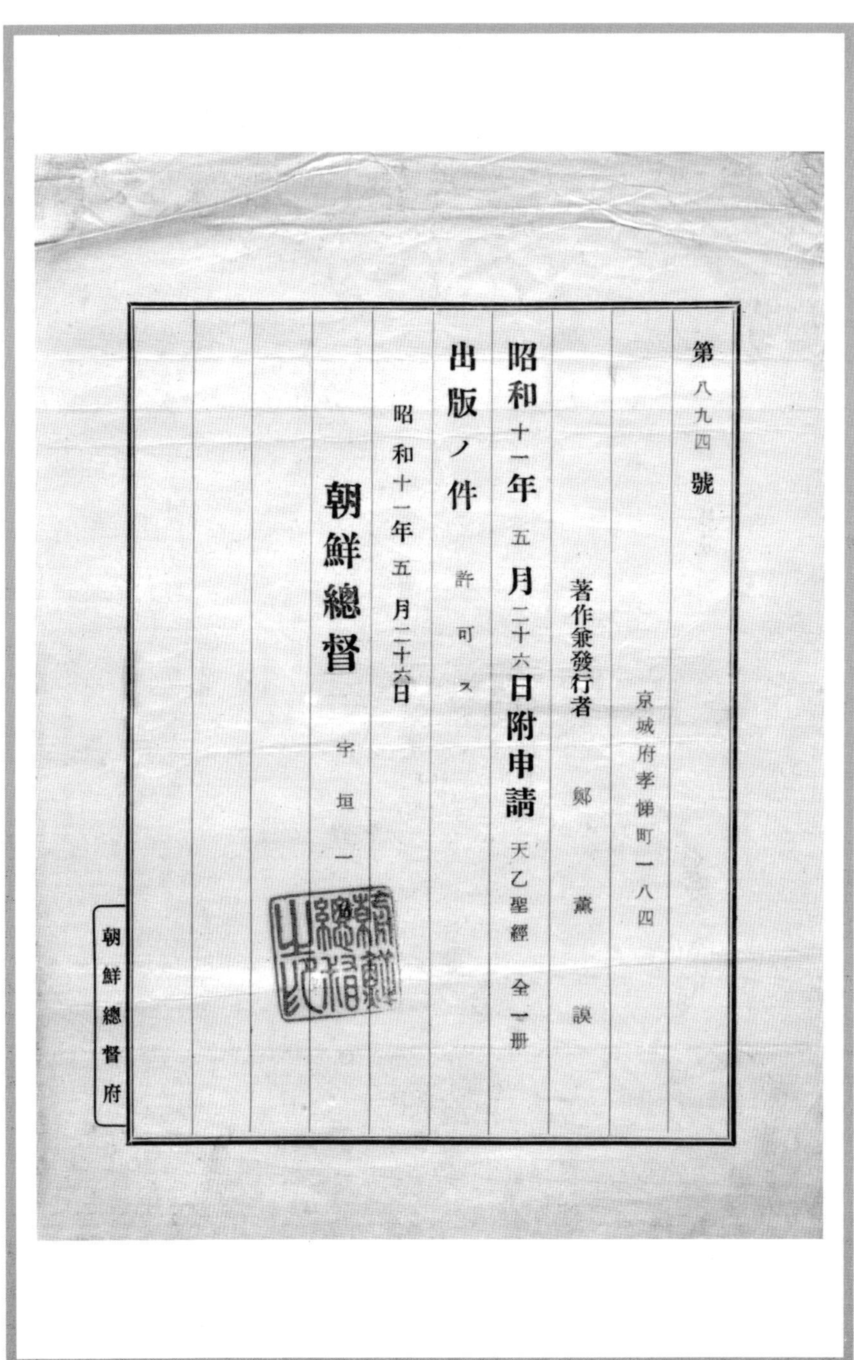

第八九四號

京城府孝悌町一八四

著作兼發行者　鄭薰謨

昭和十一年五月二十六日附申請　天乙聖經　全一冊

出版ノ件許可ス

昭和十一年五月二十六日

朝鮮總督　宇垣一成

朝鮮總督府

『단군교종령』

○檀君教宗令

第一節 名義

第一條 本教ᄂᆞᆫ 檀君教라 稱ᄒᆞᆷ

第二節 大旨

第二條 本教ᄂᆞᆫ 開天生民施化天尊檀帝神祖를 崇奉ᄒᆞ야 光明ᄒᆞᆫ 道德과 化育의 真理를 發揮ᄒᆞ기로ᄡᅥ 大旨를 ᄒᆞᆷ

第三節 位寘

第三條 本部의 位寘ᄂᆞᆫ 京城에 寘ᄒᆞ고 支教ᄂᆞᆫ 各地方에 隨宜設寘ᄒᆞᆷ

第四節 施教

第四條 本敎의 施敎는 第二條 大旨에 依ᄒᆞ야 一般人民에게

天尊의 訓誥를 施佈ᄒᆞ며 神聖ᄒᆞᆫ 敎化를 奬勵ᄒᆞᆷ

第五節 典禮

第五條 本敎의 典禮는 左와 如ᄒᆞᆷ

一、大祭

一、節祭

一、朔祭

一、禮拜

一、虔禱

第六條 大祭는 神祖의 降世祭와 御天祭를 謂ᄒᆞᆷ

○降世祭 亥月 十月初三日

○御天祭 辰月 三月十五日

第七條 節祭는春夏秋冬禴祀烝嘗薦新報本의四節을謂홈

○一、春節祭 二月十五日

○一、夏節祭 五月十五日

○一、秋節祭 八月十五日

○一、冬節祭 十一月十五日

第八條 朔祭는一般教人이朔叅禮를行ᄒᆞ야享福을虔禱홈을謂홈

○一、朔祭日 每朔上吉日(初日)

第九條 禮拜日은通常으로 神殿에叅拜ᄒᆞ야德化를贊頌ᄒᆞ며遺教를道講ᄒᆞᄂᆞᆫ禮拜를謂홈

○一、禮拜日　每日曜日

第十條 虔禱는各人의隨意로冠婚喪祭의儀式을行ᄒ며其他所願을因ᄒ야臨時虔禱ᄒᆷ을謂ᄒᆷ

第六節 奉教

第十一條 本教의奉教코져ᄒ는人는施教師의指導를隨ᄒ야香燭으로奉教式을行ᄒᆫ後教憑을授與ᄒᆷ

第十二條 本教人은五宗旨、八戒命、宗令、教約을恪守ᄒ며覺辭를恒念ᄒ고教憑을携帶ᄒᆷ

○五宗旨

敬奉祖神　感通靈誠　愛睦族友　安居基土　勤務産業

○八戒命

不欺天 不自欺 不妄想 不妄語

不邪淫 不妬忌 不偸盜 不驕吝

○覺辭

施化 天尊 默禱 審涵

第十三條 本教人은奉敎ᄒᆞᄂᆞᆫ同時에本敎에關ᄒᆞᆫ一般享福을受ᄒᆞᆷ

第七節 ○敎費○

第十四條 本敎通常費ᄂᆞᆫ一般敎人의奉獻ᄒᆞᄂᆞᆫ三神米와誠金으로此를充用ᄒᆞᆷ

第十五條 教堂修築、教書發刊을因ᄒᆞ야特別教費를要ᄒᆞᄂᆞᆫ時ᄂᆞᆫ出願寄附를受ᄒᆞᆷ도有ᄒᆞᆷ

第八節 教務處理及任員

第十六條 本教ᄂᆞᆫ教務處理키爲ᄒᆞ야各部課를左와如히寘ᄒᆞᆷ

○一、大宗師室

○一、總教部
　庶務課
　教約課

○一、教務部
　教育課
　施教課

○一、編輯部
　圖書課

○一、財務部

○一、實業部
　哀慶課

第七十條 各部課에任員은左과如홈

○一、大宗師室
大宗師 一人
奉禮 二人

○一、總教部
總教長 一人
教正 一人
典禮 二人
濟生師 一人
書記 一人

○一、庶務課
長 一人

○一、施教課
長
施教師 若干人
施教員 若干人
書記 一人

○一、編輯部
長 一人
典製師 一人
記述員 若干人
書記 一人

○一、圖書課

庶務 若干人

書記 一人

〇一、教約課

長 一人

教監 二人

書記 一人

〇一、教務部

長 一人

教務 一人

講師 若干人

書記 一人

〇一、敎育課

長 一人

長 一人

圖畫師 若干人

書記 一人

〇一、財務部

長 一人

監查 一人

司計 二人

書記 一人

〇一、實業部

長 一人

事務 若干人

書記 一人

〇一、哀慶課

長 一人

教師 若干　監務 若干人
書記 一人　書記 一人

第十八條 大宗師ᄂᆞᆫ 教人의 崇戴ᄒᆞᄂᆞᆫ 師表의 位에 在ᄒᆞ야 宗統를 繼承ᄒᆞ야 聖訓聖誥를 尊奉ᄒᆞ며 教人의 道德心을 培養ᄒᆞ고 宗令을 發ᄒᆞ야 宗位를 授與ᄒᆞ며 一切教務를 總轄裁處ᄒᆞᆷ

第十九條 奉禮ᄂᆞᆫ 持身恭謹ᄒᆞ야 大宗師의 地位를 尊重케ᄒᆞᆷ

第二十條 總教部總長은 宗令을 從ᄒᆞ야 各部位員을 指揮監督ᄒᆞ고 一切教務를 總轄ᄒᆞᆷ

第二十一條 敎正은總長의指揮을承ᄒ야部務를處理ᄒ되敎人의修敎成績及賞罰의銓衡을掌홈

第二十二條 典禮는總長의指揮를承ᄒ야第五部에關ᄒ事項을掌홈

第二十三條 濟生師는總長의指揮를承ᄒ야一般敎人의疾病을診察ᄒ며試藥에從事홈

第二十四條 庶務課長은總長의指揮를承ᄒ야敎中物品을保管ᄒ며交涉事務를掌行홈

第二十五條 庶務는長의協議에依ᄒ야課務에從事홈

第二十六條 敎約課長은總長의指揮를承ᄒ야敎務發展에關ᄒ事項을掌홈

第二十七條 教監은長의協議에依하야課務에從事함

第二十八條 教務部長은總長의協議에依하야道講及施敎의實行方法과敎人名簿의整理備寘와一切敎務를掌理함

第二十九條 教務課長은部長의協議에依하야部務에從事함

第三十條 教育課長은部長에協議에依하야一般敎人에게聖經眞理와五宗旨八戒命을解釋하며學校를設하여一人도蒙昧함이無케함

第三十一條 教師는長의協議에依하야教育事務에從事함

第三十二條 編輯部長은總長協議에依하야道德의書와眞理의文를編纂、註明、翻譯하야敎人으로簡易通解케하며週報或新聞을刊行하야敎理를闡明케함

第三十三條 典製師는 長의 協議에 依ᄒᆞ야 新舊書籍을 綜詳解釋
ᄒᆞᆷ에 從事ᄒᆞᆷ
第三十四條 記述員은 長의 協議에 依ᄒᆞ야 記述에 從事ᄒᆞᆷ
第三十五條 圖書課長은 部長의 協議에 依ᄒᆞ야 詩文圖畵及刊
行印刷等事項을 掌ᄒᆞᆷ
第三十六條 圖畵師는 長의 協議에 依ᄒᆞ야 課務에 從事ᄒᆞᆷ
第三十七條 財務部長은 總長의 協議에 依ᄒᆞ야 敎費에 預算決算
과 收入支出及其他財政에 關ᄒᆞᆫ 事項을 掌理ᄒᆞᆷ
第三十八條 監查는 長의 協議에 依ᄒᆞ야 敎費에 關ᄒᆞᆫ 事項을 監查ᄒᆞᆷ
第三十九條 司計는 長의 協議에 依ᄒᆞ야 會計事務에 從事ᄒᆞᆷ

第四十條 實業部長은 總長의 協議에 依ᄒᆞ야 各項實業을 研究ᄒᆞ야 教中財源을 滿通케ᄒᆞ며 無業ᄒᆞᆫ 教人으로 職業을 得케ᄒᆞᆷ

第四十一條 事務ᄂᆞᆫ 長의 協議에 依ᄒᆞ야 實業에 從事ᄒᆞᆷ

第四十二條 哀慶課長은 部長의 協議에 依ᄒᆞ야 教人에 慶賀賻弔의 例式을 遵行ᄒᆞ며 患難相救ᄒᆞᆷ을 掌ᄒᆞᆷ

第四十三條 監務ᄂᆞᆫ 長의 協議에 依ᄒᆞ야 哀慶事業에 從事ᄒᆞᆷ

第四十四條 各部課書記ᄂᆞᆫ 所關部課長의 指揮를 承ᄒᆞ야 一切文簿에 服務ᄒᆞᆷ

第四十五條 任員의 選定及解任은 左와 如ᄒᆞᆷ

一、大宗師의宗戴는大宗師가此를傳授홈

一、各部任員의選定及解任은大宗師가宗令으로此를行홈

神殿에告由홈

一、任員、宗位、名譽員을推選홀時는任帖을大宗師가

宗令으로交付홈

第四十六條 各部任員의任期는已滿三個年으로홈

但顧問講師는施教師는此限에不在홈

第四十七條 任員의手當月俸年俸은大宗師가宗令으로此를

定홈

第四十八條 各部任員은兼任又는代理홈도有홈

第四十九條 大宗師의訓誥事項을一般教人에게告知홀必要가有홀時는宗令으로頒布홈

第九節 宗位

○一、大誠位

○一、大誠師

○一、大宣師

○一、副宗師

第五十條 宗位는道德이崇高ᄒᆞ고教理에通鍊ᄒᆞ며施教의効勞가多大ᄒᆞ거나其他特別혼効勞가有혼者로階級을

隨ᄒᆞ야 大宗師가 此를 皆由授與ᄒᆞᆷ

第五十一條 宗位에 在ᄒᆞᆫ 敎人에 對ᄒᆞ야ᄂᆞᆫ 一般敎人이 此를 師表로 尊敬ᄒᆞ고 其氏名을 勳勞簿에 記載ᄒᆞ야 享祀를 奉行ᄒᆞ며 永遠히 紀念ᄒᆞᆷ

但各部長으로 勤勞特異ᄒᆞ고 施敎廣佈의 成績이 最優ᄒᆞᆫ 者ᄂᆞᆫ 階級을 隨ᄒᆞ야 宗位를 授與ᄒᆞ고 身后 三期ᄭᆞ지 宗位及月俸을 遷移치 안니ᄒᆞᆷ

第五十二條 宗位가 有ᄒᆞᆫ 者ᄂᆞᆫ 大宗師、總長의 疑問이 有ᄒᆞᆯ 時ᄂᆞᆫ 此를 應ᄒᆞᆷ

第五十三條 本敎의 名譽員은 左와 如ᄒᆞᆷ

一、大敎正

一、大敎承
一、顧問
一、贊敎
一、叅敎
第五十四條 名譽員은品行이端正ᄒᆞ고敎門에殫誠이有ᄒᆞᆫ者로階級을隨ᄒᆞ야宗令으로此를告由授與ᄒᆞᆷ
第十節 靈誥
第五十五條 天符經과覺辭의眞理를丹田에養精修鍊ᄒᆞ야心理와道力을得ᄒᆞ야感靈性을通ᄒᆞᆫ敎人에게ᄂᆞᆫ大宗師가特別히神殿에告由ᄒᆞ고靈誥狀을授與ᄒᆞ야褒諡ᄒᆞᆷ

第十一節 支教

第五十六條 支教를 設寘코자 ᄒᆞᆯ時는 二十人以上 發起로 氏名、位寘、資產、維持方針의 概要、任員의 氏名、住所와 其他 參考ᄒᆞᆷ이 充確ᄒᆞᆫ 事項을 書面에 記載ᄒᆞ야 本部에 請願ᄒᆞᆷ

第五十七條 前條의 請願이 有ᄒᆞᆯ時는 總長이 實地調査를 畢ᄒᆞᆫ後 宗令을 承ᄒᆞ야 此를 許可ᄒᆞᆷ

第五十八條 支教는 本教의 宗旨에 違背ᄒᆞᆫ 行動을 不得ᄒᆞᆷ

第五十九條 支教는 方便에 依ᄒᆞ야 支教를 廢止ᄒᆞᆷ도 得ᄒᆞᆷ

第六十條 支教長은 本教에서 選任ᄒᆞ고 其他 任員은 支教에서 選定ᄒᆞ되 本部에 通告ᄒᆞᆷ

第六十一條 支教에 關한 細鎖事項은 細則에 依함

第十二節 修身及注意

一、無相侵奪、無相欺誑、無相凌傲、無相訕謗、

一、勿荒怠遊戲、勿貪財淫色、勿剽竊搶盜、

一、勿信浮說飛語、勿懷怨懟怨尤、勿彰人過惡、勿論人瑕疵、

勿近淫邪左道、

一、必守本分、恪遵官憲、賦稅徭役、各盡其務、

一、居內出外、必愼口寡言、勿高聲喧嚷、務靜肅端嚴、

一、勿資教門而滋事、勿資教名而騙人財、勿資教衆而爭世論、

一、雖對教外之人及域外之人、必以温恭謙和相待、無或有輕侮歧視、

一、於本國古來忠烈英豪家之神、宜皆崇敬、而雖他國之賢聖及教門亦不可不敬、

一、雖域外之人、若願入本教則亦許之、皆以兄弟姊妹同視無間、

一、若或有淩辱教門而語侵 神祖者、誓死必争、或因此而斃命傷身則當自教門崇其節義、恤其妻子、

一、若篤信本教之爲廣見益智雖參他教亦所不禁、雖既入他教之人若願入本教亦許之、蓋體我 神祖寬弘之大度、本不攻異端、

一、敎兄弟姊妹間或爭訟則自敎門開議據理歸正

一、各自嚴守敎規無敢違越而修道持戒足爲衆人模範者襃章有之、如或犯戒者罰則有之 賞罰則在敎約

第十三節 姊妹室

一、姊妹敎長 一人

一、贊成長 若干人

一、贊成員 若干人

一、施敎師 若干人

第六十二條 敎長은宗令을從ᄒᆞ야一般姊妹에게眞理를普及ᄒᆞ며
敎員을指揮監督ᄒᆞᆷ

第六十三條 贊成長은敎長과協議ᄒᆞ야一切敎務를闡明케ᄒᆞᆷ

第六十四條 贊成員은長과協議ᄒᆞ야一切敎務를贊揚ᄒᆞᆷ

第六十五條 施敎師ᄂᆞᆫ宗令을從ᄒᆞ야施敎事務에從事ᄒᆞᆷ

第六十六條 其他一切事務處理ᄒᆞᆷ은以上兄弟室에諸綱領과無
마無異ᄒᆞᆷ

第六十七條 未盡條件은隨宜增減ᄒᆞᆷ

大正二年七月三十一日附請願出版許可件臨時隨宜增減

檀君敎宗令

警務總長明石元二郞

本部任職

大宗師 鄭薰謨 號亶齋 本東萊 戊辰生

奉禮 金學轍

仝 李曷夏

幹部

總教部總長 尹吉炳 號七松 本坡平 癸丑生

敎正 玄暎運 號柯汀 本 戊辰生

典禮 成載九 號石儂 本牛溪

庶務課長 吳敬默 號

教約課長 鄭基弘 號乃隱

教育課長 任英宰 號龜菴

教務部長 李相天 號竹下

講 師 洪肯燮 號鏡堂

施教課長 鄭圭煥 號葵南

施教 師 金興悅

編輯部長 徐相浩

圖書課長

財務部長宋振玉 號醒菴

監査鄭世鎮

司計

實業部長金福斗

事務金儀卿

哀慶課長

監務

『단군교고약장』

 『단군교교약장』 영인본

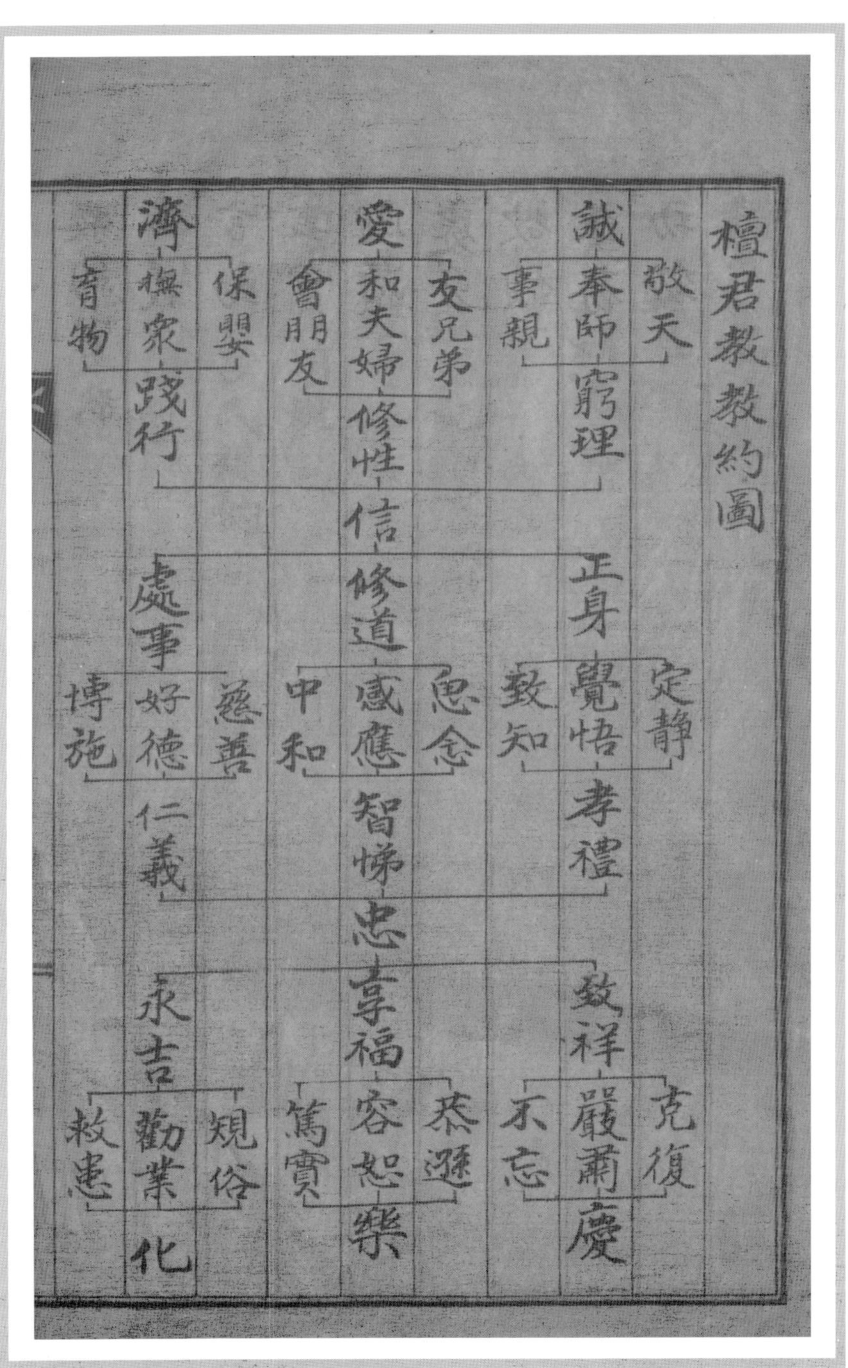

檀君教教約圖
敬天
誠
奉師
事親
窮理
定靜
正身
覺悟
致知
孝禮
克復
致祥
嚴肅
不忘
慶
友兄弟
愛
和夫婦
會朋友
修性
信
修道
思念
感應
中和
智悌
忠
恭遜
享福
容恕
篤實
樂
保嬰
濟
撫衆
育物
踐行
處事
慈善
好德
博施
仁義
永吉
規俗
勸業
救患
化

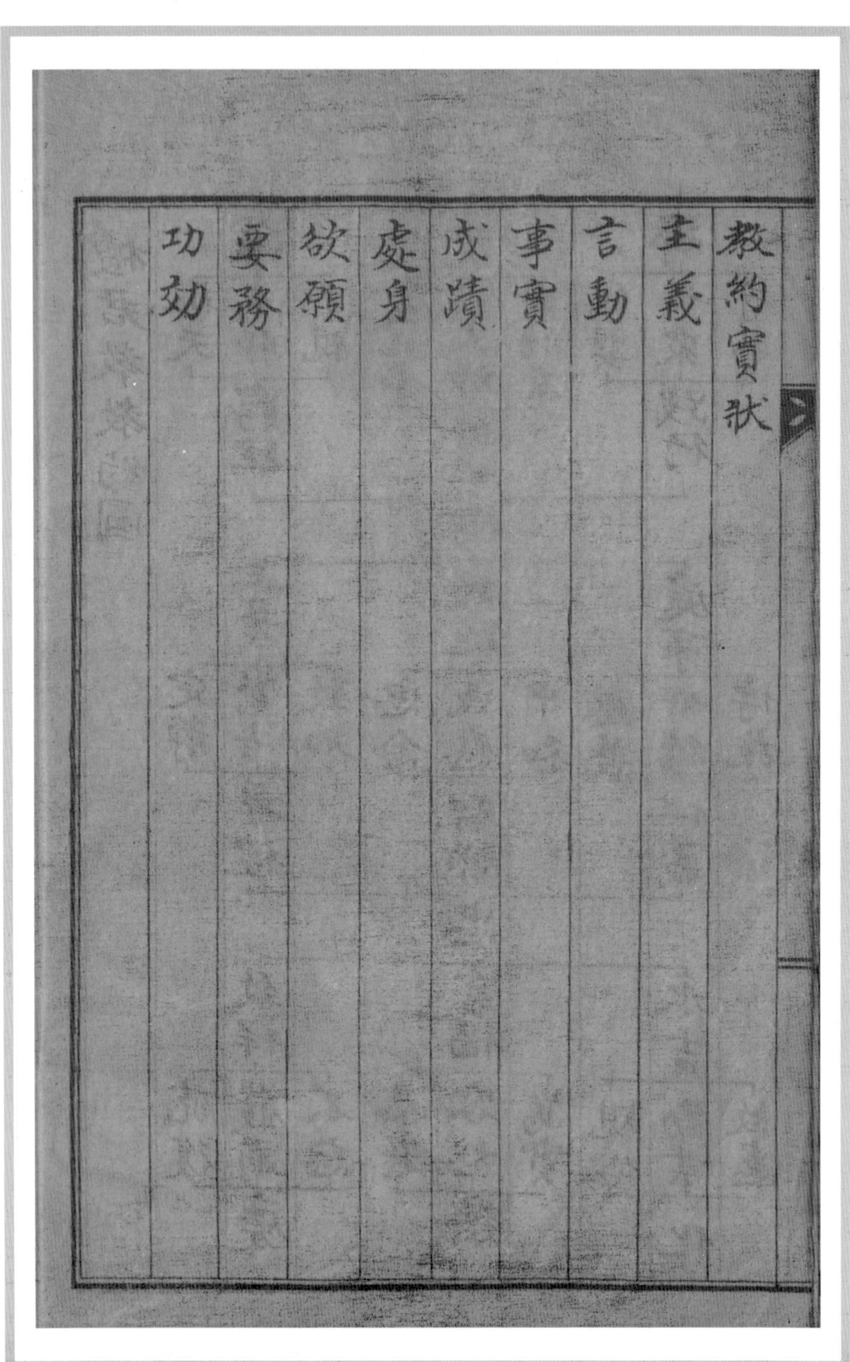

教約實狀

主義

言動

事實

成蹟

處身

欲願

要務

功効

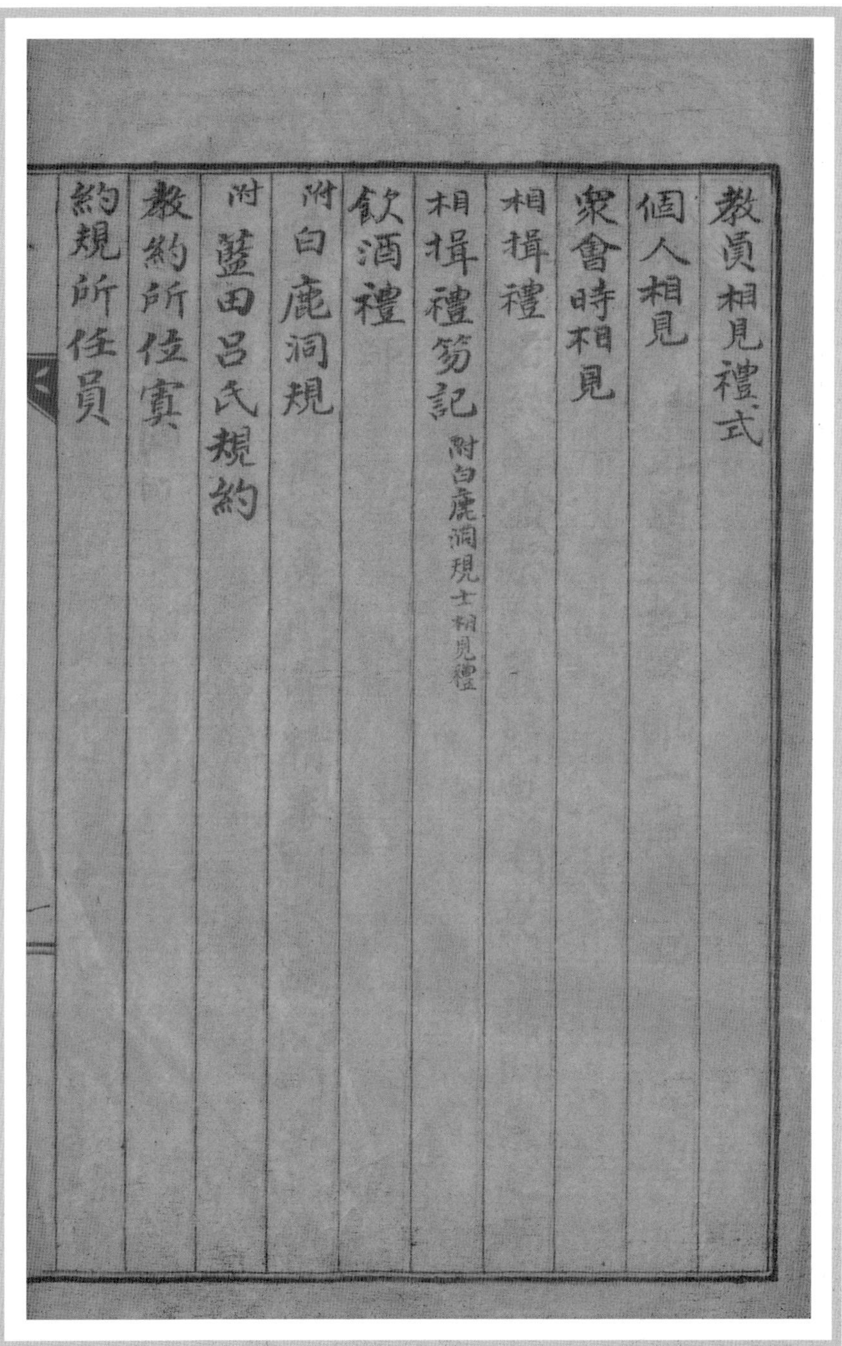

教員相見禮式
個人相見
衆會時相見
相揖禮
相揖禮笏記 附白鹿洞規士相見禮
飲酒禮
附白鹿洞規
附藍田呂氏規約
教約所位寘
約規所任員

約規所則

檀君教教證圖　附

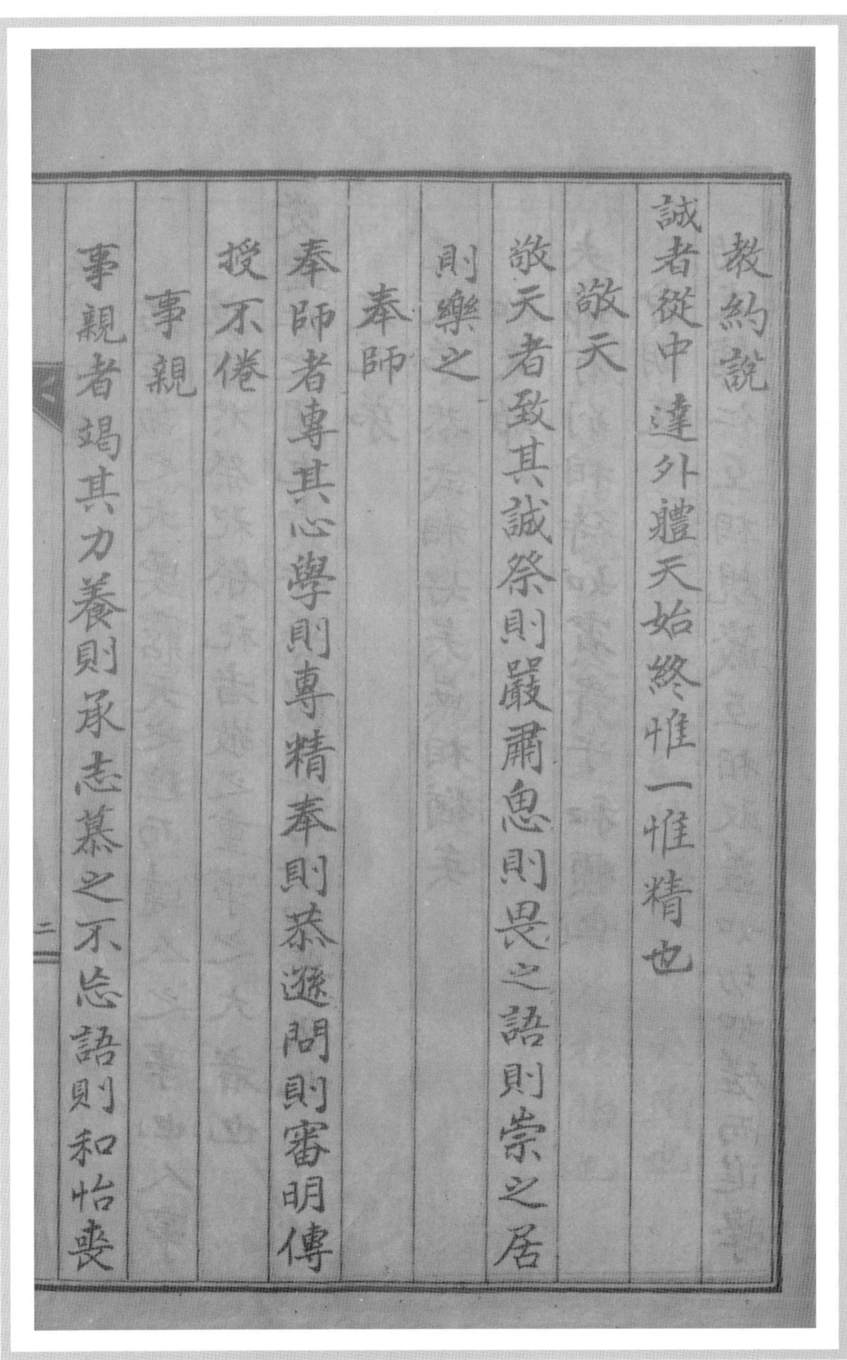

敎約說

誠者從中達外體天始終惟一惟精也

敬天

敬天者致其誠祭則嚴肅息則畏之語則崇之居

則樂之

奉師

奉師者專其心學則專精奉則恭遜問則審明傳

授不倦

事親

事親者竭其力養則承志慕之不忘語則和怡喪

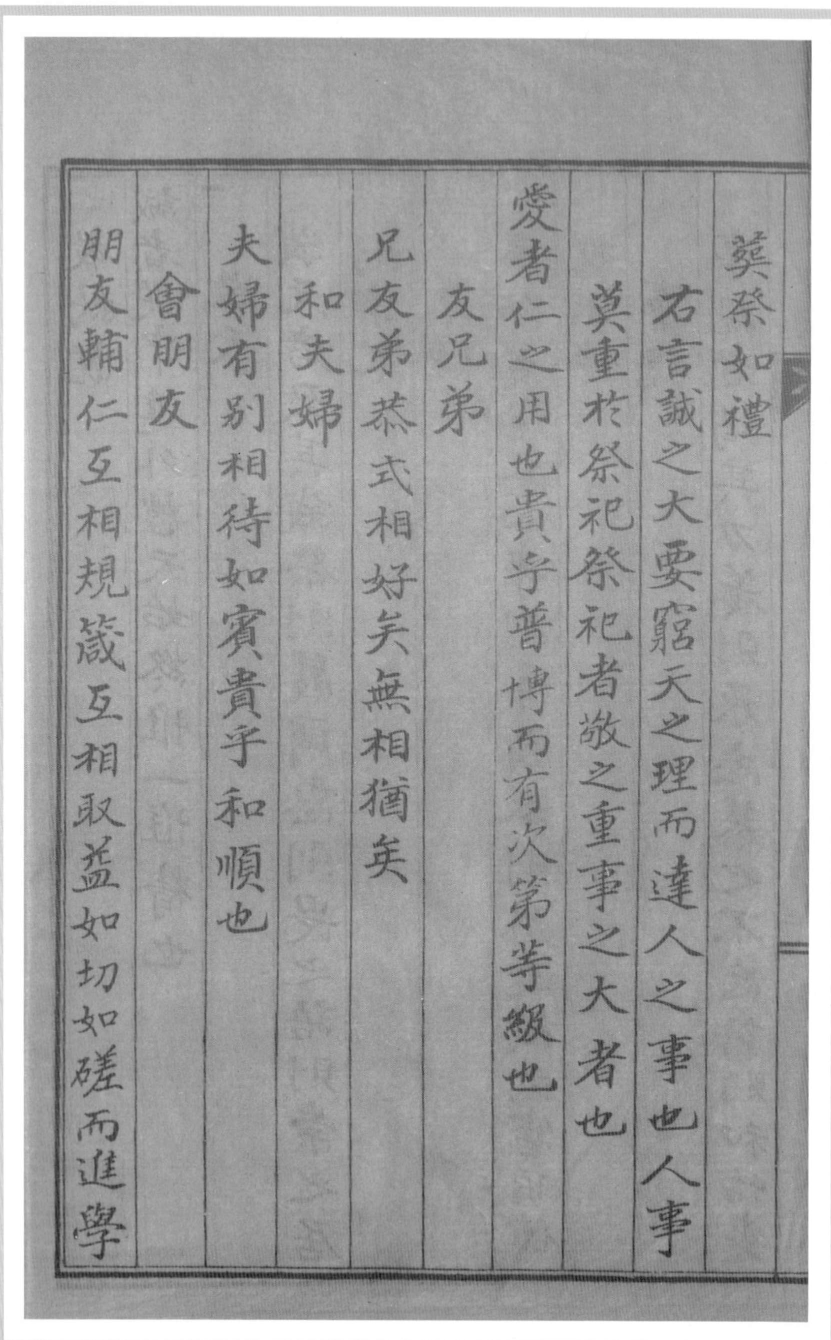
奠祭如禮
右言誠之大要窮天之理而達人之事也人事莫重於祭祀祭祀者敬之重事之大者也
愛者仁之用也貴乎普博而有次第等級也
友兄弟
兄友弟恭式相好矣無相猶矣
和夫婦
夫婦有別相待如賓貴乎和順也
會朋友
朋友輔仁互相規箴互相取益如切如磋而進學

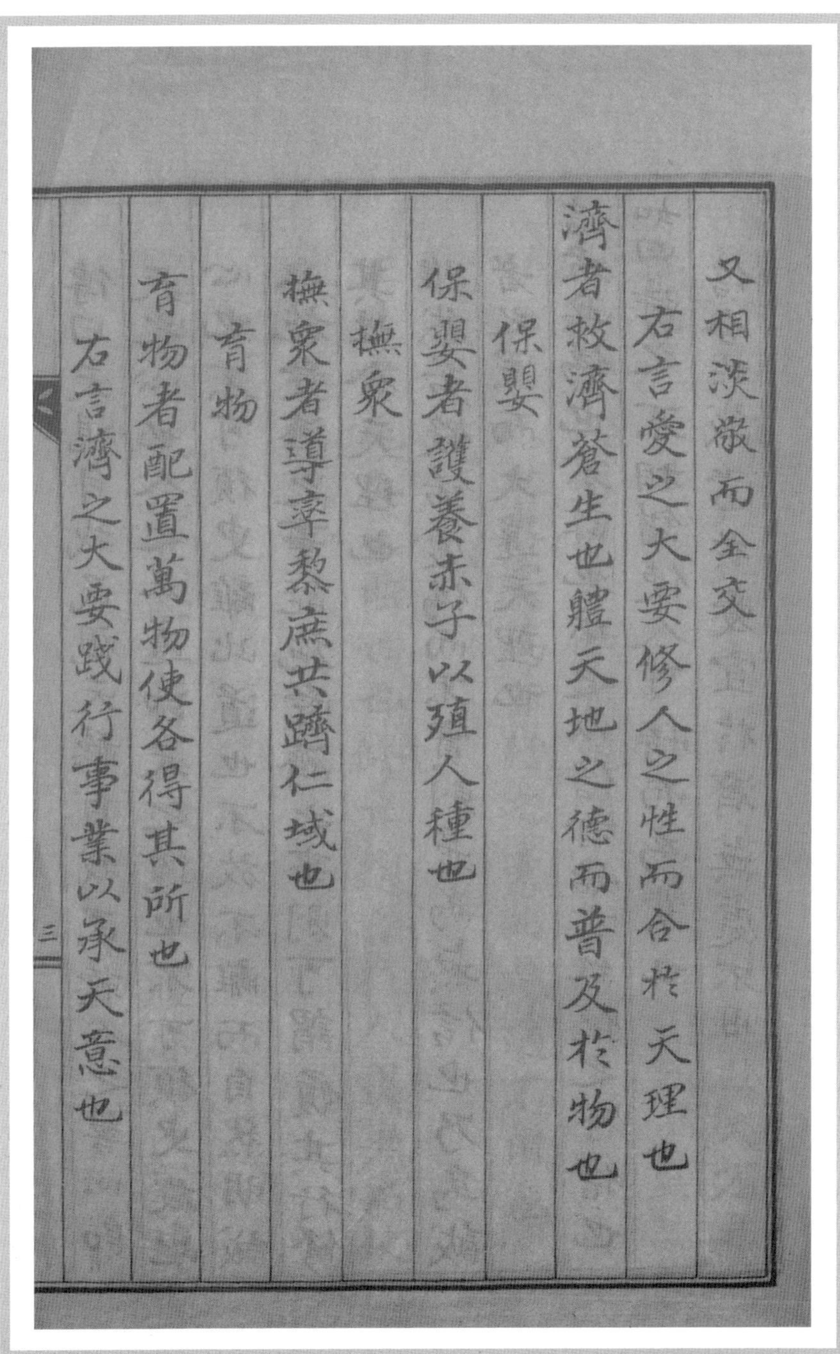
又相淡敬而全交

右言愛之大要修人之性而合扵天理也

濟者救濟蒼生也體天地之德而普及扵物也

保嬰

保嬰者護養赤子以殖人種也

撫衆

撫衆者導率黎庶共躋仁域也

育物

育物者配置萬物使各得其所也

右言濟之大要踐行事業以承天意也

三

傳曰天視自我民視天聽自我民聽人之善心卽天之心也人之正道卽天之道也不可須臾放此心也不可須臾離此道也不放不離而自然明誠以施愛濟之事能施愛濟之事則可謂復其行修其性合天理也

雖然若假餙虛偽而不實則是爲無信也乃爲誠者之罪而大違天理也

信者無僞也不詐也示之以信有始有終使之可信也如四時之不相錯使人可恃而爲業也

信合於誠當於愛宜於濟無處不用

欲守信也初則正心意謹言語終則不欺天不自棄也

人如有信雖曰不學亦無傷也

右言信之大要為百行之素而無適不用也

正身

正身者現存生斯世也修其適合於人道者而使之合於天道也

定靜

定靜者先定其志次靜其心使身體亦得以定靜也

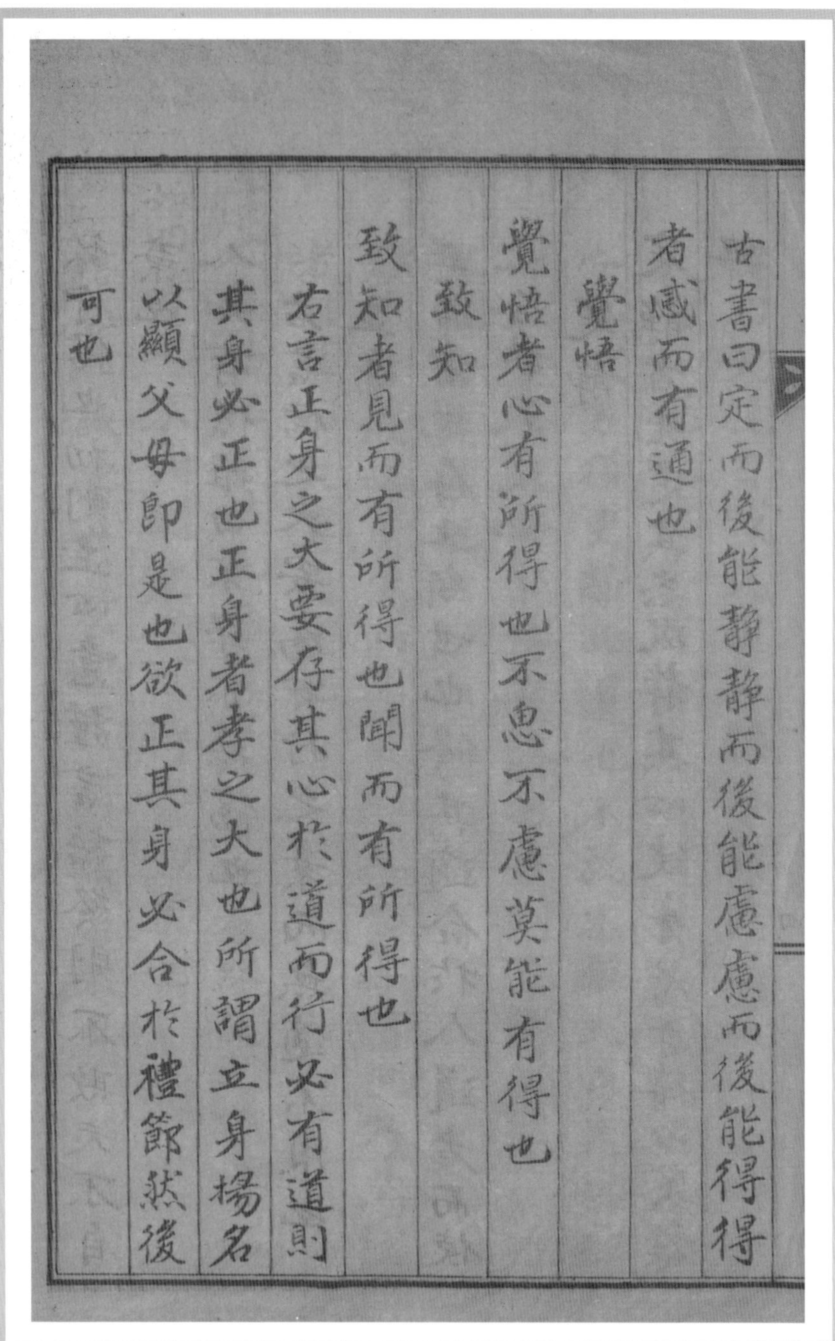

古書曰定而後能靜靜而後能慮慮而後能得得者感而有通也

覺悟

覺悟者心有所得也不思不慮莫能有得也

致知

致知者見而有所得也聞而有所得也

右言正身之大要存其心於道而行必有道則其身必正也正身者孝之大也所謂立身揚名以顯父母卽是也欲正其身必合於禮節然後可也

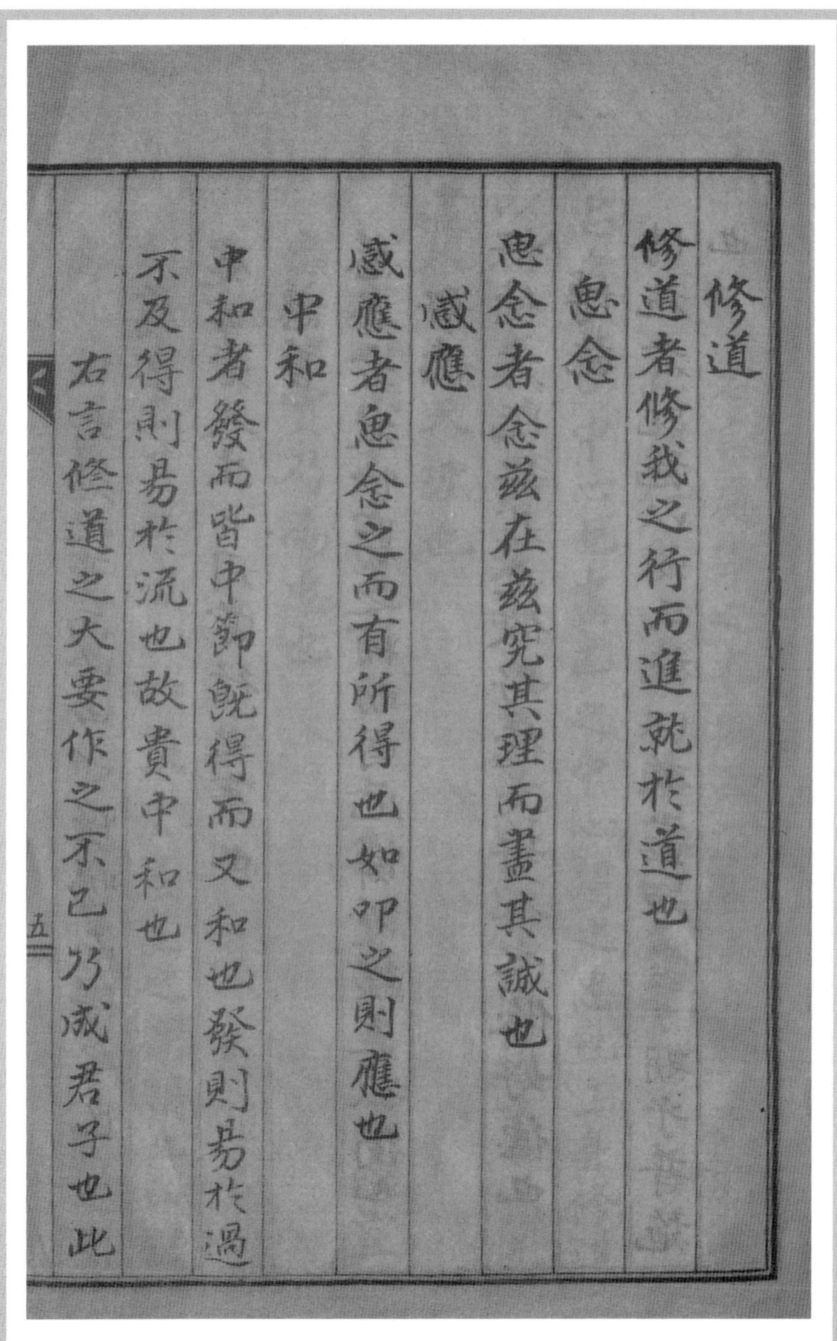

修道

修道者修我之行而進就於道也

思念

思念者念茲在茲究其理而盡其誠也

感應

感應者思念之而有所得也如叩之則應也

中和

中和者發而皆中節旣得而又和也發則易於過不及得則易於流也故貴中和也

右言修道之大要作之不已乃成君子也此

五

誠智者之事而必由乎愷悌而得之也

處事

處事者人生日用當行之事也

慈善

慈善者救恤窮乏輔助困厄憐護鰥寡孤獨也

好德

好德者旣好我之攸好德又好人之攸好德也

博施

博施者旣施以財又施以教盡智盡力期乎普施

也

右言處事之大要必不自專而欲其普及

此乃仁者之事而斷之以義也

忠者直也中心也盡己之中心謂之忠也正身修道以行仁義禮智孝悌之事必以忠信然後方可謂之盡人事合天理也

且有似忠不忠者古語曰大姦似忠故忠必以直忠必以實乃爲忠也

致祥

致祥者致其祥瑞也如景雲景星之爛爛也如麟鳳之至也龜馬之呈圖也凡百祥瑞中人材之出

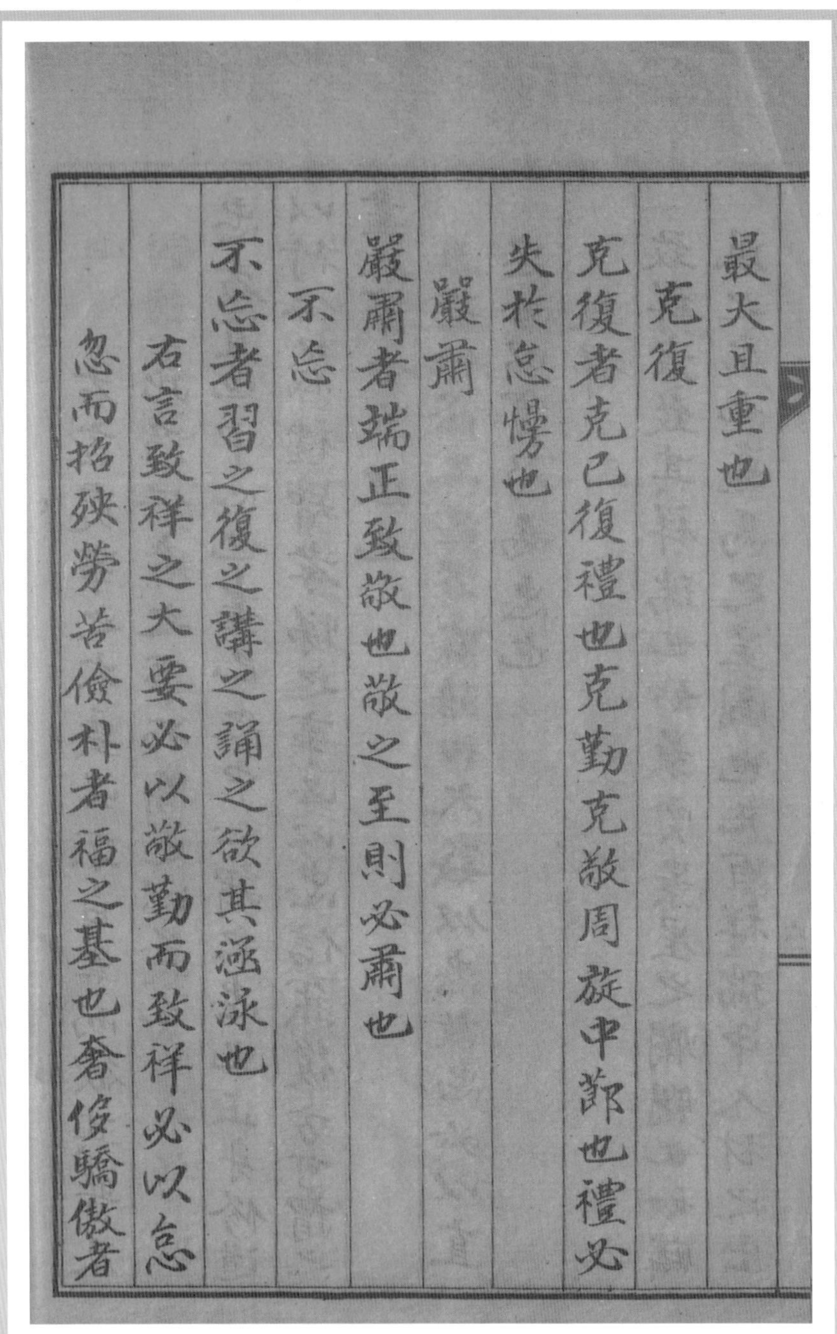
最大且重也

克復

克復者克己復禮也克勤克敬周旋中節也禮必失於怠慢也

嚴肅

嚴肅者端正致敬也敬敬之至則必肅也

不怠

不怠者習之復之講之誦之欲其涵泳也

右言致祥之大要必以敬勤而致祥必以怠忽而招殃勞苦儉朴者福之基也奢侈驕傲者

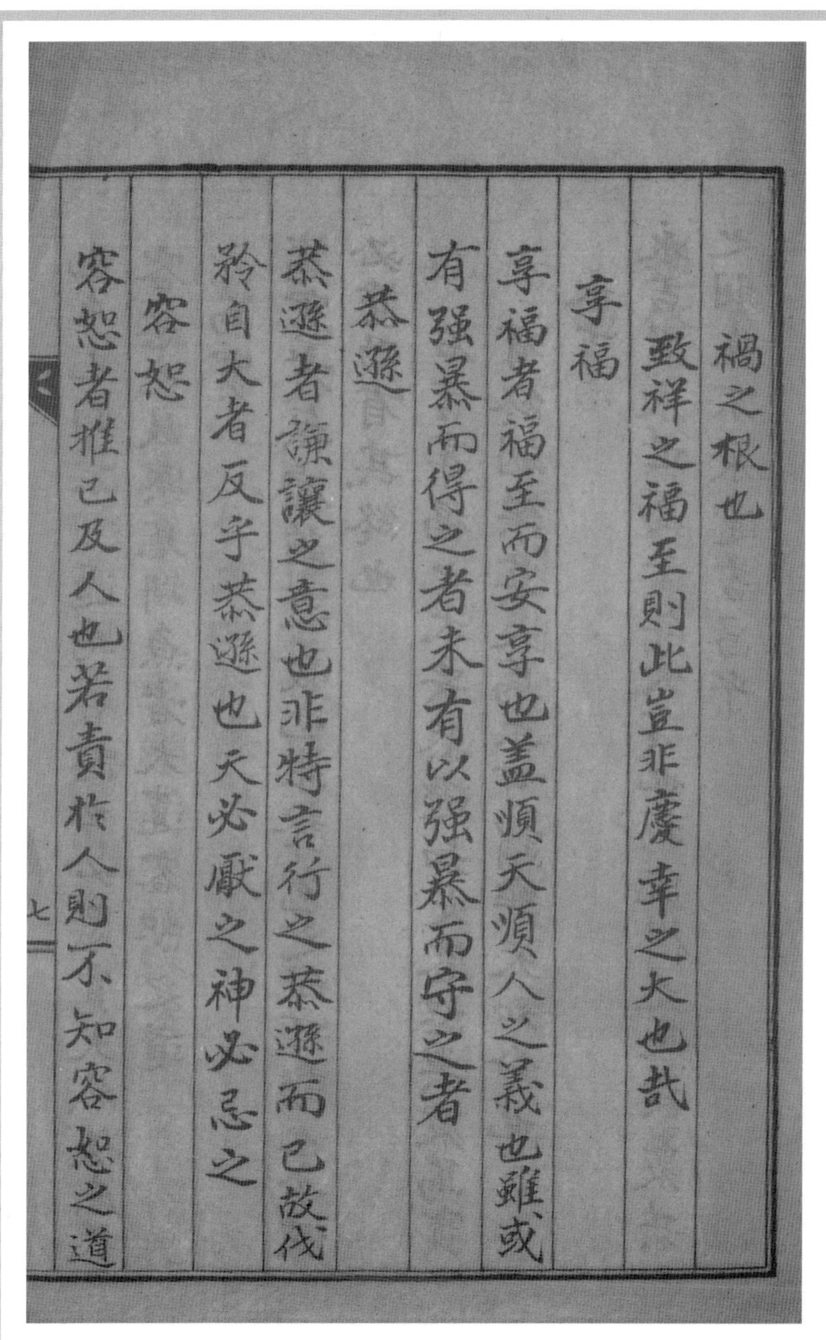

禍之根也

致祥之福至則此豈非慶幸之大也哉

享福

享福者福至而安享也蓋順天順人之義也雖或有强暴而得之者未有以强暴而守之者

恭遜

恭遜者謙讓之意也非特言行之恭遜而已故伐矜自大者反乎恭遜也天必厭之神必忌之

容恕

容恕者推己及人也若責於人則不知容恕之道

七

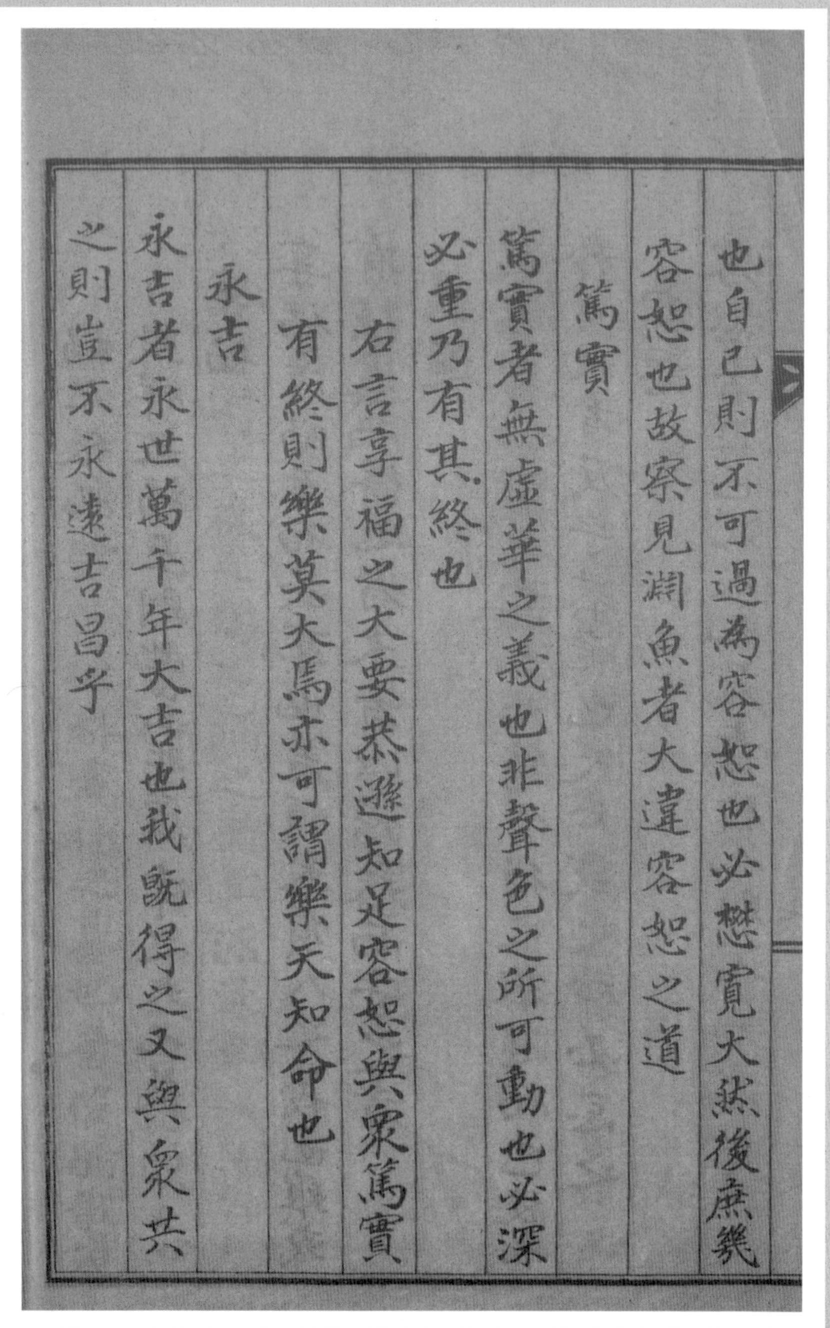

也自己則不可過爲容恕也必懋寬大然後庶幾容恕也故察見淵魚者大違容恕之道

篤實

篤實者無虛華之義也非聲色之所可動也必深必重乃有其終也

右言享福之大要恭遜知足容恕與衆篤實有終則樂莫大焉亦可謂樂天知命也

永吉

永吉者永世萬千年大吉也我旣得之又與衆共之則豈不永遠吉昌乎

規俗

規俗者以禮相規以德化之率衆而之善也

勸業

勸業者德業相勸也導人以勤儉恭遜使知安業也

救患

救患者非但人之有患難者急急救恤也率衆共躋至善之域使不陷於患難之境也

右言永吉之大要樂莫樂於與衆德莫大於化俗與衆化善則刑政何用焉

教爲實狀

主義

祭祀 事天祖之最大節也必先盡心盡誠盡力又必嚴肅恭敬精潔而定禮式有節文然後始可言祭祀之道也然則是爲正心誠意修身之入門也有四時正祭慶祝紀念祭朔望節祭佳辰拜禮思慕拜禮祭之以誠則感之必速

言動

講演 傳教曉人之最急務也雖有文識者不以口傳莫能知其奧妙也況乎無文識者乎故授受之際口傳最

九

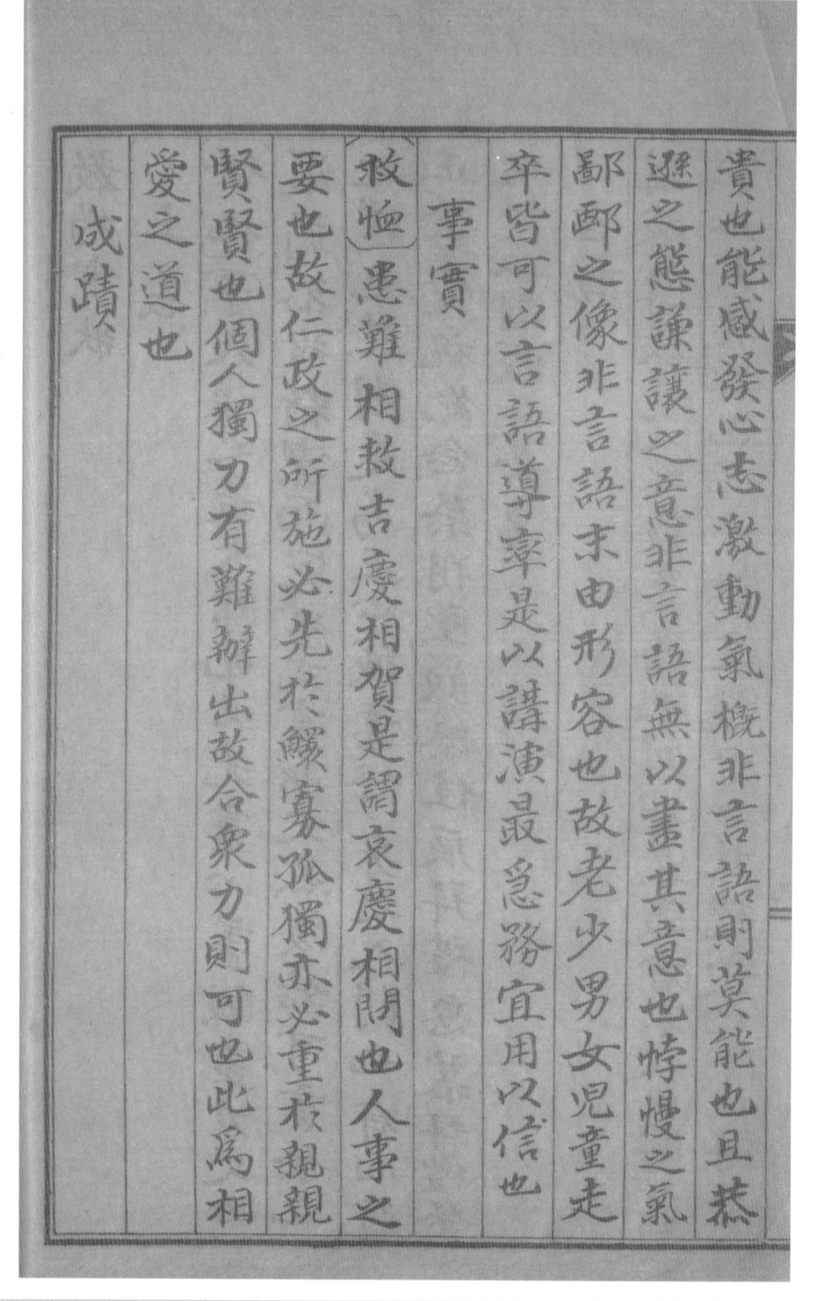
貴也能感發心志激動氣概非言語則莫能也且恭
遜之態謙讓之意非言語無以盡其意也悖慢之氣
鄙鄙之像非言語末由形容也故老少男女兒童走
卒皆可以言語導率是以講演最急務宜用以信也

事實

救恤 患難相救吉慶相賀是謂哀慶相問也人事之
要也故仁政之所施必先於鰥寡孤獨亦必重於親親
賢賢也個人獨力有難辦出故合衆力則可也此爲相
愛之道也

成蹟

感通 仰承聖靈之感而上通天理下應人事也及其至則消百殃而受百福此為濟蒼生之最大功也個人私身上乃有道通而覺悟入于聖靈之境終亦有羽化者又有解殼者爾

已上論八理中誠信愛濟之理

處身

謙讓 有若無實若虛不矜德不伐功辭尊而居卑遜富而取勞此乃謙讓之道也善能謙讓則謝其過而免其罪此所謂禳禍之道也欲知謙讓之道不可不知廉恥之心廉者清廉也恥者羞惡也見得思義則能廉也無恥之

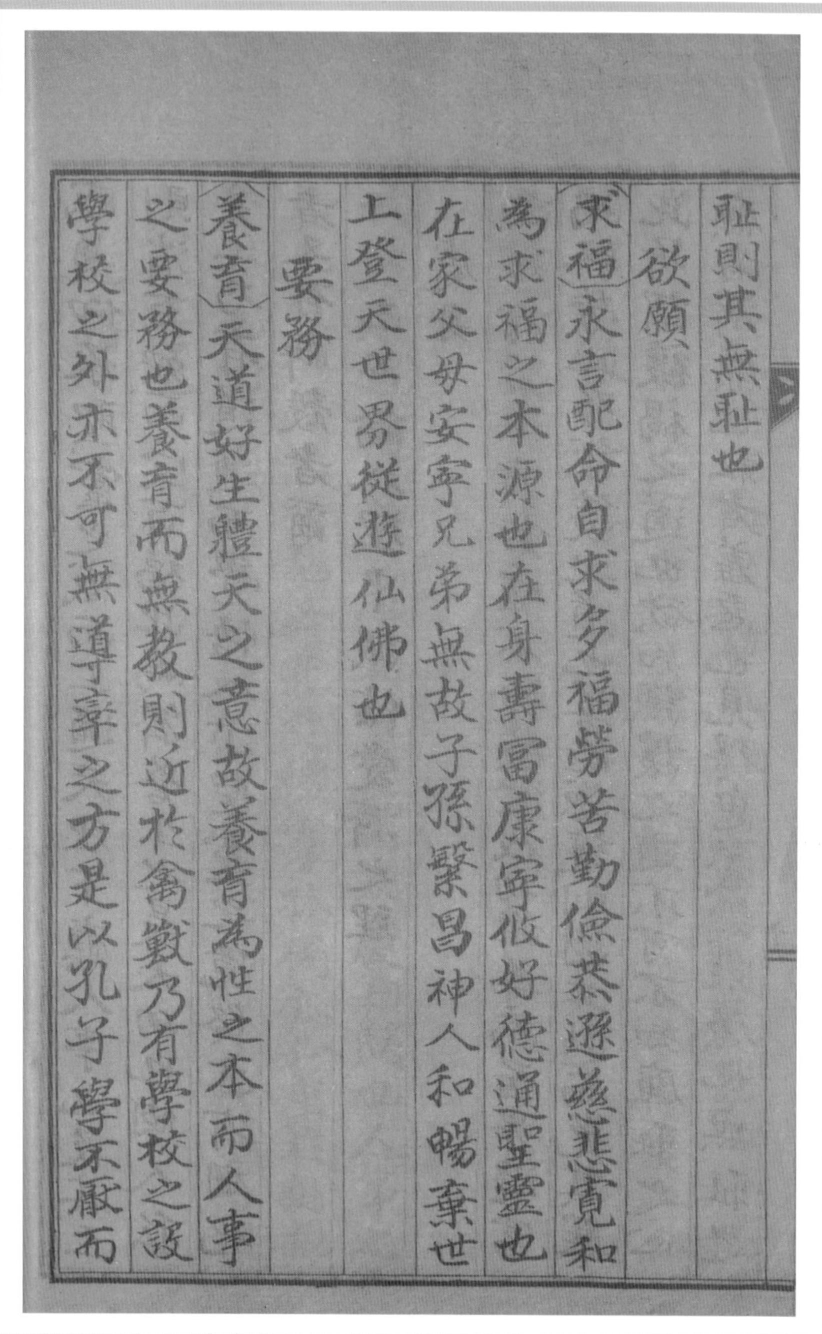

恥則其無恥也

欲願

求福 永言配命自求多福勞苦勤儉恭遜慈悲寬和爲求福之本源也在身壽富康寧攸好德通聖靈也在家父母安寧兄弟無故子孫繁昌神人和暢棄世上登天世界從遊仙佛也

要務

養育 天道好生體天之意故養育爲性之本而人事之要務也養育而無敎則近於禽獸乃有學校之設學校之外亦不可無導率之方是以孔子學不厭而

教不倦也人之受導率之力如草木之受風力也久則自然披靡也

功効

化俗 聖人過化存神暫時所過亦能化之況乎與之常處者乎況乎為之禮法規式而導率者乎有宋胡安定先生之門人人稱之曰不問可知為先生弟子也今茲設教門必以禮義廉耻導率之使世人稱之曰不問可知為檀君教人也云則豈不美哉此吾教之目的也此吾教之教約也云爾

已上論八理中禍福報應之理

十二

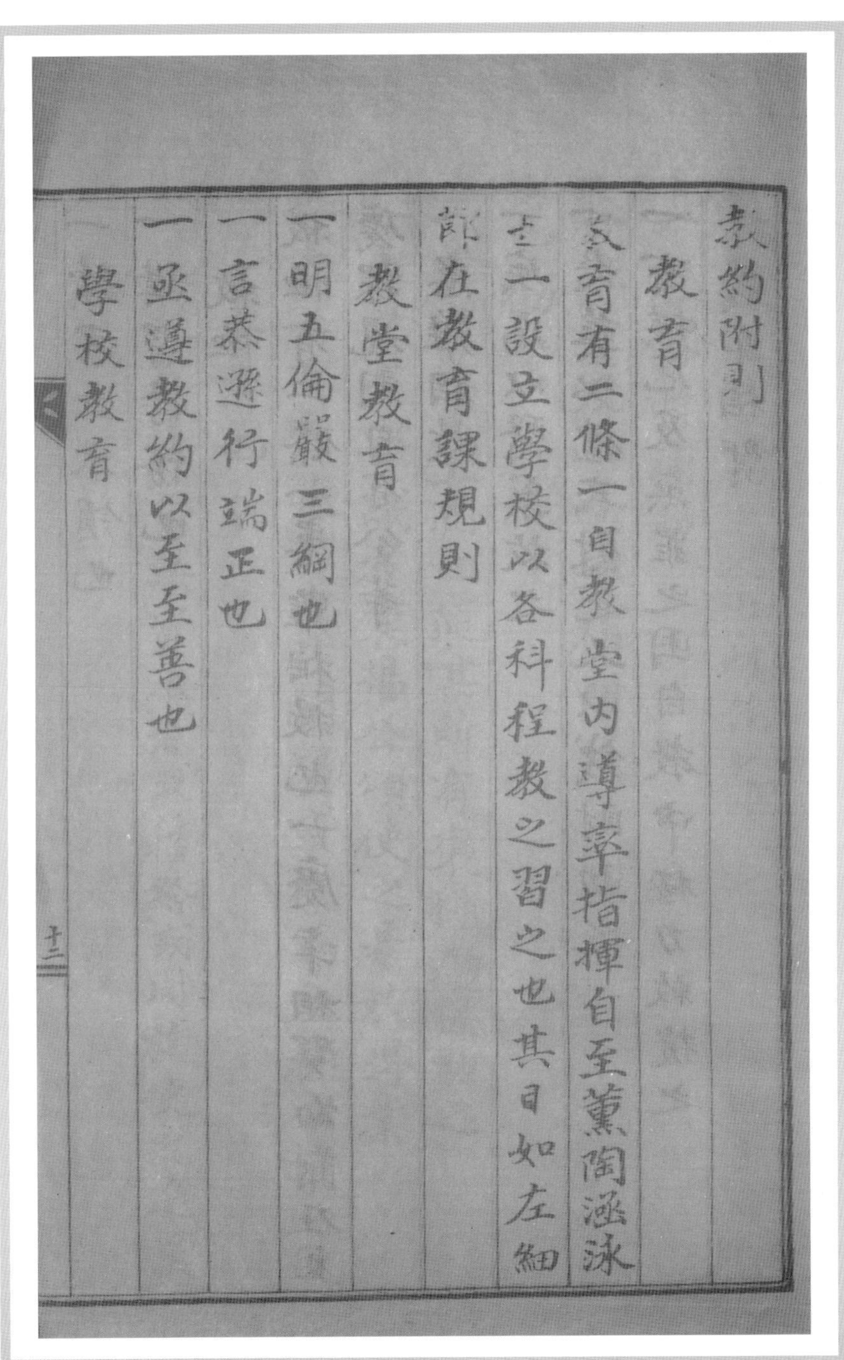

敎約附則

敎育

敎育有二條一自敎堂内導率指揮自至薰陶涵泳之一設立學校以各科程敎之習之也其目如左細節在敎育課規則

敎堂敎育

一明五倫嚴三綱也

一言恭遜行端正也

一亟遵敎約以至至善也

學校敎育

十二

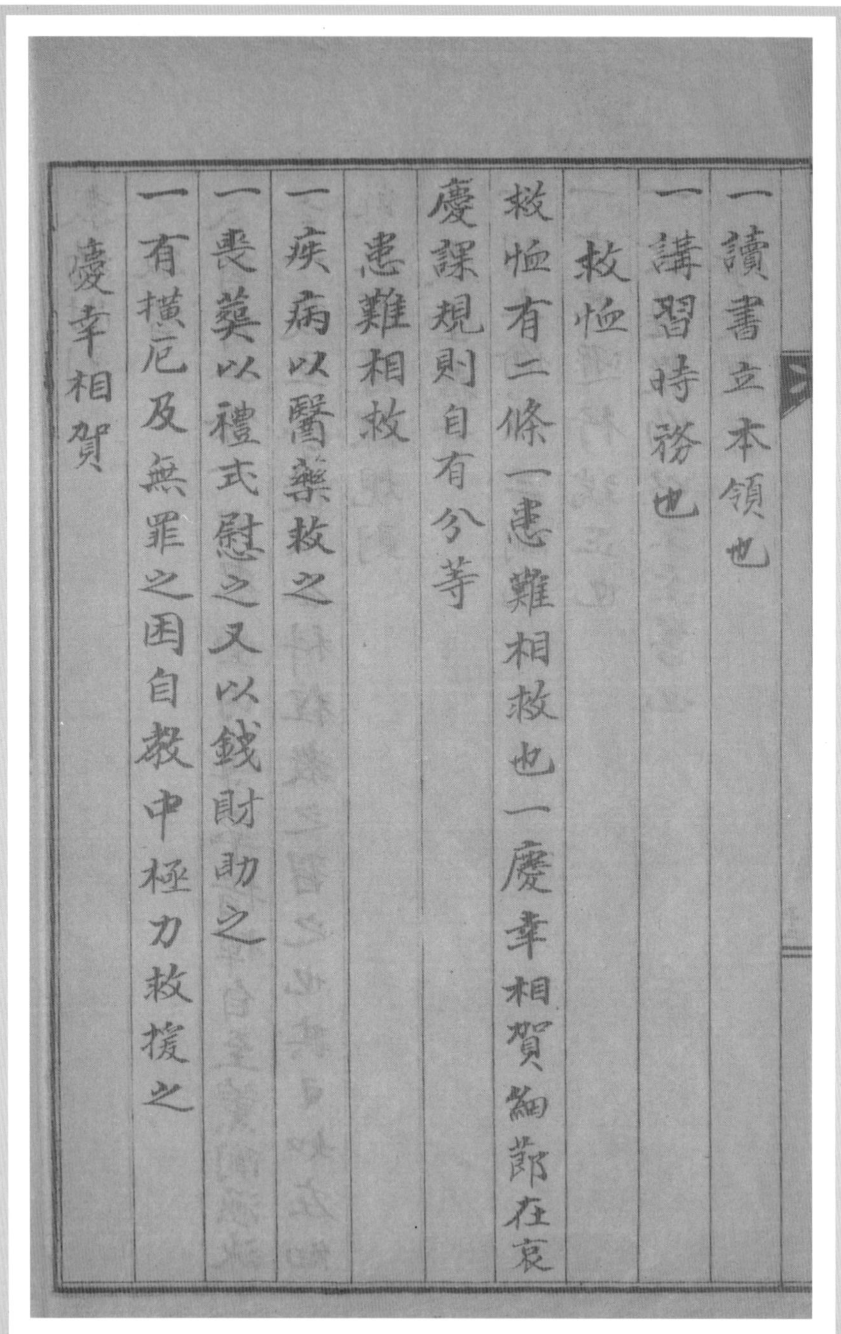

一讀書立本領也
一講習時務也
救恤
救恤有二條一患難相救也一慶幸相賀禍節在哀
慶謀規則自有分等
患難相救
一疾病以醫藥救之
一喪葬以禮式慰之又以錢財助之
一有横厄及無罪之困自敎中極力救援之
慶幸相賀

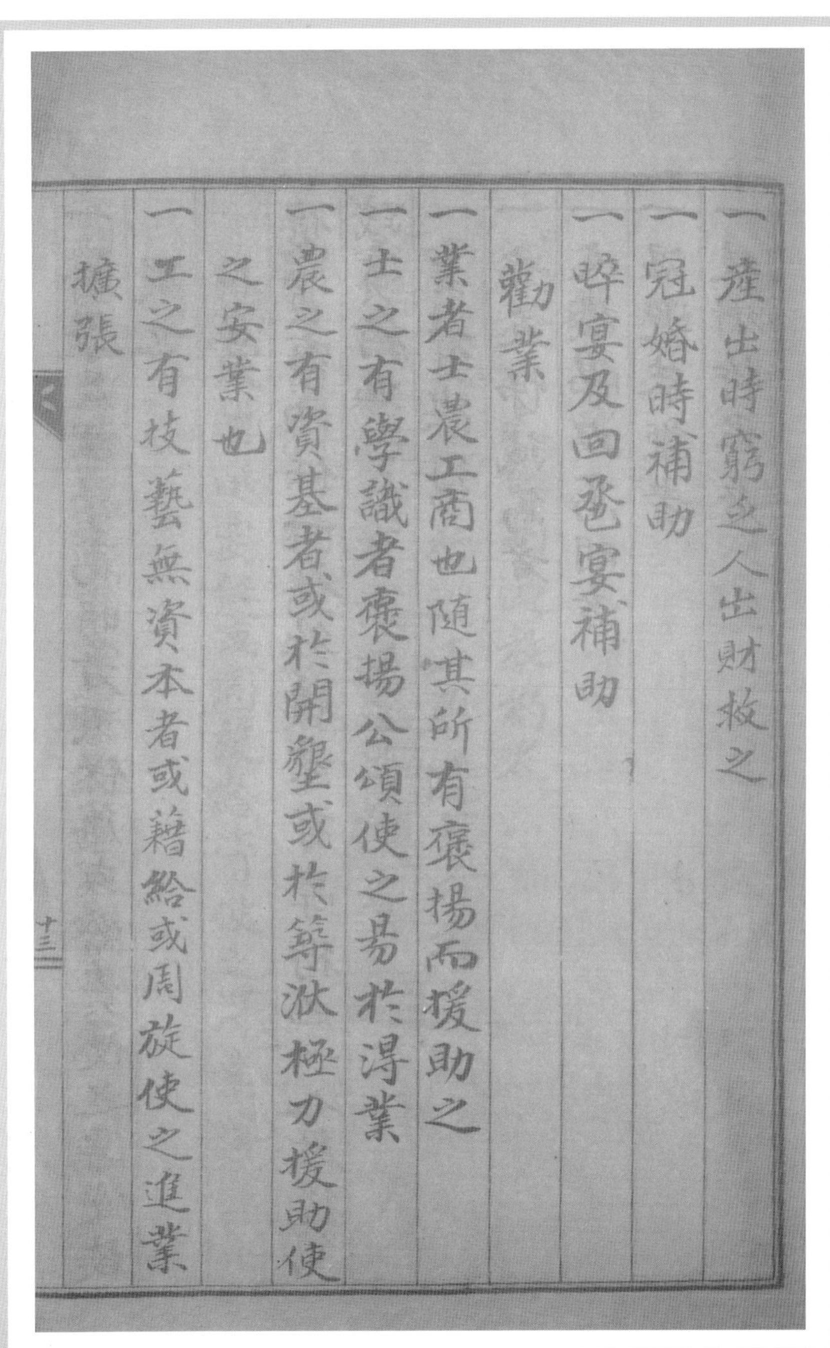

一産出時窮乏人出財救之
一冠婚時補助
一晬宴及回巹宴補助
勸業
一業者士農工商也隨其所有褒揚而援助之
一士之有學識者褒揚公頌使之易於得業
一農之有資基者或於開墾或於等洑極力援助使
之安業也
一工之有技藝無資本者或藉給或周旋使之進業
擴張

十三

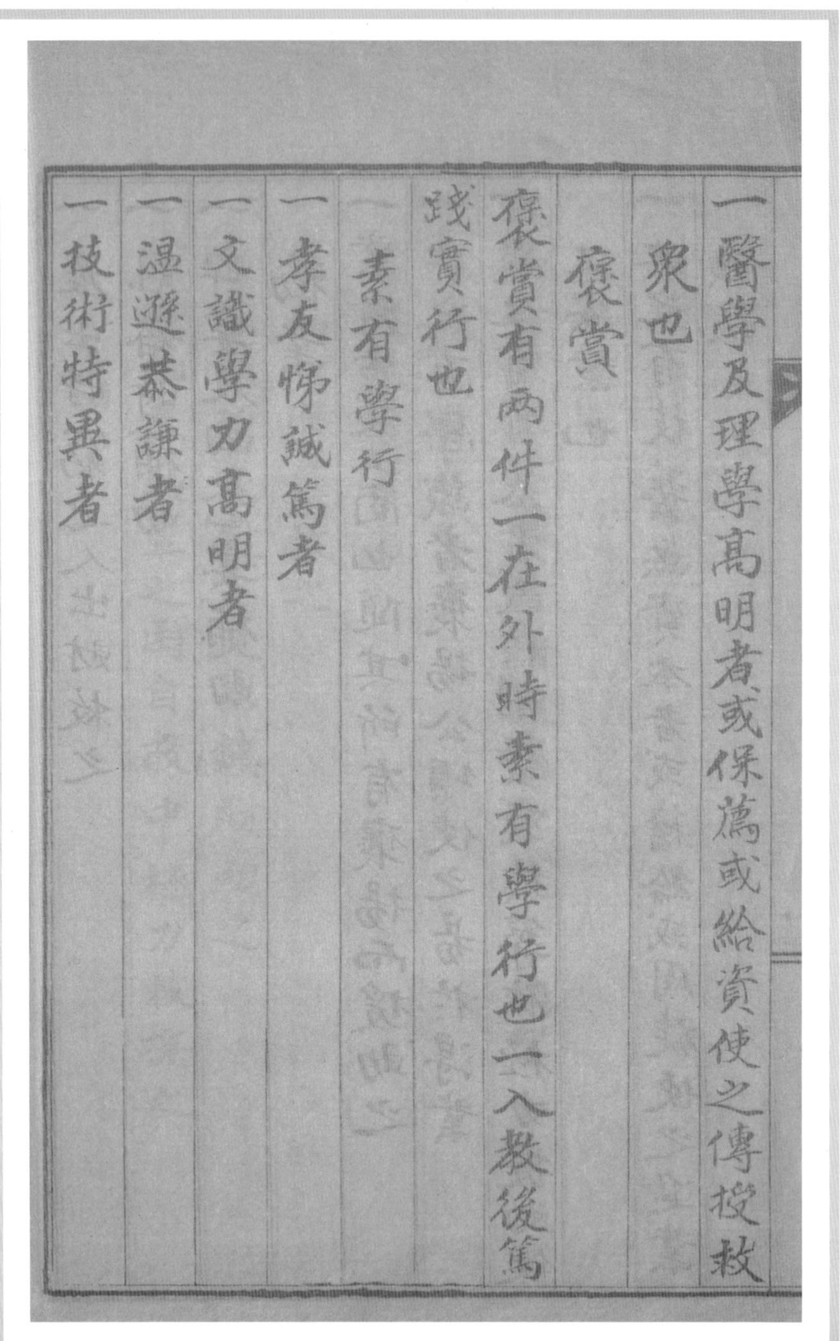
一醫學及理學高明者或保薦或給資使之傳授救
衆也
褒賞
褒賞有兩件一在外時素有學行也一入敎後篤
踐實行也
一素有學行
一孝友悌誠篤者
一文識學力高明者
一温遜恭謙者
一技術特異者

右善待遇力褒揚使之矜式而易於立身揚名
也

入教篤踐

一誠奉 天祖篤遵教約者

一言語恭遜品行端正丕遵教旨者

一克遵教約乃有感通之異蹟者

一出力捐財以補教務者

右或陞選要任或周旋給資使之得業務

罰責

罰責在外時愆過不必擧論惟三綱中有大罪及社

十四

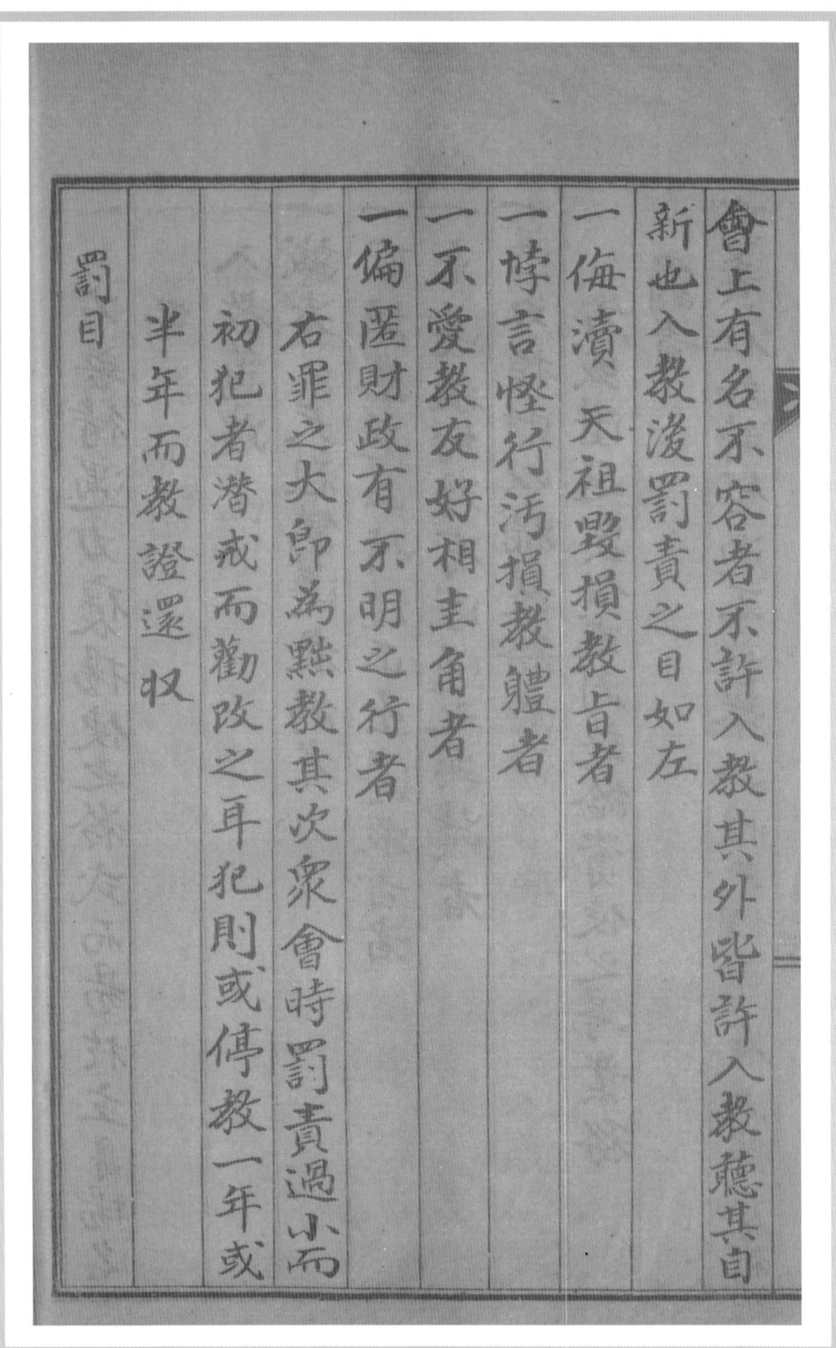

會上有名不容者不許入教其外皆許入教聽其自
新也入教後罰責之目如左
一侮瀆 天祖毁損教旨者
一悖言怪行汚損教體者
一不愛教友好相圭角者
一偏匿財政有不明之行者
右罪之大即為黜教其次衆會時罰責過小而
初犯者潛戒而勸改之再犯則或停教一年或
半年而教證還收
罰目

事父母 言色不順 奉養不顧 陷惡不諫 暴狠致辱 不孝 侮犯至親父兄者

事君上 欺弄公賦 誹訕朝令 侮慢官政 不忠 卑賤凌辱尊貴者

處夫婦 奸人夫妻 嫡妻倒置 正妻踈薄 夫妻相睽 無別 極罰 暴辱守身孀婦者

處兄弟 布粟不相容 爭鬩無恩誼 妻子相毆罵 不悌 侵凌父執尊長者

交朋友 造言搆陷 鬪鬩傷生 患難陰毆 不信 傷害敎中儕類者

十五

右十條倣朱夫子洞規先五倫之義而下五條以類分排爲十條然其歸五也善莫大於明倫則惡莫大於悖類故以是爲極罰而行罰則或黜教或停教或書于籍而衆戒之或以玄酒罰之

按古約只言罰而不言賞者蓋以但懲其惡自趍乎善也然與起末俗恐不如賞罰俱行故畧擧賞善之目條列如左

褒目

事父母 勸農業忠養 勸文藝顯揚 喪祭盡古禮 孝　極力賙救窮族者

事君上 雖貧先公賦 雖窮重國典 忠　小心不干名分者

處夫婦 居處贊而別 臨事和而敬 別　上善　至死不變義烈者

處兄弟 尺布斗粟相容 友愛順敬各盡 悌　盡恭讓於鄉長者者

交朋友 信義終身守 患難相赴救 信　極顧恤於鄰幼孤者

十六

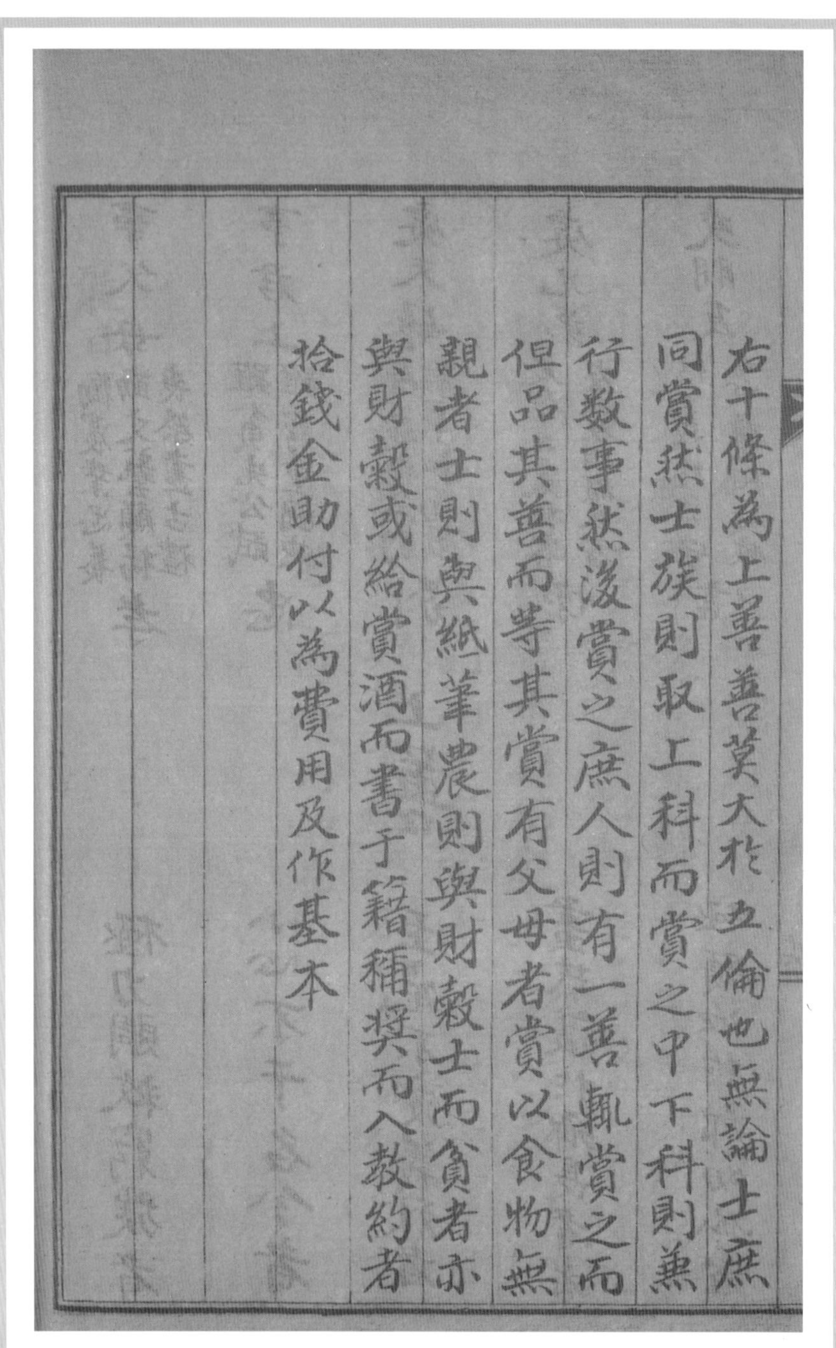
右十條爲上善善莫大於五倫也無論士庶
同賞然士族則取上科而賞之中下科則兼
行數事然後賞之庶人則有一善輒賞之而
但品其善而等其賞有父母者賞以食物無
親者士則與紙筆農則與財穀士而貧者亦
與財穀或給賞酒而書于籍稱奬而入教約者
拾錢金助付以爲費用及作基本

教員相見禮式

個人相見

互相俛首後互相通姓名居住

衆會時相見

新入者向衆先揖衆坐人俛首答禮新入者出姓名讫輪示諸員諸員各言姓名無越席而接言無大聲而閙惹

相揖禮

春秋兩仲月擇日而行之一如白鹿洞規

相揖禮笏記 執禮讀法向師席拱揖讀法告行禮

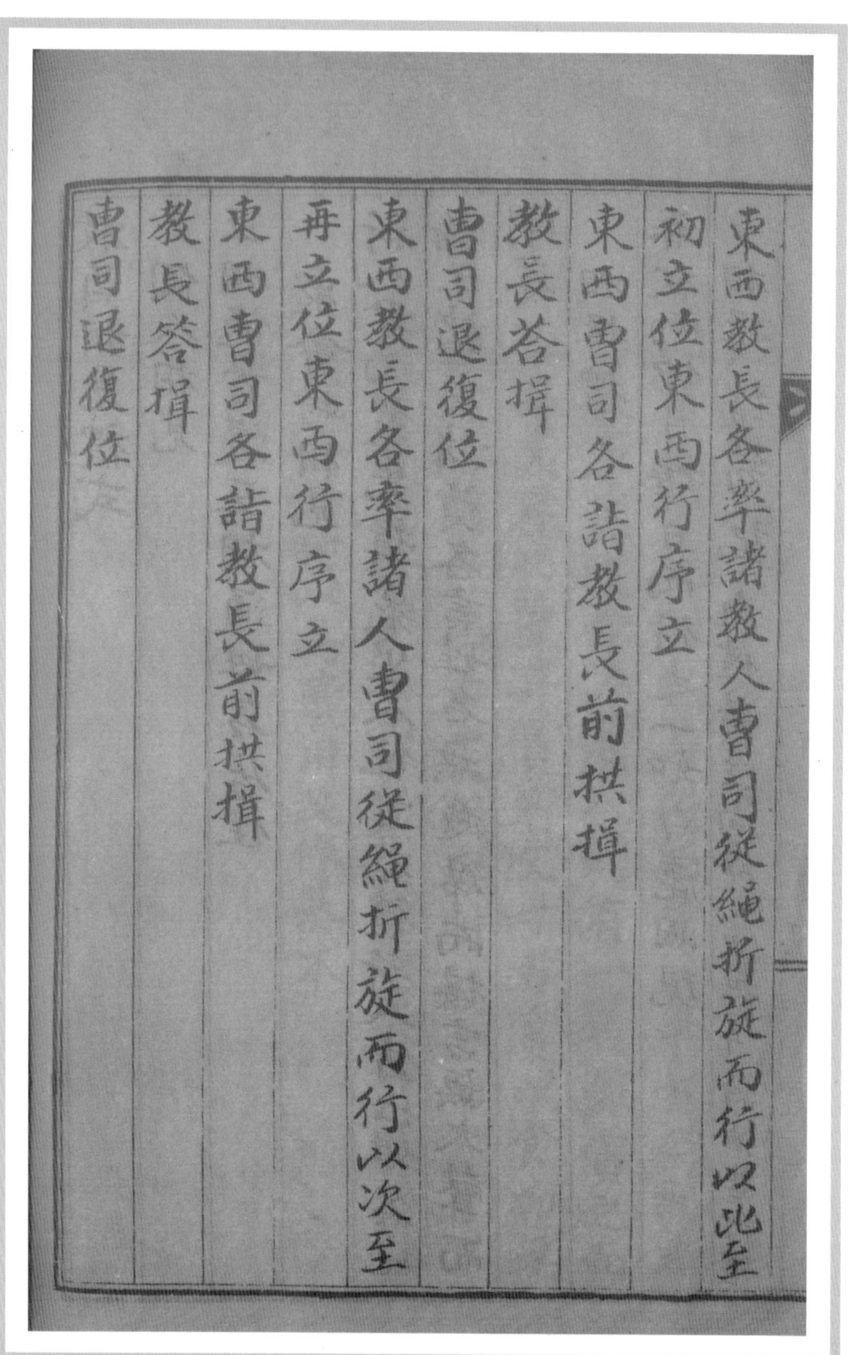
東西教長各率諸教人曹司從繩折旋而行以此至
初立位東西行序立
東西曹司各詣教長前拱揖
教長答揖
曹司退復位
東西教長各率諸人曹司從繩折旋而行以次至
再立位東西行序立
東西曹司各詣教長前拱揖
教長答揖
曹司退復位

東西教長各率諸教人曹司從繩折旋而行以此
至進立位東西行序立
東西教長諸教人曹司向師席拱揖
師席移座答揖
東西曹司各詣教長前拱揖
教長答揖
曹司退復位
東西教長各率諸教人曹司從繩折旋而行以
次至初立位東西行序立
東西曹司各詣教長前拱揖

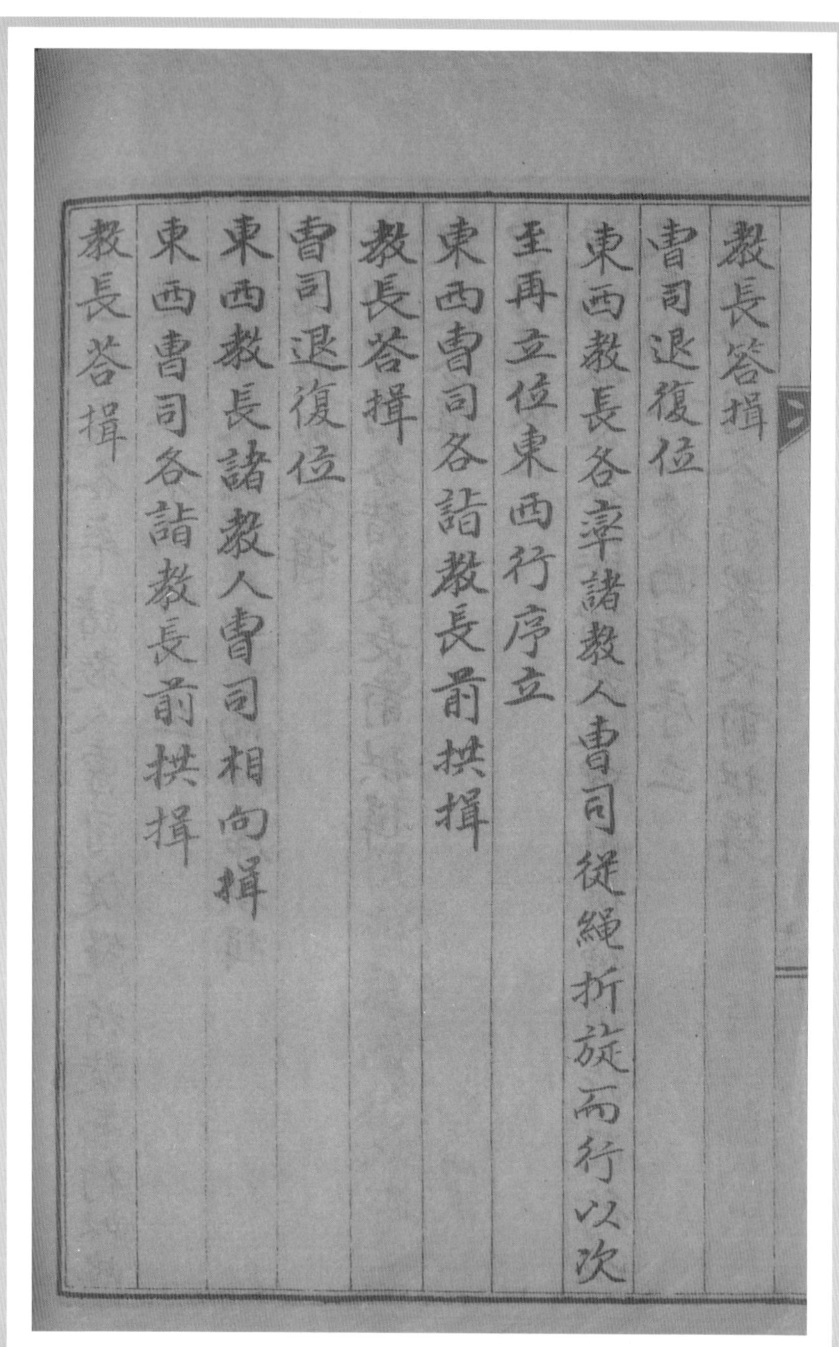
教長答揖
曹司退復位
東西教長各率諸教人曹司從繩折旋而行以次
至再立位東西行序立
東西曹司各詣教長前拱揖
教長答揖
曹司退復位
東西教長諸教人曹司相向揖
東西曹司各詣教長前拱揖
教長答揖

曺司退復位

東西教長各率諸教人曺司從繩折旋而行以次

至階前東西行序立

東西曺司各詣教長前拱揖

教長答揖

曺司退復位

讀法抗聲讀規約

執禮讀法降階分庭向師席拱揖

東西教長諸教人曺司東階下西向立

執禮讀法西階下東向立相向揖揖畢升堂

十五

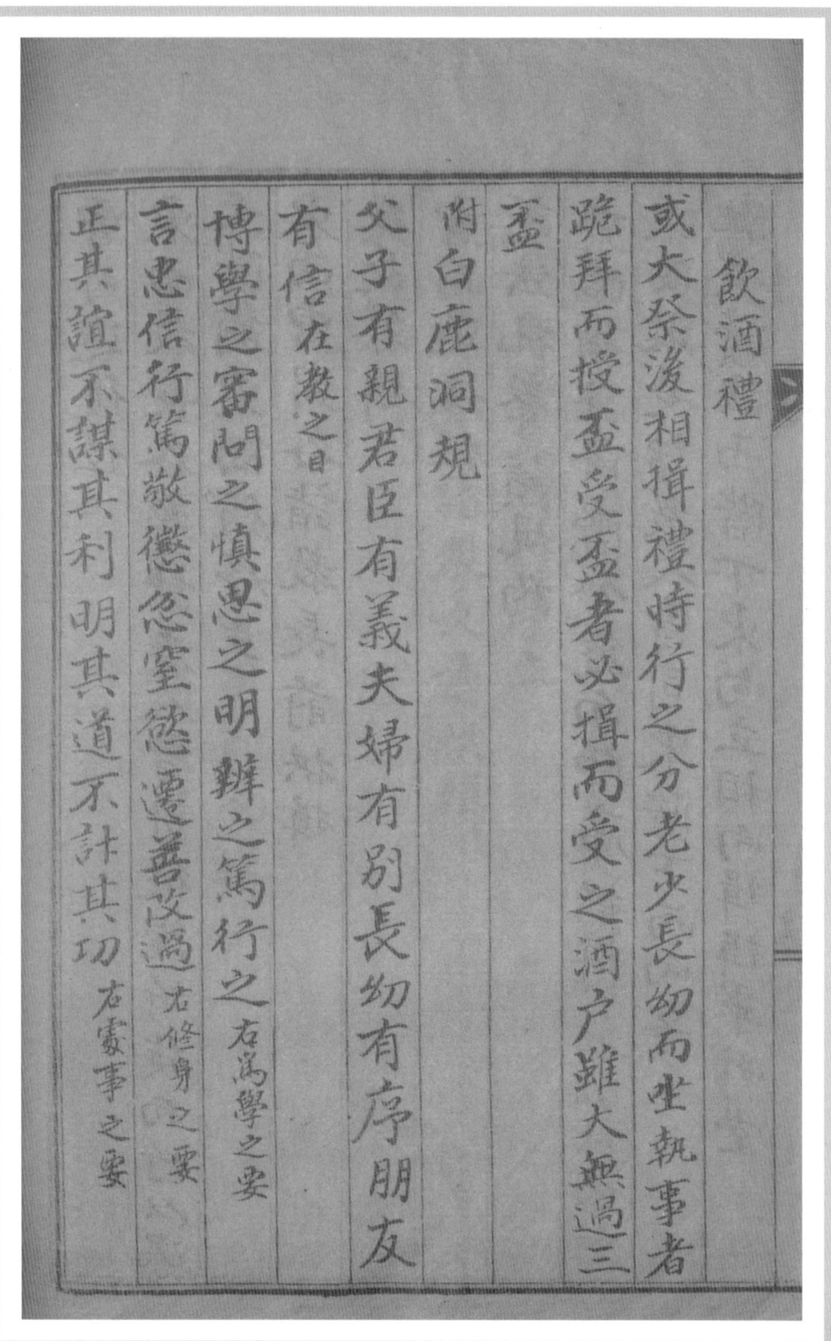

飮酒禮

或大祭後相揖禮時行之分老少長幼而坐執事者跪拜而授盃受盃者必揖而受之酒戸雖大無過三盃

附白鹿洞規

父子有親君臣有義夫婦有別長幼有序朋友有信在教之目

博學之審問之愼思之明辨之篤行之右爲學之要

言忠信行篤敬懲忿窒慾遷善改過右修身之要

正其誼不謀其利明其道不計其功右處事之要

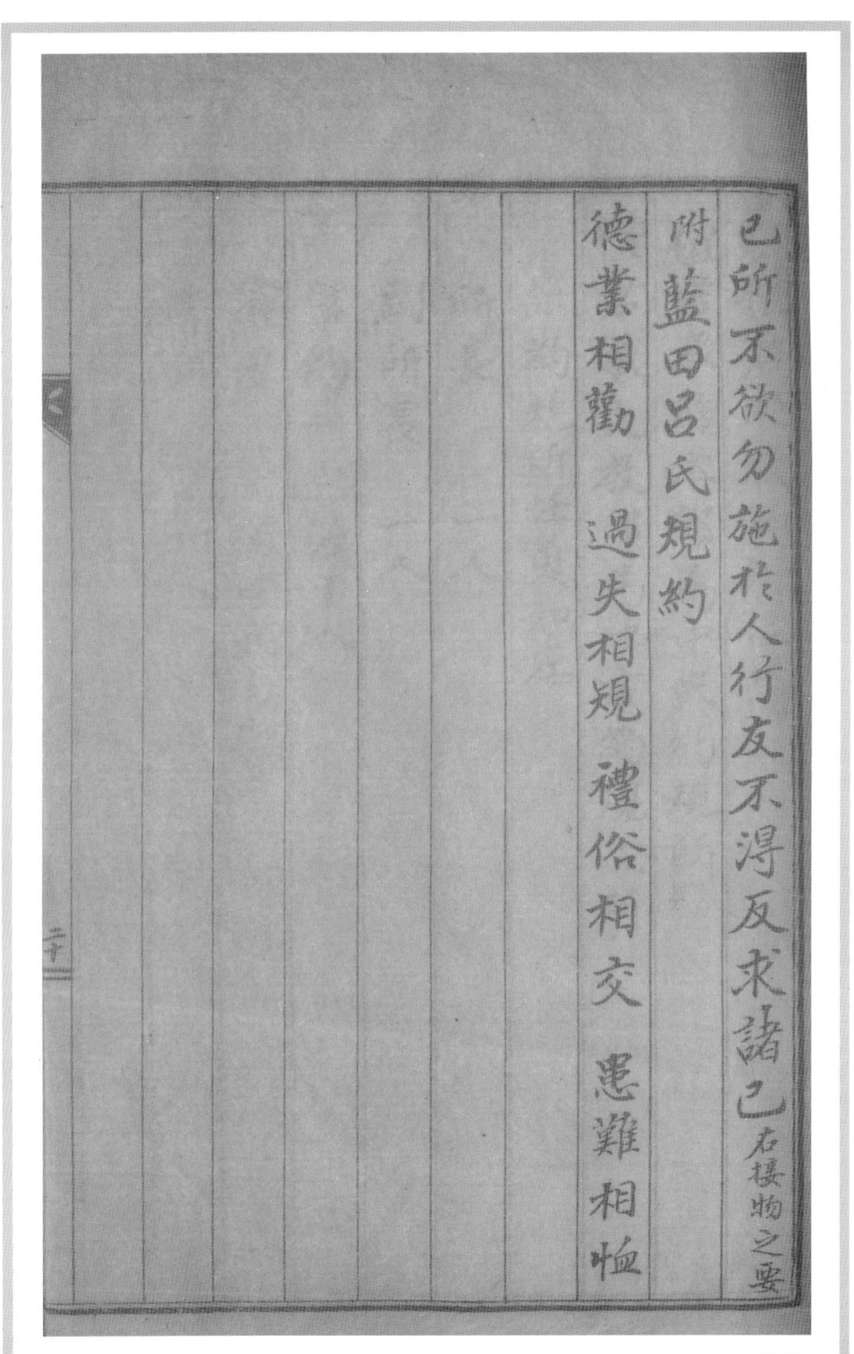
己所不欲勿施於人行有不得反求諸己 右接物之要

附藍田呂氏規約

德業相勸 過失相規 禮俗相交 患難相恤

檀君敎敎約所位置

檀君敎總本部爲中央約規所

檀君敎支敎部爲地方約規支所

約規所任員如左

所長　一人

副所長　一人

監約　若干人

有司　若干人

書士　一人

約規所則

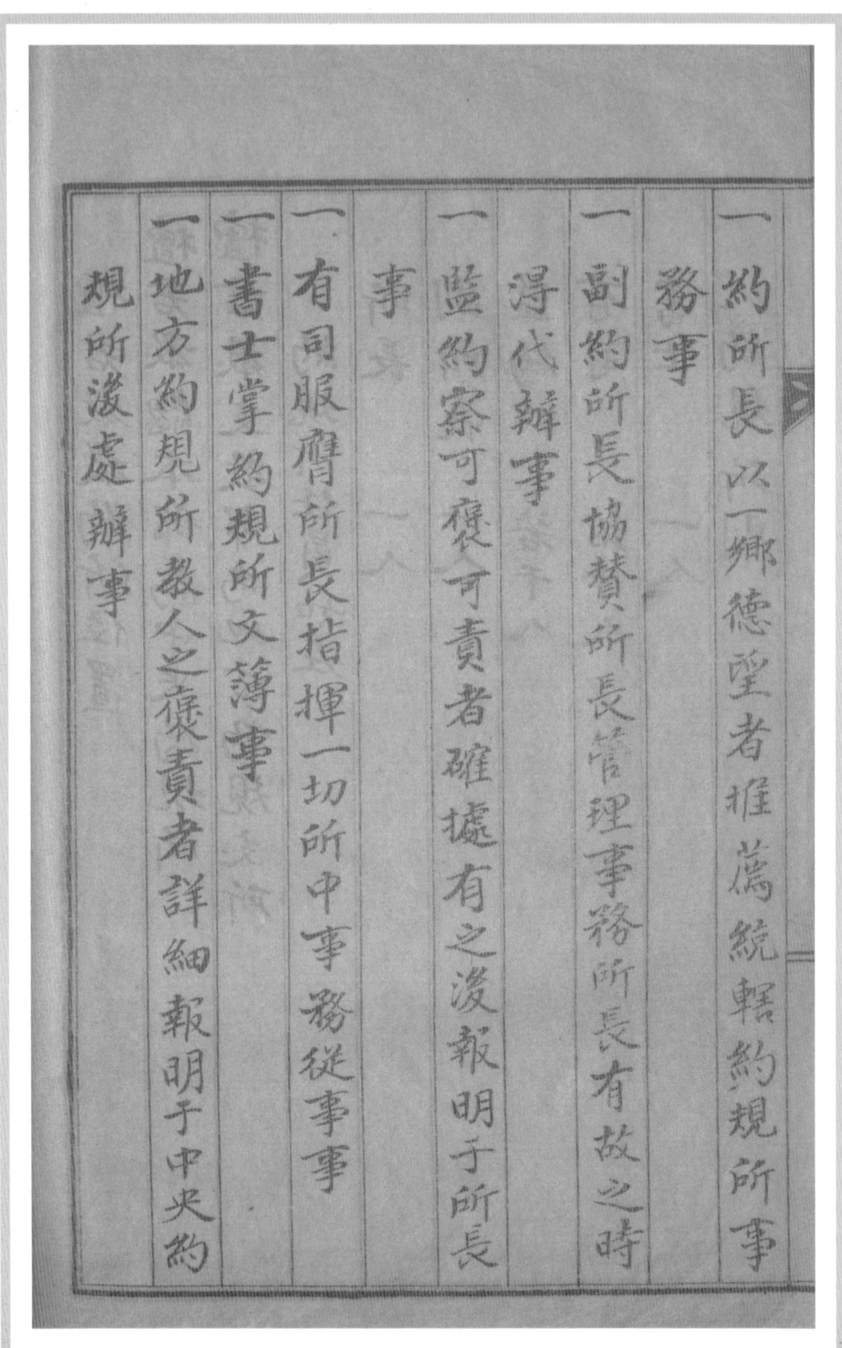

一約所長以一鄕德望者推薦統轄約規所事
務事
一副約所長協賛所長管理事務所長有故之時
得代辦事
一監約察可褒可責者確據有之後報明于所長
事
一有司服膺所長指揮一切所中事務從事事
一書士掌約規所文簿事
一地方約規所教人之褒責者詳細報明于中央約
規所後處辦事

夫宰天下導蒼生之策法不如禮禮不如教法者法政也以法治人禮者禮義也以禮教人教者教化也以化感人使人人不治而正受教而化者也然則禮之說豈非教化之本歟唯我

檀君天祖神聖之世設三千團部以八理教人人無賢愚皆爲純良此實由於教化之約而後賢白鹿洞藍田之規亦我教化之所波及也是以吾教之先乎禮而後於教者亶在於約章一篇而操心守規一遵行之愚者賢焉貪者廉焉各知其向背則庶幾有補於風化之萬一云爾

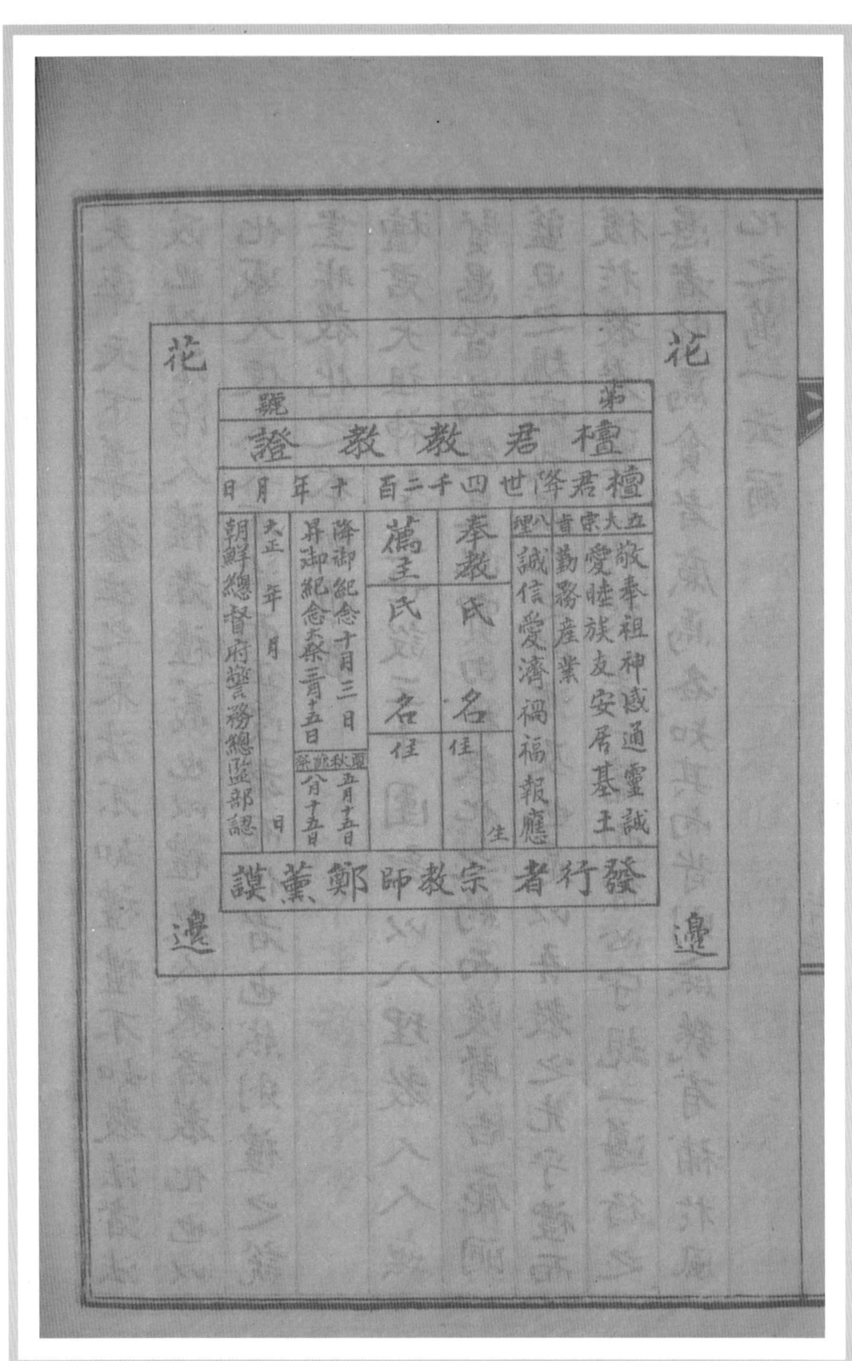

花 花

第 號

檀君教證

檀君降世四千二百 十 年 月 日

五大宗旨
敬奉祖神感通靈誠
愛睦族友安居基土
勤務産業

八理
誠信愛濟禍福報應

奉教 氏 名
住 生

薦主 氏 名
住

降御紀念 十月三日
昇御紀念大祭 三月十五日

夏秋節祭
五月十五日
八月十五日

大正 年 月 日

朝鮮總督府警務總監部認

發行者 宗教師 鄭薰謨

邊 邊

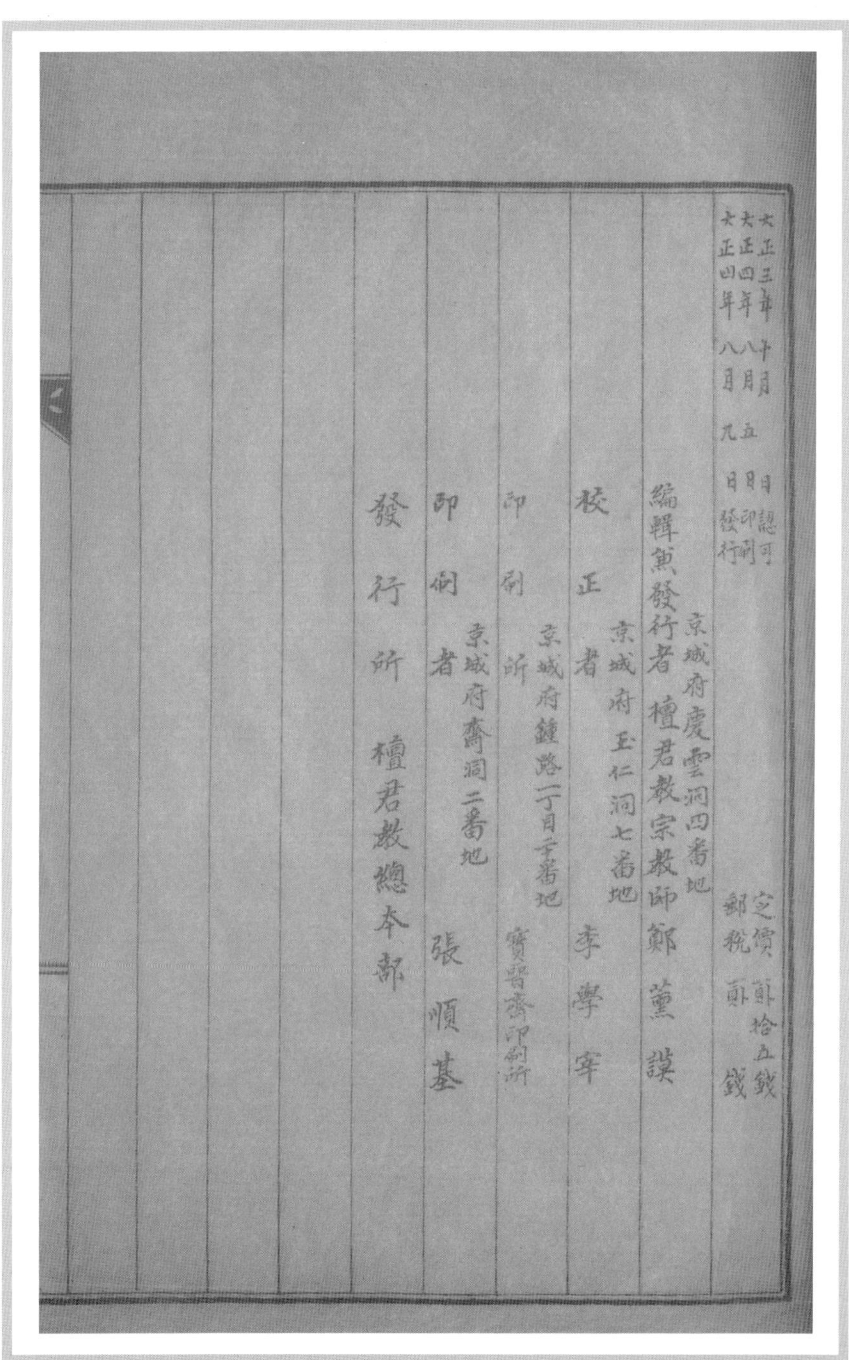

大正三年十月　日認可
大正四年八月五日印刷
大正四年八月九日發行

定價 貳拾五錢
郵稅 貳錢

編輯兼發行者　京城府慶雲洞四番地　檀君教宗教師 鄭薰謨

校正者　京城府玉仁洞七番地　李學宰

印刷所　京城府鍾路一丁目二十番地　寶晉齋印刷所

印刷者　京城府喬洞二番地　張順基

發行所　檀君教總本部

『단군교예식』

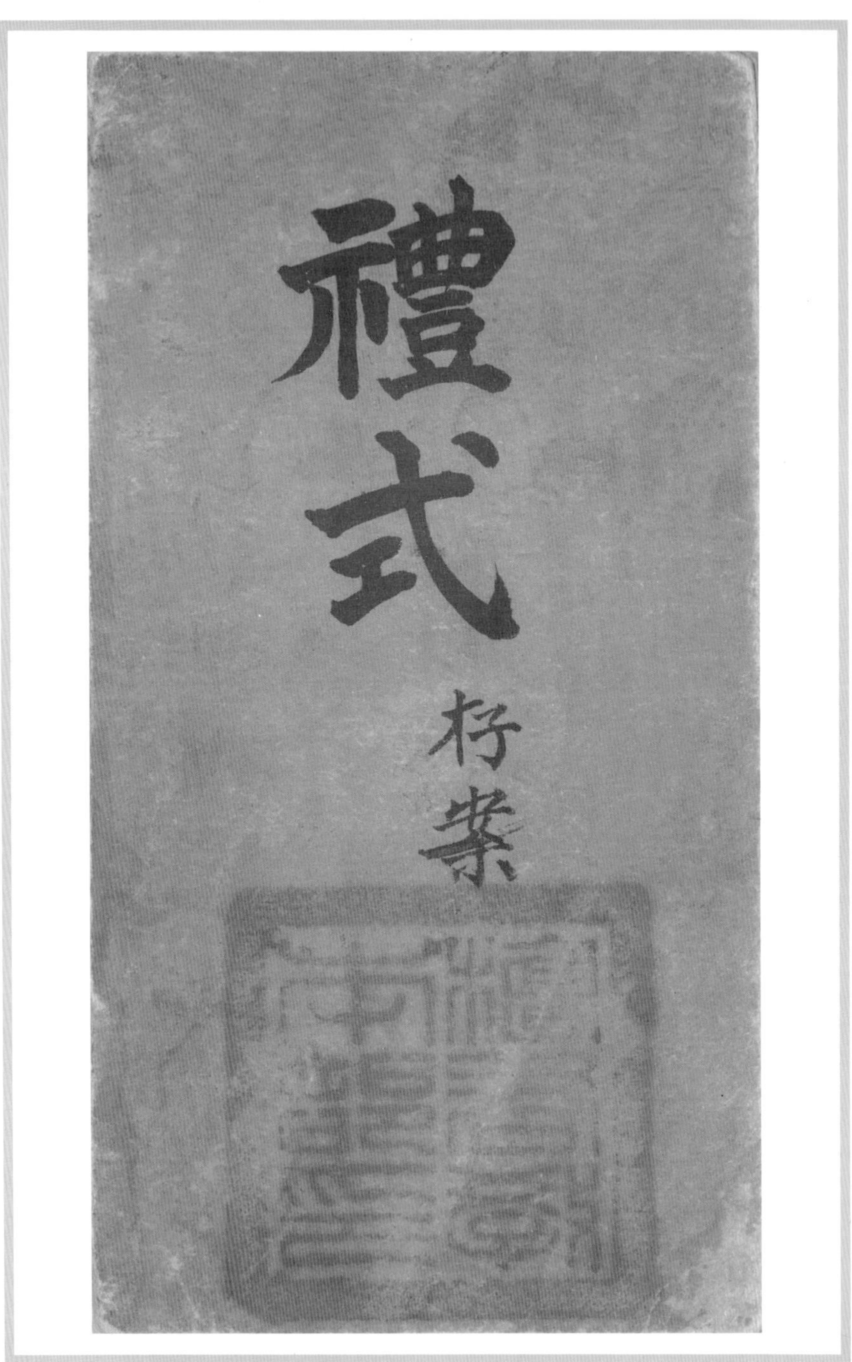

317 『단군교예식』 영인본

檀君教禮式

○奉教祝文

維 紀元四千二百五十 年某年某月某日大宗師鄭

薰謨敢昭告于

一神上帝、性靈元祖、化身降世、出震建極、

啓覺濟迷、無不容在、導修天職、正名化福、

今以 姓名、奉教趨化、俾彰神機、功圓三一、

○朔茶禮祝

維 紀元四千二百五十 年干支月(干支朔)日干支 大宗師鄭
薰謨敢昭告于
開天生民施化天尊 檀帝神祖月旣改建 日以上
吉謹以酒果式陳明禋尚
饗
○四仲節祭祝
維 紀元四千二百五十 年干支 月干支朔日干支 大宗
師姓名敢昭告于
開天生民施化天尊 檀帝神祖天停迭遷

春則万物俱熙 夏則万像咸備 秋則霜露既濡 冬則一陽始生 報本之誠罙久罙切

謹以齍粢式陳明禋尚

饗

○降御大祭祝 十月三日

維 紀元四千二百五十年干支月干支朔日干支大宗師

姓名敢昭告于

開天生民施化天尊 檀帝神祖伊辰降祥肇化東

土生靈承佑誠念報本謹以齍粢式陳明禋尚

○昇御大祭祝 三月十五日

維 紀元四千二百五十 年干支月干支朔日干支 大宗師

姓名敢昭告于

開天生民施化天尊、檀帝神祖、垂敎建極、澤流万世、

玆辰 昇御、如在洋洋、彌遠彌近、追慕惟新謹

以馝芬、式陳明禋、尚

饗

任帖告由

維 紀元四千二百五十年 月 日 大宗師 姓名敢昭告于

開天生民施化天尊、檀帝神祖、聖靈之下今以教人 姓名、

爲本教 某任、性本順良志無虛詐、一心信奉、本教主

義才能幹辨、處事綜詳、畀付教任、期在擴張、衆

望攸屬、冀垂

鑑格、

頌德文

人依神神依人乃天地陰陽相配之道、
祖有孫孫有祖實彜倫綱常所由之源、伏惟我
檀帝、太白神人、出鴻濛肇判之世、東方聖祖、秉龍德正中之權、
驅禽獸造胚胎、持天符三印之寶、輔弼有一二賢臣、
闢山野教稼穡、設人紀八理之行、推戴至三千團部、
浿水風雲聿定君位、曷不休哉、塗山玉帛竟成隣儀、猗歟盛矣、遂為之歌、歌曰、

誰是我之始祖　誰是我之聖師　有生必有祖

檀帝天祖聖靈　檀帝聖靈在上冥冥　有教必有師

背師忘祖　生男生女是誰之恩　何以謂之三神

非歟則夷　檀帝三神始造人民　曰天曰人曰神

壽福康寧　童穉辮髮謂之檀戒　始構家屋使之同居

肇錫佳名　不忘恩分明　檀帝聖祖遺德

家家成造之祭　蠲吉於十月之上旬　教民耕農是誰之功

檀域遺風閱千禩而不易　檀帝賢臣高矢禮

農民對飯先呼高矢禮 分定道路是誰之事 區別水陸

不忘本之遺制 檀帝賢臣彭吳 開拓荒蕪

由是觀之 聖祖是檀帝 食我檀帝 生亦檀帝

聖師是檀帝 衣我檀帝 歸亦檀帝

檀是我祖 惟我檀帝 凡我同胞

檀是我天 嗚呼不忘 共保綠陽

禮拜笏記

諸教人詣 聖塌前整立 典禮捧帳

大宗師焚香鞠躬四拜興平身 諸教人一切鞠躬

四拜跪 典禮讀頌德文一遍 諸教人覺辭念誦

二十一遍 諸教人俯伏 讀祈禱文 默禱

諸教人一切平身 鞠躬四拜退典禮降帳

講師講演 或頌德歌

祭禮笏記

獻官及諸執事各服其服就門外位序立 典祀引 初獻
官詣 聖靈前點視陳設 右點視 執禮典祀詣盥洗位盥
手帨手就拜位皆北向鞠躬四拜俯伏興平伸 祝以下諸執
事詣盥洗位盥手帨手各就位 執事洗爵置於坫 典祀進
獻官之左白有司謹具請行事 獻官祝執事以下在位者
皆鞠躬四拜俯伏興平伸 右參神 典祀引初獻官詣盥洗位盥
手帨手詣 聖靈前跪 執事一人奉香盒一人奉香爐跪進
獻官小退跪三上香 執事者奠香爐香盒于香案上

執事者以幣篚授獻官 獻官以授祝 祝奠于 聖靈前

獻官降復位(右降神奠幣) 典祀引初獻官詣尊所西向立 執事者

擧冪酌醴齊因詣 聖靈前跪 執事者以爵授獻官

獻官奉爵以授執事 執事奠于 聖靈前 獻官俯伏興

少退跪 祝就 聖靈之右東向跪讀祝文 獻官降復位(右初獻禮)

典祀引亞獻官詣盥洗位盥手帨手詣尊所西向立 執事者擧冪

酌盎齊因詣 聖靈前跪 執事者以爵授獻官 獻官奉爵以授

執事 執事奠于 聖靈前 獻官降復位(右亞獻禮)

典祀引終獻官詣盥洗位盥手帨手詣尊所西向立 執事

者擧冪酌清齊因詣 聖靈前跪 執事以爵授獻官

獻官奉爵以授執事 執事奠于 聖靈前 獻官降復位 右終獻禮

典祀引贊 爵官薦俎官陞自東階詣飮福位西向立 大祝詣

聖靈前進減胙肉小許飮福位東向立 典祀引獻官陞自

東階詣飮福位北向跪 大祝以爵授贊爵官 贊爵官

西向跪授獻官 獻官受爵飮卒爵 獻官以爵授贊

薦俎官西向跪授獻官獻官受胙肉 獻官降復位 右飮福受胙

三獻官皆鞠躬四拜俯伏興平伸 大祝陞自東階詣

聖靈前撤籩豆小移 獻官祝執事以下在位者皆鞠

躬四拜俯伏興平伸 右辭神禮 祝陞自東階詣 聖靈前

以篚取祝幣詣望燎位 典祀引初獻官詣望燎位

監視焚之 獻官復位 典祀進獻官之左白禮畢 典祀

引三獻官以次出 執禮率典祀就拜位皆鞠躬四拜俯伏

興平伸以次出 典禮率諸執事撤饌降帳以次出

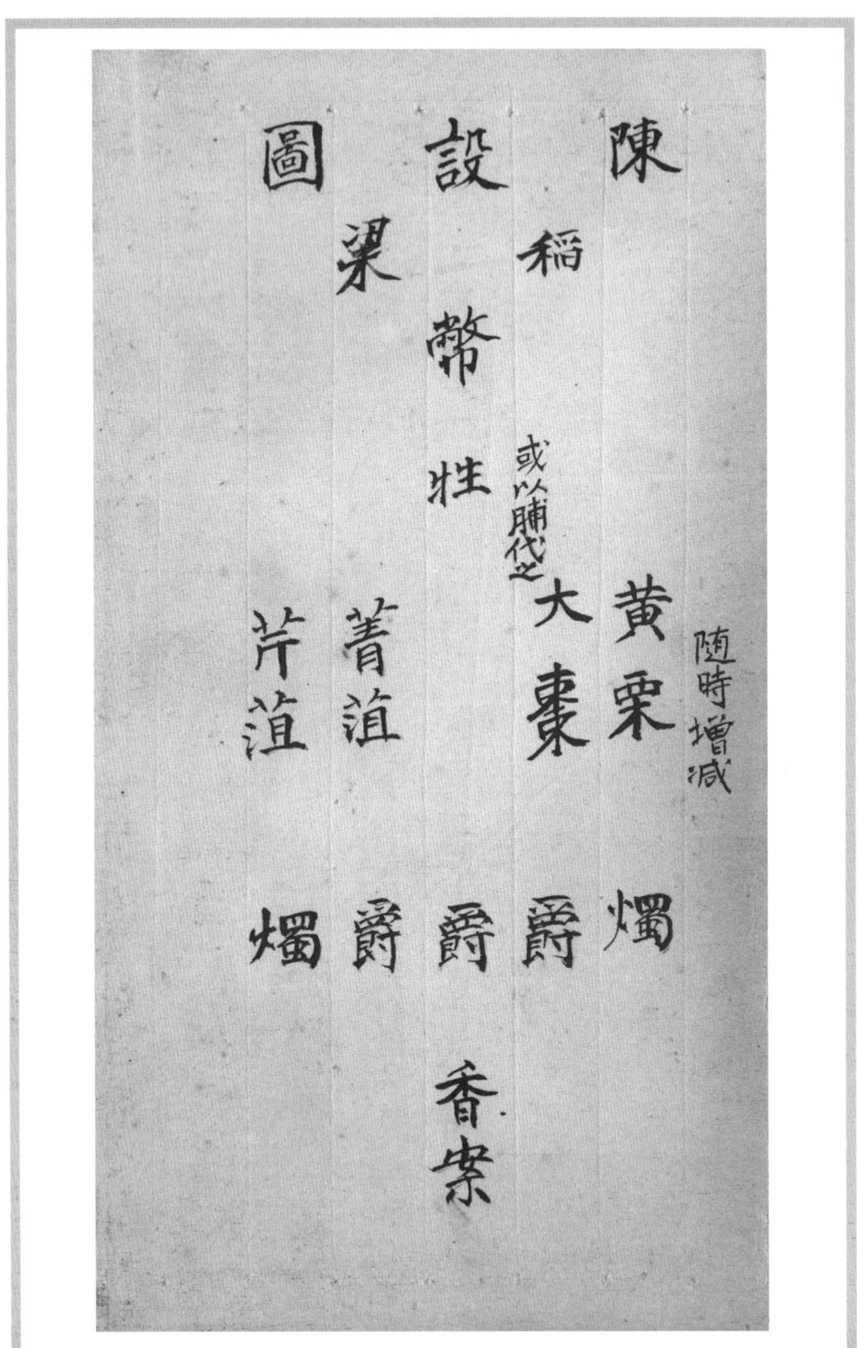
陳設圖
稻
粱
幣
牲
或以脯代之
黃栗
大棗
隨時增減
菁菹
芹菹
燭
爵
爵
爵
燭
香案

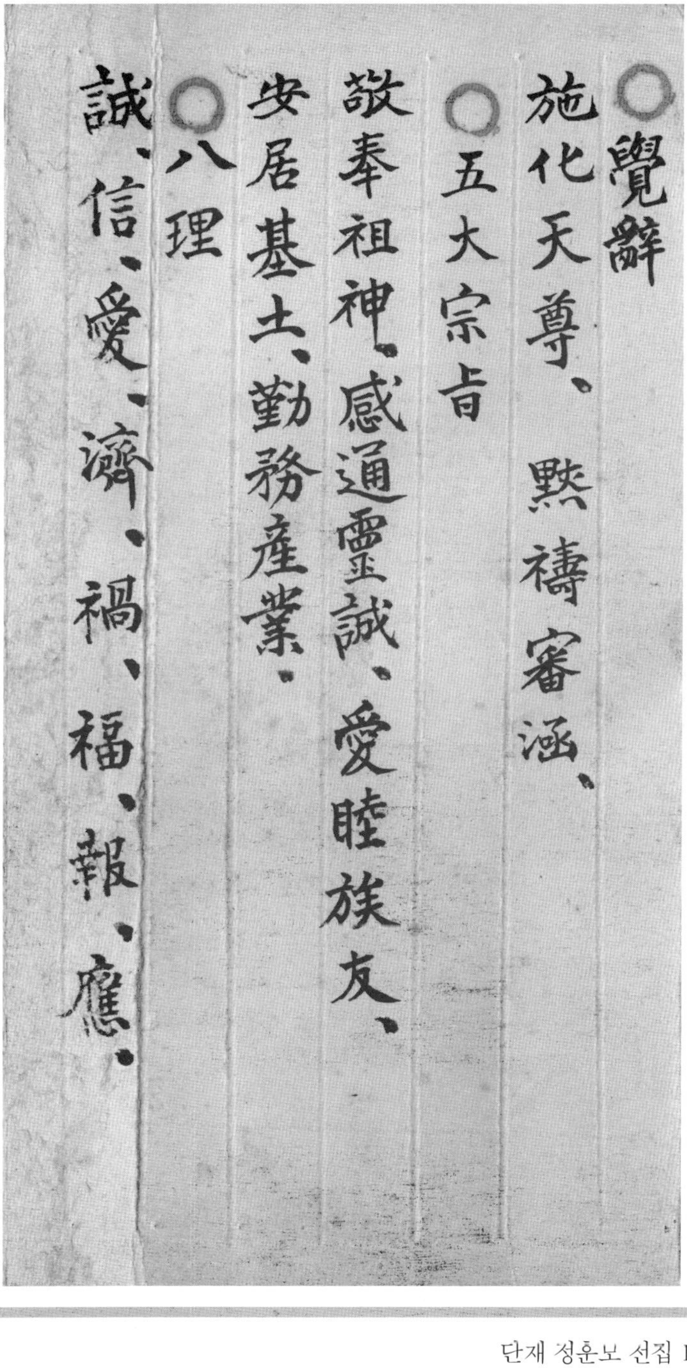

○覺辭

施化天尊、黙禱審涵、

○五大宗旨

敬奉祖神、感通靈誠、愛睦族友、

安居基土、勤務産業、

○八理

誠、信、愛、濟、禍、福、報、應、

○八戒命

不欺天、不自棄、不妄語、不怨想、

不邪淫、不妬忌、不偷盜、不驕奢、

○天符經 八十一字

一始無始一析三極無盡本天一一地一二

人一三一積十鉅無匱化三天二三地二三

人二三大三合六生七八九運三四成環五七

一妙衍万往万來用变不動本本心本太陽

昂明人中天地一一終無終一

檀君天符經八十一字、崔致遠解神志篆、

誦亨壽福、藏退災殃、

祈禱文

在天ᄒᆞ신、우리

檀帝聖靈이시니、無所不照ᄒᆞ시고、無物不照ᄒᆞ

신、우리

檀帝聖靈이시니、져의 等이 生我活我ᄒᆞ신、

聖靈의恩惠를專히아옵지못ᄒᆞ옵고、自欺ᄒᆞᆫ罪
를、만이지엇ᄉᆞᆸᄂᆞ니다、오날ᄂᆞᆯ저의愚昧ᄒᆞᆫ輩이特
別ᄒᆞ신、恩惠를입ᄉᆞᆸ고、聖靈下에來ᄒᆞ와、前罪를、
悔改ᄒᆞ오니、在天ᄒᆞ신、聖靈이시여、시精誠을、
眷愛ᄒᆞ옵시기를、祈禱ᄒᆞ옵ᄂᆞ니다、
聖靈이시녀、感應ᄒᆞ옵소셔、

○原本神歌

어아어아、나리한비금가미고이、비달나라나리다모、
(我等 大祖神 大恩德 倍達國我等 皆)

골잘너나도가오쇼、
(百百千千年勿忘)

어아어아、차마무가하라다시、거마무니설데다라、
(善心大弓成 惡心矢的成)

나리골잘다모하라두리온차마무、
(我等百百千千人皆大弓弦同善心)

구설ᄒᆞ나마무온다、
(直心一心同)

어아어아、나리골잘다모하라ᄒᆞ니、
(我等百百千千皆大弓一)

무리설데마부리야、다미온다차마무나、
(衆多矢的貫破 沸湯同善心中)

一 하나우모거마무다、(雪愧 惡心)

어아〻〻、나리골잘다모한라고 빠온마무、(我等百〻千〻人 皆大弓 堅勁同心)

빌달나라달이호쇼、(倍達國光榮) 골잘너나가미고이、(百〻千〻年大恩德)

나리호비금나리한비곰、(我等大祖神〻〻〻〻)

○解明神歌

어아〻〻、우리大皇祖노픈恩德、倍達國에우리더리、

百千萬年잇지마세.

어아〻〻、善心은활이되고、惡心은貫녁이라、

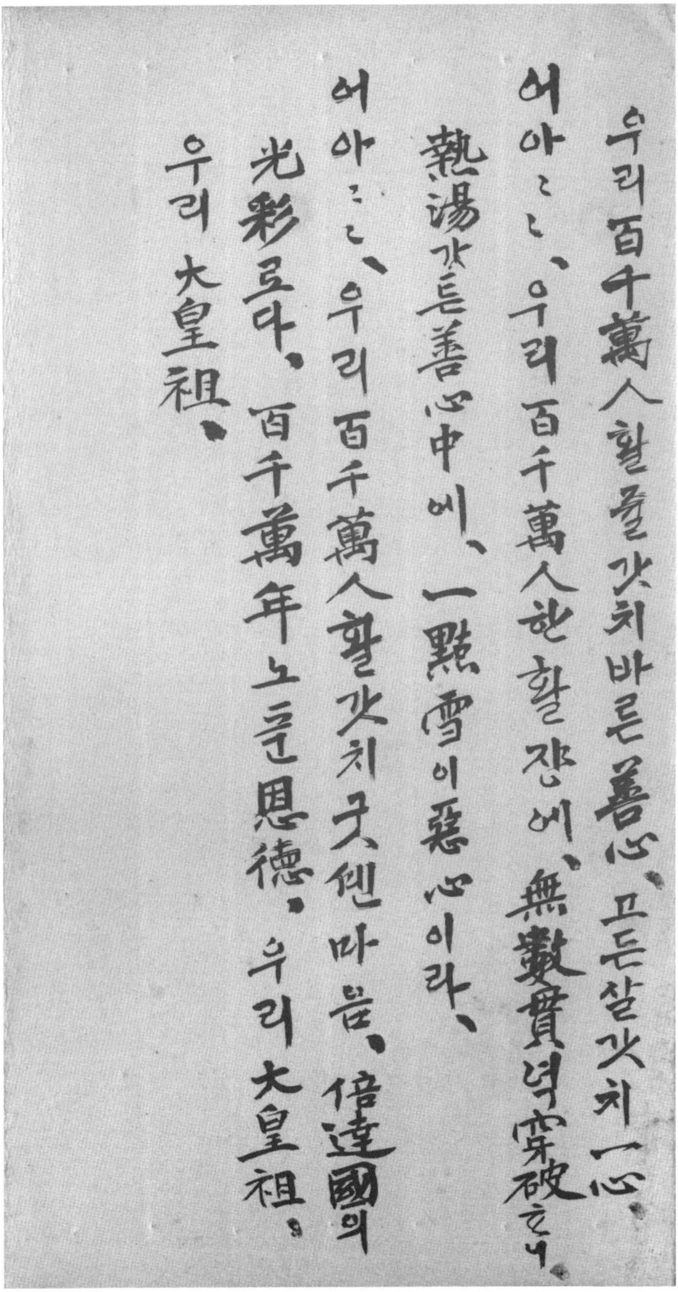

우리百千萬人활줄갓치바른善心、고든살갓치一心、
어아〻〻、우리百千萬人한활쟝에、無數貫녁穿破ᄒᆞ니、
熱湯갓튼善心中에、一點雪이惡心이라、
어아〻〻、우리百千萬人활갓치굿센마음、倍達國의
光彩로다、百千萬年노픈恩德、우리大皇祖、
우리大皇祖、

「향사홀기」·「축문식」·「단배식홀기」·「송덕문」

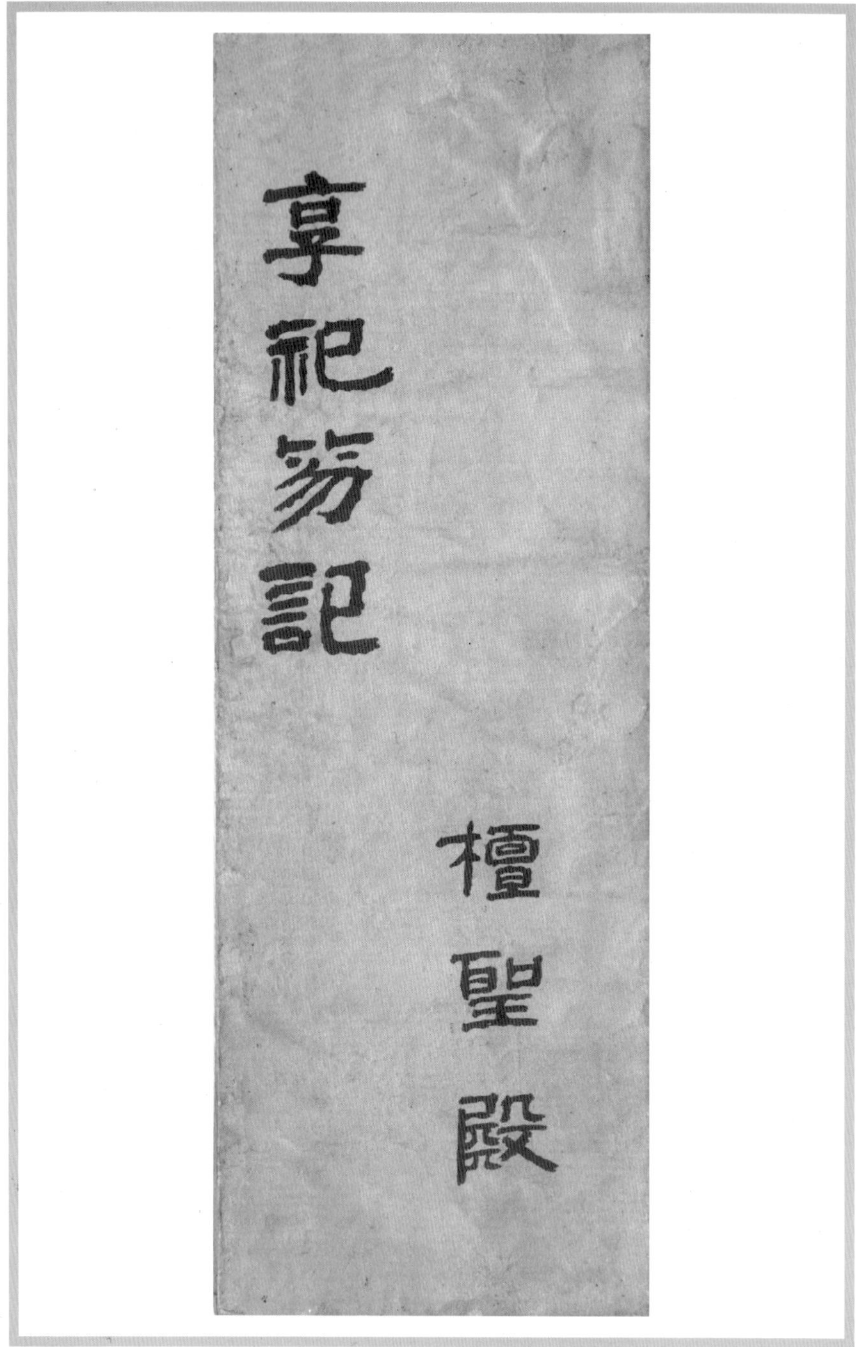
享祀笏記
檀聖殿

○獻官及諸執事各服其服就門外位序立○贊引引初獻官陞詣點視陳設○(右點視)典禮率諸執事詣盥洗位盥手帨手就拜位皆北向鞠躬四拜俯伏興平伸○祝詣盥洗位盥手帨手陞詣捲帳○執事者洗爵拭爵置於坫○

贊引進獻官之左白有司謹具請行事○獻官祝以下在位者皆鞠躬四拜俯伏興平伸(右叅神)○贊引引初獻官詣盥洗位盥手帨手詣香案前執笏○奉香一人奉香盒奉爐一人奉香爐跪進○獻官小退跪搢笏三上香

○奉爐奉香奠香爐香盒于香案上○執事者以幣篚授獻官

○獻官以授祝祝執幣獻○贊引引獻官降復位(右降神奠幣)

○贊引引初獻官詣尊所西向立○司尊舉冪酌

醴齊因詣香案前執笏跪○奉尊以爵授獻官○獻官

搢笏奉爵以授奠爵奠爵執爵獻爵○獻官俯伏興

少退跪○祝就獻官之左東向跪讀祝文○贊引引

獻官降復位(右初獻禮)

○贊引引亞獻官詣盥洗位盥手帨手詣尊所西向立

○司尊舉冪酌盎齊因詣香案前執笏跪○奉尊以爵
授獻官○獻官搢笏奉爵以授奠爵奠爵執爵獻爵○
贊引引獻官降復位 右亞獻禮
○贊引引終獻官詣盥洗位盥手帨手詣尊所西向

立○司尊舉冪酌清齊因詣香案前執笏跪○奉尊
以爵授獻官○獻官搢笏奉爵以授奠爵奠爵執
爵獻爵○贊引引獻官降復位 右終獻禮
○贊引引贊爵官薦俎官自東階詣飲福位西向

立○大祝詣進減胙肉小許詣飲福位東向立○贊引
引獻官陞自東階詣飲福位北向跪○大祝以爵授贊
爵官贊爵官西向跪授獻官○獻官受爵飲卒爵○
獻官以爵授贊爵官贊爵官以爵授大祝大祝復

於坫○大祝以胙肉授薦俎官薦俎官西向跪授
獻官獻官受胙肉○贊引引獻官降復位(右飲福受胙)
○三獻官皆鞠躬四拜俯伏興平伸○大祝升自東
階詣撤籩豆小移○獻官祝以下在位者皆鞠躬

四拜俯伏興平伸 右辭神禮
○祝自東階陞詣降帳以篚奉祝幣出正門
詣望燎位○贊引引初獻官詣望燎位監
視焚之○贊引引獻官復位○贊引進獻官
之左白禮畢○贊引引三獻官祝以次出
○典禮率諸執事就拜位皆鞠躬四拜俯
伏興平伸○撤饌以次出○

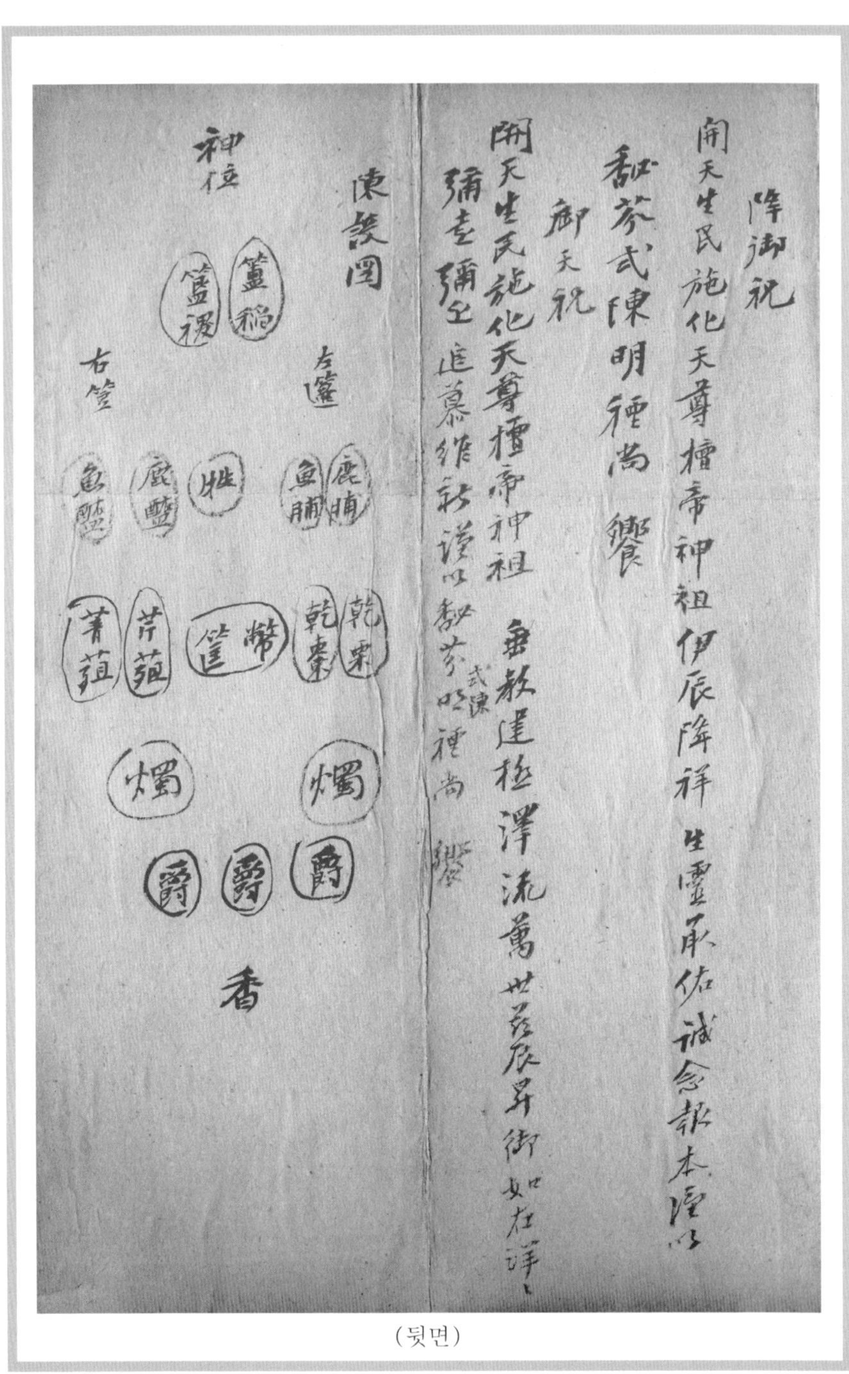
降御祝

開天生民施化天尊檀帝神祖 伊辰降祥 生靈承佑 誠念報本 謹以

黍芬式陳明禮尚 饗

御天祝

開天生民施化天尊檀帝神祖 垂教建極 澤流萬世 茲辰昇御 如在洋洋

彌高彌堅 追慕維新 謹以黍芬 式陳 明禮尚 饗

神位

陳設圖

簠稻 簋稷

左籩 右豆

鹿脯 魚脯 牲 鹿醢 魚醢

乾栗 乾棗 幣篚 芹菹 菁菹

燭 燭

爵 爵 爵

香

(뒷면)

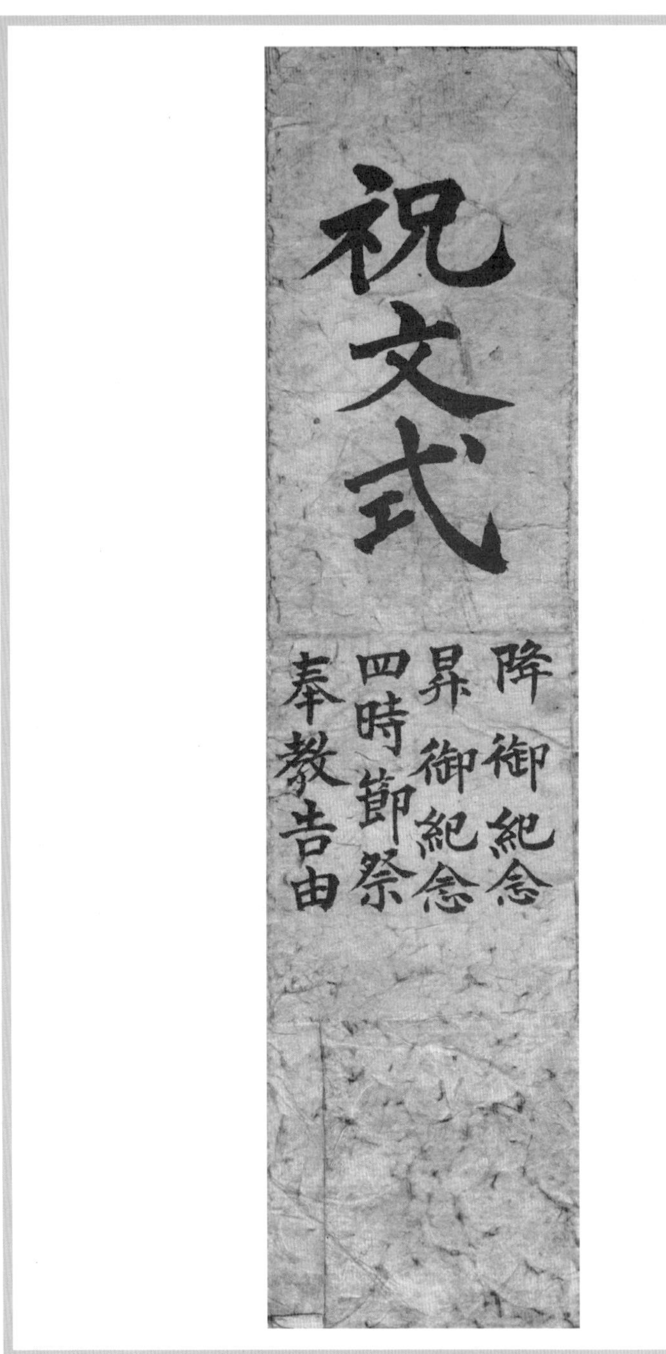

祝文式

降御紀念
昇御紀念
四時節祭
奉教告由

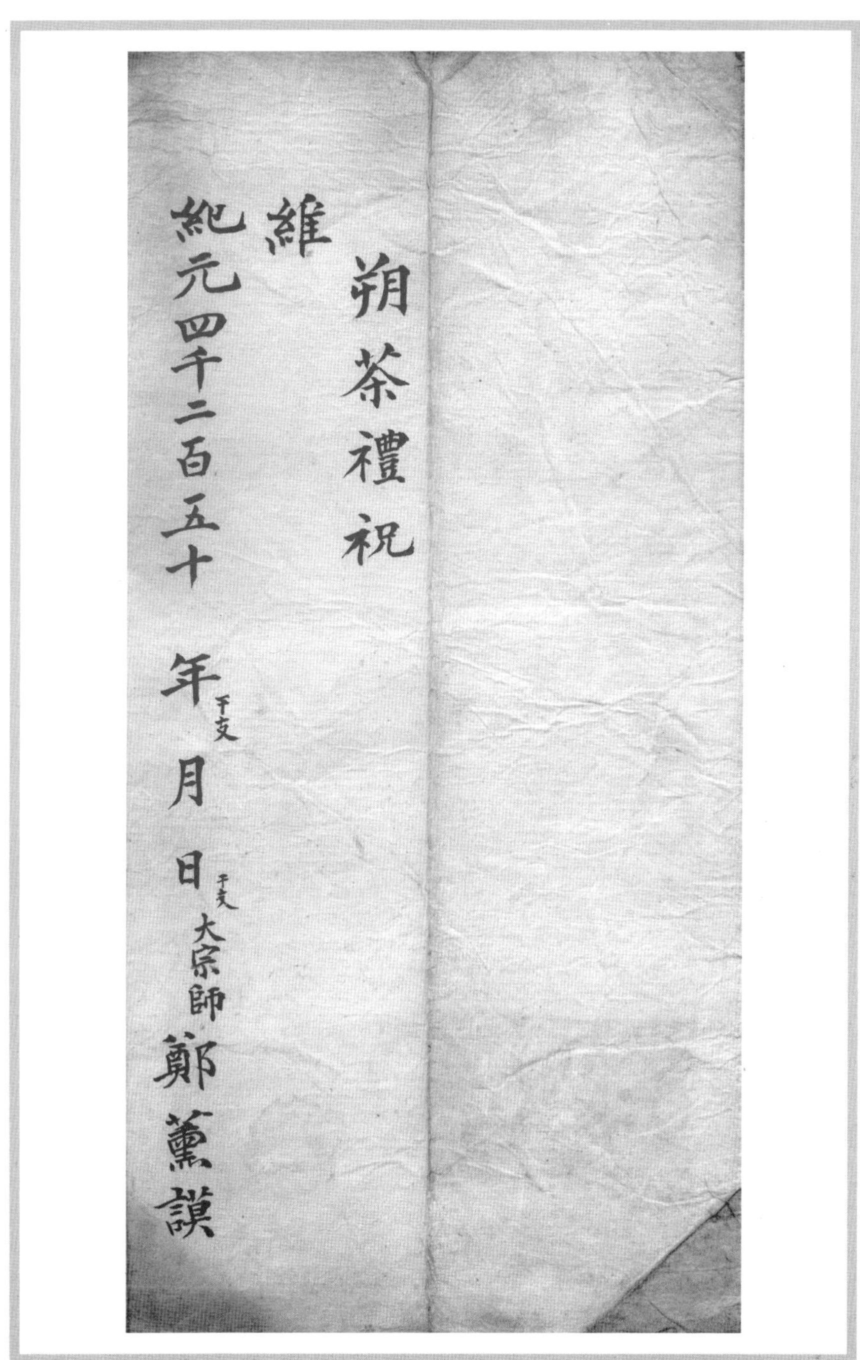

朔茶禮祝

維

紀元四千二百五十　年 干支 月　日 干支 大宗師 鄭薰謨

敢昭告于
開天生民施化天尊
檀帝、神祖月旣改建日以上吉謹以酒果式
陳明禋尚
饗

四仲祭祝

維

紀元四千二百五十 年干支 月干支朔日干支大

宗師姓啣敢昭告于

開天生民施化天尊檀帝神祖天序迭遷春則萬物俱熙夏則萬像咸備秋則霜露旣濡冬則一陽始生報本之誠罙久罙切謹以粢芬式陳明禋

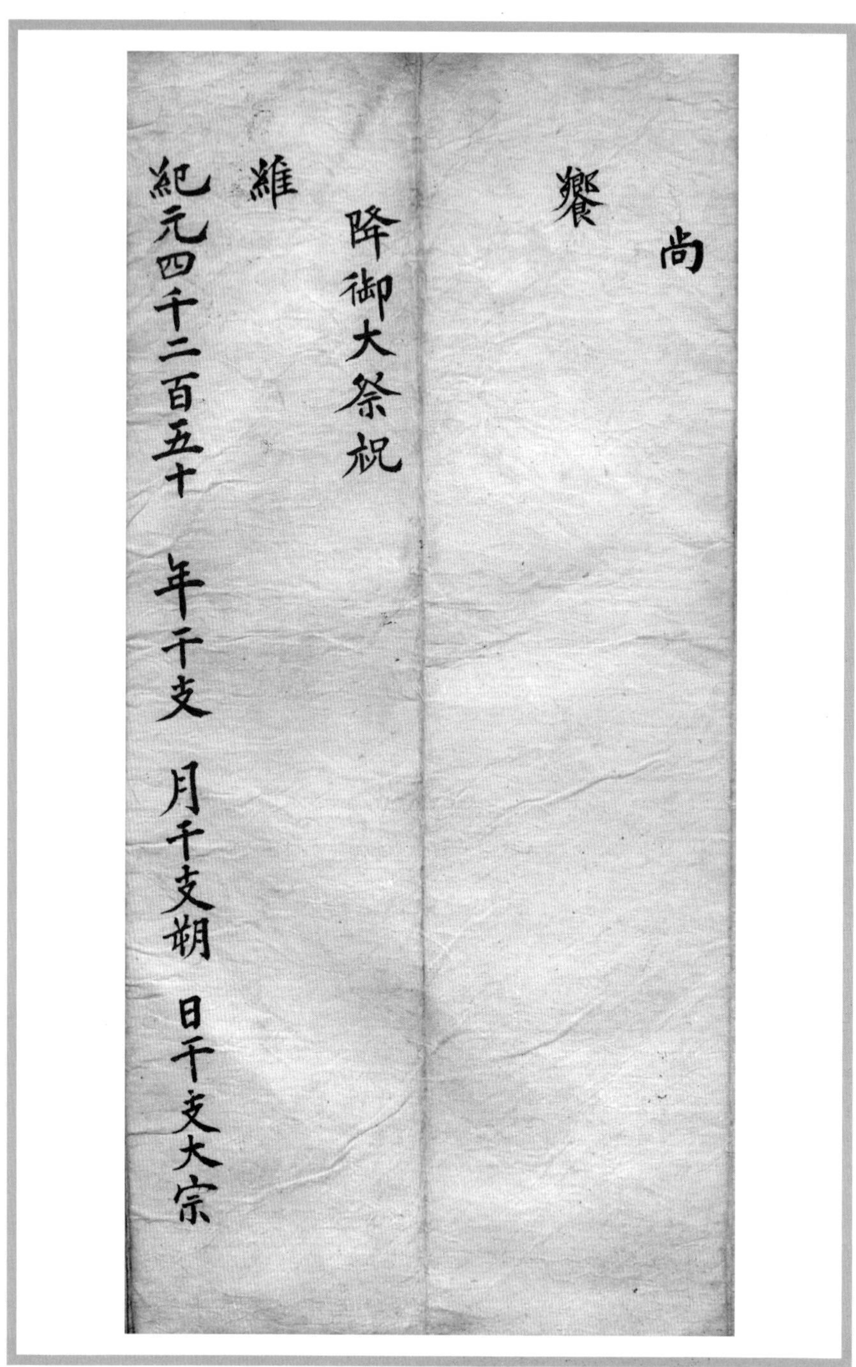

尚

饗

降御大祭祝

維

紀元四千二百五十 年干支 月干支朔 日干支大宗

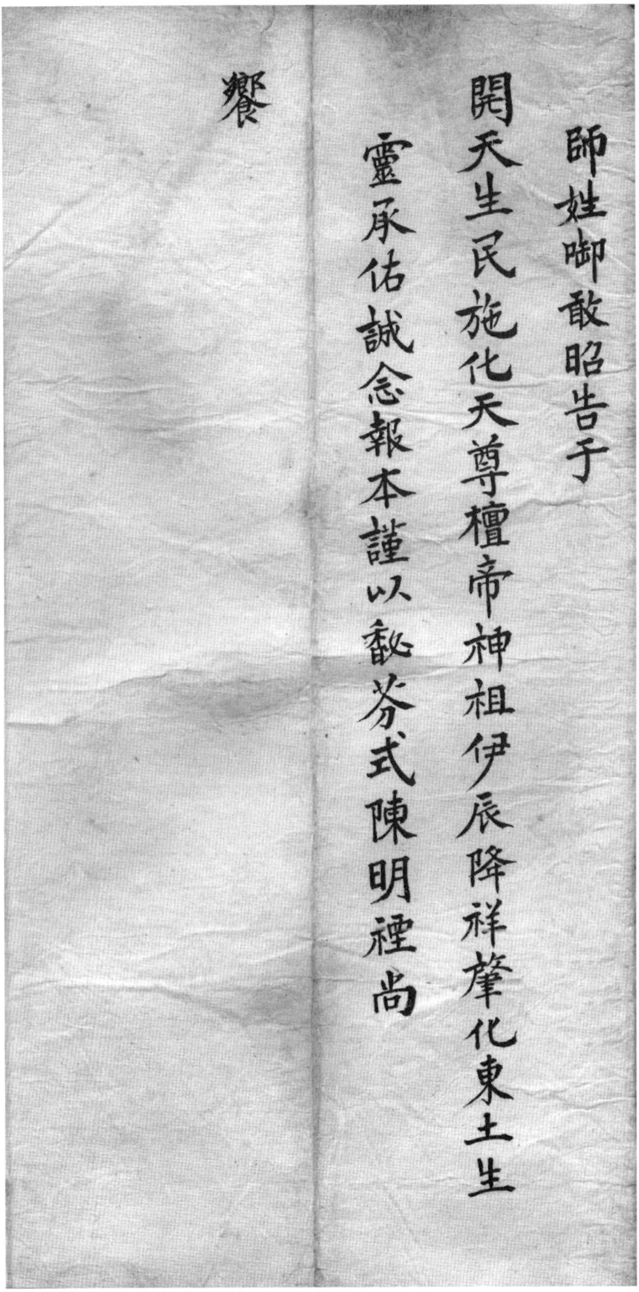

師姓啣敢昭告于
開天生民施化天尊檀帝神祖伊辰降祥肇化東土生
靈承佑誠念報本謹以歆芬式陳明禋尚
饗

昇御紀念大祭祝

維

紀元四千 百 十 年干支三月干支朔十五日干支大

宗師姓啣敢昭告于

闡天生民施化天尊檀帝神祖垂教建極澤流萬世茲

辰 昇御如在洋洋彌遠彌近追慕惟新謹以歆芬式

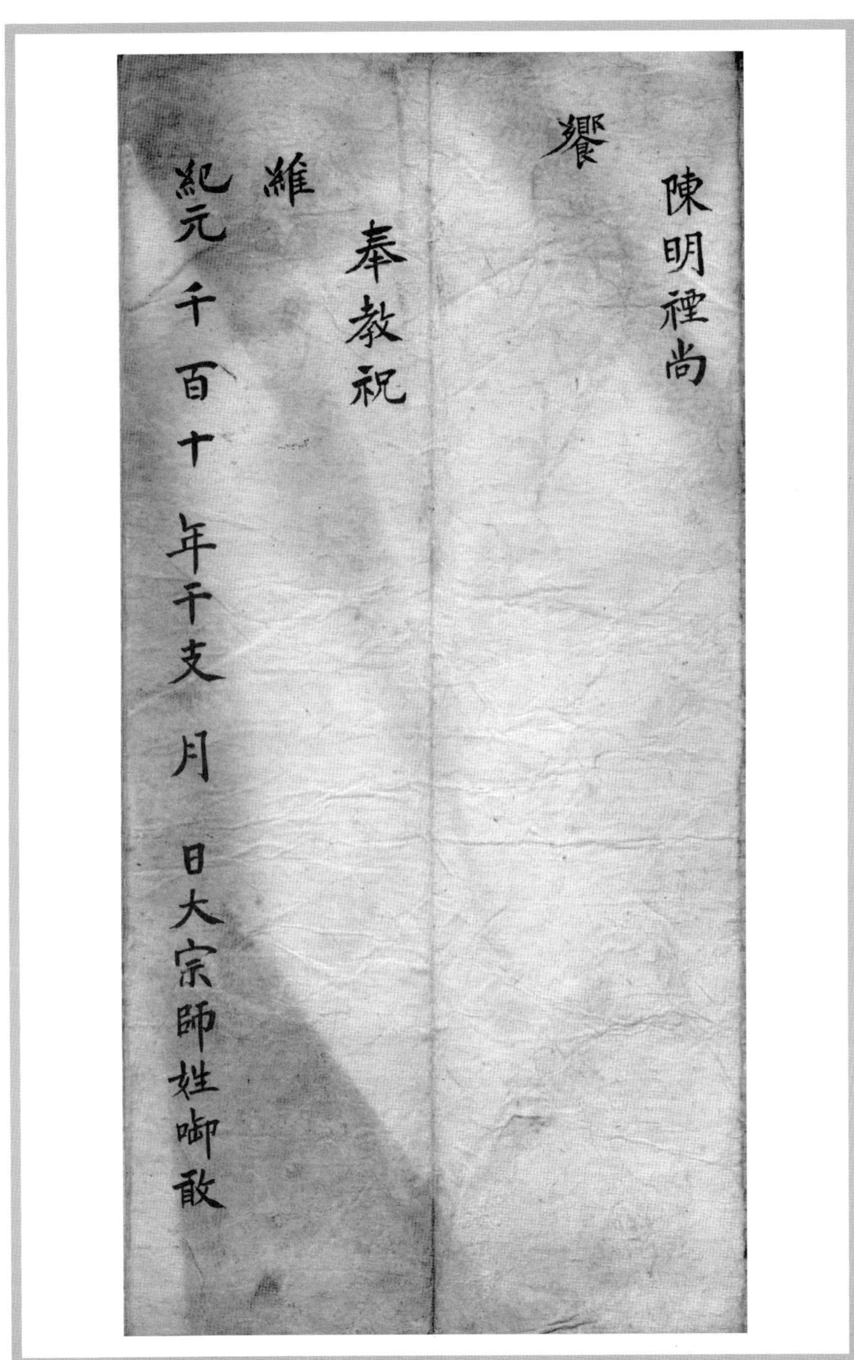

陳明禋尚

饗

奉教祝

維

紀元千 百 十 年干支 月 日大宗師姓啣敢

昭告于
一神上帝、性靈元祖、化身降世、出震建極、天符大道、開教
施化、啓覺濟迷、無不容在、導修天職、正名化福、今以某、
奉教趨化、俾彰神機、功圓三一、

檀拜式笏記

朔祭茶禮笏記附

 「단배식홀기」 영인본

檀拜式笏記

諸教人詣

聖榻前整立 典禮捲帳

大宗師焚香鞠躬四拜興平身

諸教人一切鞠躬四拜跪
典禮讀頌德文一遍
諸教人覺辭念誦二十一遍
諸教人俯伏

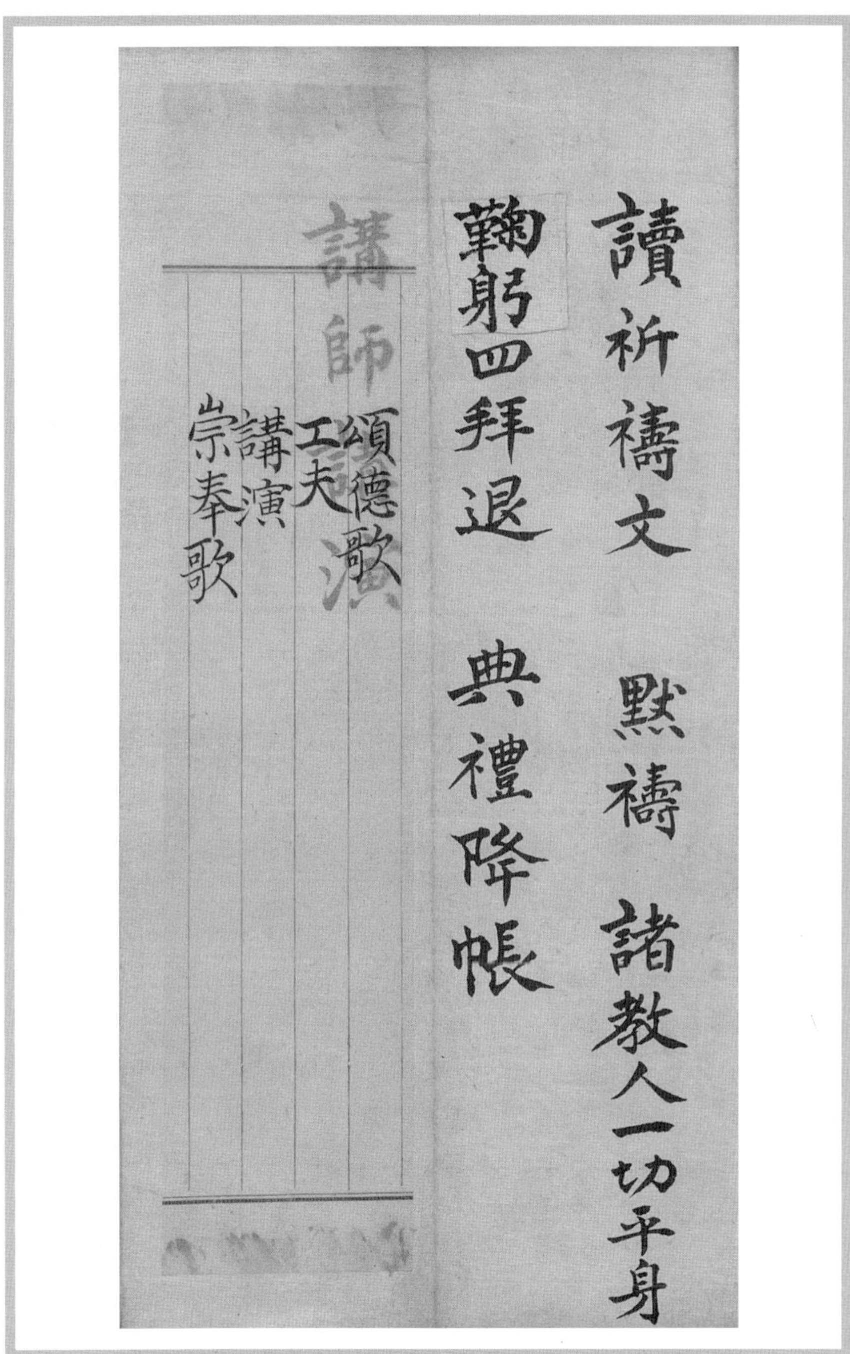
讀祈禱文　默禱　諸教人一切平身

鞠躬四拜退　典禮降帳

講師講演

頌德歌

工夫

講演

崇奉歌

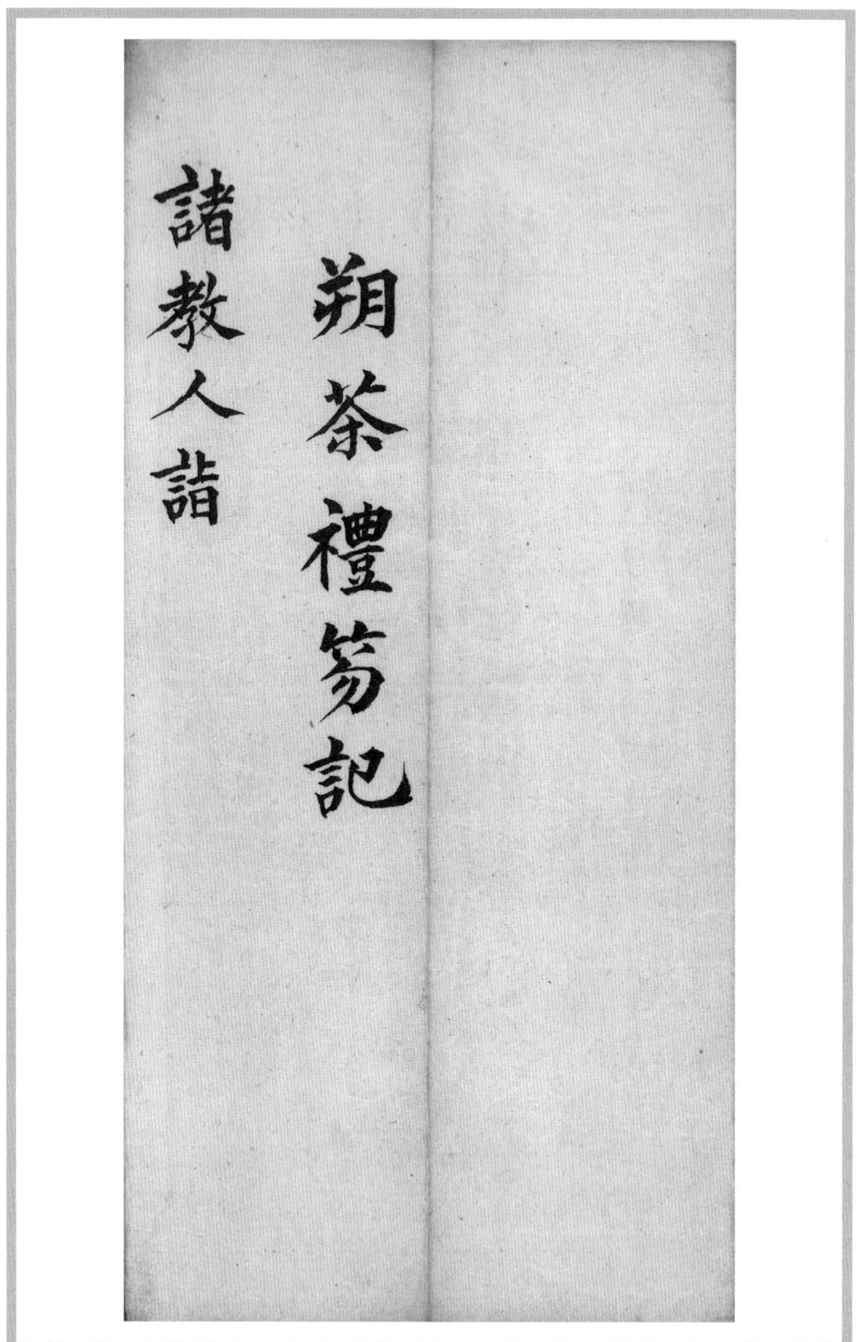

朔茶禮笏記
諸敎人請

聖榻前整立 典禮捲帳

大宗師焚香鞠躬四拜興平身

諸教人一切鞠躬四拜興平身

大宗師獻爵 大宗師以下一切教人跪

典禮讀祝

諸教人一切鞠躬四拜俯伏默禱

諸教人一切興平身

諸教人一切鞠躬四拜興退

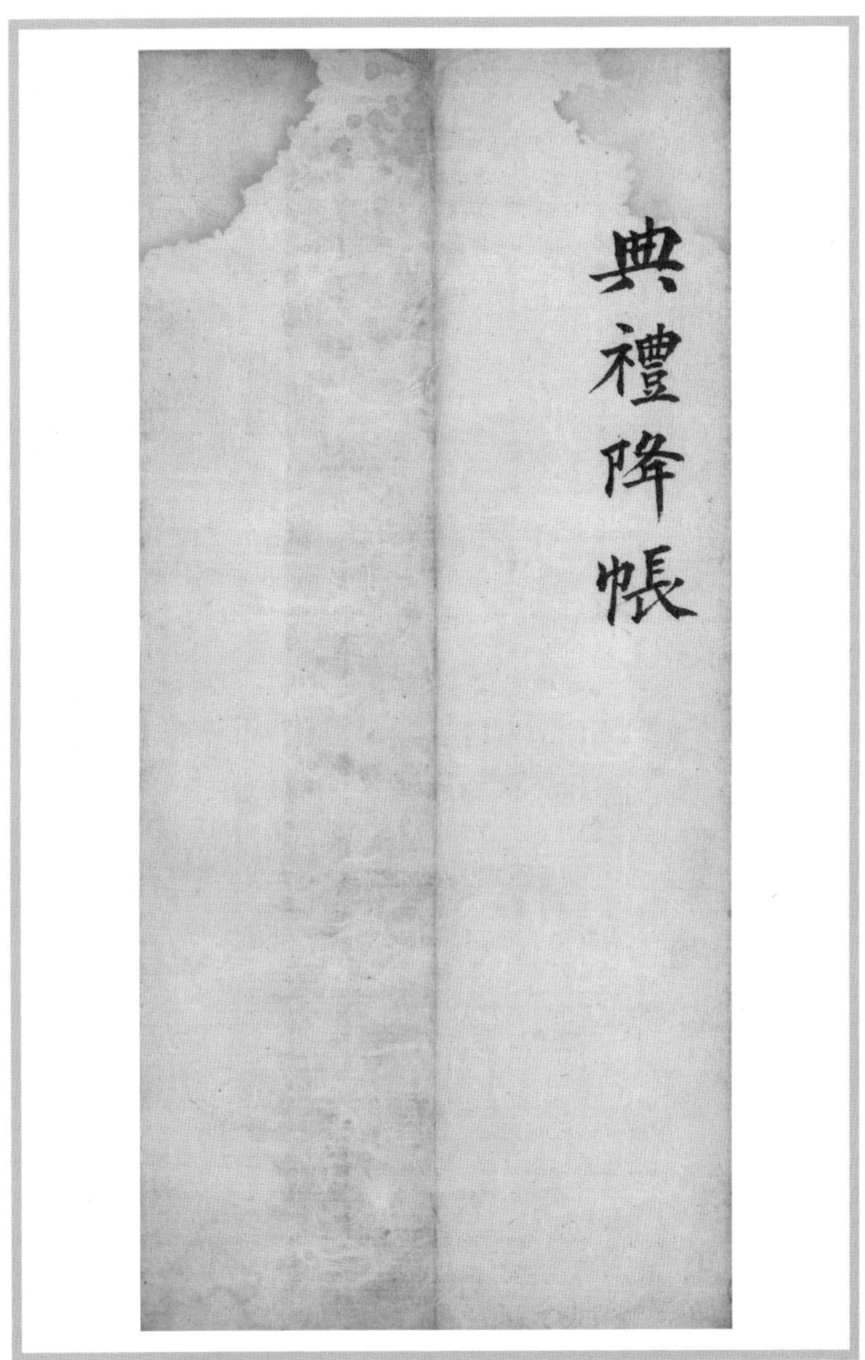
典禮降帳

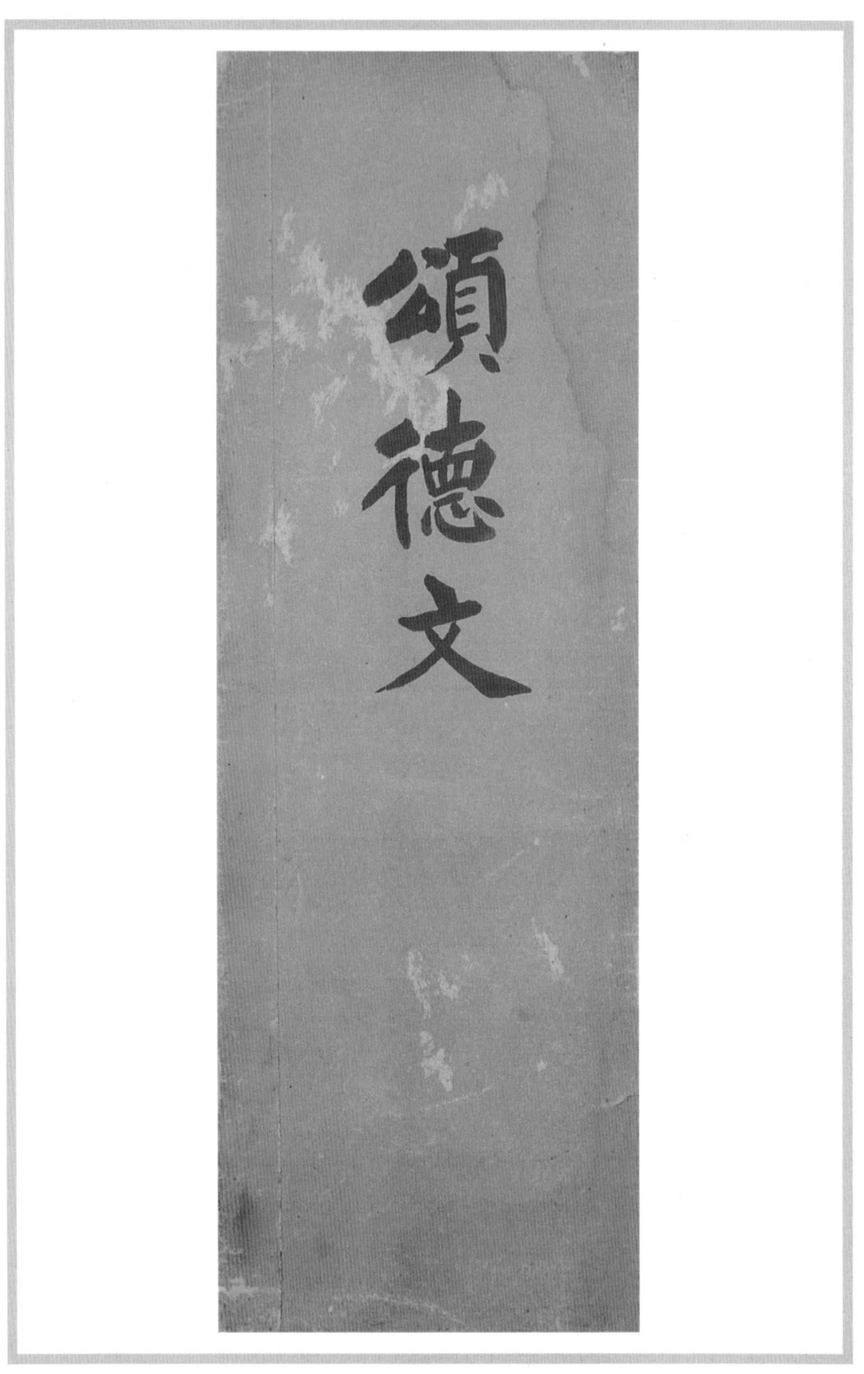

367 「송덕문」 영인본

人依神神依人乃天地陰陽相配之道
祖有孫孫有祖實彝倫綱常所由之源 伏惟我 檀帝 太白神人 東方聖祖

出鴻濛肇判之世 驅禽獸造胚胎持天符三印之寶
秉龍德正中之權 闢山野教稼穡設人紀八理之行

輔弼有一二賢臣 須水風雲雷定君位 曷不休哉
推戴至三千團部 塗山玉帛竟成隣儀 猗歟盛矣

遂爲之歌歌曰 誰是我之始祖 誰是我之聖師
檀君天祖聖靈 檀君聖靈在上冥冥

有生必有祖 背師忘祖 生男生女是誰之恩
有敎必有師 非獸則夷 檀君三神始造人民

何以謂之三神 壽福康寧 童稗辮髮謂之檀戒
曰天曰人曰神 肇錫佳名 不忘恩分明

始構家屋使之同居 家家成造之祭蠲吉於十月之上旬

檀君聖祖遺德 檀域遺風閱千禩而不易

教民耕農、是誰之功 農民對飯先呼高矢禮

檀君賢臣高矢禮 不忘本之遺制

分定道路是誰之事 區別水陸 由是觀之聖祖是檀君

檀君賢臣彭吳 開拓荒蕪 聖師是檀君、

食我檀君、生亦檀君、 檀是我祖 惟我檀君

衣我檀君、歸亦檀君 檀是我天 嗚呼不忘

凡我同胞

共保綫陽

「단군교종헌 출판허가서」

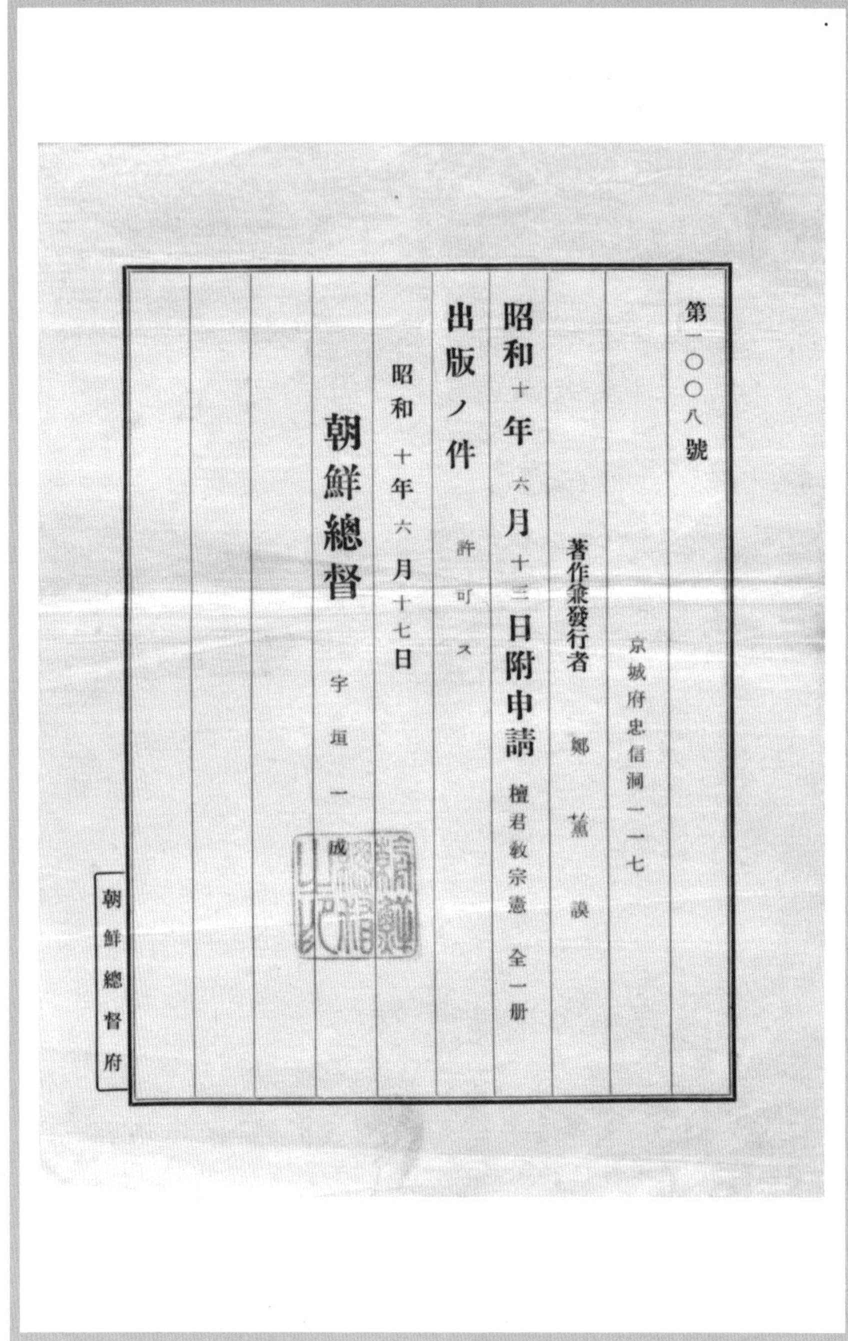

第一〇〇八號

京城府忠信洞一一七

著作兼發行者　鄭薰謨

昭和十年六月十三日附申請　檀君敎宗憲　全一册

出版ノ件　許可ス

昭和十年六月十七日

朝鮮總督　宇垣一成

朝鮮總督府

371　「단군교종헌 출판허가서」

부록1 : 「입교의절」 · 「봉교절차」 · 「봉교과규」

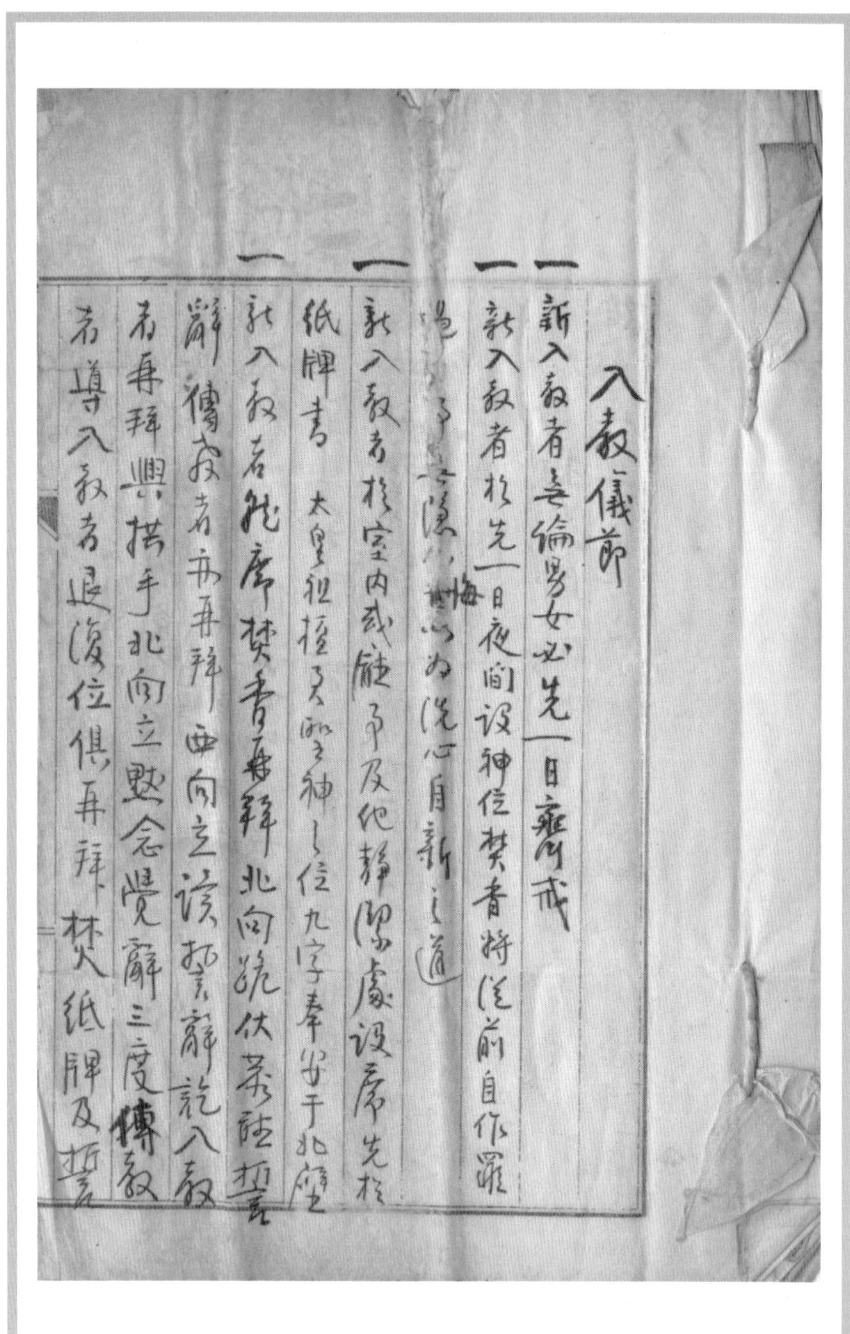

入教儀節

一 新入教者無論男女必先一日齋戒

一 新入教者於先一日夜間設神位焚香將從前自作罪過惡一一懺悔以為洗心自新之道

一 新入教者於室內或庭宇及他靜潔處設席先於紙牌書 太皇祖天神之位九字奉安于北壁

一 新入教者就席焚香再拜北向跪伏恭聽誓辭傳教者亦再拜西向立讀誓辭訖入教者再拜興拱手北向立默念覺辭三度傳教者導入教者退復位俱再拜焚紙牌及誓

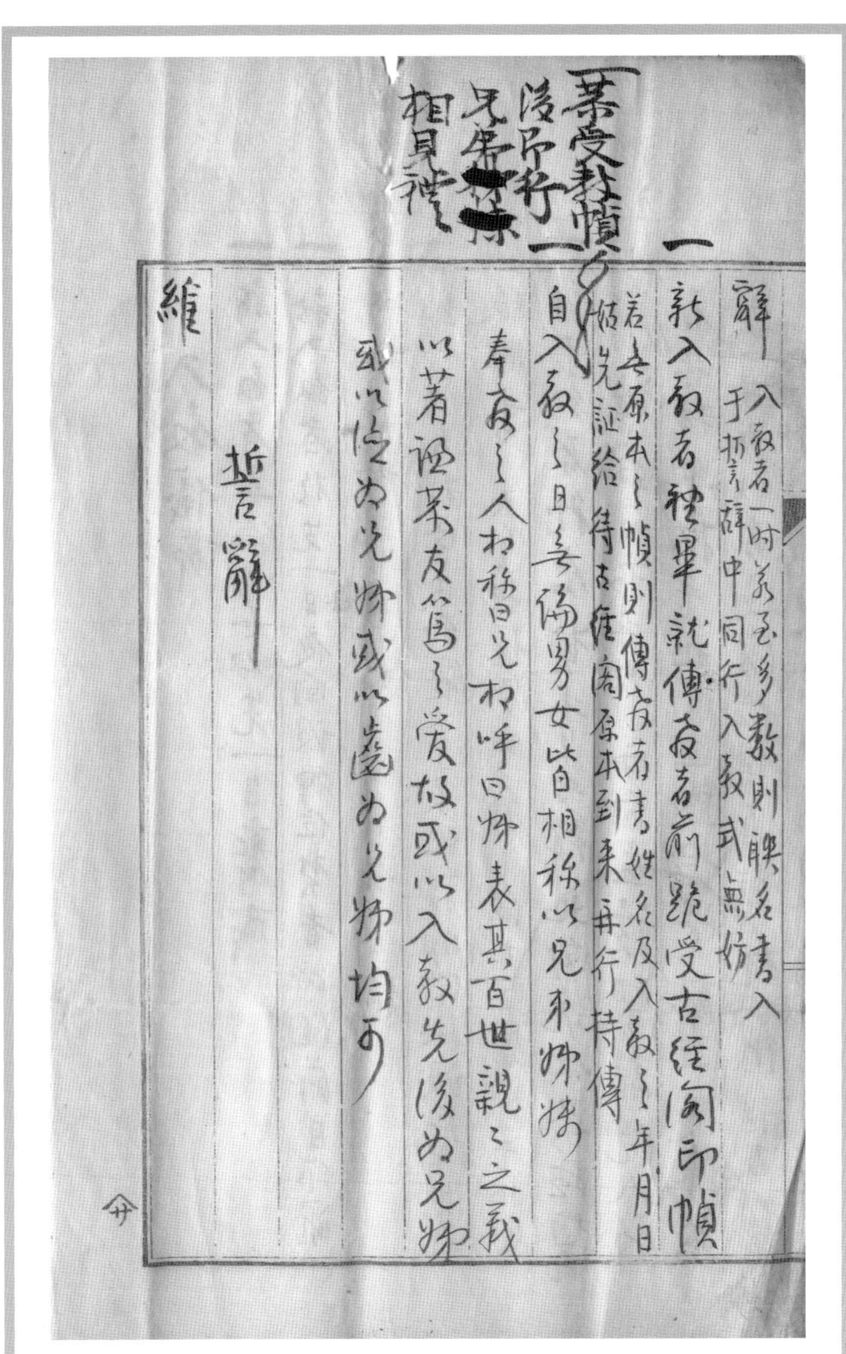

一 某受教幀

法師行

兄■■

相見禮

辭 入教者一時衆至多數則暎名書入于誓辭中同行入教式無妨

新入教者禮畢就傳教者前跪受古經阁印幀

若無原本之幀則傳教者書姓名及入教之年月日仿先証給待古經阁原本到来再行持傳

自入教之日無論男女皆相稱以兄弟姊妹

奉教之人相稱曰兄相呼曰姊表其百世親親之義

以著證茅友篤之愛故或以入教先後為兄姊

或以位為兄姊或以齒為兄姊均可

誓辭

維

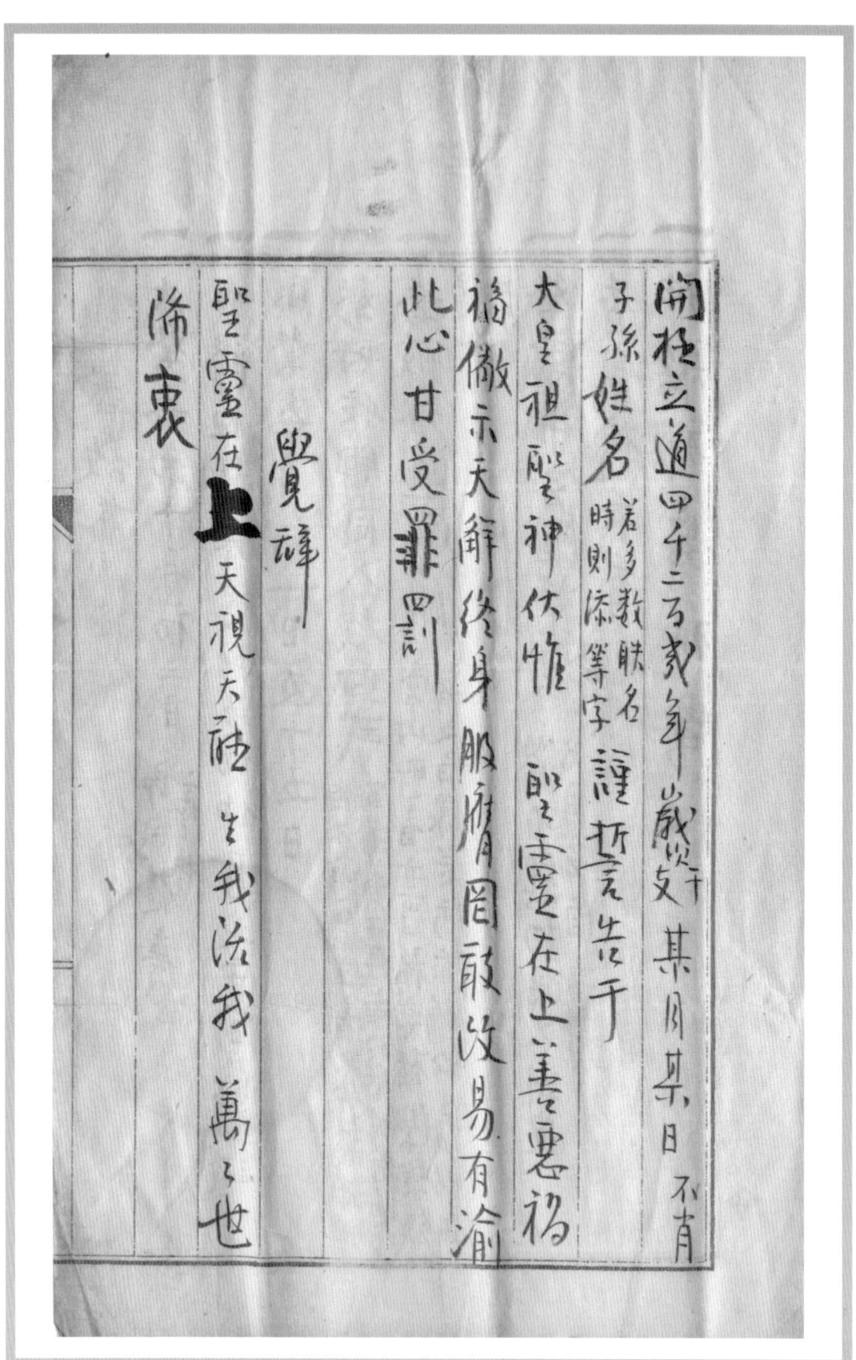
開極立道四千二百幾年 歲次干支 某月某日 不肖
子孫姓名 若多數姓名時則添等字 謹誓告于
大皇祖聖神伏惟 聖靈在上善惡禍
福儆示天辭終身服膺罔敢改易有渝
此心甘受罪罰

覺辭
聖靈在上天視天聽生我活我萬萬世
浠衷

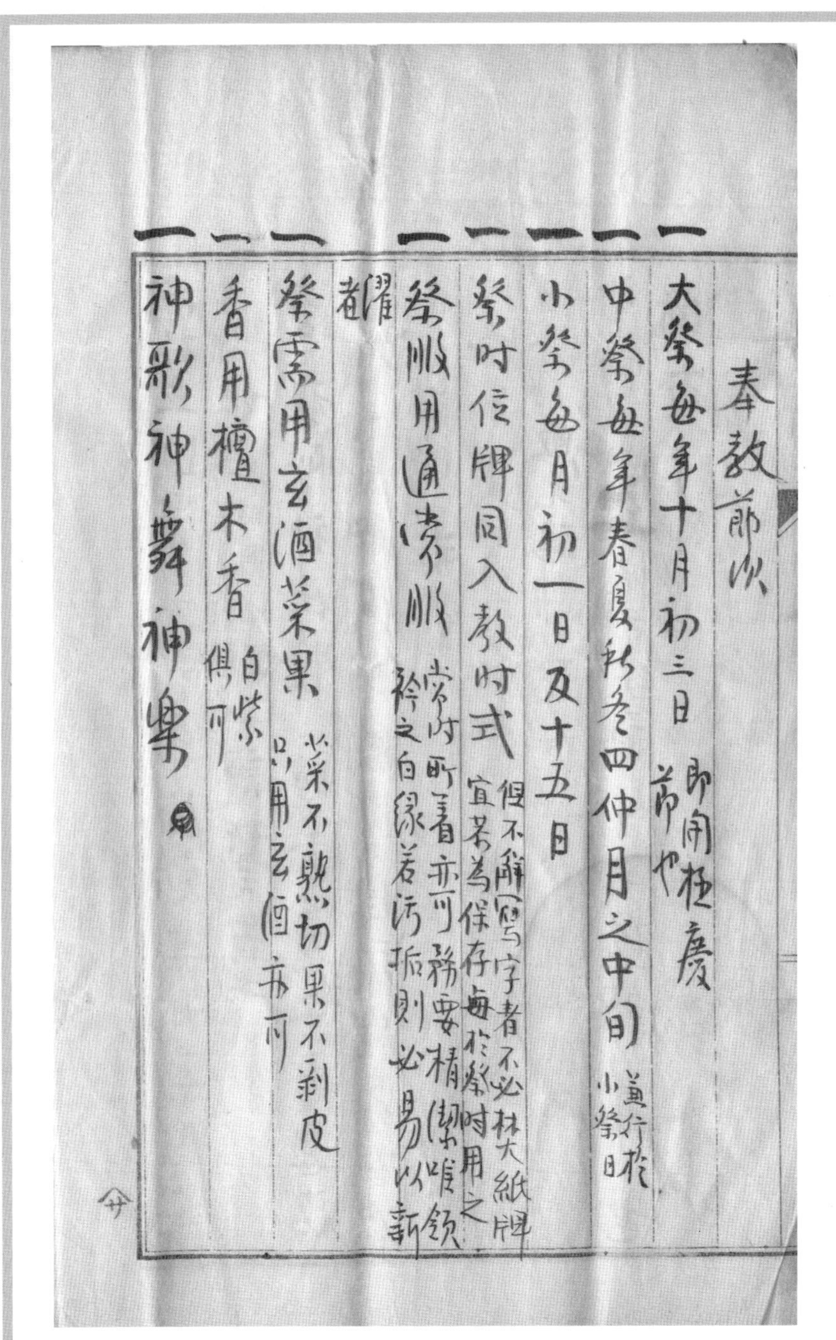

奉教節次

大祭每年十月初三日 即開極慶節也

中祭每年春夏秋冬四仲月之中旬 並行於小祭日

小祭每月初一日及十五日

祭時位牌同入教時式 但不解寫字者不必楪大紙牌宜若爲保存每於祭時用之

祭服用通常服 常時所着亦可務要精潔唯領衿之白緣若污垢則必易以新濯者

祭需用玄酒菜果 菜不熟切果不剝皮只用玄酒亦可

香用檀木香 白紫俱可

神歌神舞神樂畢

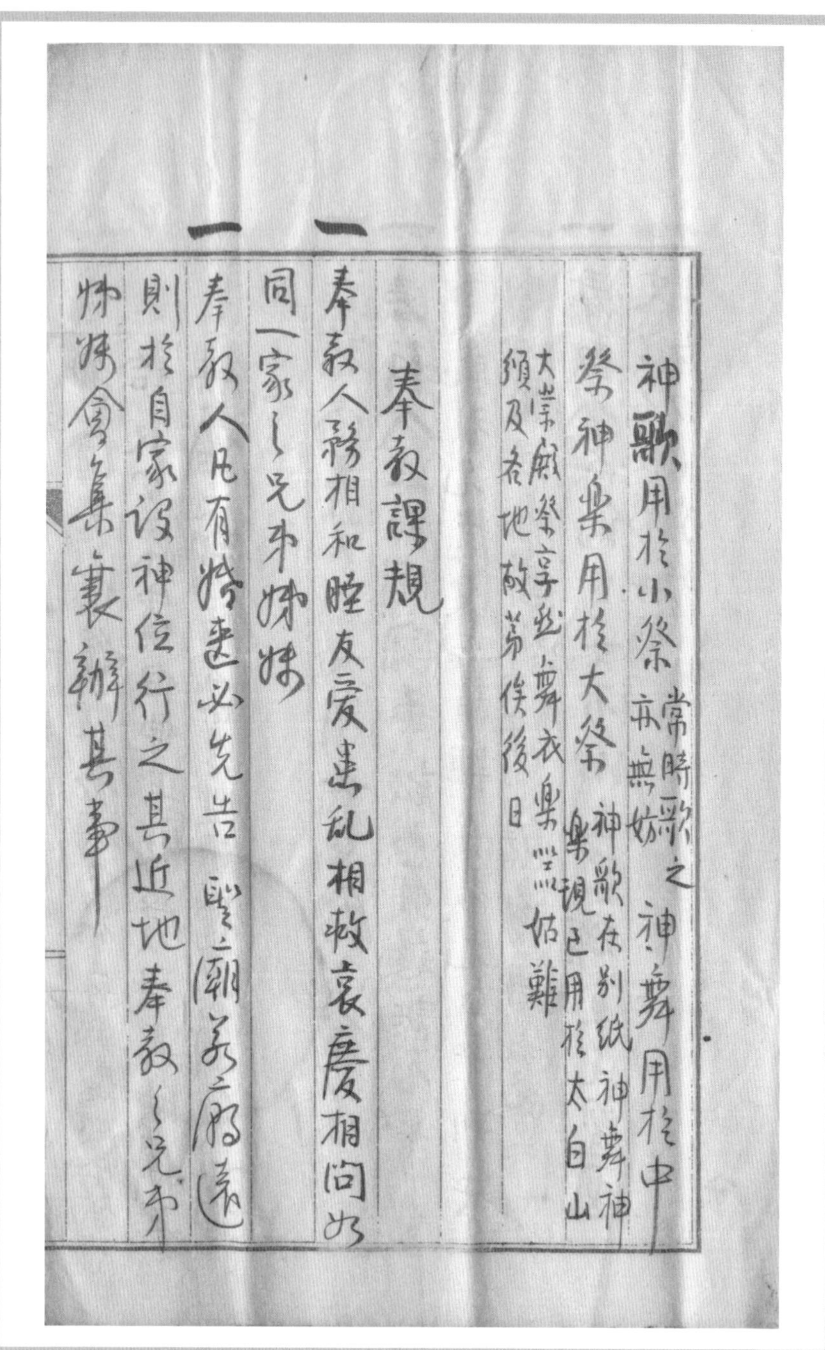

神歌用於小祭 常時歌之亦無妨 神舞用於中
祭神樂用於大祭 神歌在別紙神舞神樂現已用於太白山
大倧殿祭享並舞衣樂器姑難須及各地敎節俟後日

奉敎課規

奉敎人務相和睦友愛患亂相救哀慶相問如
同一家之兄弟姊妹
奉敎人凡有特事必先告 聖之廟前遙
則於自家設神位行之其近地奉敎之兄弟
姊妹會集襄辦其事

勿以酒食供饋賄弊主家勿以贈遺賻

給賻望來賓但伸其情愛同其欣慽且

凡婚之制務去曾前煩禮以簡便為

主

奉教人生男生女則必告之牧師而命名

奉教人無相鬪鬩爭訟如有疑詰不平之

事就教兄處求正請辨自教兄公平判決

則必服從 從長議處 若事係重案則請多數教兄

奉教人無論男女不識文字者宜先習國

文 若貧窮無暇者不得强行

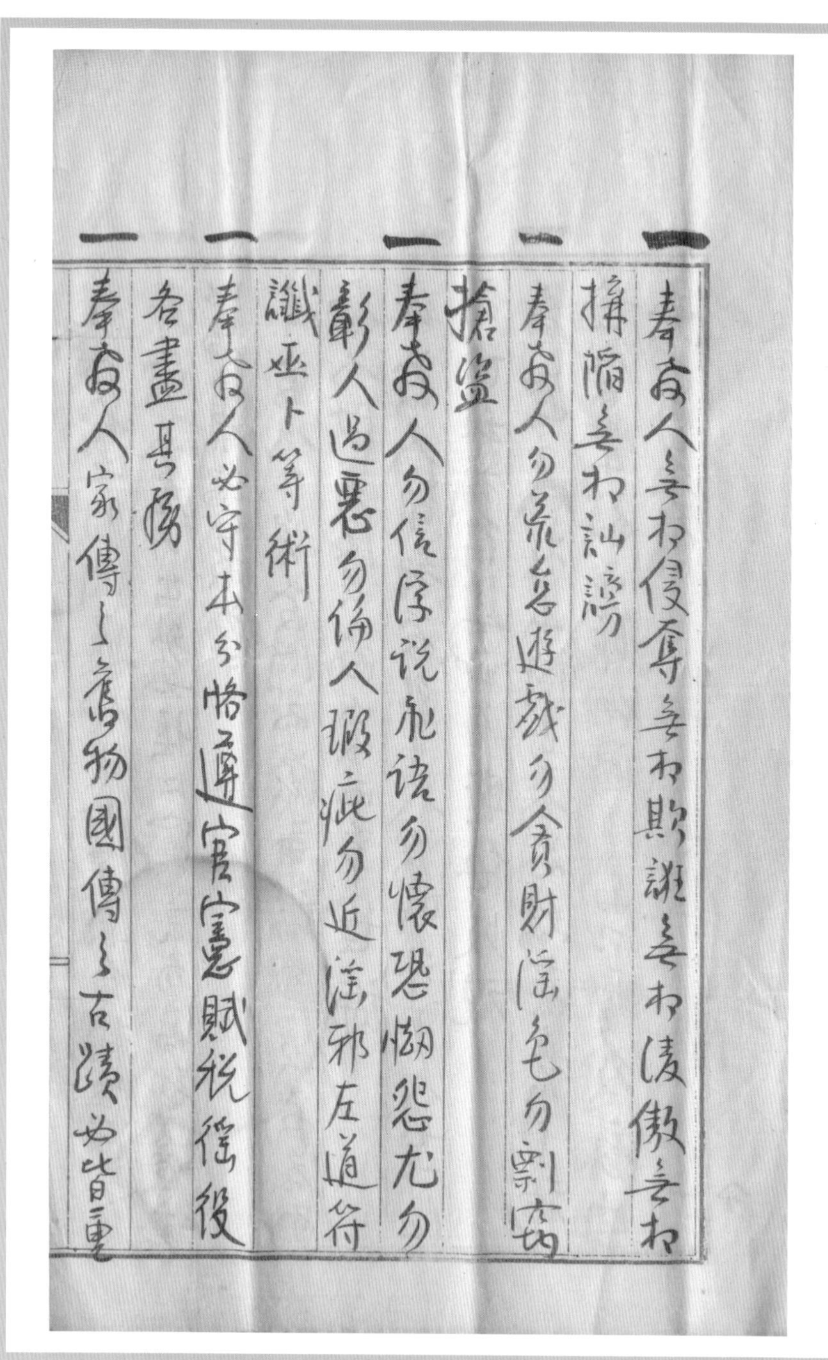
一 奉教人無或侵奪無或欺誑無或凌傲無或擠陷無或訕謗

一 奉教人勿荒怠遊戲勿貪財淫色勿剽竊搶盜

一 奉教人勿信浮說亂語勿懷恐懼怨尤勿彰人過惡勿揚人瑕疵勿近淫邪左道符讖巫卜等術

一 奉教人必守本分恪遵官憲賦稅徭役各盡其務

一 奉教人家傳之舊物國傳之古蹟必皆重

視行令之时制通令之時宜亦勿拘滞

奉教人居内出外必慎口寡言勿高聲喧嚷以靜肅端嚴為主

奉教人勿貪教門而滋事端勿貪教名而騙人財勿貪教衆而爭世論

奉教人雖對教外之人及域外之人必以温善論和相待無或有輕侮歧視

奉教人於本國古來忠烈英雄之神宜皆崇敬而雖他國之聖賢及教門亦不可不敬

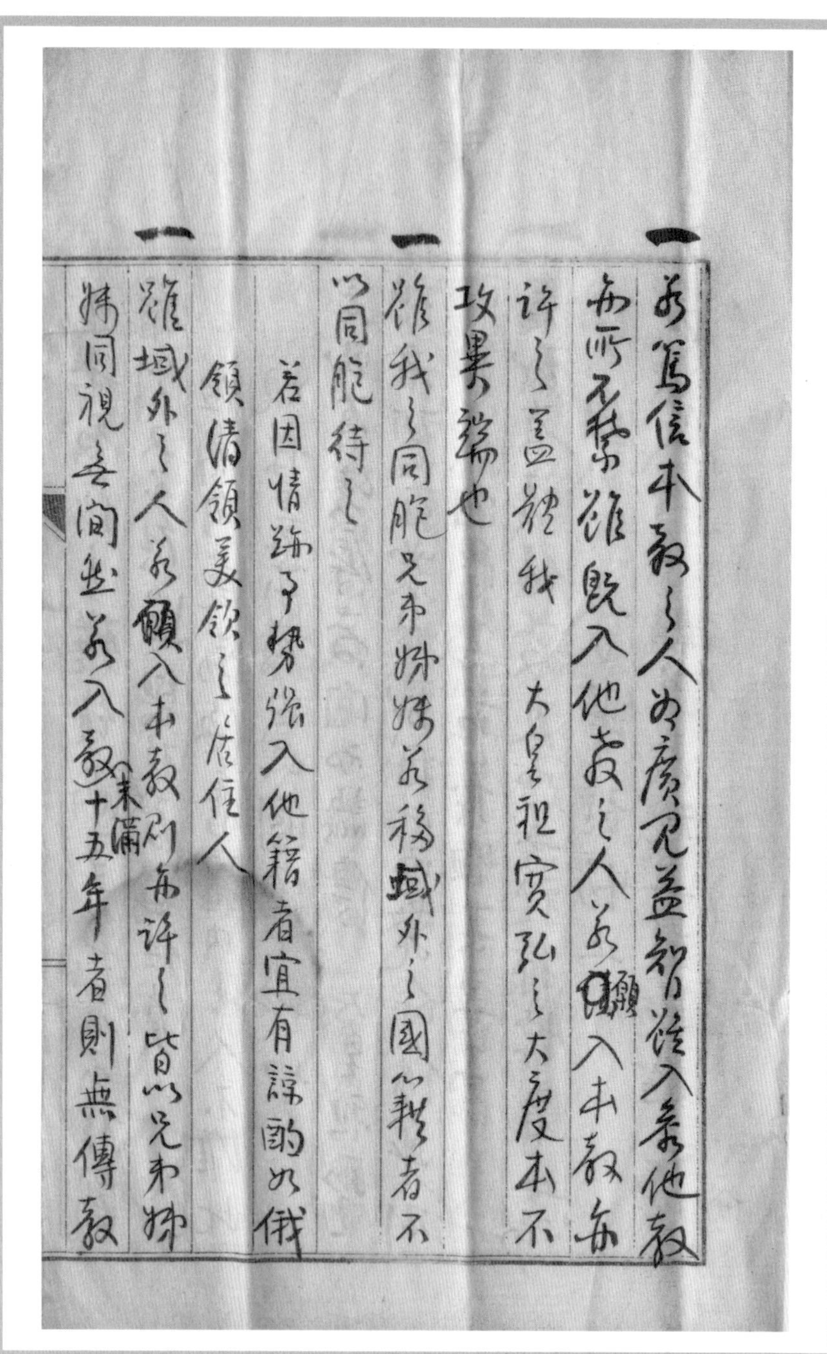

一 凡篤信本教之人 如廣見益智 從入於他教 亦所不禁 雖既入他教之人 若願入本教 亦許之 盖體我 大皇祖寛弘之大度本不攻異端也

一 雖我之同胞兄弟姊妹 若移域外之國以歸者 不以同胞待之

若因情勢所強入他籍者 宜有諒酌 如俄領清領美領之居住人

一 雖域外之人 若願入本教 則亦許之 皆以兄弟姊妹同視 其間如若入教未滿十五年者 則無傳教

道系族務之權雖滿十五年者不移國
籍則又不能選舉於本族之任員
但高句麗渤海舊疆內之人不在此
規係是本族古代淵源之地也
吾國有凌辱族門而誣侵 大皇祖聖
神者誓死必爭國因此而殉命傷身則
當自族門崇其節義恤其妻子
吾國有懷侮族友而乏禮行悖者乏論
國內國外之人必畢理以正
奉族人各自出艱守族規無致逃越於國

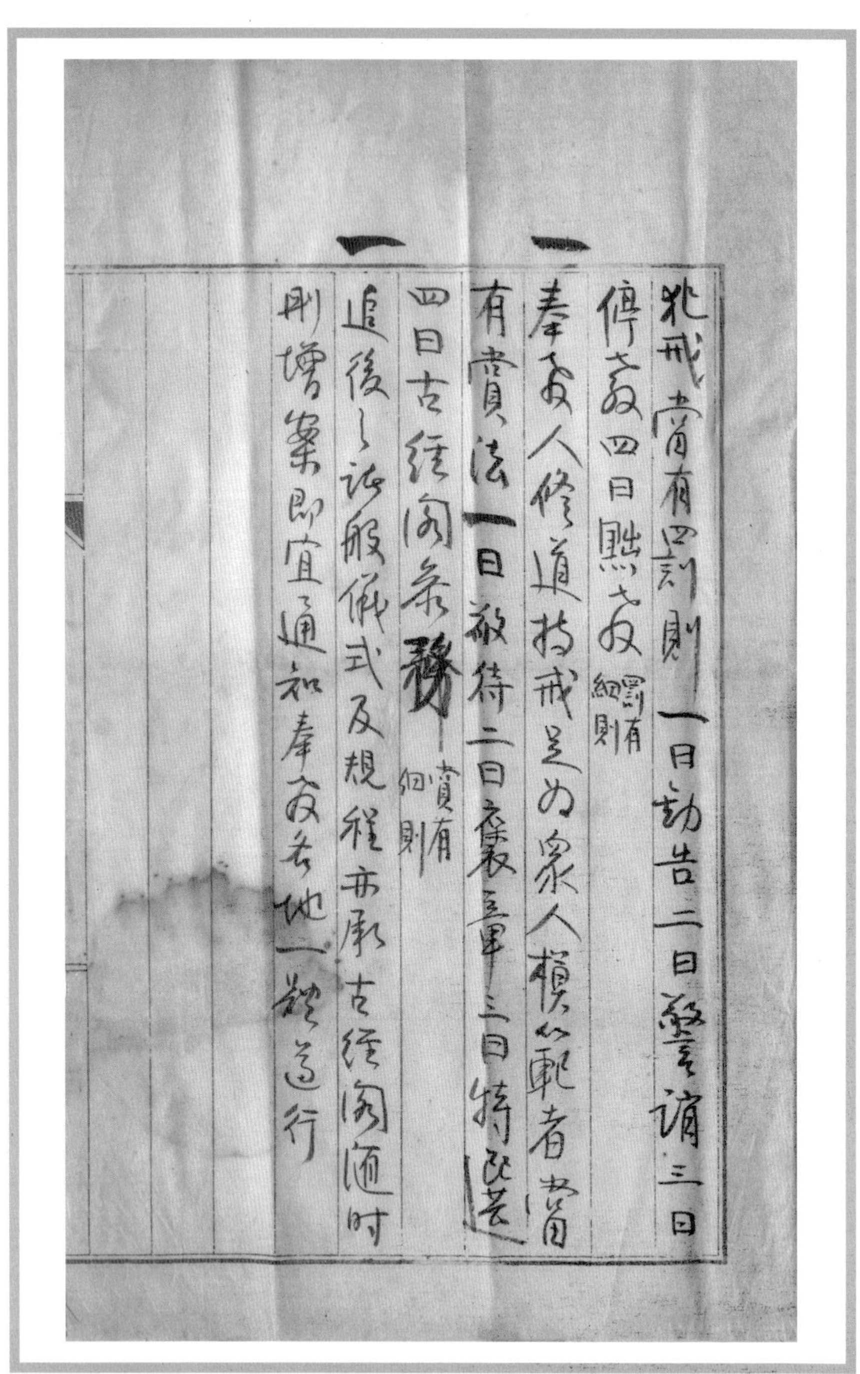

一

一

犯戒當有四罰則 一曰勸告 二曰警諭 三曰停教 四曰黜教 罰則有細

奉教人修道持戒足為衆人模範者當有賞法 一曰褒待 二曰褒表 三曰特選 四曰古經閱覽 賞有細則

追後之誥詞儀式及規程亦用古經閱通時刪增案即宜通知奉教各地一體遵行

「입교의절(入教儀節)」·「봉교절차(奉教節次)」·「봉교과규(奉教課規)」 원문 및 국역

(1) 「입교의절」

入教儀節

一. 新入教者, 無論男女, 必先一日, 齋戒.

一. 新入教者, 於先一日夜間, 設神位焚香, 將從前自作罪過之事, 無隱必悔, 以爲洗心, 自新之道.

一. 新入教者, 於室內, 或廳事, 及他靜潔處, 設席, 先於紙牌, 書, 大皇祖檀君聖神之位, 九字, 奉安于北壁.

一. 新入教者, 就席焚香再拜, 北向跪伏, 恭聽誓辭. 傳教者, 亦再拜, 西向立讀誓辭, 訖, 入教者, 再拜, 興, 拱手, 北向立, 默念覺辭三度. 傳教者, 導入教者, 退復位, 俱再拜, 焚紙牌及誓辭.

(入教者, 一時, 若多數, 則聯名書入于誓辭中, 同行入教式, 無妨)

一. 新入教者, 禮畢就, 傳教者前, 跪受古經閣印幀.

(若無原本之幀, 則傳教者, 書姓名及入教之年月日, 姑先証給, 待, 古經閣原本到來, 再行持傳)

一. 恭受, 教幀後, 卽行兄弟相見禮.

一. 入教之日, 無論男女, 皆稱兄弟姊妹.

(奉教之人, 相稱曰兄, 相呼曰姊, 表其百世親親之義, 以著謙恭友篤之愛, 故, 或以入教先後爲兄姊, 或以德爲兄姊, 或以齒爲兄姊, 均可)

1. 새 입교자는 남녀를 물론하고 반드시 하루 전날 재계[1]함.

2. 새 입교자는 하루 전날 밤에 신위를 세워 분향하고, 이전에 지은 죄와 허물을 숨김없이 참회함으로써 마음을 씻고 스스로 새로워지는 방도[2]로 삼음.

3. 새 입교자는 실내 또는 청사 내지 다른 정결한 곳에 자리를 마련하되, 먼저 지패에 '大皇祖檀君聖神之位(대황조단군성신지위)' 9자를 써서 봉안하여 북쪽 벽에 둠.

4. ①새 입교자가 자리에 나아가 분향하고 두 번 절하며 북쪽을 향해 무릎 꿇고 엎드려 「서사」를 공손히 들음. ②전교자가 또한 두 번 절하고 서쪽 방향으로 서서 「서사」 읽기를 마치면, 입교자는 두 번 절한 뒤 공수[3]하고 북쪽 방향으로 서서 조용히 「각사」를 3번 묵념함. ③전교자는 입교자를 이끌고 물러나 제자리로 돌아가 함께 두 번 절하며, 지패와 「서사」를 태움(만약 입교자가 다수면 「서사」 속에 이름을 다 같이 써넣고 함께 입교식을 행해도 무방함).

5. 새 입교자는 예가 끝나면 전교자 앞으로 나아가서 무릎을 꿇고 앉아 「고경각 인정」[4]을 받음(만약 「고경각 인정」 원본이 없으면 전교자가 이름과 입교연월일을 써서 임시로 먼저 증서를 발급하고, 기다리다가 고경각 원본이 도착되면 예를 행하고 가지고 있던 것을 돌려준다).

6. 공손히 교정[5]을 받은 즉시 형제상견례를 행함.

7. 입교일부터 남녀를 물론하고 모두 다 형제자매라 호칭함(봉교한 사람이 서로 형·누이라 칭하고 부르는 것은 그 백세토록 마땅히 친하여야 할 사람과 친하라는 뜻을 표하는 것이다. 겸손하고 공손함으로써 우애가 돈독해

---

1) 재계(齋戒) : 제사를 올리기 전에 심신을 깨끗이 하고 금기를 범하지 않도록 하는 일.

2) 스스로 새로워지는 방도 : 원문의 '자신(自新)'은 '스스로를 새롭게 함'이고, '스스로 새로워지는 방도'란 '자신식(自新式)'을 일컫는다.

3) 공수(拱手) : 왼손을 오른손 위에 놓고 두 손을 마주 잡아 공경의 뜻을 나타내는 예절.

4) 고경각 인정(古經閣印幀) : 고경각 직인이 날인된 입교 증서.

5) 교정(教幀) : 입교 증서. 인정(印幀)이라고도 함.

져 사랑하는 까닭에 혹 입교의 선후나 덕망, 나이에 따라 형·누이라고 하는 것도 모두 허락함).

誓辭 維 開極立道四千二[6]百幾年(歲干支), 某月某日, (不肖子孫)姓名[7](若多數聯名時, 則添等字), 謹誓告于大皇祖聖神. 伏惟, 聖靈在上, 善惡禍福, 儆示天解, 終身服膺, 罔敢改易, 有渝此心, 甘受罪罰.

①「서사」(맹세하는 말)

오늘 개극입도 42○○년 ○○(간지) ○○월 ○○일 (불초자손) 성명(만약 다수인이 함께 할 때는 '등'자를 덧붙임)는 삼가 대황조성신 앞에 맹세해 고합니다.

"삼가 엎드려 생각하옵건대 성령께서 위에 계시어 선악과 화복을 주재하시니, 보는 것을 경계하고 하늘 이치를 깨달아 종신토록 가슴에 품고 잊지 말되, 감히 그 마음을 바꿔 변함이 있으면 죄와 벌을 달게 받겠나이다!"

覺辭 聖靈在上, 天視天聽, 生我活我, 萬々[8]世降衷.

②「각사」(깨닫는 말)

성령이 하늘 위에 계시어 하늘에서 보고 하늘에서 들으시니, 저희

6) 二 :「入教儀節」 원본에는 '幾'.
7) 姓名 :「入教儀節」 원본에는 '某'
8) 々 :「入教儀節」 원본에는 '萬'

를 낳아 살리시고 만대에 내려주소서!

(2) 「봉교절차」

奉教節次

一. 大祭, 每年十月初三日(卽開極慶節也[9]).

一. 中祭, 每年春夏秋冬, 四仲月之中旬(兼行於小祭日).

一. 小祭, 每月初一日及十五日.

一. 祭時位牌, 同入教時式(但, 不解寫字者, 不必焚紙牌, 宜恭爲保存, 每於祭時用之).

一. 祭服, 用通常服(常時所着亦可, 務要精潔, 唯[10]領衿之白緣汚垢, 則必易以新濯者).

一. 祭需, 用玄酒, 菜果(菜不孰切, 果不剝皮, 只用玄酒亦可).

一. 香, 用檀木香(白紫, 俱可).

一. 神歌, 神舞, 神樂(神歌, 用於小祭(常時歌之亦無妨), 神舞, 用於中祭, 神樂, 用於大祭. 神歌在別紙, 神舞, 神樂, 現已用於太白山 大崇殿 祭享. 然舞衣, 樂器, 姑難頒及各地, 故第俟後日).

1. 대제는 매년 10월 3일(즉 개극경절임).

2. 중제는 매년 춘하추동 4중월[11] 중순(소제일은 겸하여 행함)임.

3. 소제는 매월 초하루와 보름임.

4. 제사 때 위패는 입교식 때와 동일함(단, 베낀 글씨를 알아볼 수 없는 것은 지패를 태울 필요가 없고, 마땅히 공경히 보존하여 매 제사 때 사용함).

5. 제복은 평상복을 통용함(상시 입는 옷도 허용되지만 정결히 하되, 단

9) 也 : 「奉教節次」 원본에 없는데, 첨가된 글자.
10) 唯 : 「奉教節次」 원본에는 '惟'
11) 4중월 : 음력 2 · 5 · 8 · 11월.

지 백색과 녹색의 옷깃에 때가 타면 반드시 새로 세탁한 것으로 바꿀 것).

6. 제수는 현주[12]와 채소・과일을 사용함(채소는 삶거나 자르지 말고, 과일은 껍질을 벗기지 않는다. 단지 현주만 사용하는 것도 허용됨).

7. 향은 단목향을 사용함(백단이나 자단 모두 허용됨).

8. 신가・신무・신악(신가는 소제에 사용하고(상시 불러도 무방함), 신무는 중제에, 신악은 대제에 사용함. 신가는 별지에 있고, 신무와 신악은 현 태백산 대숭전 제향 때 이미 사용했음. 그러나 춤옷과 악기는 각지에 널리 퍼트리고 보급하는데 일시 어려움이 있기 때문에, 후일을 기다릴 것).

(3) 「봉교과규」

奉敎課規

一. 奉敎人, 務相和睦友愛, 患難相救, 哀慶相問, 如同一家之兄弟姉妹.

一. 奉敎人, 凡有婚喪, 必先告聖廟. 若廟遠則於自家設神位, 行之, 其近地, 奉敎之兄弟姉妹, 會集, 襄辦其事. 勿以酒食供饋, 貽弊主家, 勿以贈遺賻給, 忮望來賓. 但, 伸其情愛, 同其欣慽. 且喪婚之制, 務去曾前煩禮, 以簡便爲主.

一. 奉敎人, 生男生女, 則必告廟而命名.

一. 奉敎人, 無相鬩鬪爭訟. 如有疑詰不平之事, 就敎兄處求正請辨, 自敎兄, 公平判決, 則必服從. 若事係重案, 則請多數敎兄, 從長議處.

一. 奉敎人, 無論男女, 不識文字者, 宜先習國文. 若貧窮無暇者, 不得强行.

一. 奉敎人, 無相侵奪, 無相欺誑, 無相凌傲, 無相搆陷, 無相訕謗.

一. 奉敎人, 勿荒怠遊戲, 勿貪財淫色, 勿剽窃搶盜.

一. 奉敎人, 勿信浮訛飛語, 勿懷恐怯怨尤, 勿彰人過惡, 勿論人瑕疵, 勿近淫邪左道, 符讖巫卜等術.

12) 현주(玄酒) : 제사 때에 술 대신에 쓰는 맑은 찬물.

一. 奉教人, 必守本分, 恪遵官憲, 賦稅徭役, 各盡其務.

一. 奉教人, 家傳之舊物, 國傳之古蹟, 必皆重視. 行今之時制, 通今之時宜, 亦勿拘滯.

一. 奉教人, 居內出外, 必愼口寡言, 勿高聲喧嚷, 以靜肅端嚴爲主.

一. 奉教人, 勿資教門而滋事端, 勿資教名而騙財, 勿資教衆而爭世論.

一. 奉教人, 雖對教外之人, 及域外之人, 必以溫恭謙和, 無或有輕侮歧視.

一. 奉教人, 於本國古來忠烈英豪之神, 宜皆崇敬, 而雖他國之賢聖及教門, 亦不可不敬.

一. 若篤信本教之人, 爲廣見益智, 雖入叅他教, 亦所不禁. 雖入他教之人. 若願入本教, 亦許之. 盖體我大皇祖, 寬弘之大度, 本不改異端也.

一. 雖我之同胞兄弟姉妹, 若移域外之國籍者, 不以同胞待之. 若因情迹事勢, 强入他籍者, 宜有諒酌, 如俄領, 清領, 美領之居住人.

一. 雖域外之人, 若願入本教, 則亦許之, 皆以兄弟姉妹, 同視無間. 然, 若入教, 未滿十五年者, 則無傳教道叅教務之權. 雖滿十五年者, 不移國籍者, 又不能選與於本教任員. 但, 高句麗, 渤海, 舊疆內之人, 不准此規, 係是本教 古代淵源之地也.

一. 若或有凌辱教門, 而語侵[13], 大皇祖聖神者, 誓死必爭, 或因此而斃命傷身, 則當自教門崇其節義, 恤其妻子.

一. 若或凌侮教友, 而無禮行悖者, 無論國內國外之人, 必擧理歸正.

一. 奉教人, 各自嚴守教規, 無敢違越. 如或犯戒, 當有罰則一曰勸告, 二曰警誚, 三曰停教, 四曰黜教. 罰有細則.

一. 奉教人, 修道持戒, 足爲衆人模範者, 當有賞法, 一曰敬待, 二曰褒章, 三曰特選, 四曰古經閣叅務. 賞有細則.

一. 追後之諸般儀式及規程, 亦承古經閣, 隋時刪增, 案則宜通知, 奉教各地, 一體遵行.

13) 語侵 : '冷語侵人(냉어침인, 비꼬는 말로 풍자함)'의 의미.

1. 봉교인은 서로 화목하며 우애에 힘쓰고, 환난을 서로 구하고, 애경사를 서로 위문하여 한 집의 형제자매처럼 대할 것.

2. 봉교인은 무릇 혼례나 상례가 있으면 반드시 성묘에 먼저 고한다. 만약 묘가 멀리 있으면 자기 집에 신위를 세워 예식을 행하며, 그 가까운 곳의 봉교한 형제자매는 회집하여 그 일을 협력해 처리할 것. 술과 음식을 갖다 바쳐 주인집에 폐를 끼치지 말며, 부의를 내서 내빈을 기망치 말 것. 단지 그 따뜻한 사랑을 펴서 기쁨이나 슬픔을 함께 한다. 또한 상례와 혼례 제도는 예전의 번거로운 예법을 힘써서 없애고 간편함을 위주로 할 것.

3. 봉교인은 남아나 여아를 낳으면 반드시 성묘에 고한 뒤 이름을 지을 것.

4. 봉교인은 서로 투쟁과 송사에 관계치 말 것. 만일 의심스럽고 불공평한 일을 있으면 교형에게 가서 바로 잡을 것을 요청한다. 교형이 공평하게 판결을 했다면 반드시 복종해야 한다. 만약 중대한 사안이라면 여러 교형들에게 청하고 좋은 쪽으로 의논해서 처리할 것.

5. 봉교인은 남녀를 물론하고 문자를 알지 못하는 자는 마땅히 먼저 국문을 익혀야 한다. 만약 가난하여 궁하고 여유가 없는 자는 강행하지 말 것.

6. 봉교인은 서로 침범하여 빼앗거나, 얼을 빼어 속이거나, 업신여기고 오만하거나, 거짓으로 모함하거나, 흉을 보고 비방하지 말 것.

7. 봉교인은 말을 거칠게 하거나 일을 게을리 하거나 놀이를 즐기지 말며, 재물과 주색을 탐하지 말며, 표절하여 도둑질하지 말 것.

8. 봉교인은 근거 없는 말과 뜬소문을 믿지 말며, 두려워하거나 겁내거나 원망하거나 꾸짖을 생각을 하지 말며, 남의 지난 죄과를 들추지 말며, 남의 흠을 이야기하지 말며, 음탕하고 사악한 좌도[14]나 부참

14) 좌도(左道) : 본래 유교의 종지에 어긋나는 모든 삿된 종교.

[15]·무복[16] 등의 방술을 가까이 하지 말 것.

9. 봉교인은 반드시 본분을 지키고, 삼가 관헌을 좇으며, 부세[17]와 요역[18]에 각기 그 의무를 다할 것.

10. 봉교인은 집안에 전하는 옛 물건과 나라에 전한 고적 모두를 반드시 중시할 것. 또한 현 시대의 변화를 따라 알맞게 시행하고 통하되 역시 구애받거나 막히지 말 것.

11. 봉교인은 집에 있거나 밖에 나갈 때 반드시 입을 조심하고 말을 아끼며, 큰소리로 떠들지 말아 정숙하고 단정하고 엄함을 주로 삼을 것.

12. 봉교인은 교문을 빙자하여 사달을 일으키지 말고, 교명을 빙자하여 남의 재물을 속여 빼앗지 말며, 교중을 빙자하여 세론에 다투지 말 것.

13. 봉교인은 비록 교외인이나 역외인을 대하더라도 반드시 온화하고 공손하고 겸손하고 화목함으로써 하고, 업신여기거나 모욕하거나 차별함이 없을 것.

14. 봉교인은 본국 고대의 옛 충렬과 영웅호걸의 신을 모두 마땅히 숭배하고 존경하되, 비록 다른 나라 성현이나 종교인일지라도 역시 불경하지 말 것.

15. 만약 본교를 독신하는 사람이 널리 보고 지혜를 더하기 위하여 비록 다른 종교에 들어가 참여해도 역시 금하지 않는다. 비록 다른 종교에 들어간 사람이라도 만일 본교에 입교하고자 하면 역시 허락할 것. 이는 무릇 우리 대황조의 너그럽고 넓은 큰 도량이 본래 이단

---

15) 부참(符讖) : 길흉화복이나 흥망 등 뒷날에 나타날 일을 미리 알아서 해석하기 어렵게 비밀로 적어놓은 글.

16) 무복(巫卜) : 무당과 점쟁이.

17) 부세(賦稅) : 세금을 매겨 부과함.

18) 요역(徭役) : 나라에서 장정에게 부과한 공적 노동.

을 고치도록 강요하지 않는다는 것을 본받았기 때문임.

16. 비록 우리 동포 형제자매라도 역외의 국적으로 바꾼 사람을 동포로 대하지 않는다. 만약 정적[19]과 사세[20]로 인하여 다른 국적에 억지로 들어간 사람, 예컨대 러시아령, 청나라령, 구미령에 거주하는 사람들을 잘 헤아려 참작하는 것이 마땅함.

17. 비록 역외인이라도 만일 본교에 입교하고자 하면 역시 허락하여 모두 형제자매로 보고 거리가 없게 할 것. 다만 입교한 지 만 15년 미만이면 교리를 전도하거나 교무에 참여할 권리가 없고, 비록 만 15년이 되어도 국적을 바꾸지 않으면 본교 임원 선임이 불가능함. 단, 고구려・발해 옛 강토 내 사람은 이 규정을 따르지 않는데, 이는 본교 고대 연원의 땅이기 때문임.

18. 만약 혹 교문을 능욕하거나 대황조성신을 비꼬는 자가 있으면 죽기를 맹세하여 반드시 투쟁한다. 혹 그로 인하여 목숨을 잃거나 신체가 상해되면 마땅히 교문에서 그 절의를 높이고 그 처자를 돌볼 것.

19. 만약 혹 교우를 업신여기고 무례하고 행패부리는 자에게는 국내외 사람을 물론하고 반드시 이유를 제시하여 바른 길로 돌리도록 할 것.

20. 봉교인은 각자 교규를 엄히 지켜야 하며 감히 어기지 않는다. 혹 계율을 어기면 마땅한 벌칙이 있으니, 첫째는 권고, 둘째는 경초, 셋째는 정교, 넷째는 출교다.[21] 벌에는 세칙이 있나.

21. 봉교인이 수도하여 계행을 지키는데 족히 뭇사람의 모범이 된 자는 마땅한 포상이 있으니, 첫째는 경대, 둘째는 포장, 셋째는 특선,

---

19) 정적(情迹) : 어떤 사정의 흔적.

20) 사세(事勢) : 일이 되어 가는 형세.

21) '권고(勸告)'는 타일러 권하는 것, '경초(警誚)'는 깨우치도록 책망하는 것, '정교(停教)'는 3~6개월 간 교인의 권리와 의무를 정지시키는 것, '출교(黜教)'는 교적에서 제명하고 교인들에게 공포하는 것이다.

넷째는 고경각참무다.[22] 상에는 세칙이 있다.

22. 추후의 제반 의식 및 규정도 역시 고경각의 승낙을 받는다. 수시로 첨삭 안이 있으면 마땅히 통지하고, 교를 받드는 각지에서 일체로 준행할 것.

22) '경대(敬待)'에 관한 이후의 기록이 없으나 경일을 지키고, 선행한 이를 공경히 대접하는 것으로 추정된다. '포장(褒章)'은 시교 500인 이상에 달한 사람에게 주는 것, '특선(特選)'은 교리를 독신하며 교명을 지켜 진실한 자격과 특이한 성심이 있는 사람에게 교직이나 임원의 자격을 주는 것, '고경각 참무(古經閣叅務)'에 대해서는 백두산 도인들 가운데 고경각 정참무(古經閣正叅務) 정승묵(鄭崇默)이 실존하였다.

부록2 :『단군교총본부종령』

檀君敎
總本部宗令
出版不許可
警務總監部發行許可原本

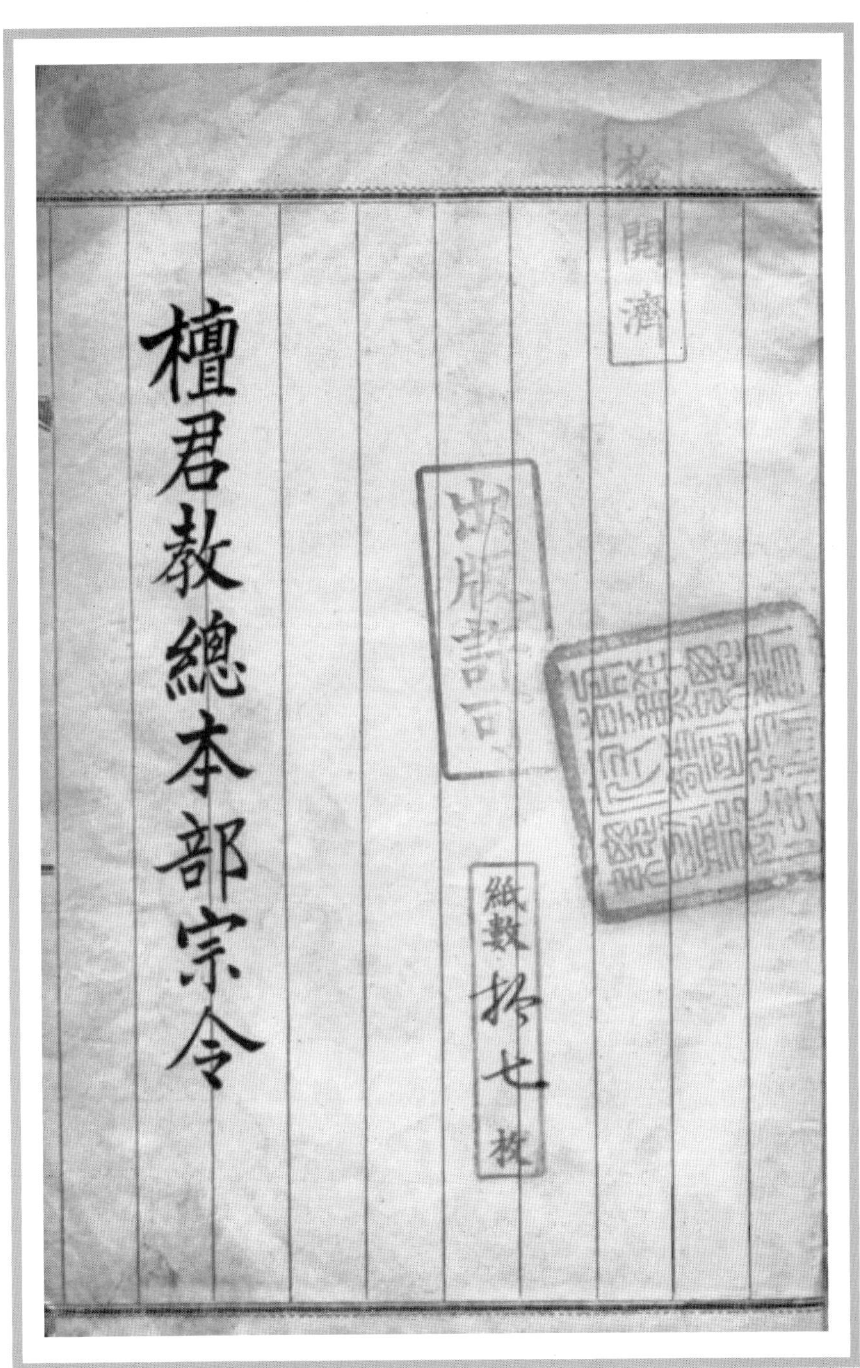
檀君教總本部宗令

檢閱濟

出版許可

紙數 拾七 枚

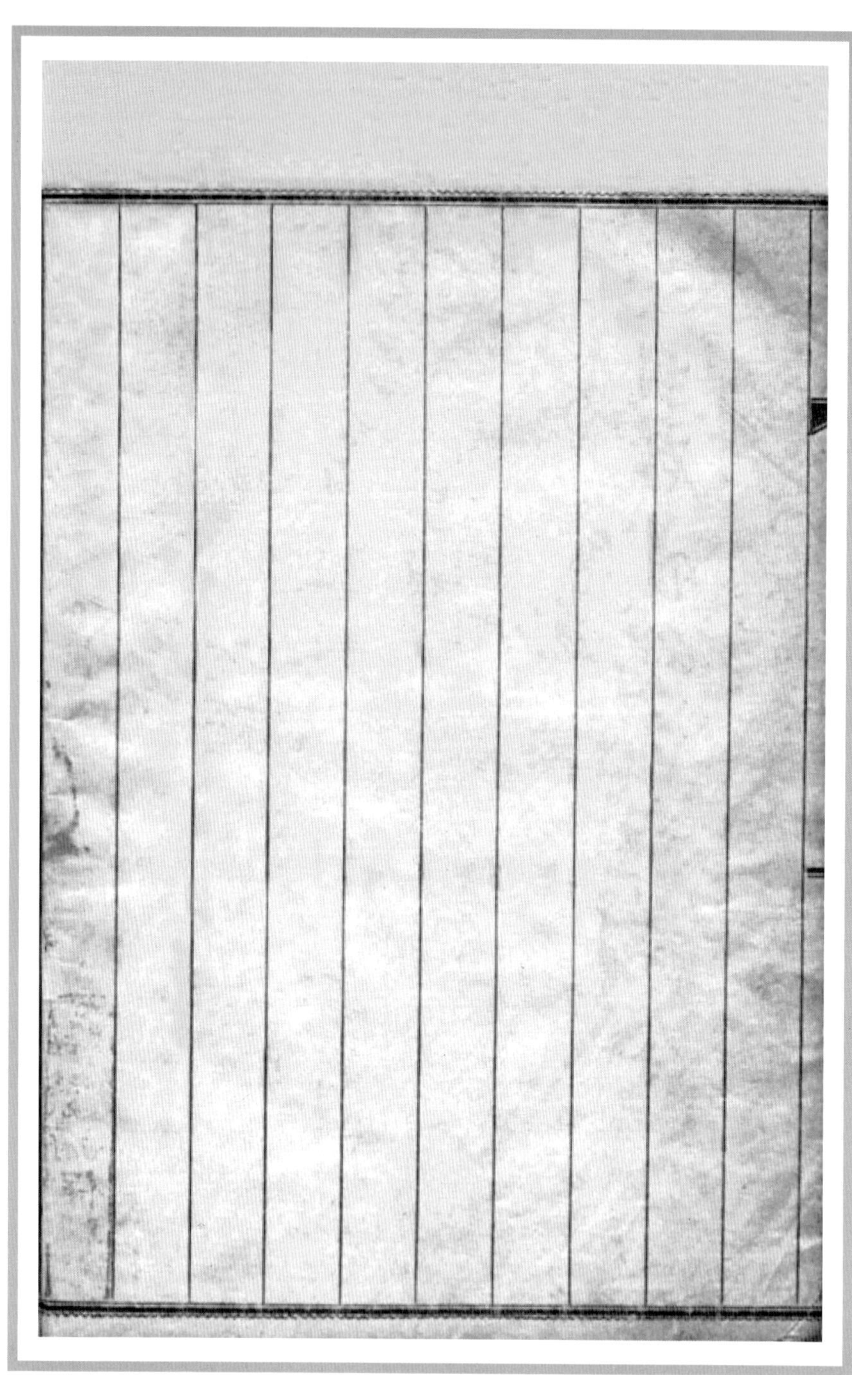

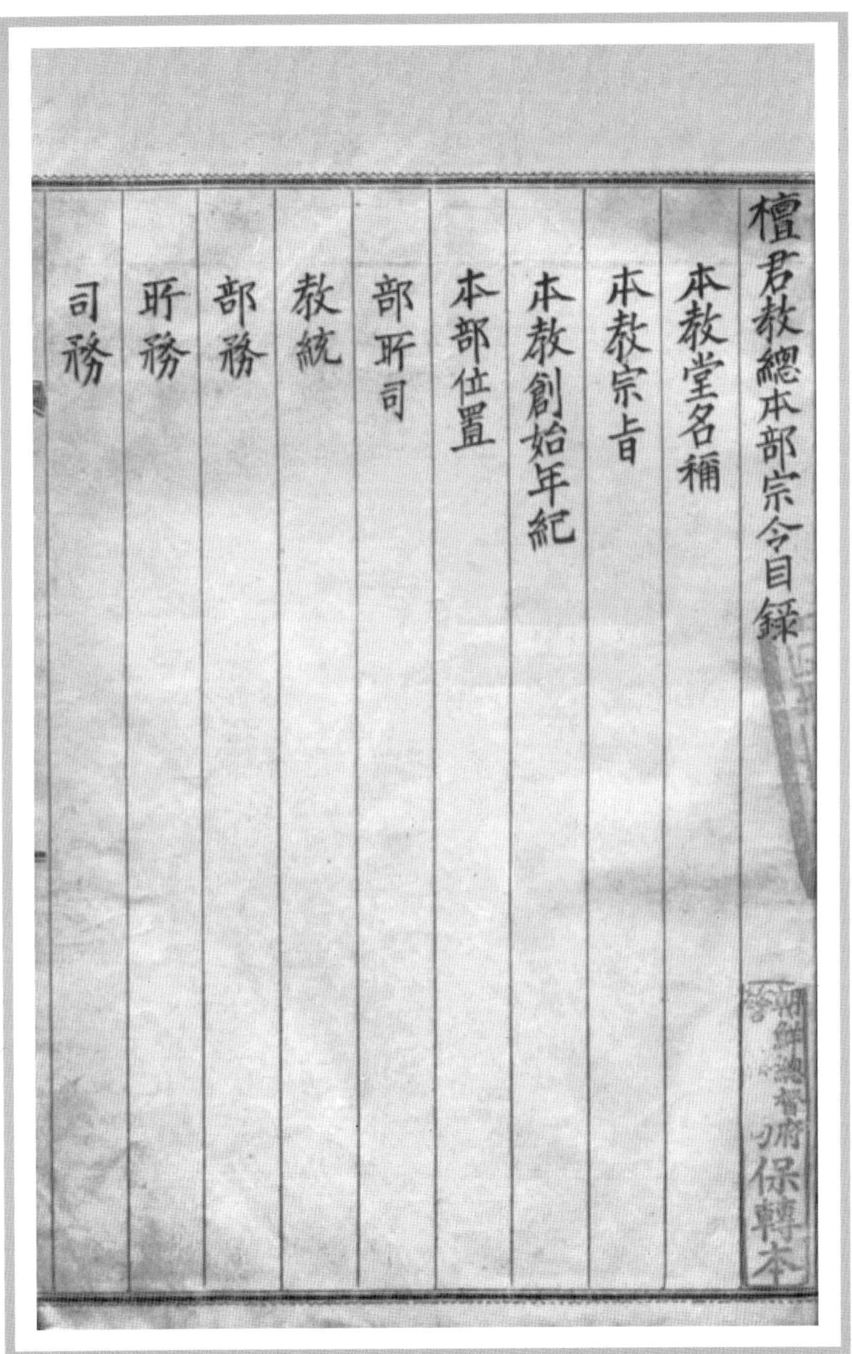

檀君敎總本部宗令目錄

本敎堂名稱

本敎宗旨

本敎創始年紀

本部位置

部所司

敎統

部務

所務

司務

朝鮮總督府保轉本

薦任式
姊妹室
支教
道施教

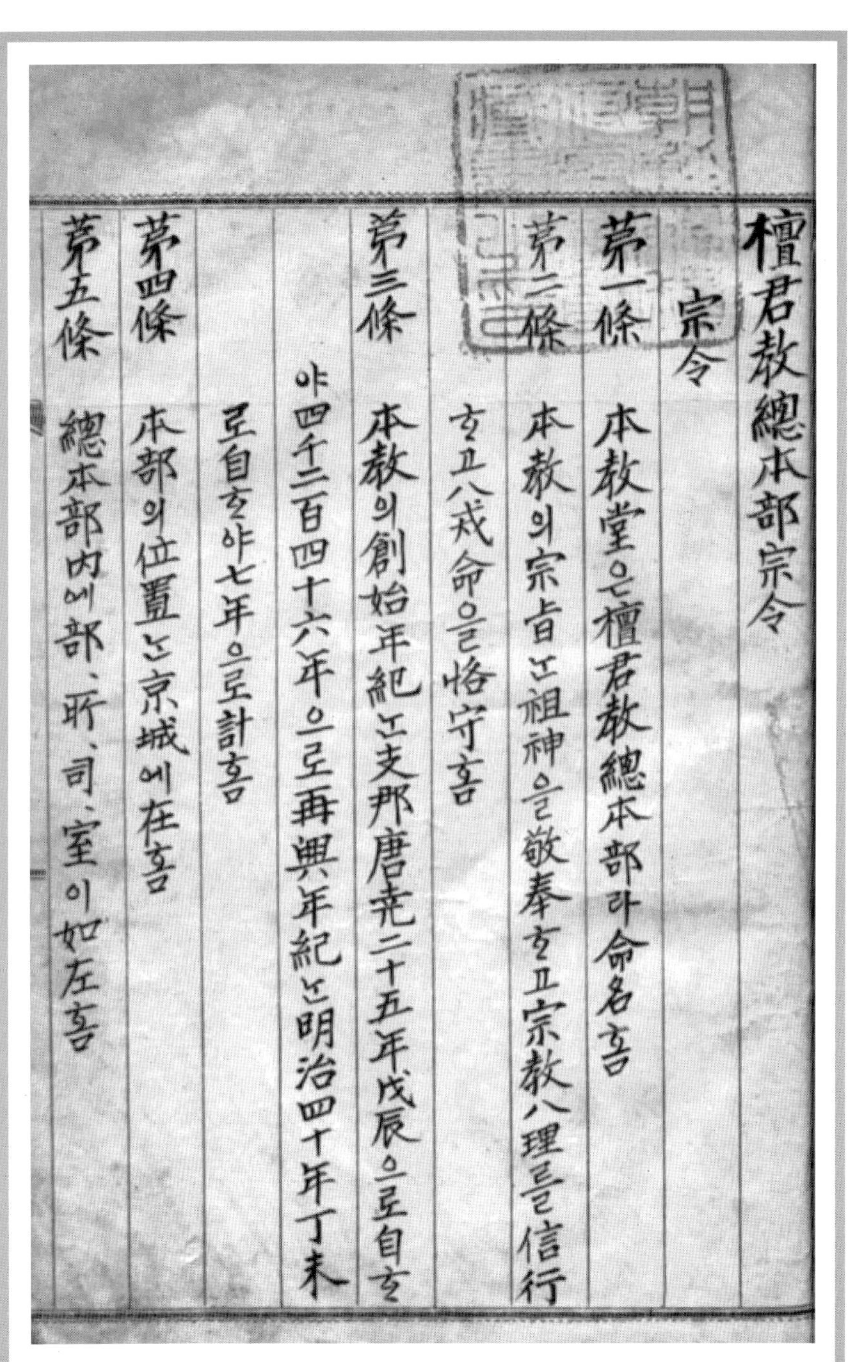

檀君敎總本部宗令

宗令

第一條 本敎堂은 檀君敎總本部라 命名홈

第二條 本敎의 宗旨는 祖神을 敬奉ᄒᆞ고 宗敎八理를 信行ᄒᆞ고 八戒命을 恪守홈

第三條 本敎의 創始年紀는 支那唐堯二十五年戊辰으로 自ᄒᆞ야 四千二百四十六年으로 再興年紀는 明治四十年丁未로 自ᄒᆞ야 七年으로 計홈

第四條 本部의 位置는 京城에 在홈

第五條 總本部內에 部、所、司、室이 如左홈

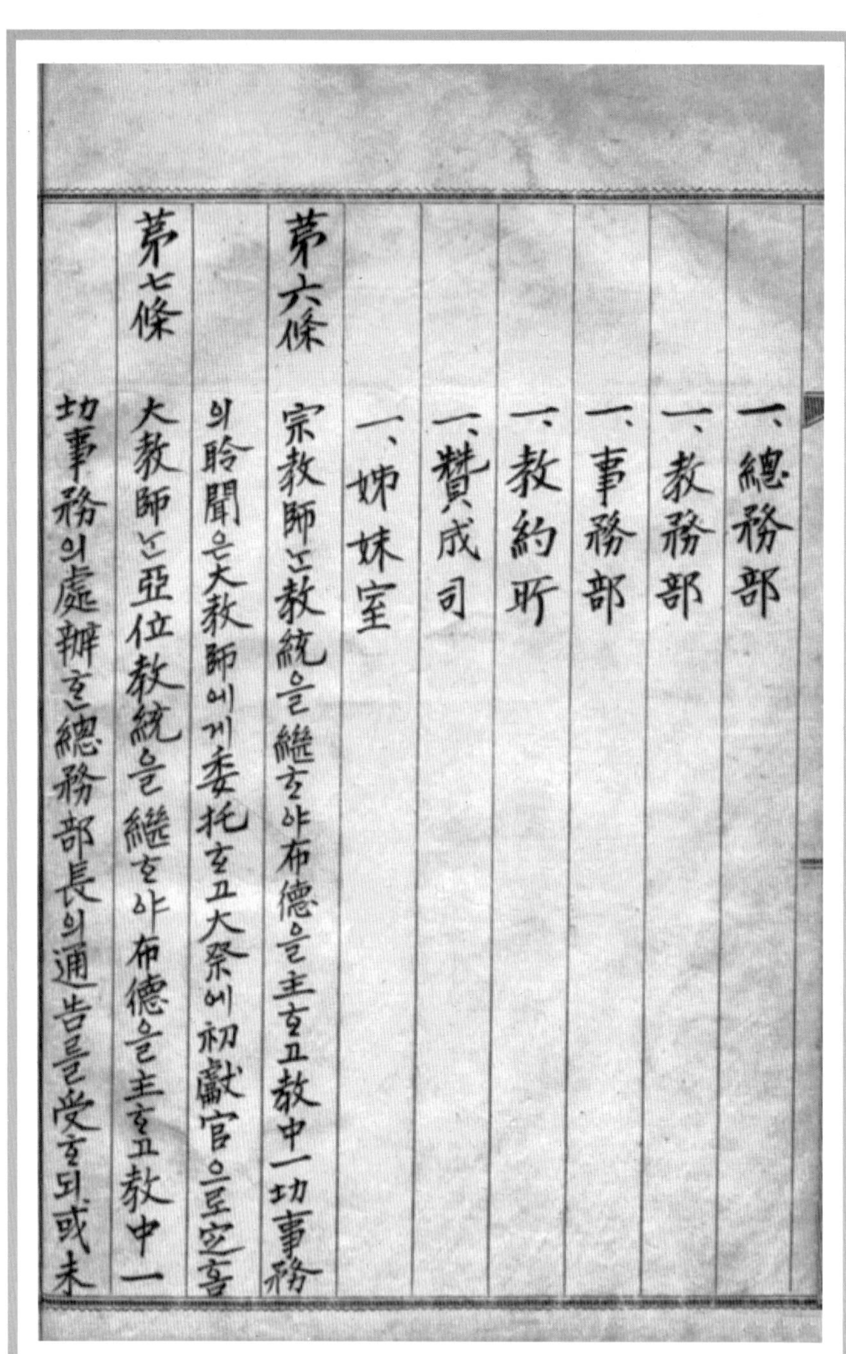

一、總務部

一、教務部

一、事務部

一、教約所

一、贊成司

一、姊妹室

第六條 宗教師ᄂᆞᆫ教統을繼ᄒᆞ야布德을主ᄒᆞ고教中一切事務의聆聞은大教師에게委托ᄒᆞ고大祭에初獻官으로定ᄒᆞᆷ

第七條 大教師ᄂᆞᆫ亞位教統을繼ᄒᆞ야布德을主ᄒᆞ고教中一切事務의處辦ᄒᆞᆫ總務部長의通告를受ᄒᆞ되或未

協ᄒᆞᆫ關係가有ᄒᆞ면任員會를開ᄒᆞ야可否의衆論을
聽ᄒᆞ고大祭에亞獻官으로定ᄒᆞᆷ

第八條 教中全體에對ᄒᆞ야重要事件이有ᄒᆞᆫ時에ᄂᆞᆫ宗教師ᄂᆞᆫ議長으로大教師ᄂᆞᆫ副議長으로總會를開ᄒᆞ고該事件을可決ᄒᆞᆷ

第九條 大教師가或不得已ᄒᆞᆫ事故를因ᄒᆞ야讓退ᄒᆞ면次位宗教師로呈望ᄒᆞ고一般教人中에年久勤教와誠教와守教ᄒᆞᆫ人으로總會選擢ᄒᆞ야大教師를推望ᄒᆞᆷ

第十條 本教師ᄂᆞᆫ各地方教務를巡迴視察ᄒᆞ야教務에益益前進ᄒᆞᆫ關鍵을酌成ᄒᆞ며各支教設立ᄒᆞᆯ時에躬往ᄒᆞ야聖經

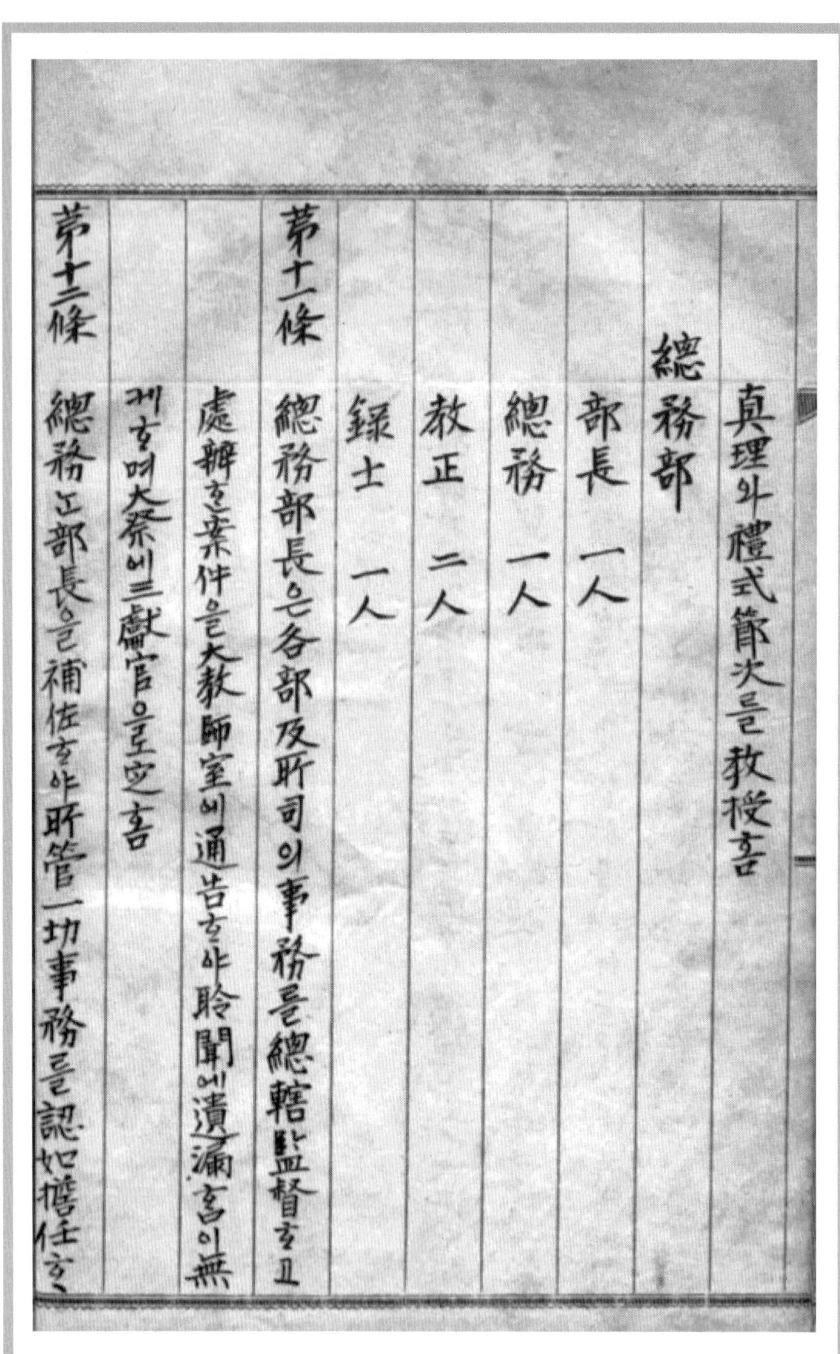

眞理와禮式節次를敎授홈

總務部

部長 一人

總務 一人

敎正 二人

錄士 一人

第十一條 總務部長은各部及所司의事務를總轄監督ᄒ고處辦ᄒ는案件을大敎師室에通告ᄒ야聆聞에遺漏홈이無케ᄒ며大祭에三獻官으로定홈

第十二條 總務는部長을補佐ᄒ야所管一切事務를認如擔任ᄒ、

며部長이有故ᄒᆞᆫ時에ᄂᆞᆫ代辦홈

第十三條 敎正은一般敎人이戒命에犯ᄒᆞ거나敎體를損ᄒᆞᆫ事
이有ᄒᆞ면訓諭指導를掌ᄒᆞ되一訓再訓에前習을
不悛ᄒᆞ면一週日로以ᄒᆞ야三週日ᄭᆞ지輕重을隨ᄒᆞ야停
敎도ᄒᆞ며或公法에寬恕치못ᄒᆞᆯ犯過가有ᄒᆞ면敎務部長
의게通告ᄒᆞ야敎籍에該人姓名을刪除도홈 賞則은敎約에在홈

第十四條 錄士ᄂᆞᆫ一切文簿의記載와接受送達에勤務無漏ᄒᆞ며諸
般書類를保管홈

敎務部

部長 一人

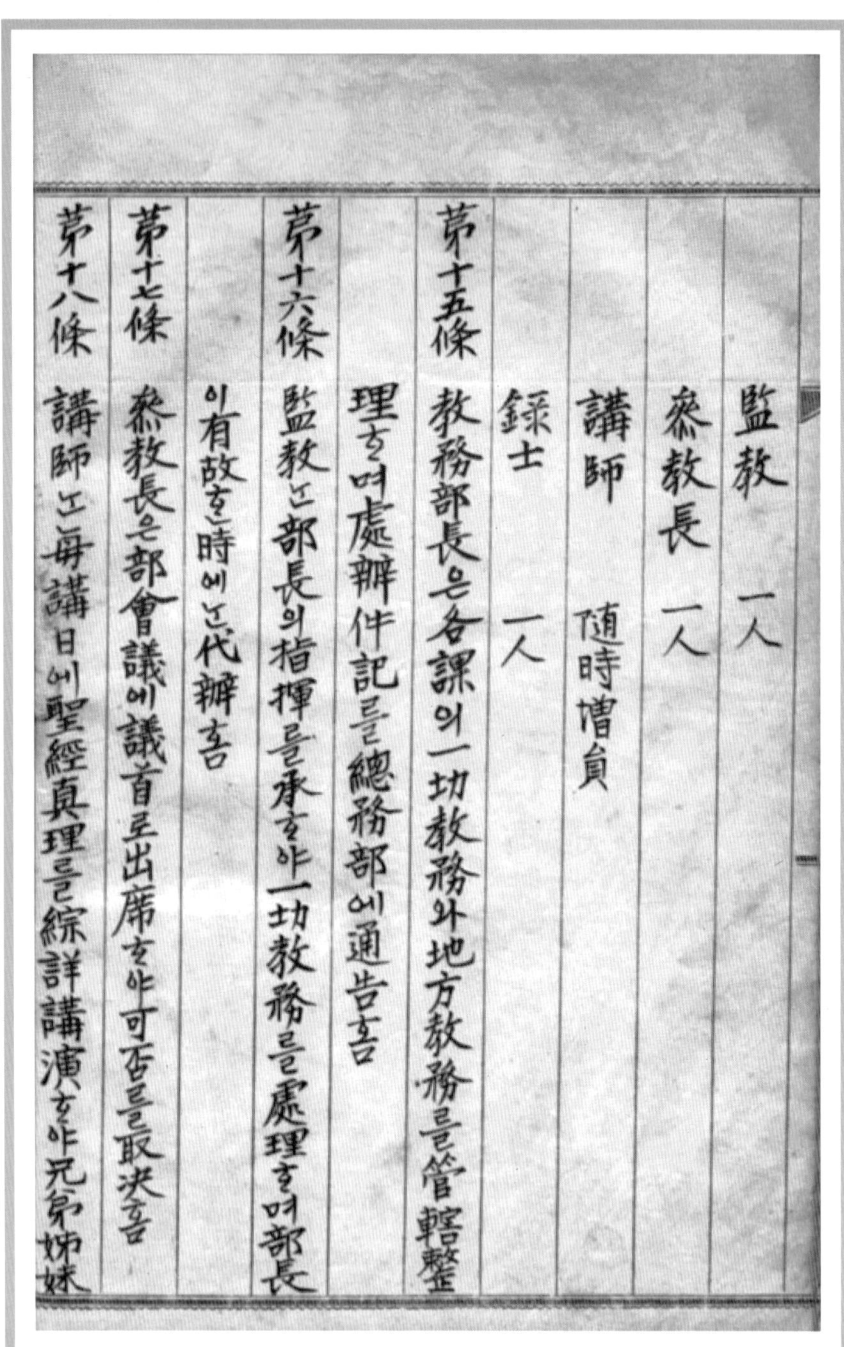

監教 一人

叅教長 一人

講師 随時增員

錄士 一人

第十五條 教務部長은各課의一切教務와地方教務를管轄整
理ᄒᆞ며處辦件記를總務部에通告ᄒᆞᆷ

第十六條 監教ᄂᆞᆫ部長의指揮를承ᄒᆞ야一切教務를處理ᄒᆞ며部長
이有故ᄒᆞᆫ時에ᄂᆞᆫ代辦ᄒᆞᆷ

第十七條 叅教長은部會議에議首로出席ᄒᆞ야可否를取決ᄒᆞᆷ

第十八條 講師ᄂᆞᆫ每講日에聖經眞理를綜詳講演ᄒᆞ야兄弟姊妹

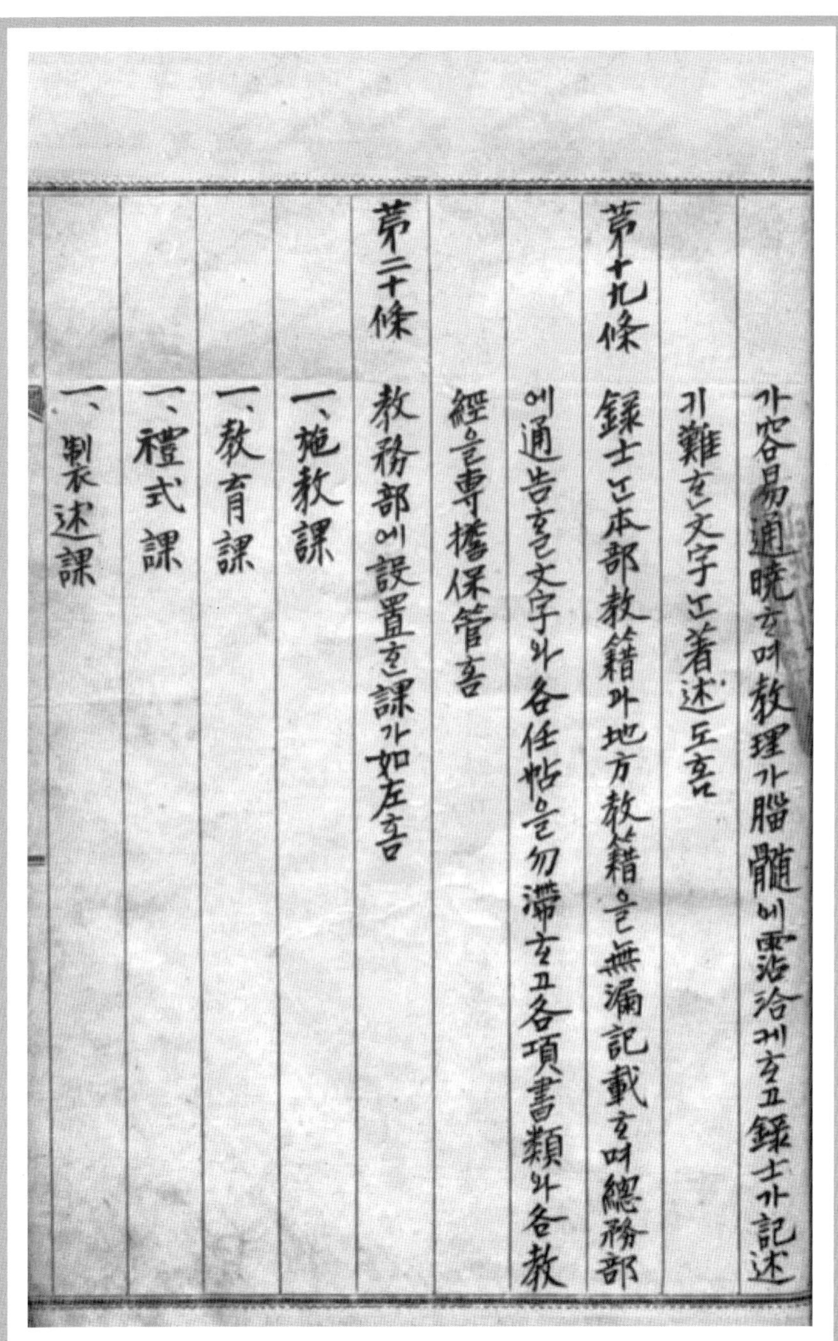
가容易通曉ᄒᆞ며教理가腦髓에霑洽케ᄒᆞ고錄士가記述
키難ᄒᆞᆫ文字ᄂᆞᆫ着述도ᄒᆞᆷ
第十九條 錄士ᄂᆞᆫ本部教籍과地方教籍을無漏記載ᄒᆞ며總務部
에通告ᄒᆞᆫ文字와各任帖을勿滯ᄒᆞ고各項書類와各教
經을專掌保管ᄒᆞᆷ
第二十條 教務部에設置ᄒᆞᆫ課가如左ᄒᆞᆷ
一、施教課
一、教育課
一、禮式課
一、製述課

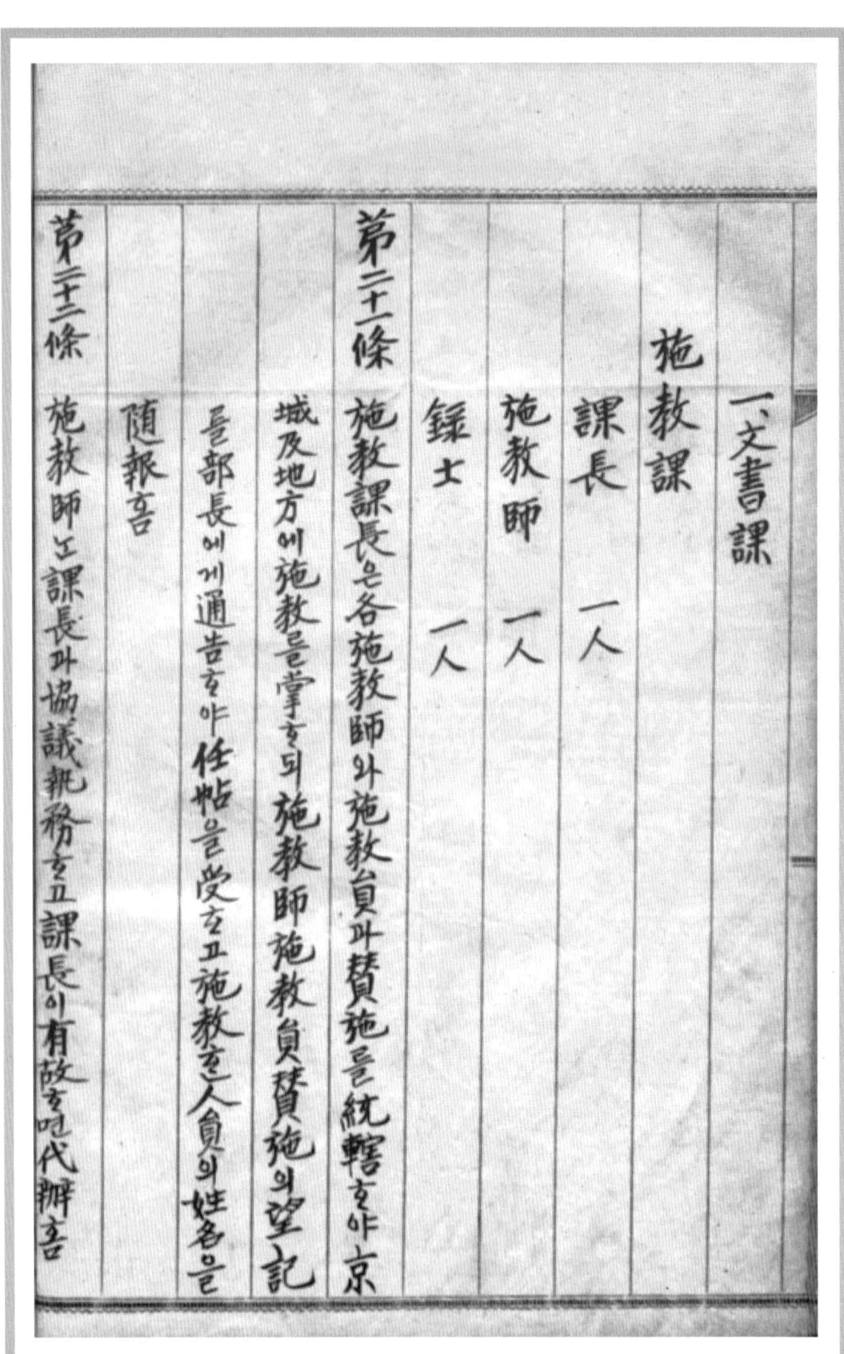

一、文書課

施教課

課長 一人

施教師 一人

錄士 一人

第二十一條 施敎課長은各施敎師와施敎員과贊施를統轄ᄒᆞ야京城及地方에施敎를掌ᄒᆞ되施敎師施敎員贊施의望記를部長에게通告ᄒᆞ야任帖을受ᄒᆞ고施敎ᄒᆞᆫ人員의姓名을隨報홈

第二十二條 施敎師ᄂᆞᆫ課長과協議執務ᄒᆞ고課長이有故ᄒᆞ면代辦홈

第二十三條 錄士ᄂᆞᆫ課長과施敎師의視務ᄒᆞᆫ望記와通告와任帖의發送을掌홈

敎育課

課長 一人

課員 一人

錄士 一人

第二十四條 敎育課長은一般敎人에게聖經眞理와八大戒命과降衷의玄理를說明ᄒᆞ고敎體와敎禮와敎倫을指觧ᄒᆞ야一人도蒙昧ᄒᆞᆷ이無케홈

第二十五條 課員은課長의事務를賛耗ᄒᆞ고課長이有故ᄒᆞ면代辦홈

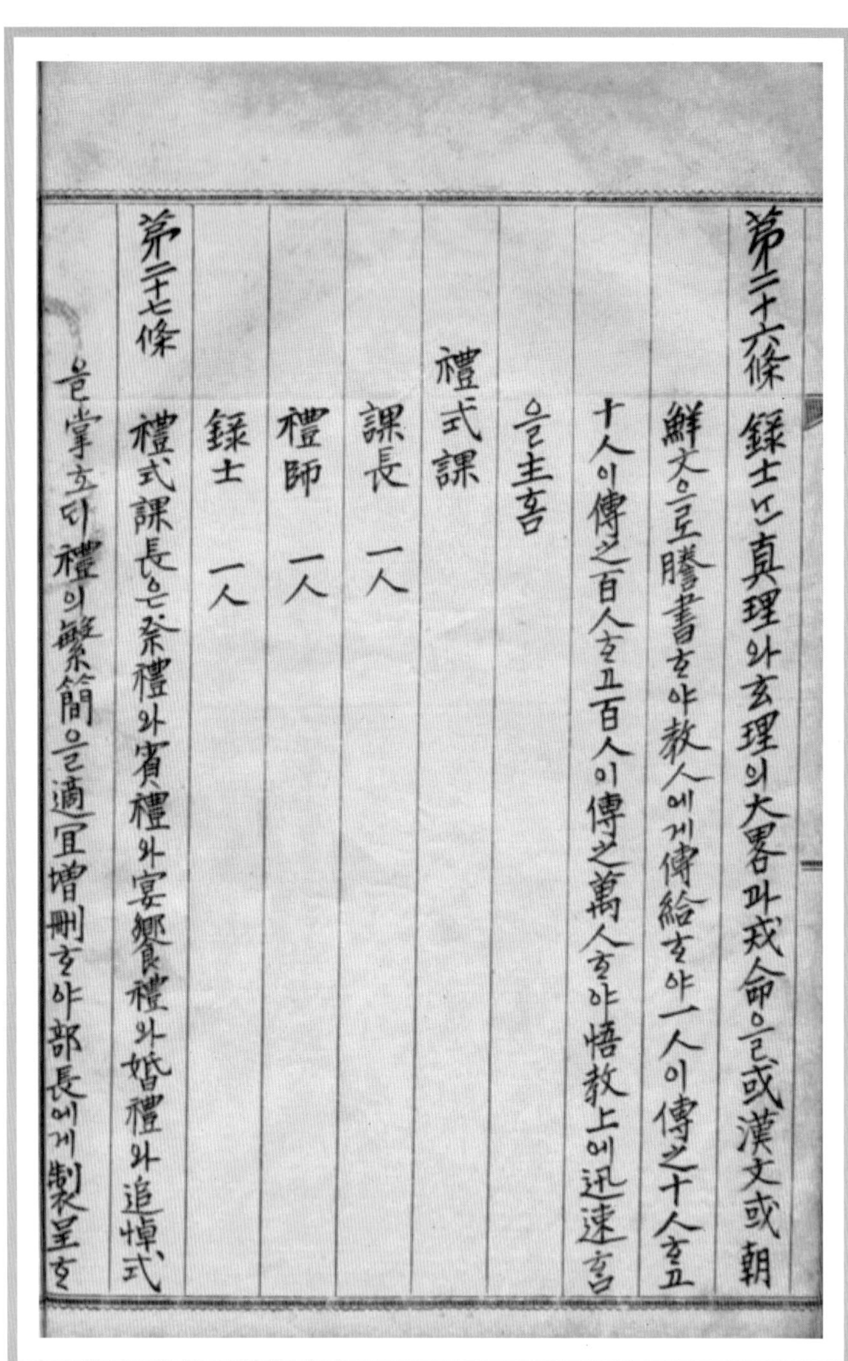

第二十六條 錄士ᄂᆞᆫ真理와玄理의大畧과戒命을或漢文或朝鮮文으로謄書ᄒᆞ야教人에게傳給ᄒᆞ야一人이傳之十人ᄒᆞ고十人이傳之百人ᄒᆞ고百人이傳之萬人ᄒᆞ야悟教上에迅速홈을主홈

禮式課

課長 一人

禮師 一人

錄士 一人

第二十七條 禮式課長은祭禮와賓禮와宴饗禮와婚禮와追悼式을掌ᄒᆞ되禮의繁簡을適宜增刪ᄒᆞ야部長에게製呈ᄒᆞ

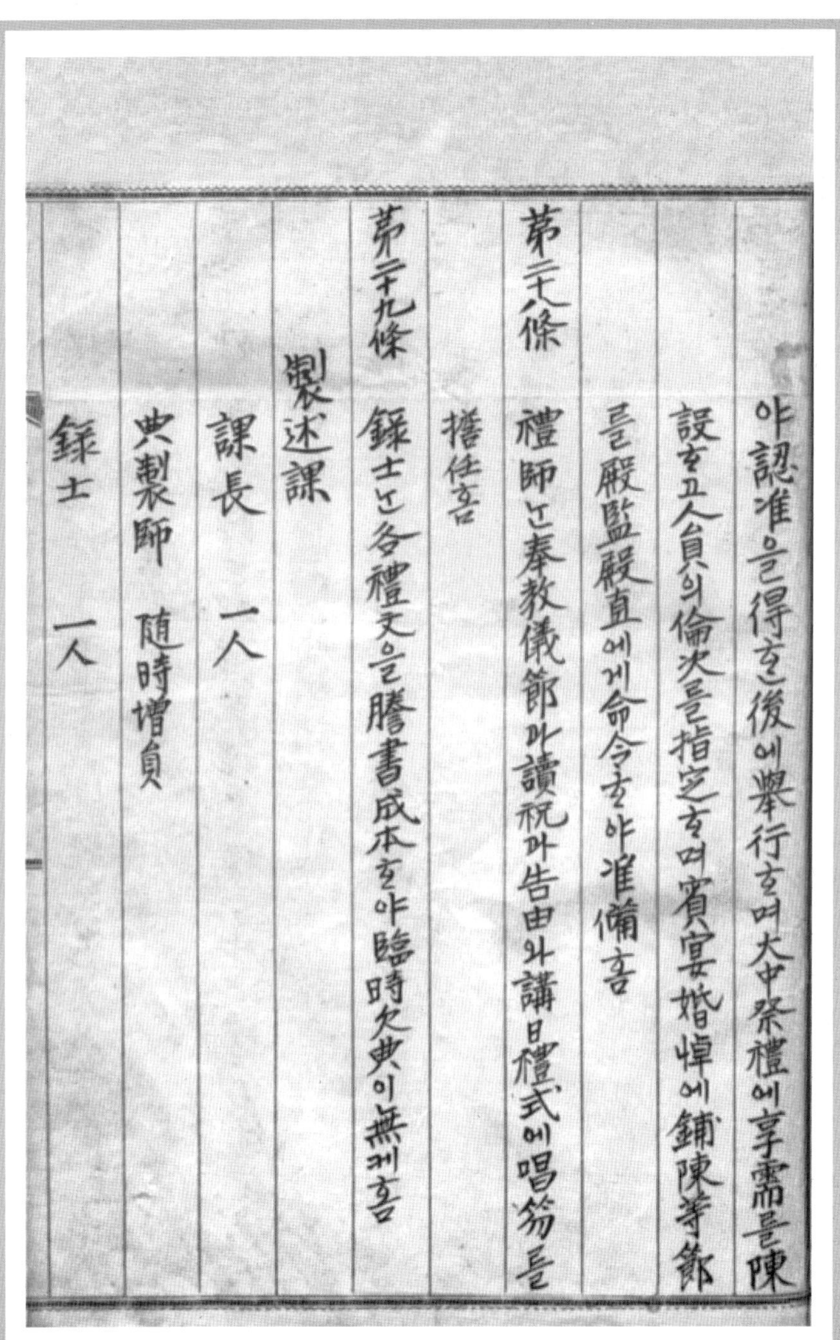

야認准을得한後에擧行하며大中祭禮에享需를陳
設하고人員의倫次를指定하며賓宴婚悼에鋪陳等節
를殿監殿直에게命令하야準備함

第二十八條 禮師는奉敎儀節과讀祝과告由와講日禮式에唱笏를
擔任함

第二十九條 錄士는各禮文을謄書成本하야臨時欠典이無케함

製述課

課長 一人

典製師 隨時增員

錄士 一人

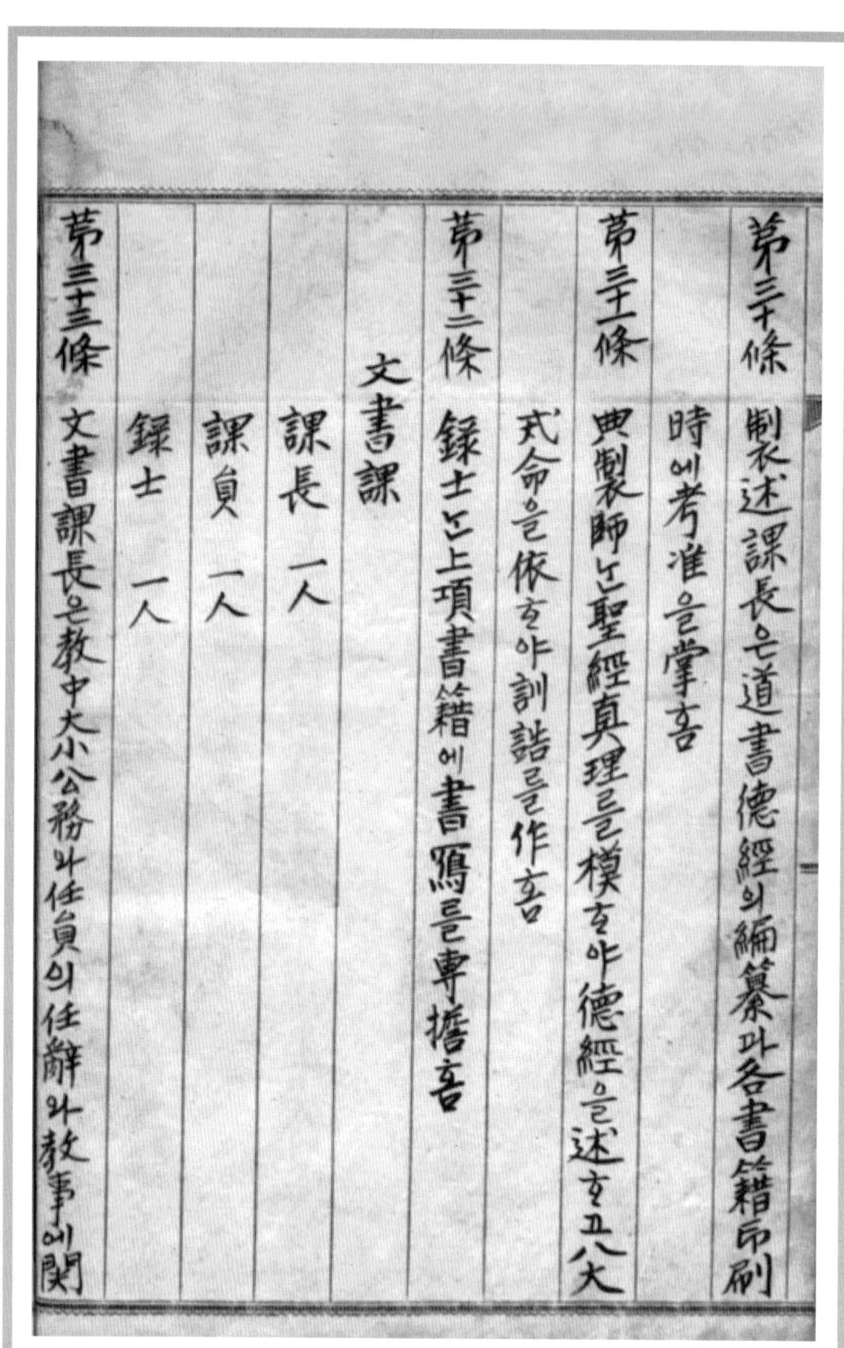

第三十條 製述課長은道書德經의編纂과各書籍印刷

時에考准을掌홈

第三十一條 典製師는聖經眞理를模호야德經을述호五八大

式命을依호야訓誥를作홈

第三十二條 錄士는上項書籍에書寫를專擔홈

文書課

課長 一人

課員 一人

錄士 一人

第三十三條 文書課長은教中大小公務와任員의任辭와教事에關

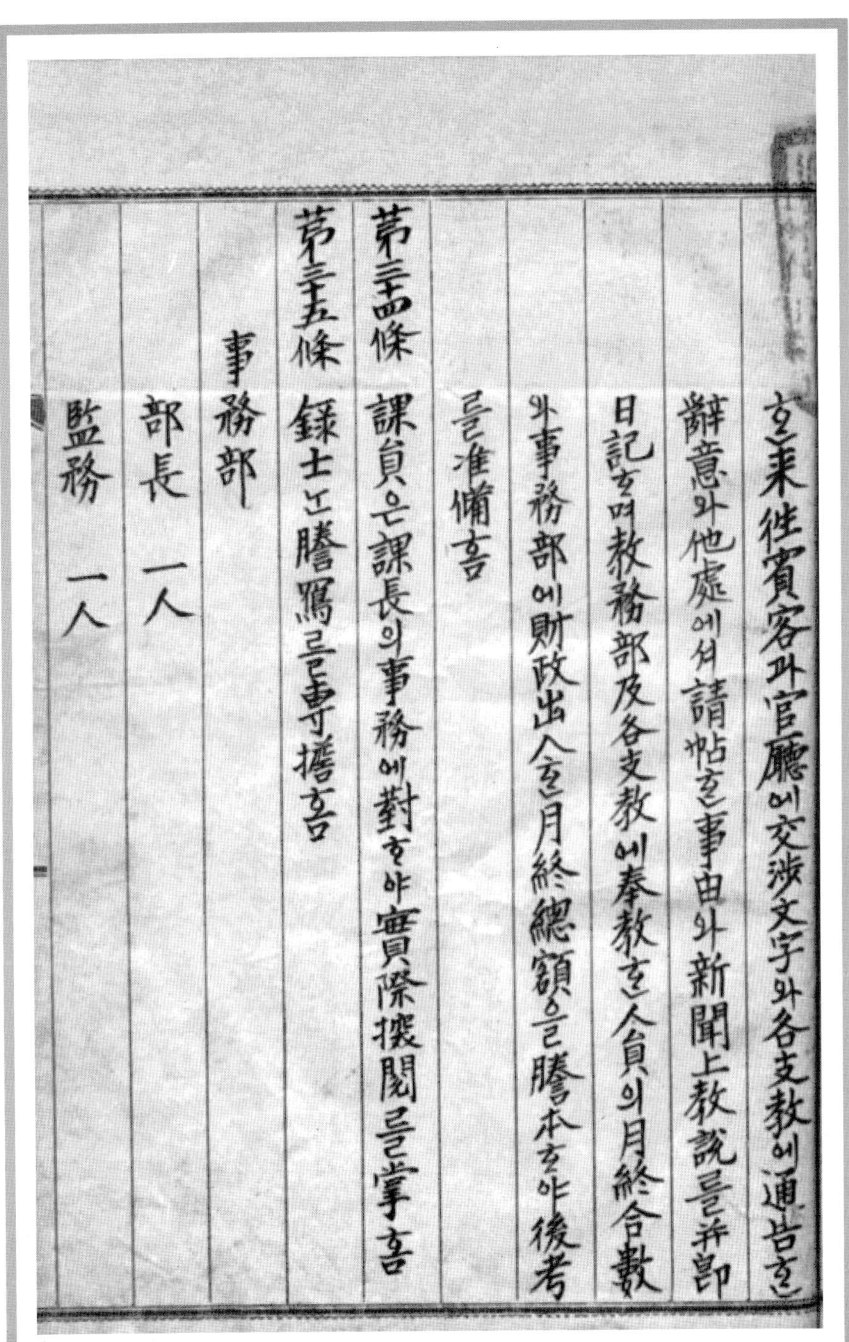

ᄒᆞᆫ來往賓客과官廳에交涉文字와各支教에通告ᄒᆞᆫ
辭意와他處에서請帖ᄒᆞᆫ事由와新聞上教誡를并即
日記ᄒᆞ며教務部及各支教에奉教ᄒᆞᆫ人員의月終合數
와事務部에財政出入ᄒᆞᆫ月終總額을謄本ᄒᆞ야後考
를準備ᄒᆞᆷ
第三十四條 課員은課長의事務에對ᄒᆞ야實際援閱를掌ᄒᆞᆷ
第三十五條 錄士는謄寫를專擔ᄒᆞᆷ
事務部
部長 一人
監務 一人

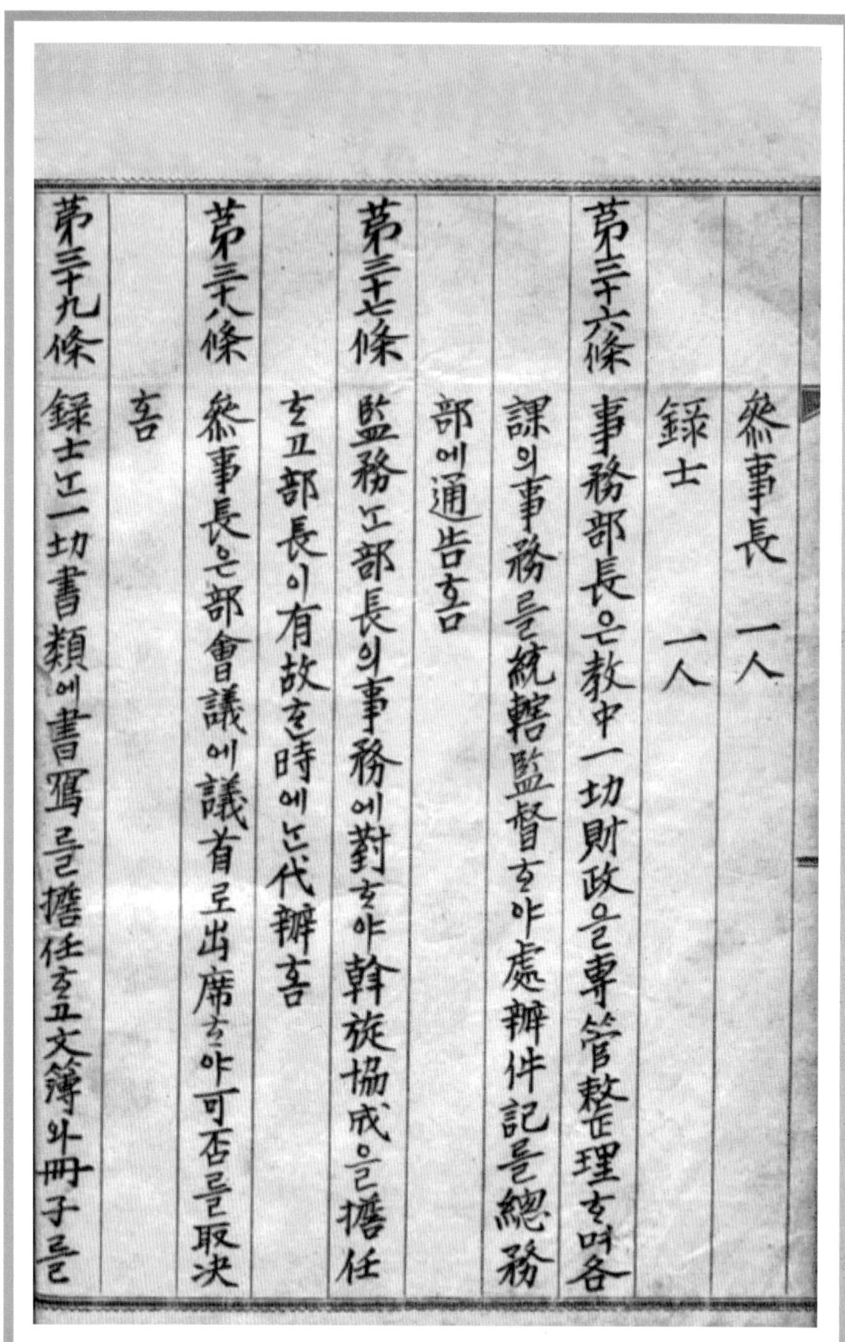

叅事長 一人

錄士 一人

第三十六條 事務部長은教中一切財政을專管整理ᄒᆞ며各課의事務를統轄監督ᄒᆞ야處辦件記를總務部에通告홈

第三十七條 監務ᄂᆞᆫ部長의事務에對ᄒᆞ야斡旋協成을擔任ᄒᆞ고部長이有故ᄒᆞᆫ時에ᄂᆞᆫ代辦홈

第三十八條 叅事長은部會議에議首로出席ᄒᆞ야可否를取決홈

第三十九條 錄士ᄂᆞᆫ一切書類에書寫를擔任ᄒᆞ고文簿와冊子를

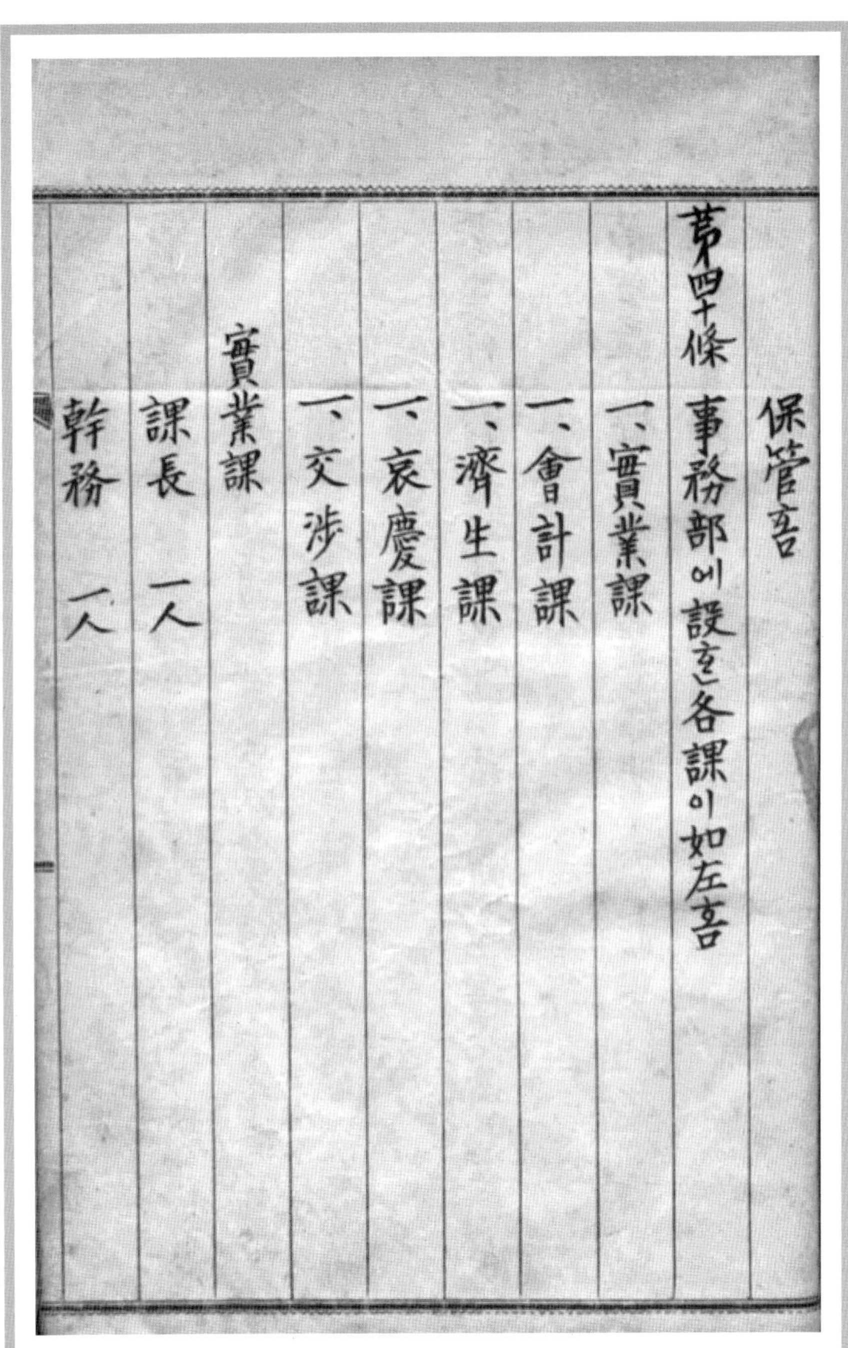
保管홈

第四十條 事務部에 設훈 各課이 如左홈

一、實業課

一、會計課

一、濟生課

一、哀慶課

一、交涉課

實業課

課長 一人

幹務 一人

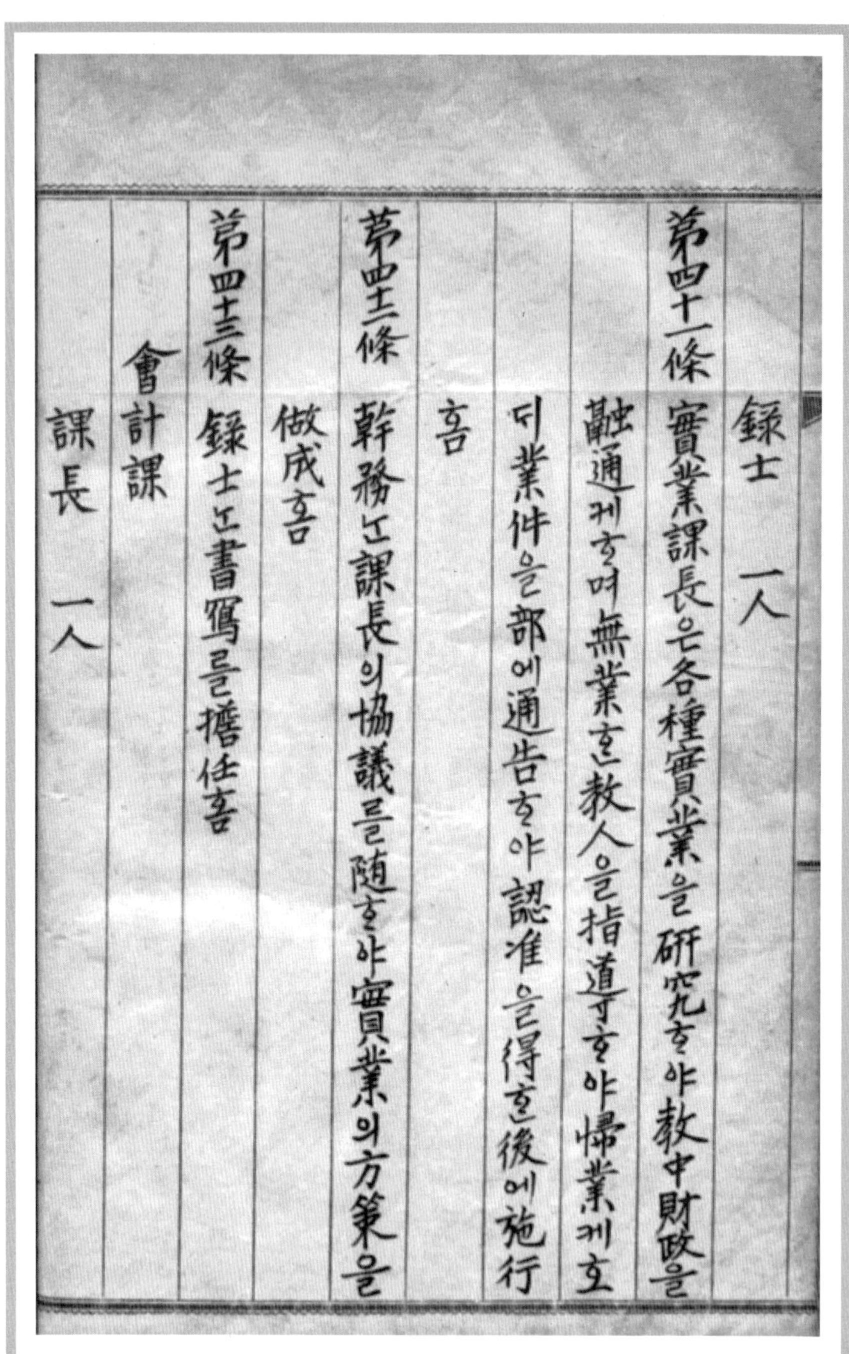

録士 一人

第四十一條 實業課長은各種實業을研究ᄒᆞ야敎中財政을融通케ᄒᆞ며無業ᄒᆞᆫ敎人을指導ᄒᆞ야歸業케ᄒᆞ되業件을部에通告ᄒᆞ야認准을得ᄒᆞᆫ後에施行ᄒᆞᆷ

第四十二條 幹務ᄂᆞᆫ課長의協議를随ᄒᆞ야實業의方策을做成ᄒᆞᆷ

第四十三條 録士ᄂᆞᆫ書寫를擔任ᄒᆞᆷ

會計課

課長 一人

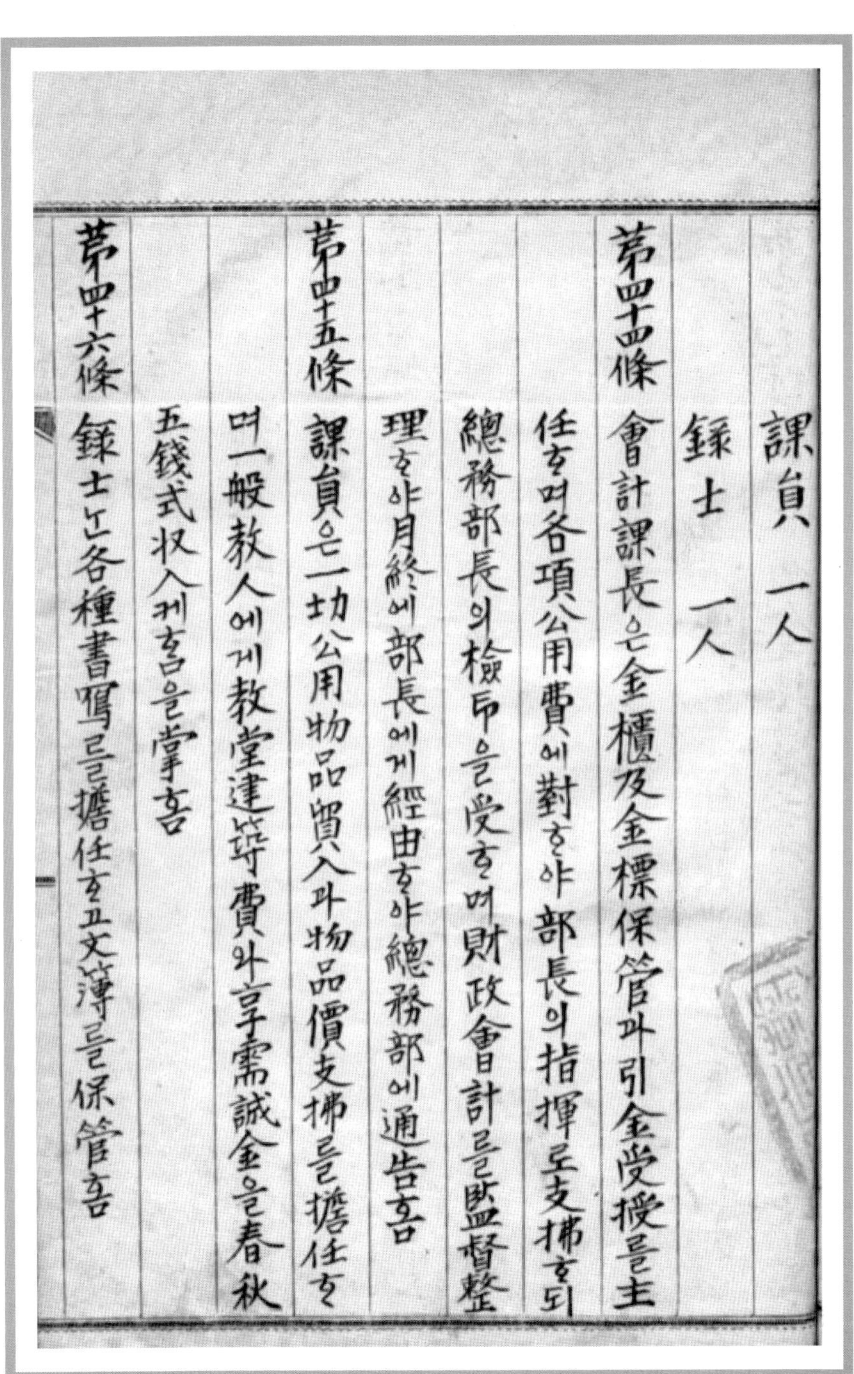
課員 一人
錄士 一人
第四十四條 會計課長은金櫃及金標保管과引金受授를主任ᄒᆞ며各項公用費에對ᄒᆞ야部長의指揮로支拂ᄒᆞ되總務部長의檢印을受ᄒᆞ며財政會計를監督整理ᄒᆞ야月終에部長에게經由ᄒᆞ야總務部에通告홈
第四十五條 課員은一切公用物品買入과物品價支拂를擔任ᄒᆞ며一般教人에게教堂建築費와享需誠金을春秋五錢式收入케홈을掌홈
第四十六條 錄士는各種書寫를擔任ᄒᆞ고文簿等을保管홈

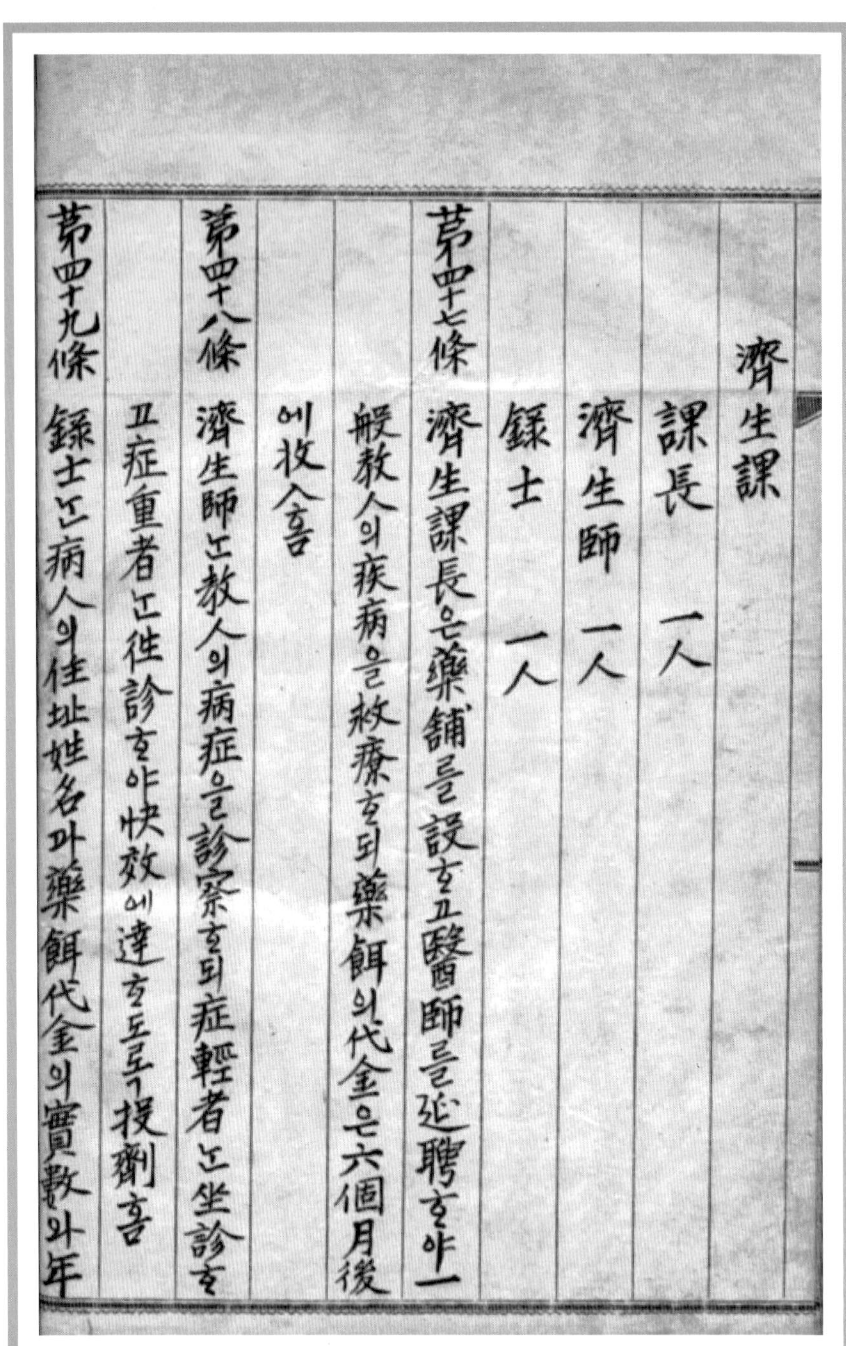

濟生課

課長 一人

濟生師 一人

錄士 一人

第四十七條 濟生課長은藥舖를設ᄒᆞ고醫師를延聘ᄒᆞ야一般敎人의疾病을救療ᄒᆞ되藥餌의代金은六個月後에收入홈

第四十八條 濟生師ᄂᆞᆫ敎人의病症을診察ᄒᆞ되症輕者ᄂᆞᆫ坐診ᄒᆞ고症重者ᄂᆞᆫ往診ᄒᆞ야快效에達ᄒᆞ도록投劑홈

第四十九條 錄士ᄂᆞᆫ病人의住址姓名과藥餌代金의實數와年

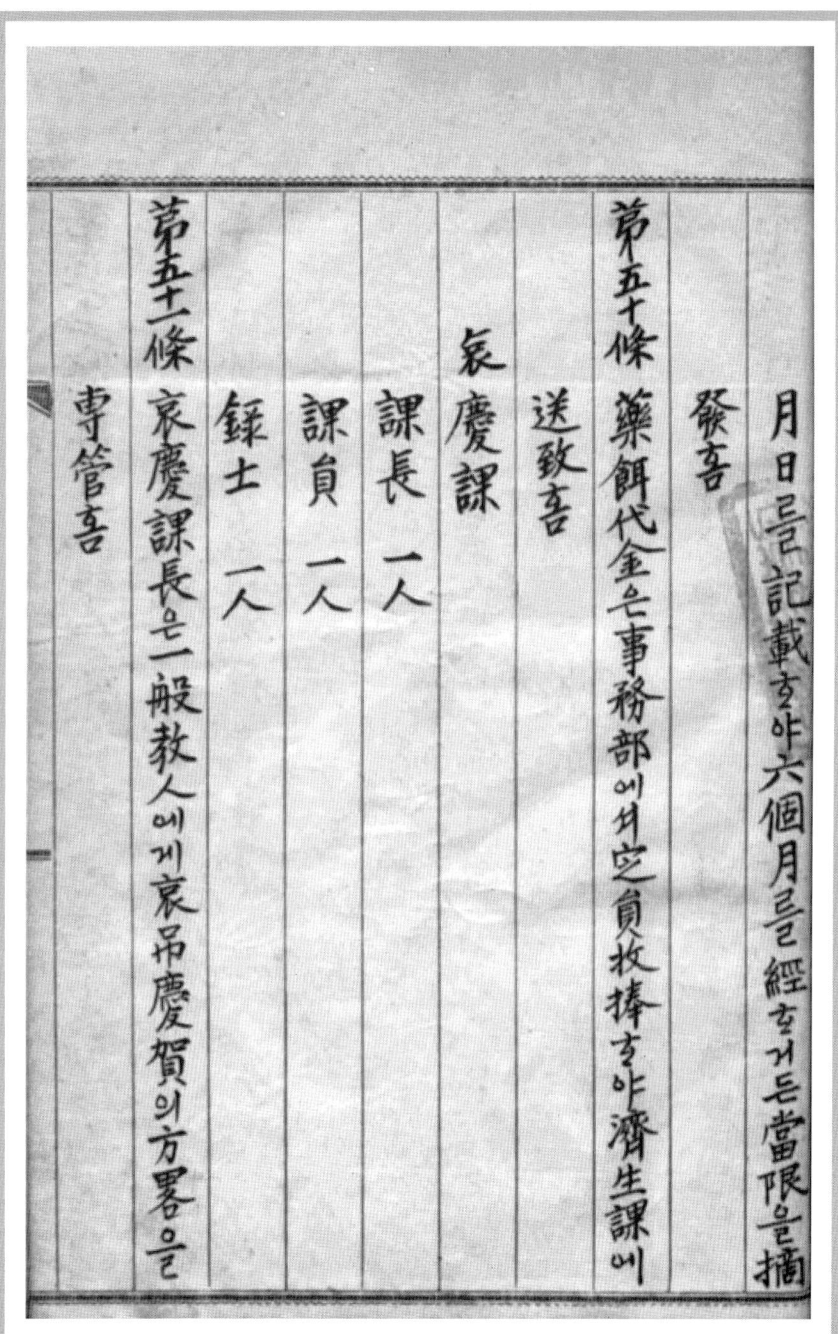
月日를記載ᄒᆞ야六個月를經ᄒᆞ거든當限을摘
發喜
第五十條 藥餌代金은事務部에서定貟收捧ᄒᆞ야濟生課에
送致喜
哀慶課
課長 一人
課貟 一人
錄士 一人
第五十一條 哀慶課長은一般教人에게哀吊慶賀의方畧을
專管喜

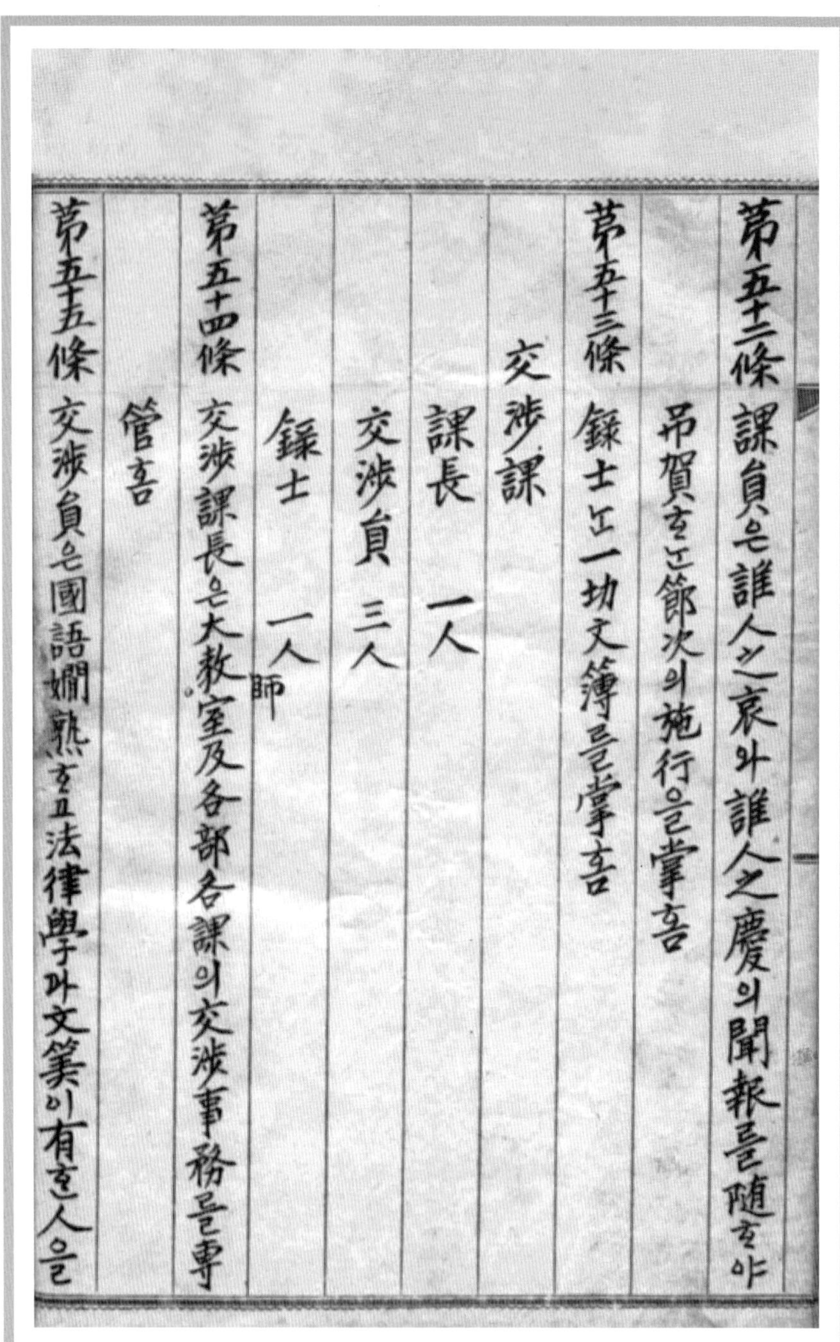
第五十二條 課員은誰人之哀와誰人之慶의聞報를隨ᄒᆞ야
弔賀ᄒᆞᄂᆞᆫ節次의施行을掌홈
第五十三條 錄士ᄂᆞᆫ一切文簿를掌홈
交涉課
課長 一人
交涉員 三人
錄士 一人
第五十四條 交涉課長은大敎室及各部各課의交涉事務를專
管홈
第五十五條 交涉員은國語嫻熟ᄒᆞ고法律學과文筭이有ᄒᆞᆫ人을

選用ᄒᆞ야交涉應對에綜詳ᄒᆞ고正大ᄒᆞᆷ을主ᄒᆞ되交涉
ᄒᆞᆫ案件은文報로用ᄒᆞ고課長이有故ᄒᆞᆫ時에ᄂᆞᆫ代辦ᄒᆞᆷ

第五十六條 錄士ᄂᆞᆫ交涉ᄒᆞᆫ案件을課日記載ᄒᆞ야遺漏ᄒᆞᆷ이無
케ᄒᆞ고文簿를保管ᄒᆞᆷ

教約所

所長 一人

副長 一人

監約 隨時增員

書士 一人

第五十七條 教約所長은大正二年五月八日에朝鮮總督府警務總

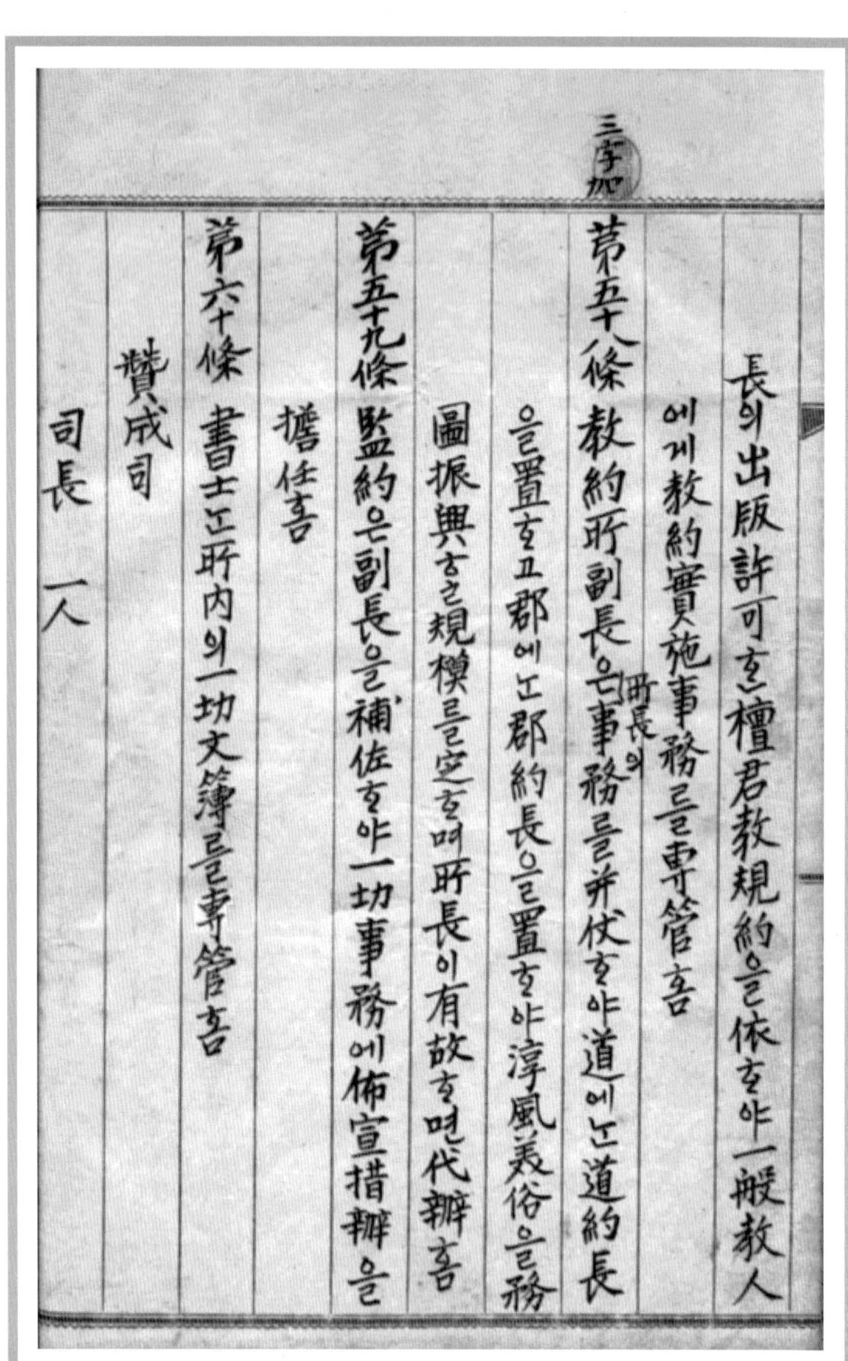
三字加

長의出版許可호檀君教規約을依호야一般教人에게教約實施事務를專管홈

第五十八條 教約所副長은所長의事務를幷仗호야道에는道約長을置호고郡에는郡約長을置호야淳風美俗을務圖振興호는規模를定호며所長이有故호면代辦홈

第五十九條 監約은副長을補佐호야一切事務에佈宣措辦을擔任홈

第六十條 書士는所內의一切文簿를專管홈

贊成司

司長 一人

大教正 隨時增員

專務大教承 一人

大教承 隨時增員

副教承 上仝

參教 上仝

贊教 上仝

參教員 上仝

參事員 上仝

第六十一條 贊成司長은 首位大敎正이 例兼홈

第六十二條 大敎正은 宗敎의 大旨를 闡明홈

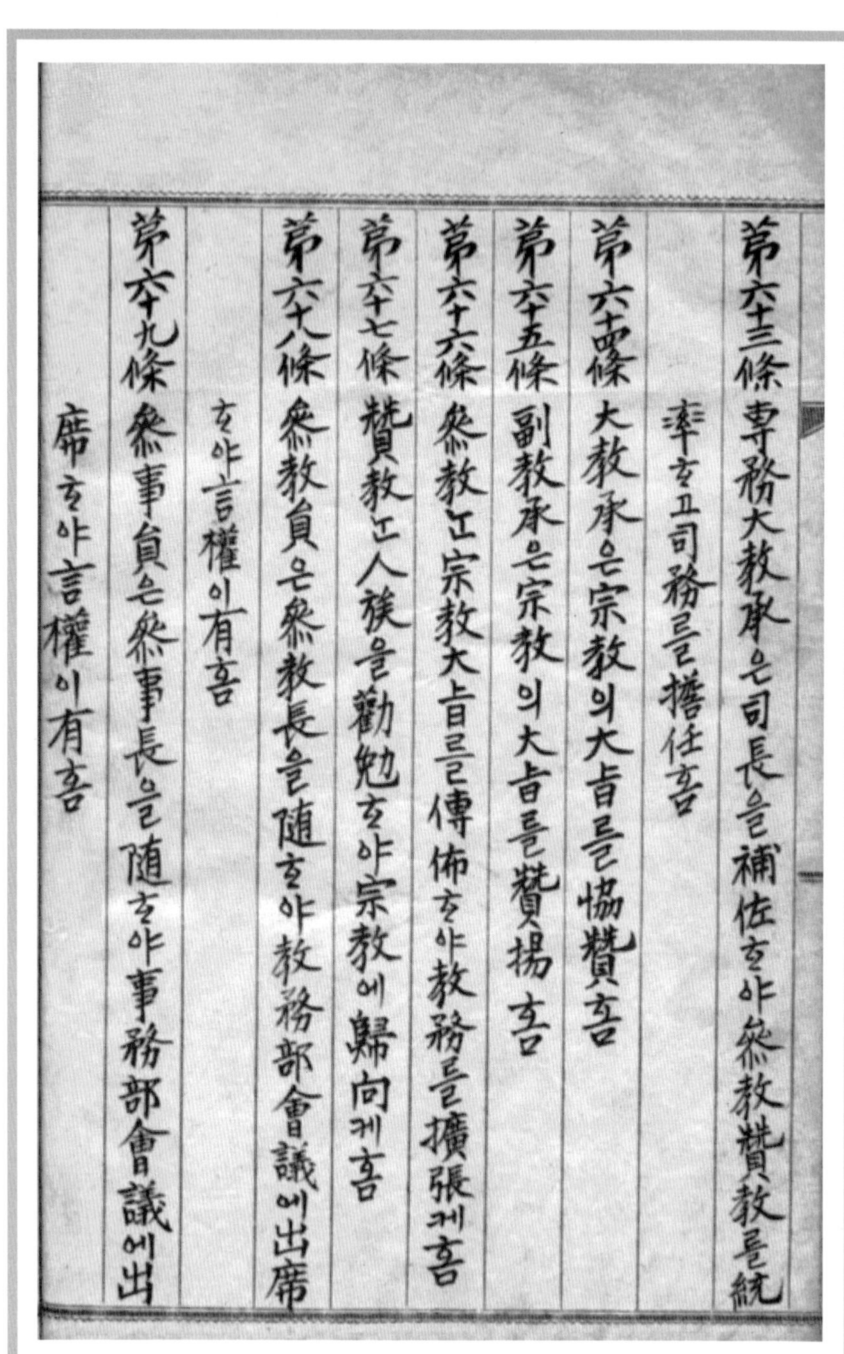
第六十三條 專務大教承은司長을補佐ᄒᆞ야叅教贊教를統
率ᄒᆞ고司務를擔任홈
第六十四條 大教承은宗教의大旨를協贊홈
第六十五條 副教承은宗教의大旨를贊揚홈
第六十六條 叅教ᄂᆞᆫ宗教大旨를傳佈ᄒᆞ야教務를擴張케홈
第六十七條 贊教ᄂᆞᆫ人族을勸勉ᄒᆞ야宗教에歸向케홈
第六十八條 叅教員은叅教長을隨ᄒᆞ야教務部會議에出席
ᄒᆞ야言權이有홈
第六十九條 叅事員은叅事長을隨ᄒᆞ야事務部會議에出
席ᄒᆞ야言權이有홈

薦任式

第七十條 各部長과 所長이 有闕ᄒᆞᆫ時에ᄂᆞᆫ 大教師가 總會를
開ᄒᆞ고 推薦選定ᄒᆞᆷ

第七十一條 總務、教正、監教、監務、叅教長、叅事長이 有闕
ᄒᆞᆫ時에ᄂᆞᆫ 推薦選定ᄒᆞᆷ이 上仝ᄒᆞᆷ

第七十二條 教務部各課長以下各任員이 有闕ᄒᆞᆫ時에ᄂᆞᆫ 該部
에셔 推薦選定ᄒᆞᆷ

第七十三條 事務部各課長以下各任負이 有闕ᄒᆞᆫ時에ᄂᆞᆫ 該部
에셔 推薦選定ᄒᆞᆷ

第七十四條 教約所監約以下各任負이 有闕ᄒᆞᆫ時에ᄂᆞᆫ 該所에셔 推

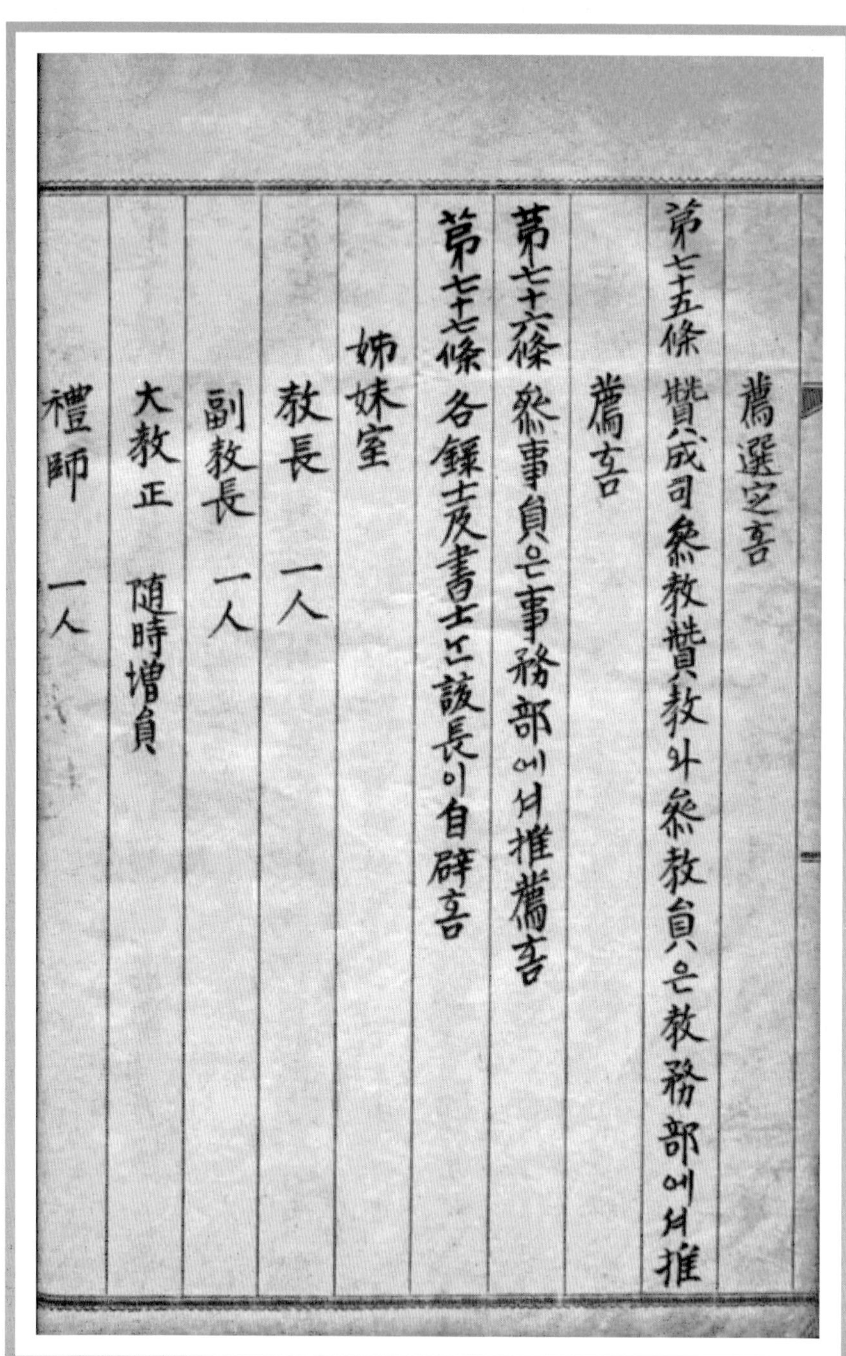

薦選定ᄒᆞᆷ

第七十五條 贊成司參敎贊敎와參敎員은敎務部에서推
薦ᄒᆞᆷ

第七十六條 參事員은事務部에서推薦ᄒᆞᆷ

第七十七條 各錄士及書士ᄂᆞᆫ該長이自辟ᄒᆞᆷ

姉妹室

敎長 一人

副敎長 一人

大敎正 隨時增員

禮師 一人

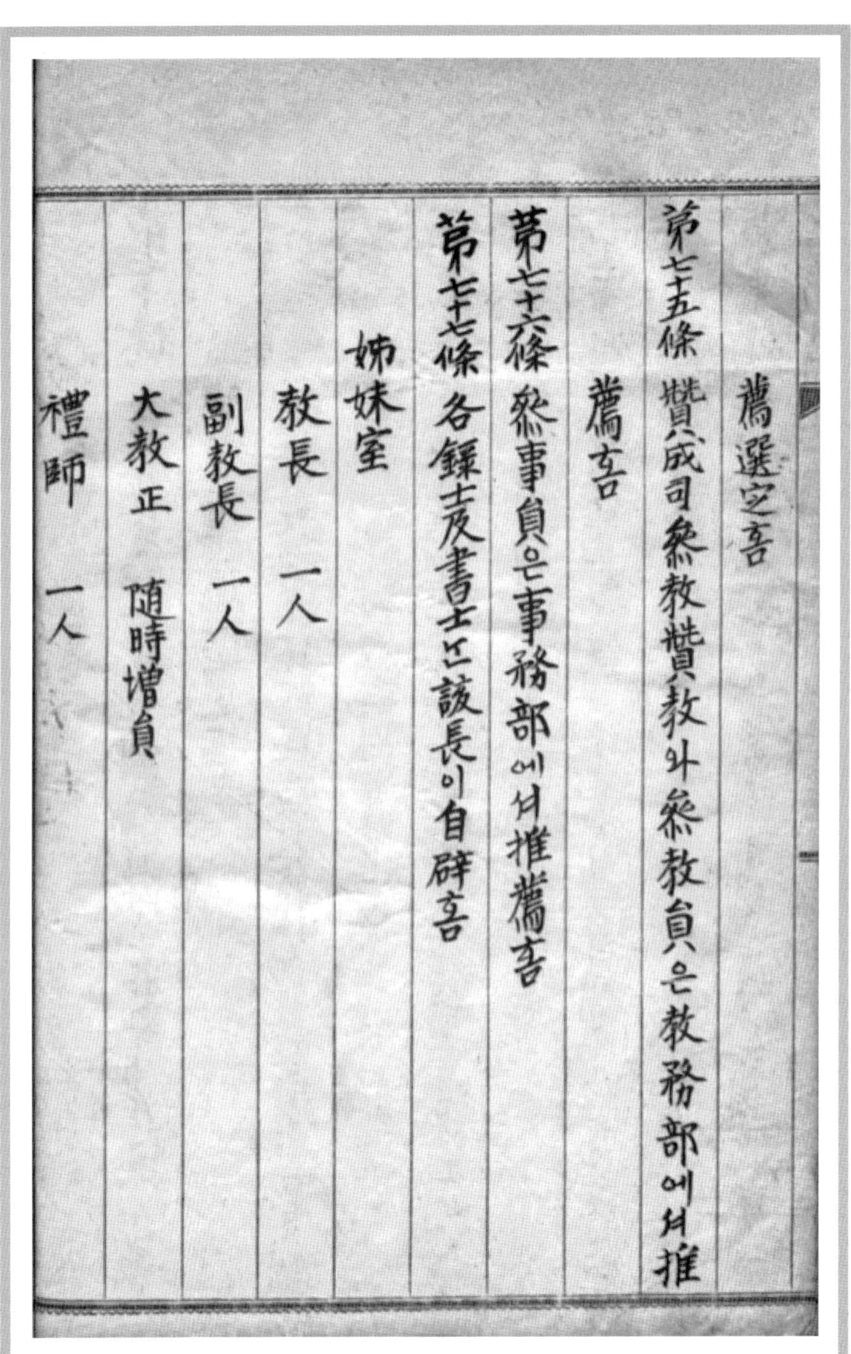

薦選定ᄒᆞᆷ

第七十五條 贊成司叅教贊教와叅教員은教務部에셔推

薦ᄒᆞᆷ

第七十六條 叅事員은事務部에셔推薦ᄒᆞᆷ

第七十七條 各錄士及書士ᄂᆞᆫ該長이自辟ᄒᆞᆷ

姉妹室

教長 一人

副教長 一人

大教正 隨時增員

禮師 一人

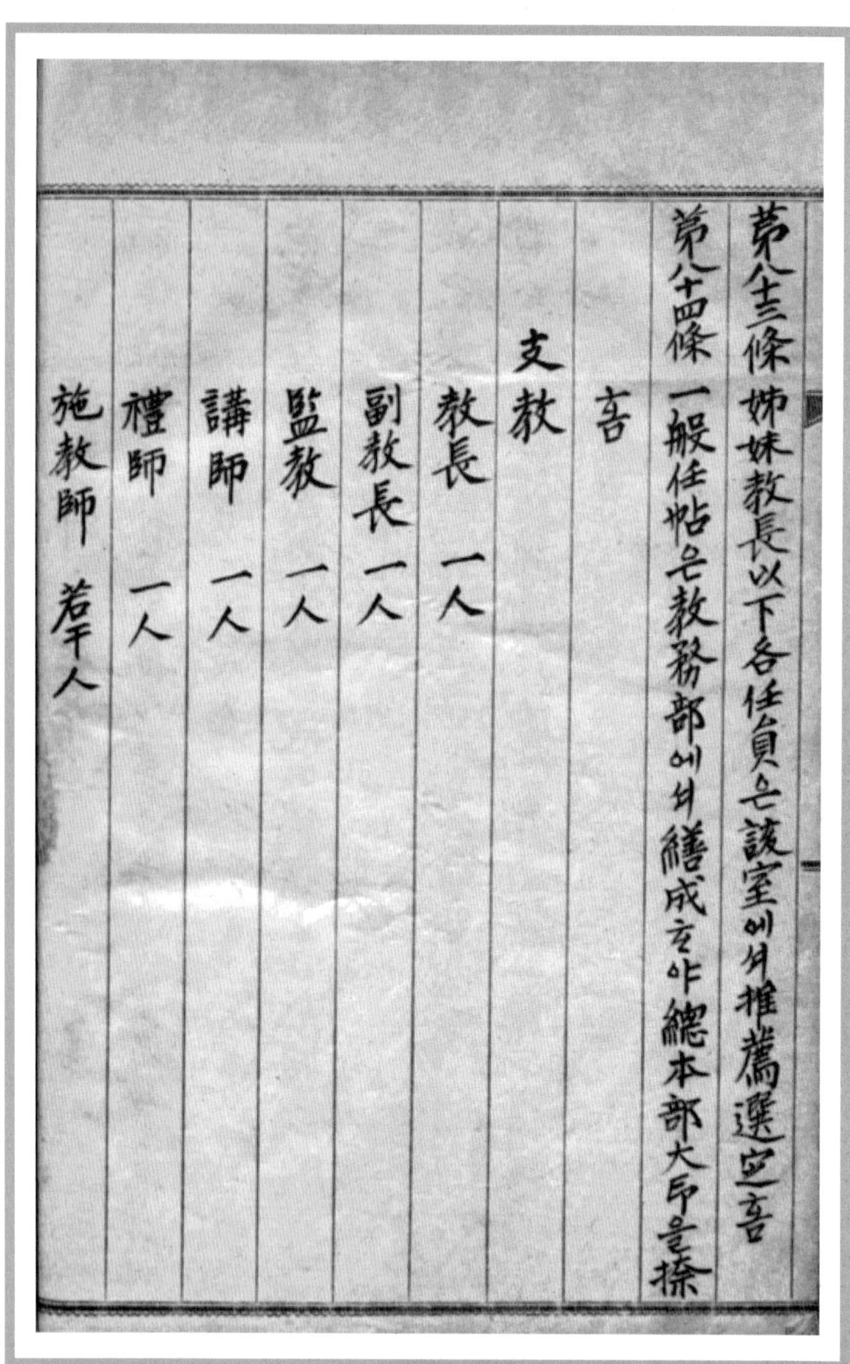

第八十三條 姉妹教長以下各任員은該室에서推薦選定홈

第八十四條 一般任帖은教務部에서繕成ᄒᆞ야總本部大印을捺

홈

支教

教長 一人

副教長 一人

監教 一人

講師 一人

禮師 一人

施教師 若干人

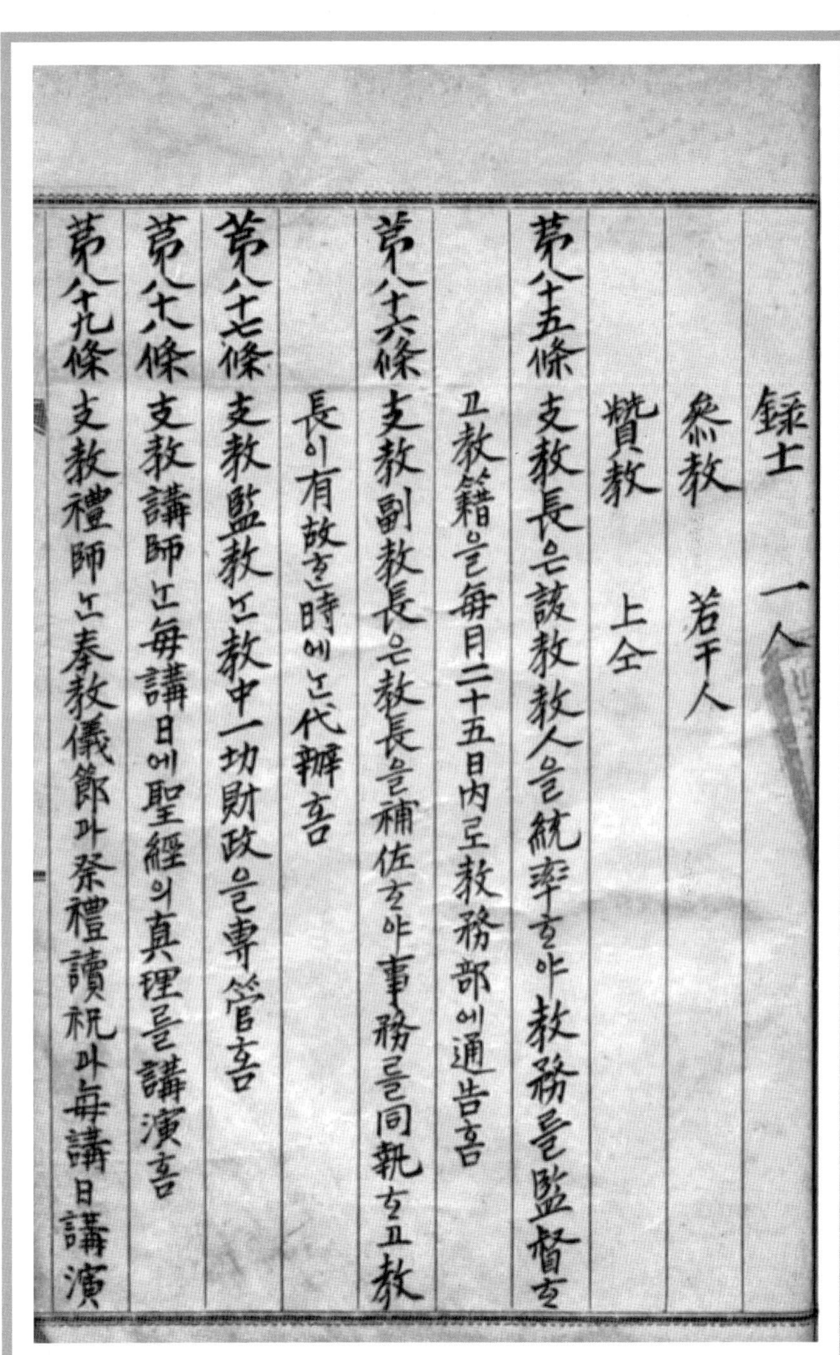

錄士 一人

參敎 若干人

贊敎 上仝

第八十五條 支敎長은該敎敎人을統率ᄒᆞ야敎務를監督ᄒᆞ고敎籍을每月二十五日內로敎務部에通告홈

第八十六條 支敎副敎長은敎長을補佐ᄒᆞ야事務를同執ᄒᆞ고敎長이有故ᄒᆞᆫ時에ᄂᆞᆫ代辦홈

第八十七條 支敎監敎ᄂᆞᆫ敎中一切財政을專管홈

第八十八條 支敎講師ᄂᆞᆫ每講日에聖經의眞理를講演홈

第八十九條 支敎禮師ᄂᆞᆫ奉敎儀節과祭禮讀祝과每講日講演

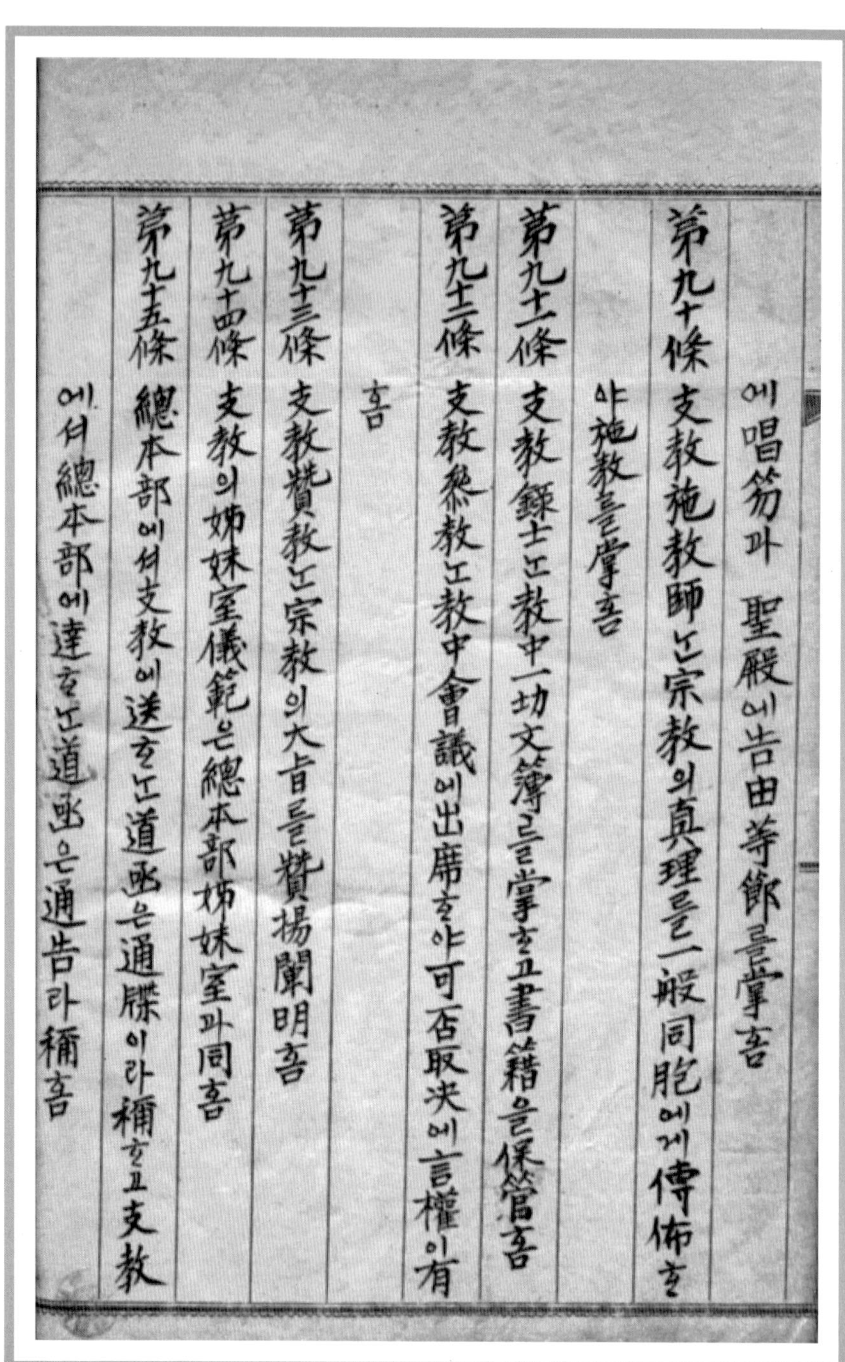

에唱笏과 聖殿에告由等節ᄅᆞᆯ掌ᄒᆞᆷ
第九十條 支教施教師ᄂᆞᆫ宗教의眞理ᄅᆞᆯ一般同胞에게傳佈ᄒᆞ
야施教ᄅᆞᆯ掌ᄒᆞᆷ
第九十一條 支教錄士ᄂᆞᆫ教中一切文簿ᄅᆞᆯ掌ᄒᆞ고書籍을保管ᄒᆞᆷ
第九十二條 支教參教ᄂᆞᆫ教中會議에出席ᄒᆞ야可否取決에言權이有
ᄒᆞᆷ
第九十三條 支教贊教ᄂᆞᆫ宗教의大旨ᄅᆞᆯ贊揚闡明ᄒᆞᆷ
第九十四條 支教의姊妹室儀範은總本部姊妹室과同ᄒᆞᆷ
第九十五條 總本部에서支教에送ᄒᆞᄂᆞᆫ道函은通牒이라稱ᄒᆞ고支教
에서總本部에達ᄒᆞᄂᆞᆫ道函은通告라稱ᄒᆞᆷ

第九十六條 支教長이有闕ᄒᆞᆫ時에ᄂᆞᆫ該支教에서推薦選定ᄒᆞ야
教務部에通告ᄒᆞ면教務部에서望帖을繕送홈

第九十七條 支教副教長以下任員이有闕ᄒᆞᆫ時에ᄂᆞᆫ該支教에서推
薦選定ᄒᆞ야任帖을繕給ᄒᆞ고該任의姓名을教務部에
通告홈

道施教

長 一人

副長 一人

師 一人

第九十八條 道施教長은道內各郡教人에게施教ᄒᆞ되教의主旨를極히

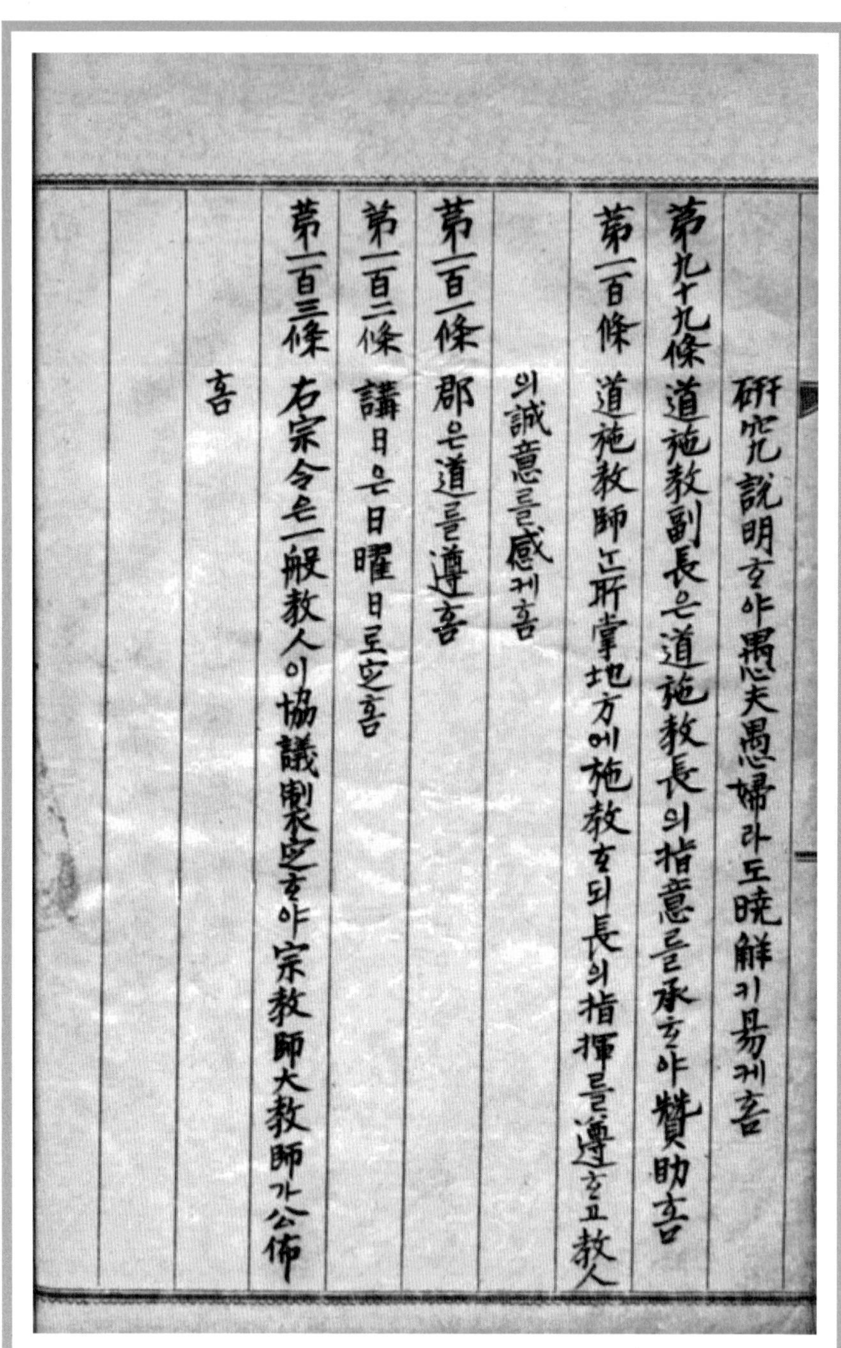

研究說明ᄒᆞ야愚夫愚婦라도曉解키易케홈

第九十九條 道施教副長은道施教長의指意를承ᄒᆞ야贊助홈

第一百條 道施教師ᄂᆞᆫ所掌地方에施教ᄒᆞ되長의指揮를遵ᄒᆞ고教人의誠意를感케홈

第一百一條 郡은道를遵홈

第一百二條 講日은日曜日로定홈

第一百三條 右宗令은一般教人이協議制定ᄒᆞ야宗教師大教師가公佈홈

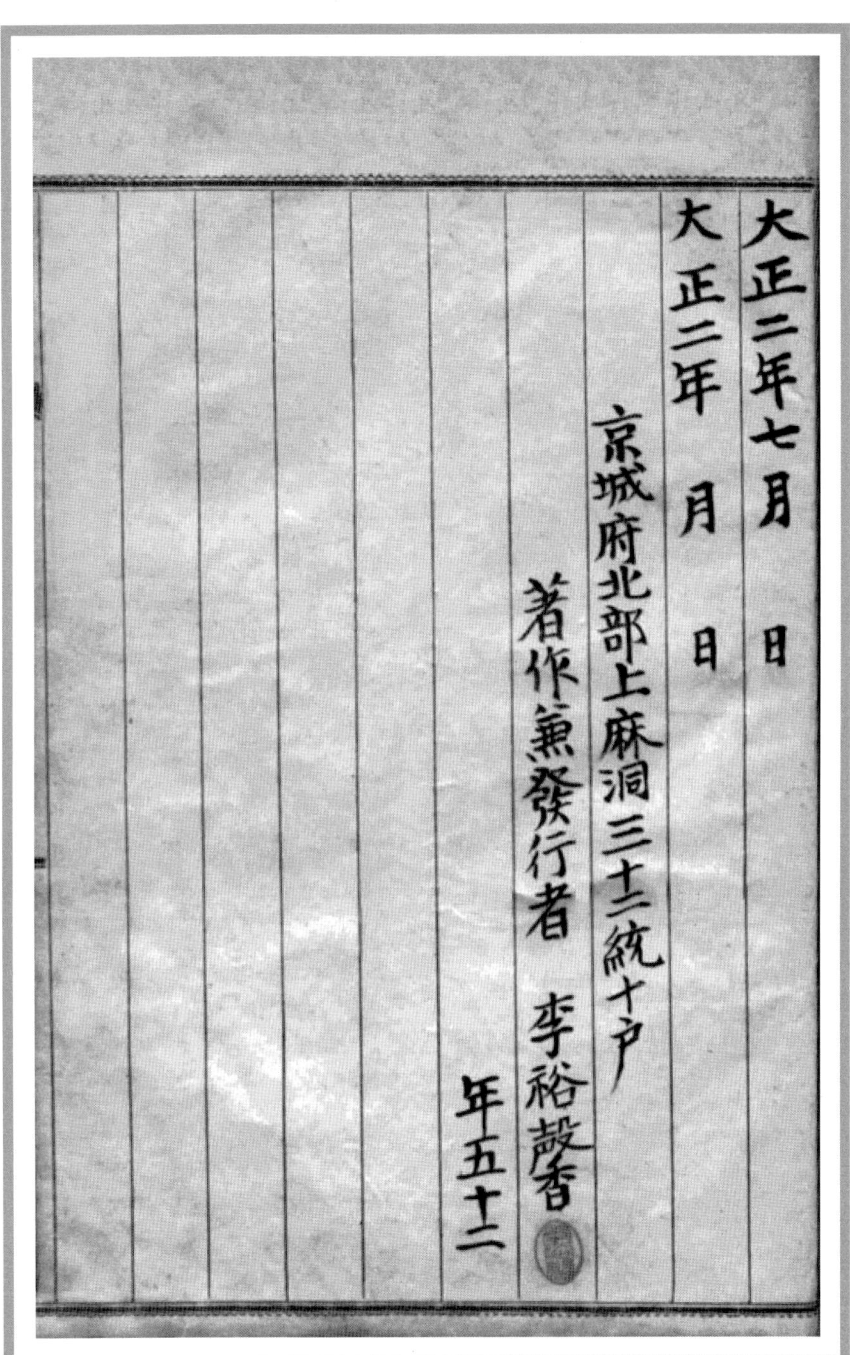
大正二年七月　日
大正二年　月　日
京城府北部上麻洞三十二統十戶
著作兼發行者　李裕馨
年五十二